企业信息系统安全技术配置和投资策略

梅姝娥　仲伟俊　蔡传晰　高　星　著

科学出版社
北　京

内 容 简 介

本书基于信息系统及其安全管理相关理论，从管理视角系统研究企业信息系统安全技术配置和投资策略。首先界定信息、信息系统和信息系统安全等相关概念，构建信息系统安全体系，明确信息系统安全技术配置和投资策略等的内涵。其次，一方面结合企业常用的信息系统安全技术，研究相关技术参数及多种技术组合优化配置策略；另一方面考虑企业内外部诸多影响因素，如黑客攻击、企业信息资产与信息系统安全需求等，研究信息系统安全投资策略。

本书可供信息管理与信息系统、网络空间安全等专业高年级本科生和研究生及研究人员阅读，也可供企业、科研机构和政府部门相关人员参考。

图书在版编目(CIP)数据

企业信息系统安全技术配置和投资策略／梅姝娥等著．—北京：科学出版社，2021.6

ISBN 978-7-03-069030-2

Ⅰ.①企…　Ⅱ.①梅…　Ⅲ.①企业管理-管理信息系统-网络安全-研究②企业-投资-研究　Ⅳ.①F270.7②F275.1

中国版本图书馆 CIP 数据核字（2021）第 104551 号

责任编辑：王　倩／责任校对：樊雅琼
责任印制：吴兆东／封面设计：无极书装

科学出版社 出版
北京东黄城根北街 16 号
邮政编码：100717
http://www.sciencep.com

北京建宏印刷有限公司 印刷
科学出版社发行　各地新华书店经销

*

2021 年 6 月第　一　版　开本：720×1000　1/16
2021 年 6 月第一次印刷　印张：18 1/4
字数：380 000

定价：188.00 元

（如有印装质量问题，我社负责调换）

前　　言

大数据、物联网、云计算、人工智能、边缘计算、区块链等新兴信息技术的快速发展驱动企业信息系统应用向集成化、智能化、网络化、社交化和移动化方向迅猛迈进，信息系统不再只是支持企业内部运行管理的工具，更是企业推动全球化发展和实施有效供应链管理、赢得竞争优势的必备工具，成为企业发展的全新空间。企业信息系统及其网络空间的技术性、虚拟性、广延性和资产密集性等特点决定其成为异常复杂的安全新疆域，保障信息系统安全，使其具有很强的保密性、完整性、可用性和可追溯性，成为企业必须高度重视的重要核心安全问题之一。

毋庸置疑，企业信息系统安全不是单一的技术问题，而是需要综合考虑人与技术、管理与法规等众多因素的问题，是需要统筹研判安全要求与威胁的问题，是需要组合优化运用多种信息系统安全技术的问题，是需要兼顾信息系统安全性与经济性的问题。本书以信息系统及其安全管理理论为基础，从管理视角运用建模分析方法，综合考虑企业信息系统安全要求和威胁，一方面研究企业信息系统多种安全技术及其参数的组合优化配置策略，另一方面兼顾安全性和经济性分析企业信息系统安全投资策略。

全书共 10 章，分为三部分。第一部分包括第 1 ~ 第 3 章，主要进行概念界定和理论构建。首先简单介绍信息系统、信息、企业信息资产、信息系统安全和信息系统脆弱性等概念。其次分析企业信息系统的安全需求，讨论信息系统安全体系结构和管理过程，明确信息系统安全管理中需要制定的主要策略，讨论安全信息系统开发方式。进一步地，诠释企业信息系统安全技术的内涵，介绍当前常用的信息系统安全技术，从纵深防御角度提出信息系统安全技术组合的概念，阐述几种典型安全技术组合的原理和特点，剖析企业信息系统安全管理的主要利益相关者及其策略制定的内外部主要影响因素。

第二部分包括第 4 ~ 第 7 章，针对企业常用的信息系统安全技术，通过建模分析研究信息系统安全技术配置策略。首先研究企业信息系统中的入侵检测系统（intrusion detection system，IDS）和入侵防御系统（intrusion prevention system，IPS）选择与配置策略，讨论 IPS 替代 IDS 的条件。其次研究蜜罐和拟态式蜜罐技术与 IDS 的组合优化配置策略。在此基础上，综合考虑外部黑客和内部用户等诸多因素，分别研究企业信息系统合法用户权限设置和奖惩机制、企业和非法用户风险偏好对信息系统安全技术配置策略的影响。同时，基于模型分析结果，给出一系列的企业信息系统安全技术及其参数组合优化配置的具体对策建议。

第三部分包括第8～第10章，通过构建博弈模型分别研究相关因素影响下的企业信息系统安全投资策略。首先，考虑到互联网的普遍运用使不同企业信息系统形成紧密联系，一方面研究两个企业信息资产相互独立、信息系统安全信息共享情况下安全信息共享水平对企业信息系统安全投资策略的影响；另一方面针对两个企业信息资产互补的情况，分析企业信息系统安全投资策略。其次，由于黑客是企业信息系统安全的重要威胁，本书还分别研究黑客知识扩散和黑客不同攻击方式两种情况下的企业信息安全投资策略。最后，考虑企业间存在同类产品价格竞争和产量竞争、多寡头差异化竞争等不同的市场竞争状况，结合企业信息系统的安全等级要求，进一步研究企业信息系统安全投资策略。同时，阐述模型分析结果对企业信息系统安全投资策略选择带来的启示。

本书相关研究工作得到国家自然科学基金项目“信息系统安全技术组合运用策略和模型及优化方法研究”（编号：71071033）、国家自然科学基金青年项目“信息系统安全利益相关者之间的博弈关系分析和激励策略研究”（编号：71501041）以及国家社会科学基金项目“电子商务中基于隐私信息经济性的隐私信息保护和应用策略研究”（编号：17BGL196）的支持，在此表示衷心感谢。

本书是我们从管理视角长期研究企业信息系统安全问题的系统总结。由于水平有限，不足之处难免，恳请指正。

作　者

2021年2月

目　　录

第一部分　基础理论和基本概念

第二部分　企业信息系统安全技术配置策略

第三部分　企业信息系统安全投资策略

第一部分

基础理论和基本概念

第1章 企业信息系统和信息系统安全

随着计算机和网络等技术的快速发展与广泛应用,信息系统正成为越来越多企业运营管理必备的工具。本章首先明确企业信息系统的内涵及其在企业中的主要应用,其次分析企业信息和信息资产的内涵及其特征,进一步明确信息安全和信息系统安全的概念,分析企业信息系统安全的发展,最后讨论企业信息系统自身的脆弱性和所面临的安全威胁。

1.1 企业信息系统

1.1.1 企业信息系统内涵及其发展

1. 企业信息系统的内涵

企业信息系统是用以实现数据收集、存储和处理等功能,满足企业业务处理和管理决策等需求的计算机及相关技术的应用系统。企业信息系统由信息技术和人的活动两方面要素组成,其目的是完成数据收集、存储、处理、传递、管理等功能,服务于企业的管理、决策、协调和控制,协助管理者或员工分析问题、开发新产品,进而提升企业的运行效率、经济效益和竞争力(肯尼斯·C. 劳顿和简·P. 劳顿,2018)。

企业信息系统的内涵可以从技术和管理两个视角理解。从技术角度看,企业信息系统由一系列相互关联的部件组成,如计算机硬件和软件、网络和通信系统、数据存储和处理系统等,其共同完成企业内外部数据收集、存储、处理、传递和发布等,为企业的业务处理、管理和决策等提供支持。从管理角度看,企业信息系统是企业利用信息技术支持企业更好地解决业务和管理问题,有效应对外部环境给企业带来的挑战。可见,企业信息系统应用涉及组织、管理和技术三方面因素的共同作用。组织上,企业信息系统应用需要考虑与各类员工、小组或部门之间的相互作用、相互影响,需要考虑企业各个管理层次、不同业务功能的用户对信息系统的不同需求,同时还需要考虑企业文化对信息技术应用的影响;管理上,企业信息系统应用需要考虑管理者所面临的各种情境,支持管理者洞察环境所带来的挑战,并制定相应的应对策略和进行相关资源配置，需要考虑信息系统应用与管理模式和管理流程之间的匹配，需要考虑如何利用信息系统帮助管理者进行企业的定位和设计等；技术上，企业信息系统应用涉及一系列相互关联的技术，主要包括计算机硬件和软件技术、网络技术、数据库技术和安全技术等。

人是企业信息系统应用的主动和能动要素，信息系统不是纯粹的技术系统，而是一个复杂的社会技术系统。一方面，信息系统不等同于信息技术，信息技术更多强调的是技术的原理和构成等，信息系统注重的是从企业目标出发科学选取信息技术在企业高效应用。企业信息系统的应用涉及业务流程、组织架构、人的权利和责任等多个方面的组织因素，还受到企业文化的直接影响。另一方面，信息系统也有别于管理人员的商业决策，管理人员的商业决策会考虑除信息系统提供的信息之外的其他重要的决策环境和决策变量，信息系统则是通过数据收集、存储、处理、传递和管理等功能支持和辅助管理人员进行管理和决策。总之，信息系统不但包含数据库、软件和硬件等各种技术设施，还包含进行各种活动的人，如技术专家和管理人员等，是人和技术共同作用的社会技术系统。

由于信息系统是一个社会技术系统，企业信息系统应用不仅需要技术投资，还需要相关的互补性资产，包括组织资产、管理资产和社会资产。组织资产包括企业中重视效率和效益的企业文化、与信息技术应用相匹配的高效的业务流程、与信息系统应用相适应的权利和责任分配体系与决策体系以及强大的信息系统应用开发和管理团队等；管理资产包括企业管理者特别是高层管理者对信息技术投资和信息系统应用所需要管理变革的强烈支持、企业对管理创新的激励、企业运用信息系统进行管理决策的技能培训等；社会资产包括全社会的互联网和通信基础设施、劳动者的计算机素养和能力、信息系统应用的相关标准和法律法规以及企业信息系统技术应用所需要的管理咨询、系统开发与技术支持等相关服务等。企业信息系统应用过程中同时考虑技术投资和所需要的互补性投资是成功应用信息系统的基础性保障。

2. 企业信息系统应用的发展历程

随着计算机和网络等信息技术的快速发展，人们对信息资源价值的认知不断提升，企业信息系统应用不断发展。自 20 世纪 40 年代计算机技术诞生以来，从技术视角看，企业信息系统应用经历了 5 个阶段，分别为通用主机及小型计算机、个人计算机、客户机/服务器、企业计算以及云计算与移动计算阶段。

(1)通用主机及小型计算机阶段(1959 年至今)

1959 年 IBM 晶体管计算机的出现标志着主机型(mainframe)计算机在企业中开始广泛应用。主机型计算机拥有非常强大的功能，能支持数千个远程终端，通过专用通信协议和数据线与中央主机远程连接。

主机中心结构是一种高度集中的计算模式，计算机系统都是由专业的程序员和系统操作员集中控制，各种软件和硬件基础设施往往由同一家生产商供应。但在 1965 年数据设备公司（Digital Equipment Corporation，DEC）推出小型计算机（minicomputer）后，分散式计算模式开始在企业中应用，企业可以按独立部门或相关的业务部门实施分散计算，不必再采用分时的方式共享一台大型主机。

（2）个人计算机阶段（1981 年至今）

1981 年 IBM 个人计算机的出现标志着个人计算机时代的开始，随着个人计算机的普及，涌现出了大量的个人桌面软件工具，如文字处理软件、电子制表软件、电子演示软件以及小型数据管理软件等，这些软件得到个人用户和企业用户的广泛应用。

（3）客户机/服务器阶段（1983 年至今）

在客户机/服务器计算（client/server computing）中，被称为客户机（client）的台式机或便携计算机通过网络与功能强大的服务器连接。服务器响应客户服务请求。相关处理任务被分配在这两类设备上，客户机是用户输入终端和输出结果端，服务器主要对共享数据进行处理和存储。在这种模式的系统中，企业根据需要设计多层客户机/服务器架构，将不同任务分布在不同服务器，如应用程序服务器进行企业应用程序管理和运行，邮件服务器进行企业邮件管理，数据库服务器进行数据存储和管理等。

（4）企业计算阶段（1992 年至今）

20 世纪 90 年代初期企业开始基于网络标准和工具构建覆盖整个企业的信息技术基础设施（information technology infrastructure），1995 年之后传输控制协议/网间协议（transmission control protocol/internet protocol，TCP/IP）的出现使得网络在企业中的应用快速发展，企业可以将不同的计算机硬件和较小的计算机网络连接成覆盖全企业的网络，实现企业内部和企业之间的信息快速传输和共享，企业信息系统应用跨入网络时代，集成化企业应用快速发展。

（5）云计算与移动计算阶段（2000 年至今）

互联网的快速发展推动客户机/服务器模式向"云计算模式"方向发展。云计算（cloud computing）使得计算机、存储、应用和服务等计算资源可以高效方便共享。云服务提供商远程为企业提供并维护信息技术基础设施，为企业提供计算能力、数据存储和高速互联网连接等服务，而 SAP（system applications and products）、Oracle 等软件生产商提供应用软件服务。在移动网络和云计算的支持下，企业信息系统具有了更强的灵活性和可维护性，可以以更低成本实施更强大的专业化信息系统应用。

信息技术的发展推动企业信息技术基础设施不断发展，企业信息资源利用能力越来越强。信息技术基础设施的变化主要是由于计算机处理能力、内存芯片、存储设备、通信和网络以及软件等方面的快速发展,这些技术的发展推动计算能力呈指数级上升,成本却呈指数级下降。同时云计算、移动网络计算和移动终端设备等的发展,使得信息系统应用不再受时间和地点的限制。技术的发展也使企业信息系统应用有了更多选择,可根据自己的需要选择适合的信息技术基础设施,如一些企业会使用传统的主机系统,或将主机用来支持大型网站和企业级应用的服务器。

另外,在信息技术不断发展的同时,企业对信息资源价值的认知也在不断发展,从企业不得不处理的数据,到可以支持管理和决策的资源,再到企业的战略资源,伴随着对信息价值认知的改变,企业中信息系统的应用经历了从利用计算机的计算能力提高数据处理效率,到应用数据分析服务于管理和决策,再到应用信息系统提升竞争力和加强合作伙伴关系。

1.1.2 企业信息系统应用类型

目前,信息系统已经在企业各个管理层次、各个功能领域广泛应用,渗透到企业的各个方面。

企业横向上可分为采购、生产制造、营销和销售、人力资源、财务等多个功能领域,纵向上可分为运行层、管理控制层和战略层等多个管理层次。从支持管理层次的角度,企业信息系统分为运行层的事务处理系统(transaction processing system,TPS)、管理控制层的管理信息系统(management information system,MIS)和决策支持系统(decision support system,DSS)以及战略层的经理信息系统(executive information system,EIS)。不同层次的管理人员面临不同的管理问题,问题解决所需要的数据和数据处理方式也存在明显差别,因此,服务于不同管理层的信息系统输入、处理和输出均存在很大差别。事务处理系统实时记录企业各个功能领域发生的事务,系统将实时数据生成详细报表;管理信息系统(狭义上的管理信息系统)将来自运行层的详细数据按照一定管理周期生成例行化的统计报表,系统具有简单的数据分析功能;决策支持系统则是针对特定决策问题,运用复杂的数据处理或模型分析,对管理者的决策提供支持,但系统不能代替决策者进行决策;经理信息系统服务于企业高层管理人员,高层管理在企业中扮演着多种角色,这就意味着经理信息系统的功能更具有多样性和复杂性,既需要满足经理日程安排和企业内外部信息检索与筛选等需求,又需要满足经理挖掘和分析内外部环境信息以及制定战略规划等决策支持的要求。

从企业信息系统的功能角度,可分为计划功能、控制功能、预测功能和决策功能等类型。计划功能的应用是企业根据自己的发展需要制订不同类型的计划，如物资采购计划、生产计划、营销计划、管理工作计划等，根据各项报告形成完整的数据报告，以便为各项管理工作的落实提供可靠的指导依据。控制功能的应用是为企业内部各个部门的工作提供数据，并监督各个部门工作的落实情况，将其工作中产生的信息汇总到信息系统中，分析企业管理是否存在问题。传统管理模式中，各个部门相对独立，容易形成信息孤岛，导致企业做出错误的决策，控制功能系统将各个部门集成，明确各个部门的业务交叉，基于统一的数据开展各项业务（刘青，2008）。预测功能的应用是指根据系统获取的信息，通过统计学、现代数学和模拟等方法对企业的未来发展趋势进行预测。简单决策功能应用是指基于数据内容，为决策提供可靠的信息支持，帮助基层管理人员进行简单的决策。随着计算能力的增强和大数据技术的发展，信息系统的决策支持功能不断提升，智能决策支持系统、群决策支持系统和经理支持系统等在企业中得到越来越广泛的应用。

从企业信息系统应用涉及的范围，可分为专门领域的应用和集成化的应用。专门领域的应用系统是指服务于企业某个或某几个特定功能领域的信息系统应用，如人力资源管理系统、财务管理系统、电子商务系统等，企业从专门功能领域考虑信息系统的应用，容易在企业内形成信息化孤岛。随着网络通信技术的快速发展，越来越多企业实施集成化信息系统应用，企业资源计划（enterprise resource planning，ERP）系统是企业最具代表性的集成化应用。ERP 系统将企业的制造和生产、财务和会计、销售和市场、人力资源等职能领域的业务流程集成到一个系统，实现整个企业的物质、人力以及资金等资源的集成化管理。同时，ERP 系统将企业供应链上的客户和供应商也纳入系统管理范围，ERP 系统将生产计划、采购计划以及企业的财务预算、人力资源计划等都纳入企业供应链中，保证了资金的流入与流出具有一致性，能够根据企业当前的财务发展情况有效完成对企业的管理和分析，把握企业的资金流动状态，支持企业科学控制与决策。

1.2 信息和信息资产

1.2.1 信息及其特性

从通信角度，信息指音讯、消息，是通信系统传输和处理的对象，泛指人类社会传播的一切内容。人通过获得、识别自然界和社会的不同信息区别不同事物，得以认识和改造世界。在一切通信和控制系统中，信息是一种普遍联系的形式。数学家 Shannon（1948）在题为《通讯的数学理论》一文中指出："信息是用来消除随机不确定性的东西”。创建一切宇宙万物的最基本单位是信息;管理学家认为“信息是提供决策的有效数据”。

企业信息系统中的信息是指经过加工处理、对用户或企业的相关过程有用或有意义的数据,数据是企业或其环境中每时每刻发生的原始事实流。数据的表现形式可能是数字、图片、文档、音频或视频等。信息不仅是企业事务处理所需要的资源,而且也是企业管理决策的重要资源。在当今快速多变的市场环境中,信息已成为企业的战略资源。

信息的价值来自其拥有的特性,信息特性的变化可能会影响其价值。从企业使用信息的角度,企业信息应该具有可用性、精确性、真实性、机密性、完整性、效用性和所有性等特性(Michael and Herbert,2015)。

可用性是指已授权的用户(人或计算机系统)可以在不受干涉和阻碍的情况下访问信息,并能够按需要的格式获得。例如,企业购买的专利库信息,只有授权的研发人员才可以使用,一旦获得权限,研发人员就可以非常方便地查取自己所需要的信息。

精确性是指信息没有出错,且具有终端用户期望价值。如果信息被有意或无意改动,则信息就不再精确。例如,企业客户的订单,订单中包含客户对企业产品的需求信息,如果客户订单在流转过程中,订货数量或需求时间发生改变,就可能给企业采购和生产等带来一系列问题。

真实性是指信息保持真实和最初创建时的质量和状态。信息保持最初创建、放置、存储和传送的状态即为真实。例如,模仿企业网站的钓鱼网站会给客户带来很大的损失。

机密性是指防止信息泄露或暴露给未授权的人或系统。机密性确保只有具有权限和特权的用户才能访问信息。当未授权的人或系统可以查看信息时,就违背了机密性。例如,零售企业、银行等客户信息的机密性很重要,一旦客户认为的机密和敏感信息发生泄露,就可能给企业带来损失。

完整性是指信息保持完整、未被修改。在信息的真实状态被修改、毁损或破坏时,信息的完整性就受到威胁。很多计算机病毒和蠕虫设计的目的就是修改数据,也就是破坏信息的完整性。信息完整性是信息系统的基石,如果用户不能验证信息的完整性,信息就会失去价值。

效用性是指信息对某个用途或目的具有价值的一种性质或状态。也就是说,信息服务于某个目的时,它才有价值。例如,对个人来说人口统计数据是没有意义的,但对企业而言可以基于某个地区的人口统计数据进行市场特征分析。

所有性是指信息的所有权或控制权的性质和状态。如果一个人获得了信息,则称信息为其所有。信息所有性独立于信息的其他属性。泄密会导致所有权的丧失,但所有权的丧失不一定总会导致泄密。

1.2.2 信息资产及其特性

信息资产(information assets)是指企业可以控制和利用、能够为企业带来经济利益的信息及相关联的资源。本质上讲,信息作为一种生产要素参与企业的经济活动,可以减少或者消除经济活动中的风险,为企业管理控制和科学决策提供支撑,并给企业带来经济效益。企业获取的信息资产正式投入生产经营运作以后,由于合理利用了现有的生产资源,充分发挥了资源的整合效应,提高了劳动生产率,缩短了经营周期,提高了组织管理效率,减少了企业的生产经营费用,大大提高了产品的质量和销量,提高了企业的经营利润。而信息的利用和价值的发挥离不开技术和人。

从不同的角度可以对信息资产进行不同的分类。按作用领域信息资产可分为四大类:科学技术类信息资产、市场类信息资产、生产类信息资产和外部宏观信息资产。其中,科学技术类信息资产是指企业在生产经营和科学实验等创新过程中,由于发明创造高新技术和技术诀窍而形成的一种产权形式,主要包括专利权、版权、技术秘密、计算机软件等。市场类信息资产指企业拥有的与市场相关联的信息资产,该类信息资产可能带来的经济利益主要包括品牌、客户关系和合同等。生产类信息资产是指企业在日常生产经营活动中的各种生产情况记录形成的信息,该类信息资产对企业成本核算和成本控制有极其重要的作用,其常见的有原材料信息、加工信息、存储信息和传输信息等。外部宏观信息资产则是指企业针对其所生存的宏观环境进行分析所获取的信息,包括社会发展信息、政策法规信息和技术经济信息等。

王祯学等(2011)将信息资产分为三类:客体资产、主体资产及环境资产。其中,客体资产包含支撑信息系统的硬件、软件、通信协议和数据资源等;主体资产是指掌握和操控信息资源的技术人员和管理人员;环境资产是指主体和客体资产所处的环境,如机房、建筑物结构、动力保障系统等。此外,表 1.1 给出了一种基于表现形式的信息资产分类(王祯学等,2011)。

表 1.1 基于表现形式的信息资产分类方法

分类	示例
数据	保存在信息媒介上的各种数据资料,包括源代码、数据库数据、系统文档、运行管理规程、计划、报告、用户手册、各类纸质的文档等
软件	系统软件:操作系统、数据库管理系统、语句包、开发系统等 应用软件:办公软件、数据库软件、各类工具软件等 源程序:各种共享源代码、自行或合作开发的各种代码等

续表

分类	示例
硬件	网络设备:路由器、网关、交换机等 计算机设备:大型机、小型机、服务器、工作站、台式计算机、便携计算机等 存储设备:磁带机、磁盘阵列、磁带、光盘、软盘、移动硬盘等 传输线路:光纤、双绞线等 保障设备:UPS、变电设备、空调、保险柜、文件柜、门禁、消防设施等 安全设备:防火墙、入侵检测系统、身份鉴别系统等 其他:打印机、复印机、扫描仪、传真机等
服务	信息服务:对外依赖该系统开展的各类服务 网络服务:各种网络设备、设施提供的网络连接服务 办公服务:为提高效率而开发的管理信息系统,包括各种内部配置管理、文件流转管理等服务
人员	掌握重要信息和核心业务的人员,如主机维护主管、网络维护主管及应用项目经理等
文档	纸质的各种文件、传真、电报、财务报告、发展计划等
其他	企业形象、客户关系等

信息资产是企业拥有和控制的一项特殊资产,既具有一般物质资产的特征,又兼有无形资产和信息资源的双重特征。概括来说,信息资产特有的特征主要表现在以下几个方面[①]:

信息资产的首要特征是其共享性,即非排他性。信息资产的共享性来自信息本身的非占有性。信息资产持有者不会因为传递信息而失去它们,信息资产的获得者取得信息资产也不以其持有者失去信息资产为必要前提,二者在信息使用上不存在竞争关系,因而信息资产可以被反复交换、反复使用。随着市场经济的发展和政府作用的不断增强,信息的共享性已经受到一定程度的限制,但是即使是受知识产权保护的信息资产在一定的范围内和一定的条件下也具有非排他性。这是因为,信息资产持有者可以通过收取使用费的方式允许他人使用而自己并不一定失去该信息资产。再者,知识产权制度只是对知识产权进行有限保护,使得信息资产不能被永远独占使用,保护期结束之后的信息资产就能被全社会无偿使用,从而更加表现出其非排他性。此外,也会出现其他组织不遵守知识产权保护制度而窃取、仿制、传播信息资产的行为,使得信息资产在一定程度上难以被独占。

信息资产具有高附加值性。信息资产一旦被企业应用,有可能创造出巨大价值,产生显著经济利益。信息资产带来经济利益的规模,通常不受生产规模的约束,而是受到市场规模的约束。例如,计算机软件,一旦研究与开发成功并投入市

① https://wenku.baidu.com/view/f3ab9af9f5335a8103d22026.html。

场,用于承载该软件的光盘等载体的边际成本微乎其微,生产、销售越多,其所产生的利润就越高。

信息资产具有高风险性。信息资产的高风险性源自信息资产使用的高附加值和传播的低成本性。在激烈竞争的市场环境中,信息资产的安全问题至关重要。一般来说,信息资产经常处于公共的介质中或处于流动状态,这就使信息资产的复制成本较低,导致企业信息资产安全管理和控制较难。没有安全保障的信息资产,谈不上资产价值。

信息资产具有强烈的时效性。相比其他任何资产,信息资产具有更强的时效性。对于一些流动性极强的信息资产来说,如市场类信息资产,如果不能在最恰当的时机加以开发利用,机会稍纵即逝,此后再对该信息资产进行利用,就不可能达到最好的效果,甚至可能会完全失去效用。即使对于流动性相对较弱的信息资产,如受到产权保护的科学技术类信息资产,其效用的发挥同样具有时效性。一般而言,科学技术类信息资产的产权保护期限都在十年以上,其时效性表现在,一旦过了保护期,这些信息资产不再受到保护而充分显示其共享性的特征;另外,在科学技术飞速发展的今天,技术的更新换代越来越频繁,生命周期越来越短,即使在保护期内,信息资产也可能由于技术进步而很快被取代或者被淘汰。

对企业而言,计算机信息系统中所保存的影响企业经济利益的信息资源是非常重要的一类信息资产。只要对企业的经济利益有利,信息资产就有价值,进而就有被网络攻击的可能。所以信息资产的有用性是信息安全的根源,信息资产能够以各种形式出现,如信用卡公司的用户姓名和账号、网络游戏公司的账号和密码、电子商务网站的用户账号和密码、电子邮件系统和社交网站的用户账号与密码以及公司的生产计划和商业机密等。

1.3 企业信息系统安全及其发展

1.3.1 信息和信息系统安全

信息系统安全主要涉及三个概念:安全、信息安全和信息系统安全。现对这几个概念进行界定。

(1)安全。《职业健康安全管理体系 要求及使用指南》(GB/T 45001—2020)对“安全”给出的定义是“免除了不可接受的损害风险的状态”,也就是防备危害和其他损害。例如,国家安全是指保护主权、资产、资源和人们安全的多层次系统。与安全相对应的是风险和威胁,不同机构面临不同风险和威胁,因此,安全具有不同的具体内涵。

(2)信息安全。信息安全是计算机出现后才受到广泛重视的一个概念。由于信息安全涉及范围很广,企业、政府等各类组织均面临信息安全问题。为此,很多国内外的标准化组织都把信息安全纳入其标准体系中,但在不同的标准体系中,信息安全有不同的定义。美国国家安全系统委员会(Committee on National Security Systems, CNSS)定义"信息安全(information security)就是保护信息及其关键要素,包括使用、存储以及传输信息的系统和硬件",该定义提出的基础是计算机安全的三特性,即机密性(confidentiality)、完整性(integrity)和可用性(availability)。国际标准化组织(International Standard Organization, ISO)在《信息安全管理体系原理与术语》中将信息安全定义为"保护、维持信息的机密性、完整性和可用性,也包括真实性、可核查性、抗抵赖性、可靠性等性质"。

随着信息技术的发展,信息安全涉及的范围越来越宽,目前已包括物理安全、操作安全、通信安全、系统安全、网络安全、数据安全、安全管理等多个方面,对信息安全仅考虑计算机安全的三特征已经不够,需要全面考虑信息各方面的特性。

(3)信息系统安全。信息系统[①]是为实现相关业务目标,运用信息技术开发建设的应用系统,最终目标是支持和促进所属组织的长远发展。为此,信息系统安全需要从组织和应用等层面综合考虑多方面的问题:信息系统是否满足组织的发展目标和使命?信息系统是否能够为组织的长远发展提供安全方面的保障?组织的信息安全投入与所保护的信息价值是否平衡?一定的信息系统安全保障在给定的系统环境下能保护的最大价值是多少?信息系统如何有效实现安全保障?如此等等。这就意味着信息系统安全是指信息系统遵守国家的相关安全法律法规,遵循行业相关标准,能持续提供给支撑业务所需的服务功能,确保组织机构的正常运转。也就是说,信息系统能按照预定的目标提供相应的功能,能为组织的长远发展提供安全保障和支持,并且组织在信息系统安全方面的投入与所防范的风险威胁是平衡的(林国恩和李建彬,2010)。为此,将信息系统安全定义为:信息系统的硬件、软件及系统中的数据受到保护,不会受到偶然的或者恶意的破坏、更改、盗窃或者物理损害,信息系统能够连续可靠地运行,根据组织的需要提供相关信息服务,有效支持组织目标实现。具体来说,信息系统安全主要包括信息系统的设备安全、数据安全、内容安全和行为安全四个方面。其中,设备安全包含稳定性、可靠性和可用性;数据安全是指采取措施确保数据免遭未授权的泄漏、篡改和毁坏,具体包含数据的机密性、真实性、完整性和可用性等;内容安全是信息安全在法律、道德层面上的要求,包括符合国家法律要求和相应道德要求;行为安全是信息系统安全的

① 本书中的信息系统无特殊说明均指基于计算机的信息系统(computer-based information system)。

终极目的,包含行为的秘密性、完整性和可控性。

从定义可以看出,信息安全是信息系统安全的一部分,信息系统安全的最终目标是保证信息安全和行为安全。同时安全是一个相对的概念,没有绝对的信息系统安全和信息安全。

1.3.2 信息系统安全的发展

信息系统安全起源于计算机安全,信息系统安全受到计算机技术和网络通信技术的直接影响,随着信息技术的发展,信息系统安全的内涵和外延不断演化。影响信息系统安全的信息技术尤其是计算机技术的发展经历了四个阶段。

第一阶段:20 世纪 40 年代中期至 50 年代中期。计算机由大量的继电器和真空管组成,体积庞大,只能进行基本的数值运算,没有编程语言和操作系统,无法存储信息,只用于科学计算,在某一时间段内只能运行一个程序。这个时期的信息系统安全问题就是物理设备的安全。

第二阶段:20 世纪 50 年代中期至 60 年代中期。晶体管代替真空管,计算机具有了一定的存储能力,应用不再只局限于科学计算,开始在商业和工程中应用。计算机的体积变小,中小型计算机采用批处理系统,也就是在某一时间段内,程序员输入一批作业后机器开始处理。此阶段的计算机采用单用户处理模式,除物理安全外,需要考虑不同作业之间的数据错写问题。总体上看,此阶段信息系统面临的风险和威胁都很有限。

第三阶段:20 世纪 60 年代中期至 70 年代末。计算机开始由集成电路组成,出现了只读存储设备,操作系统开始应用,实现了"多道程序"和"分时系统",多个用户运行多个进程,分别处理和存储不同的数据。计算机的运行速度和存储能力不断增强,成本也大大降低。此时,除了物理安全外,还面临着数据被窃取、用户身份被盗用、不同进程之间的安全影响等问题。特别是在 20 世纪 70 年代出现局域网后,安全问题就变得更为复杂。

第四阶段:20 世纪 70 年代末至今。20 世纪 70 年代后,集成电路的集成度从中小规模迅速发展到大规模、超大规模,微处理器和微型计算机快速发展,操作系统大量应用,出现网络操作系统和分布式操作系统等,计算机的性能快速提升。同时,伴随着网络技术的发展,计算机的应用范围快速扩大,特别是近几年云计算、移动网络等技术快速发展,计算机和网络技术已经渗透到社会生活的各个领域。不仅可以在同一台电脑上多用户执行多进程,网络远程控制和访问也快速发展,通过网络传输的信息量达到惊人的程度。此时,信息系统所面临的风险和威胁越来越复杂,信息系统安全不再仅是物理安全和数据安全,而是涉及系统中所有相关因素的安全问题。

近年来,对信息系统安全影响越来越大的是快速发展的计算机网络技术,计算机网络技术的发展也经历了四个阶段,但与计算机硬件和操作系统的发展并不完全同步。

第一阶段:20 世纪 60 年代末期到 70 年代初期。这一阶段是计算机网络的萌芽阶段,人们通过只含显示器和键盘的哑终端使用主机,分时系统将主机时间分配给成百上千的用户,各个用户的终端设备间无法直接通信,都只与主机直接连接。此时的计算机网络还算不上真正意义上的网络。此阶段美国国防部高级研究计划局(Defense Advanced Research Projects Agency,DARPA)开始实施 ARPANET 项目,就是 Internet 的源头项目。

第二阶段:20 世纪 70 年代中期到 80 年代中后期。这一阶段是计算机局域网形成阶段,分时系统从巨型机逐渐应用于中小型计算机,计算机之间相互连接,开始形成一定的层次和组织体系,出现了计算机局域网。此阶段美国国防部高级研究计划局研究开发的 ARPANET 开始投入使用,ARPANET 上的主机和用户数均呈爆炸性增长,暴露出一系列安全问题,如密码的结构和格式非常脆弱、拨号连接过程不安全等。为此 ARPANET 专门研究了计算机安全,明确提出除了物理安全和硬件安全外,信息系统安全还包括数据的安全保护、限制对数据的随机访问和未授权访问、信息安全机构中的相关人员等。20 世纪 70 年代晚期,随着个人计算机成为现代计算的主流,数据中心不再是唯一的计算资源,80 年代数据处理系统的分散化,使个人计算机和大型机之间相互连接,从而使计算机资源得到整合。

第三阶段:20 世纪 90 年代到 21 世纪初。随着计算机网络的普及,网络互联的需求越来越强烈,催生了 Internet。Internet 是第一个全球互联网络,把几乎所有可连到电话线的计算机或局域网连接到一起,网络中的信息面临越来越大的安全威胁。20 世纪 90 年代末和 21 世纪初,许多大公司设置信息系统安全管理部门。

第四阶段:2000 年至今。Internet 已经将上百万个不安全的计算机网络连接起来,相互持续通信。网络上一个计算机存储信息的安全同与它相连的其他计算机安全密切相关。越来越多的网络攻击使政府和企业认识到需要保护公用事业和其他关键基础设施计算机化的控制系统,同时,国家间的信息战使企业信息系统面临着更大的安全威胁。

正是由于计算机和网络技术的发展,企业信息系统的结构从主机中心结构到客户服务器结构,到现在企业计算、云计算和移动计算的普遍应用,企业信息系统基础技术的发展导致其信息系统面临越来越多的安全威胁,信息系统安全成为各类组织信息技术应用过程中必须考虑的重要因素。

1.4 企业信息系统脆弱性和安全威胁

风险是遭受意外损失的可能性,企业信息系统风险主要来自系统自身的脆弱性、可能遭受的各种威胁以及企业应对威胁不合适的策略。这里重点讨论脆弱性和威胁,有关策略方面的内容在第 2 章讨论。

1.4.1 企业信息系统脆弱性

脆弱性(vulnerability)英文原意是指物体易受攻击、易受伤和被损坏的特性,指对危险暴露程度及其易感性(susceptibility)和抗逆力(resilience)尺度的考量。信息系统脆弱性就是信息系统面对各种威胁时,自身存在较易遭受伤害和损失的因素,信息系统脆弱性以各种安全漏洞的形式存在。企业信息系统是计算机、网络等硬件设备和操作系统、数据库管理系统、应用系统等构成的有机整体,这就意味着其安全漏洞涉及多个方面,而且是动态变化的(张基温,2017),具体主要表现在以下几个方面。

1. 计算机等硬件设备的脆弱性

计算机等硬件设备的脆弱性不仅表现为硬件设备本身容易受到自然灾害,如水、火等的破坏,而且这些硬件设备也比较容易受人为破坏,移动终端在信息系统中的广泛应用更增强了物理设备的脆弱性。

计算机等硬件设备的脆弱性还表现为计算机芯片上的漏洞。计算机芯片上的缺陷可能在特定环境条件下给信息系统造成损害。

2. 操作系统脆弱性

操作系统是对计算机系统的软硬件资源进行管理、控制的大型综合软件,是计算机系统运行的基础。操作系统漏洞是信息系统不安全的重要源头之一。根据美国联邦调查局(FBI)公布的安全漏洞报告,在 Internet 的安全漏洞中排在前20 名的几乎都是操作系统漏洞。操作系统漏洞主要有:

后门式漏洞。后门或称陷门(trap doors)是一种操作系统的无口令入口,由一段程序实现,通常是系统开发者为调试、测试、维修而设置的简便入口。例如,在特定的时间按下特定的键或提供特定的参数,就会在不需要授权的情况下触发预定的事件或事件序列。一般情况下后门是比较难发现的,但攻击者常常利用隐蔽的信道监视系统运行以伺机对系统发起攻击,如操作系统提供的调试器(debug)、向导(wizard)等都有可能被攻击者利用进入系统。

补丁式漏洞。操作系统支持动态连接,这样才能动态安装输入/输出设备的驱动程序和其他系统服务,也才能通过打补丁的方式修补安全漏洞。这也就为攻击者提供了用打补丁的方式破坏系统的机会。

远程创建进程式漏洞。操作系统允许远程进程的创建和激活,由于被创建的进程可以继承创建进程的权力,这就为攻击者远程安装攻击软件提供了可能。例如,攻击者可以在远程把补丁打在一个特权用户名下,继而使用该特权实施对系统的攻击。

3. 数据库的脆弱性

企业信息系统数据库设计时更多考虑的是数据的共享性、一致性、完整性和可控制性,而对安全考虑较少,这就使数据库具有了脆弱性。例如,数据库中存放着大量数据,这些数据的重要性、机密性各不相同,但它们却要被不同职责和不同权力的用户共享,这直接影响数据安全。再如,数据库的共享性可能导致一个用户对数据的修改影响了其他用户的正常使用。并且联机数据库可以被多用户共享,可能会造成多个用户操作而破坏数据的完整性。同时,数据库中一般不保存历史数据,一个数据被修改后原值就被破坏。

4. 计算机网络的脆弱性

计算机网络是通信技术与计算机技术相结合的产物,网络的脆弱性表现在多个方面:数据传输过程中的脆弱性,如电磁辐射、串音干扰等;网络体系结构开放性引发的脆弱性,网络技术发展中更多考虑的是网络互联和传输效率,没有很好地解决安全问题,因此存在很多薄弱环节。还有网络服务的脆弱性,Web 服务、FTP 服务、电子邮件服务、DNS 服务等都存在自己的漏洞或安全问题,电子邮件附件就可能被作为恶意软件或未授权访问企业内部系统的跳板。

现今无处不在的无线网络在给企业带来方便的同时,也增加了信息系统的脆弱性。Wi-Fi 传输技术使得一个基站能够很容易找到并接听另一个基站。Wi-Fi 网络中识别访问点的服务集标识(service set identifier,SSID)多次广播,能够很容易地被入侵者的监听程序窃取。

5. 应用系统的脆弱性

随着计算机和网络技术的快速发展,信息系统应用日趋广泛和深入,应用软件的复杂性日益增加、规模不断扩大,且市场需求不断变化,这些因素导致软件缺陷或漏洞不断增加。例如,2015 年 4 月,由于飞行员用来检查基础地图和导航文件的

iPad 发生了软件故障,美国航空公司不得不延迟 40 班航班。

应用系统的脆弱性体现为系统中隐藏的漏洞或程序代码缺陷。对于较大型程序,由于包括数以千计的选择代码和数以百万计的执行路径,很难对软件进行充分完整的测试,软件难免会存在缺陷。应用软件缺陷的存在不仅会降低系统的性能,而且会造成安全漏洞。软件漏洞可能在被黑客利用实施攻击之前发现,但有些漏洞在被黑客利用实施攻击时,软件创建者并没有发现,为此软件创建者只有零天的时间修补代码,这类漏洞称为零日漏洞(zero-day vulnerabilities)。

1.4.2 企业信息系统主要安全威胁

企业信息系统安全威胁是指信息系统外部环境中可能给信息资产带来损失的要素集合,信息系统威胁始终存在,只有当特定的行动给企业信息资产带来损失时,威胁才变为信息系统的攻击。威胁往往利用信息系统自身的脆弱性而起作用。企业信息系统面临的主要安全威胁如图 1.1 所示。

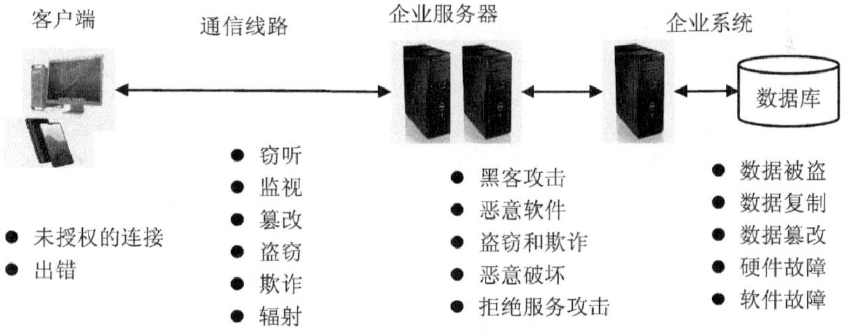

图 1.1 企业信息系统面临的主要安全威胁

企业信息系统在应用过程中可能面临各种安全威胁,主要是信息安全威胁,即对信息的完整性、可用性、保密性和可靠性造成危害。从不同的角度可对企业信息系统安全威胁进行不同分类。从威胁来源的角度分为来自人为因素和环境因素(非人为要素)的威胁,其中人为因素包括恶意和非恶意两种,环境因素包括自然界不可抗的因素和其他物理因素,如表 1.2 所示。

表 1.2 不同来源的企业信息系统安全威胁

来源	描述
环境因素	断电、静电、灰尘、潮湿、温度、鼠蚁虫害、电磁干扰、洪灾、火灾、地震、意外事故等环境危害或自然灾害,以及软件、硬件、数据、通信线路等方面的故障

续表

来源		描述
人为因素	恶意	内部人员对信息系统进行恶意破坏;采用独自或内外勾结的方式盗窃机密信息或进行篡改,获取利益 外部人员利用信息系统的脆弱性,对网络或系统的保密性、完整性和可用性进行破坏,以获取利益或炫耀能力
	非恶意	内部人员由于缺乏责任心,或者由于不关心或不专注,或者没有遵循规章制度和操作流程而导致故障或信息损坏 内部人员由于缺乏培训、专业技能不足、不具备岗位技能要求而导致信息系统故障或信息系统被攻击

资料来源:《信息安全技术 信息安全风险评估规范》(GB/T 20984—2007)

从威胁的表现形式看,威胁也有多种类型,如表 1.3 所示。不同表现形式的威胁有不同的特征,给企业信息系统安全会带来不同的影响,所需要考虑采取的安全措施也不一样。

表 1.3　基于表现形式的企业信息系统威胁分类

种类	描述	威胁子类
软硬件故障	对业务实施或系统运行产生影响的设备硬件故障、通信链路中断、系统本身或软件缺陷等问题	设备硬件故障、传输设备故障、存储媒体故障、系统软件故障、应用软件故障、数据库软件故障、开发环境故障等
物理环境影响	对信息系统正常运行造成影响的物理环境问题和自然灾害	断电、静电、灰尘、潮湿、温度、鼠蚁虫害、电磁干扰、洪灾、火灾、地震等
无作为或操作失误	应该执行而没有执行相应的操作,或无意执行了错误的操作	维护错误、操作失误等
管理不到位	安全管理无法落实或不到位,从而破坏信息系统正常有序运行	管理制度和策略不完善、管理规程缺失、职责不明确、监督控管机制不健全等
恶意代码	故意在计算机系统上执行恶意任务的程序代码	病毒、特洛伊木马、蠕虫、陷门、间谍软件、窃听软件等
越权或滥用	通过采用一些措施,超越自己的权限访问了本来无权访问的资源,或者滥用自己的权限,做出破坏信息系统的行为	非授权访问网络资源、非授权访问系统资源、滥用权限非正常修改系统配置或数据、滥用权限泄露秘密信息等
网络攻击	利用工具和技术通过网络对信息系统进行攻击和入侵	网络探测和信息采集、漏洞探测、嗅探(账号、口令、权限等)、用户身份伪造和欺骗、用户或业务数据的窃取和破坏、系统运行的控制和破坏等

续表

种类	描述	威胁子类
物理攻击	通过物理的接触造成对软件、硬件、数据的破坏	物理接触、物理破坏、盗窃等
泄密	信息泄露给不应了解的他人	内部信息泄露、外部信息泄露等
篡改	非法修改信息,破坏信息的完整性,使系统的安全性降低或信息不可用	篡改网络配置信息、篡改系统配置信息、篡改安全配置信息、篡改用户身份信息或业务数据信息等
抵赖	不承认收到的信息和所进行的操作与交易	原发抵赖、接收抵赖、第三方抵赖等

资料来源:《信息安全技术 信息安全风险评估规范》(GB/T 20984—2007)

对企业信息系统而言,需要着力采取措施防范的威胁主要有恶意软件、黑客攻击、内部员工威胁(肯尼斯 · C. 劳顿和简 · P. 劳顿,2018)。

1. 恶意软件

恶意软件是指含有恶意代码的软件,具体可能表现为计算机病毒、蠕虫和特洛伊木马。

计算机病毒是一种通常在用户不知情的情况下,附着在其他软件程序或数据文件上执行的欺诈性软件程序。有些计算机病毒具有极强的破坏性,可以毁坏程序和数据,阻塞计算机内存,格式化计算机硬盘。病毒可通过邮件或文件复制从一台计算机传到另一台计算机。2015 年底 McAfee 发现了近 600 万个移动恶意软件,移动设备病毒对企业计算正构成越来越严重的威胁。

蠕虫是一种独立的计算机程序,可以在网络上将自己从一台计算机复制到另一台计算机。与病毒不同,蠕虫不附着在其他计算机程序文件上,可以自己运行并在计算机之间扩散。恶意软件不仅在计算机上传播,移动设备已成为恶意软件发挥作用的主要渠道。

特洛伊木马是一个软件程序,特洛伊木马不会复制,它本身并不是病毒,但通过它可将病毒或其他恶意代码引入计算机信息系统。

另外有些间谍软件也是恶意软件。这些小程序被偷偷安装入电脑,监控用户的网络浏览行为,并投放广告。目前记录在册的间谍软件已经有数千种。

Panda Security 公司报告 2015 年确定并废止的恶意软件 8400 万个,并且每天检测到 23 万个新的恶意软件。超过一半的病毒是被特洛伊木马感染的。

2. 黑客攻击

黑客是企图在未授权的情况下访问企业信息系统的人。在黑客团体内,“骇客”或“破袭者”是用来指具有犯罪意图的黑客。黑客通常利用互联网的开放性和易用性等特点，利用网络或计算机系统安全防御的弱点进行非授权访问。黑客的活动不仅仅是系统入侵，更主要的是非法获取信息资产、损坏系统或恶意破坏网络，故意破坏、污染网站或公司信息系统。黑客入侵的路径主要有：

（1）电子欺骗（spoofing）和嗅探器（sniffer）。电子欺骗是指通过将欺骗网站伪装成目的网站，把用户导入一个与用户实际访问网站不同的网址。例如，如果黑客将用户误导引入伪装的产品销售网站，黑客就能收集和处理订单，偷走真实网站中的业务及客户的敏感信息。嗅探器是一种在网络中监控信息传输的窃听程序。嗅探器的合法使用能帮助发现网络中潜在的问题或者网络犯罪活动，而黑客的非法使用会使黑客从网络中窃取有价值的私有信息，包括电子邮件信息、公司文件和机密报告等。

（2）拒绝服务（denial-of-service，DoS）攻击。拒绝服务攻击是黑客向网络服务器或 Web 服务器发送成千上万虚假信息或请求，致使网络无法及时处理合法请求，拒绝合法用户服务的行为。分布式拒绝服务（distributed denial-of-service，DDoS）攻击使用许多计算机同时向某一服务器发送请求，造成网络崩溃。尽管 DoS 攻击不会破坏信息或者访问公司限制区域信息系统，但通常会导致网站关闭，使合法用户无法访问网站。这种攻击对于交易繁忙的电子商务网站会造成非常严重的损失。

（3）计算机犯罪（computer crime）。计算机犯罪是指利用计算机相关知识实施的违法行为。大多数黑客活动都是计算机犯罪。计算机犯罪可以分为两类，一类是以计算机为犯罪目标，如攻破被保护的计算机保密数据、未经授权访问计算机系统、蓄意进入受保护的计算机并实施破坏等；另一类是以计算机为犯罪工具的犯罪，如盗取商业秘密、非法复制软件或受保护的知识产权等。

（4）身份盗用（identity theft）。身份盗用是一种冒名获得个人关键信息，如身份证号、信用卡号等，假冒他人名义实施的犯罪。例如，用受害人的名字获得信贷。

（5）点击欺诈（click fraud）。点击欺诈是指在不了解广告商或想要购买产品的情况下，个人或计算机程序被欺骗性地点击了在线广告。在按点击次数支付广告费的在线广告中，点击欺诈是普遍问题。

3. 内部员工威胁

企业信息系统的安全威胁不只来自外部，内部员工也可能成为企业信息系统的安全威胁。企业内部员工具有使用信息系统和访问内部信息的权利，可方便使用系统，获取相关信息，有可能有意或无意给企业信息系统造成安全问题。相对于外部威胁，企业内部员工是最接近信息的威胁，员工的过失对数据的机密性、完整性及可用性等均是一种更严重的威胁。

同时,员工还会由于缺乏安全知识而给系统带来危害,如密码保护意识不强,恶意入侵者假装成企业合法员工骗取密码。终端用户和信息系统专家的不当或错误行为也会给信息系统安全带来问题。

第2章 企业信息系统安全体系和管理策略

企业信息系统安全问题是信息系统自身脆弱性和外部威胁共同作用的结果，信息系统安全技术为信息系统安全管理提供了技术基础，但仅有技术不足以保证信息系统的安全，企业信息系统安全是技术、人和管理策略等共同作用的系统。本章首先分析企业信息系统安全需求，其次明确企业信息系统安全体系包括技术体系、管理体系以及标准和法律法规体系，最后讨论企业信息系统安全管理过程和策略。

2.1 企业信息系统安全需求

2.1.1 信息系统安全相关概念

信息系统安全问题的讨论涉及比较多的专业性概念，本节介绍本书涉及的术语和概念（Michael and Herbert，2015）。

访问：信息系统中一个主体或对象使用、操作、修改或影响另一个主体或对象的过程称为访问。按照访问的合法性分为两类，一类是系统授权用户的合法访问，另一类是黑客对系统的非法访问。访问控制管理系统的访问权限。

资产：资产是被保护的组织资源。资产可以是无形的，如网站、软件或数据；也可以是有形的物理资产，如人员、计算机系统或其他真实的对象。资产特别是信息资产，是信息系统安全工作的焦点，也是被保护的对象。

攻击：攻击是蓄意或无意引起信息系统破坏、功能丧失，或信息破坏、泄露、更改或被窃取等的行为。攻击可以是主动或被动的，蓄意或无意的，直接或间接的。如果某人偶然读取了敏感信息，但没有使用该信息的意图，则称为被动攻击。黑客入侵信息系统，则称为主动攻击。闪电使建筑物起火，带来信息系统硬件或软件的破坏，是无意攻击。黑客为了达到破坏或非法获取相关数据所实施的是蓄意攻击。间接攻击是指黑客入侵一个系统，然后使用该系统来攻击其他系统，如使入侵的系统成为僵尸网络的一部分，被入侵的这组计算机运行攻击者所选的软件，它们自动运行,或者受攻击者的直接控制,去攻击系统、窃取用户信息或者进行分布式拒绝服务攻击。直接攻击来自威胁自身,间接攻击来自被损害的系统或资源,这个系统或资源不能正常工作,或者受到威胁的控制。

控制、保护和对策:企业成功防御攻击、减少风险、克服脆弱性以及其他提高企业内信息系统安全性的机制、策略或过程。

入侵:入侵是指在非授权的情况下,试图存取信息、处理信息或破坏系统以使系统不可靠、不可用的故意行为。实施入侵行为的人称为入侵者,攻击是入侵者所采取的技术手段和方法,入侵过程伴随着攻击。入侵的目的是抢占资源,入侵是成功的攻击。

暴露:暴露是一种条件或状态。对信息系统安全而言,当攻击者知道漏洞后,就出现了暴露的情况。

损失:信息资产被破坏或毁坏,被人进行不期望或未授权的修改或关闭,被拒绝使用,或者信息被窃取,这些情况的发生就会使组织遭受损失。

保护配置文件或安全态势:指组织为保护资产而实现的控制和保护的所有活动集合,包括策略、教育、培训、技术等。这两个术语有时与“安全程序”可互换使用,但安全程序还包含安全管理,涉及规划、人员和相关计划等。

风险:不希望发生的某件事发生的可能性,如负面事件和损失。组织必须最小化风险来匹配自己的风险要求,即一个组织能够接受的风险程度。不同主体对同样的风险会表现出不同的态度,即风险偏好。

主体和对象:计算机可以是攻击的主体,也就是用来执行攻击的工具,也可以是被攻击的对象。一个计算机可以被攻击入侵,然后被用于攻击其他系统。

威胁:威胁是对信息资产具有潜在危险的对象、人或者其他实体。信息系统的威胁可能是人为因素带来的,如黑客攻击,也可能是非人为因素造成的,如自然灾害、系统故障或技术缺陷等。

漏洞:漏洞是系统或保护机制内的弱点或错误,它们使信息暴露在攻击或破坏之下。软件包的缺陷、未受保护的系统端口以及没有上锁的门等都是信息系统的漏洞。有些漏洞已经被检验、归档并公布,有些漏洞则处于潜伏状态。

2.1.2 企业信息系统安全需求的来源

企业信息系统自身的脆弱性和外部威胁是其安全风险的源头,风险的存在对企业信息系统的运行和维护提出了安全需求,安全需求一方面由信息系统各个组件决定,另一方面由系统的特性使然。

1. 企业信息系统组件的安全需求

企业信息系统不只是计算机硬件和软件,还有网络、人员、数据和过程等,每个组件自身的特性决定其有相应的安全需求(Michael and Herbert,2015),这些需求又共同构成信息系统的安全需求。

软件:企业信息系统软件包括操作系统、数据库管理系统和网络管理系统等工具软件以及服务于企业业务处理和管理决策等的应用软件。软件是信息在企业内以及企业间流动的载体,软件是信息系统中最难进行安全保护的组件之一。软件编程中的开发错误是导致信息系统遭受攻击的重要因素,现实中软件程序的开发常常在时间、成本和人力等多方面因素的约束下完成,信息安全通常是在程序开发完成后才会考虑,很少在项目开始时就将安全作为系统一个重要组件纳入系统开发。各类软件中的漏洞、故障、缺陷或其他基本问题带来的信息系统安全问题时有发生。软件程序是最容易被无意或蓄意攻击的目标。

硬件:硬件是存储和执行软件、保存和携带数据、为信息在系统中输入和输出提供接口的物理技术。因为物理安全的破坏可导致信息的丢失,计算机的物理位置和本身的安全对信息系统非常重要。物理安全策略是把硬件作为资产来处理,并保护这些物理资产免受危害和窃取。可以应用传统的物理安全工具,如锁和钥匙来限制对信息系统硬件部分的访问和交互。但信息系统中越来越多移动设备的应用,使得物理安全的保护越来越复杂。

数据:数据是信息系统中最有价值的资产,也是企业非常重要的信息资产。数据也是蓄意攻击的主要目标。现代信息系统多是基于数据库管理系统,如果能够正确使用数据库管理系统,则可以提高数据的安全性,但在信息系统应用程序开发的过程中往往很少充分利用数据库管理系统的安全功能,在某些情况下,数据库实现方式的安全性可能还不如传统的文件系统。对数据安全,不仅需要考虑基于计算机信息系统中的数据,还需要考虑纸介质数据。

人员:人是信息系统安全的重要威胁,如果不采取适当的政策和措施,对企业内与信息系统相关的人员进行教育和培训,培养其安全防范意识和技能,阻止有意或无意的信息破坏或泄露,人会成为信息系统安全中最薄弱的环节。

流程:这是一个容易被忽略的信息系统组件,流程是信息系统完成特定任务的指令集合。如果未授权用户获得了相关流程就会给信息带来威胁。大多数企业均会将信息系统相关事务处理的流程发布给员工,但在发布流程的同时较少提供保护这些流程的培训,就可能导致流程信息的泄露。现实中系统的流程与系统中的信息一样重要。

网络:网络在给信息系统带来强大功能的同时也使系统面临更大威胁,网络技术的发展给信息系统安全提出了更高的要求,越来越多的企业信息系统都通过网络与外部直接相连,传统的物理安全工具在网络环境下很难发挥作用,必须考虑网络环境下有效的安全技术和工具。

2. 企业信息系统自身特性的安全需求

现代企业信息系统多是基于计算机网络的分布式系统,也就是硬件或软件组件分布在网络中的多个计算机上,通过消息传递进行业务处理和操作协调。分布式系统自身具有的特征也决定了其安全需求。具体体现在以下几个方面:

(1)设施的物理分布。同一个信息系统内不同硬件、软件被布置在不同的计算机上,大型信息系统中的计算机往往被部署在不同的物理地点。在这种物理分布的情况下,业务处理的支持往往是分布在多个不同地点的计算机间通过交互通信、数据传输等共同实现的,这就必然带来安全问题,如拦截、窃听或嵌入其他数据等问题。

(2)复杂的环境条件。大型企业信息系统由于所处理的业务不同,计算机会被部署在不同环境中。例如,企业的财务管理系统,既会涉及政府税务管理部门的相关硬件和软件应用,也可能与客户或供应商的信息系统相关联,也就意味着一个应用系统中涉及的硬件分布于不同环境中,会面临不同的风险威胁,使信息系统安全管理变得更为复杂。

(3)分布式的管理。同一个信息系统的不同计算机可能由不同的组织或人员管理,不同企业或个人可能会采取不同的安全策略与机制来管理信息系统的安全,这样就无法确保每个机器上的输入都受到同样适当的授权和限制的保护。

企业信息系统组件物理上的分布带来管理上的分布,管理可能会带来宽严不一的管理策略和举措,这些都对信息系统安全管理提出了较高的需求。

2.2 企业信息系统安全体系结构和组成

企业信息系统只有在保障自身安全的基础上,才能有效支持企业业务、管理等各项工作的开展,这就需要构建包含技术、人、管理和相关标准及法律法规等众多要素的信息系统安全体系。

当今企业信息系统功能越来越强大,面对的安全问题越来越复杂,解决企业信息系统安全问题不仅需要企业在信息系统安全技术方面投资,还需要政府为企业信息系统安全提供相关的法律法规和标准规范环境。一方面使企业信息系统安全管理有法可依,另一方面为企业信息系统安全管理提供标准和规范。

因此,企业信息系统安全体系包括:企业信息系统安全技术体系、企业信息系统安全管理体系、企业信息系统安全标准和法律法规体系,如图 2.1 所示。企业信息系统安全目标和需求应以法律法规作为依据,企业信息系统安全的实施以相应的标准规范作为检查、评估和测评的依据;以企业信息系统安全管理体系作为风险

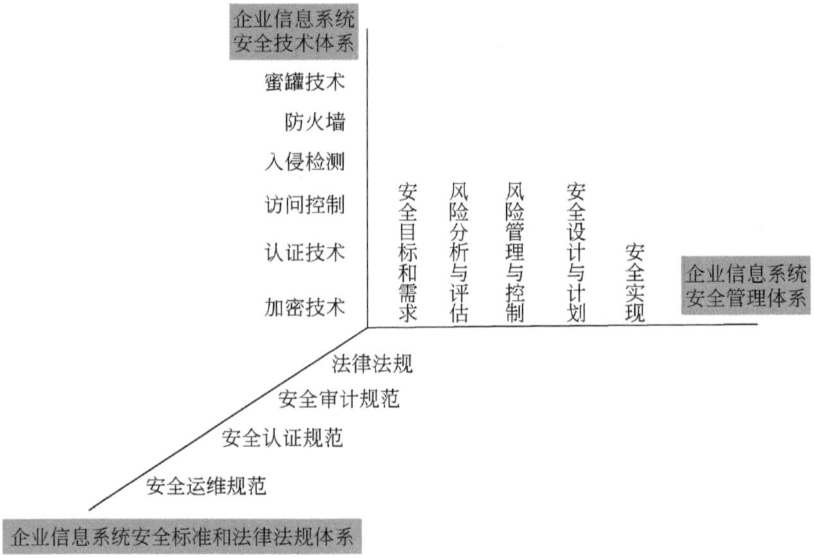

图 2. 1　企业信息系统安全体系

分析和控制的理论基础与风险处理的框架；以企业信息系统安全技术体系作为风险控制的手段与安全管理的工具。

2. 2. 1　企业信息系统安全技术体系

企业信息系统安全技术体系是实现信息系统安全的所有相关技术要素的总和。具体包括信息系统安全技术属性、保障信息系统安全从技术上需要考虑的保护对象及各个对象之间的关系、企业信息系统安全等级的划分、信息系统安全保障的基本技术构架以及信息系统风险控制手段及其技术支持等。

技术上信息系统安全所需要保护的对象包括硬件、操作系统、应用系统、数据库和数据库管理系统以及信息传输系统等，不同对象有不同的安全问题，需要不同的安全技术。同时，这些技术之间会相互影响、相互作用。硬件安全和操作系统安全是基础，同时需要考虑加密、隐藏、访问控制、VPN、防火墙、入侵检测等相互作用的技术，保证数据安全、传输安全和应用系统安全，实现安全的信息系统。企业信息系统安全技术体系的设计需要综合考虑企业信息系统安全等级、各类技术之间的制约和协调。信息系统安全技术体系框架如图 2. 2 所示。

2. 2. 2　企业信息系统安全管理体系

企业信息系统安全管理是以信息资产管理为核心，以保障信息资产安全为前

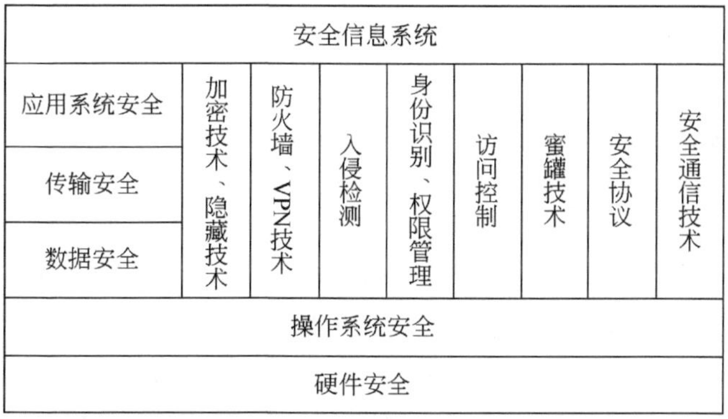

图 2.2　企业信息系统安全技术体系框架

提,基于风险管理的相关理论,分析并评估信息系统所面临的风险,选择并组织实施一系列安全技术措施控制风险,实现和维护信息系统安全目标的一系列相互关联的活动过程。信息系统安全目标的实现既需要考虑技术因素,也需要考虑管理因素,同时还需要考虑人的因素,是系统性的管理问题。

企业信息系统安全管理体系是企业管理体系的一部分,是企业在整体或特定范围内建立信息和信息系统安全方针和目标,以及完成这些目标所用的方法、活动和要素的集合。基于对信息系统安全风险的认识,企业信息系统安全管理体系包括建立、实施、运行、监控、复查、维护、改进信息和信息系统安全的一系列管理活动,同时也是企业组织结构、策略措施、计划活动、目标与原则、人员与责任、过程与方法、资源等诸多要素的集合。

在功能上,企业信息系统安全管理主要包括:①确定企业信息系统安全目标、政策和策略;②确定企业信息系统安全要求,明确信息系统的安全等级;③分析企业信息系统所面临的内外部环境中的威胁;④根据企业信息系统的实际环境,分析相关威胁可能给企业带来的安全风险;⑤选择合适的风险控制技术、方法措施以降低或转移信息系统可能面临的风险;⑥监督风险控制措施的实现和运作;⑦制定和实施企业员工安全意识提升计划,检测和处理安全事故。

在企业的管理事务上,企业信息系统安全管理体系需要实施的事务主要包括制定企业信息系统安全管理策略、构建企业信息系统安全管理的组织架构、设计信息系统安全运行的流程、执行信息系统安全管理措施和策略、改进和提升信息系统安全管理体系。企业信息系统安全管理既要能够根据企业信息系统应用目标所需的安全保障制定安全管理策略,也要能够通过管理规章将安全管理策略具体化、明确化,并建立相应的制度以确保相关规章的有效执行,同时,还需要制定并实践相应的管理流程,以确保规范化地贯彻信息安全管理的策略、规章和制度。

2.2.3 企业信息系统安全标准和法律法规体系

企业信息系统安全标准和法律法规体系是企业信息系统安全体系中不可或缺的一部分,也是企业信息系统安全必须遵循的基线。

企业信息系统安全标准是对信息系统安全技术和安全管理的机制、行为和界面的规范,是从技术和管理方面以标准的形式对有关信息安全的技术、管理、实施等具体操作进行规范化描述。企业信息系统应用中涉及的标准包括基础安全标准、环境与平台标准、信息安全产品标准、信息安全管理标准以及信息安全测评认证标准等。基础安全标准是安全标准体系的基础部分,具体主要包括信息安全框架、模型、安全技术等方面的标准;环境与平台标准主要指企业信息系统物理环境标准、网络平台安全和应用平台安全等方面的标准;信息安全产品标准主要是企业信息系统涉及的一些信息安全产品的标准,如防火墙标准、路由器标准、VPN 标准等;信息安全管理标准包括信息安全管理要素、信息安全要素、信息安全管理技巧等方面的标准;信息安全测评认证标准是服务于信息系统运行、测试和评估,以及对相关产品进行认证的标准。

同时,随着信息系统及其安全的重要性的快速提升,自 20 世纪 80 年代以来,各国政府不断加强信息技术及其应用等方面的立法工作,我国先后制定《中华人民共和国计算机信息系统安全保护条例》《计算机信息系统国际联网保密管理规定》《互联网信息服务管理办法》等一系列法律法规。这些法律法规一方面为企业信息系统应用提供安全保护,另一方面也是企业信息系统应用必须遵循的约束条件。

企业信息系统在设计、实施和管理上必须遵守国家信息安全的相关法律法规以及国家标准和行业标准。这就要求企业负责信息系统安全的员工必须理解当前的法律环境,及时了解出台的相关法律、规则,只有符合法律规定和标准要求,恰当使用信息技术和信息系统安全技术,才能保证信息系统有效服务于企业业务和管理目标。

企业必须在国家信息安全管理的政策法规环境下建立自身的信息安全管理体系,国家信息安全管理环境包括四个层面:一是政府制定相关的信息安全战略方针,就信息安全提出宏观的方向、任务和目标;二是依据战略方针制定各项安全政策;三是制定体现客观规律、社会利益和国家意志的法律和规范,法规对组织和个人的行为进行限制、约束;四是制定各种标准给各类组织的安全技术应用和管理行为提供指导,用标准来规范行为和技术。这四个层面的信息安全管理宏观环境的建立既是企业建设信息系统安全管理体系的保障,也是其建设指南。

2.3 企业信息系统安全管理和安全信息系统建立

企业信息系统安全管理是根据信息系统运用目标,综合考虑一系列相关要素,明确企业信息系统安全目标,确定企业信息系统安全管理策略,并实现信息系统安全,保障信息系统对企业业务和管理决策等持续支持的过程和相关联的活动。企业信息系统安全管理需要考虑一系列内外部环境要素,通过一系列活动实现,是一个复杂的管理过程,如图 2.3 所示。企业信息系统安全管理可分为要素层、管理层和实现层:要素层是企业信息系统安全管理和安全系统建立中需要考虑的一系列相关因素;管理层是企业开发安全信息系统所需要的相互关联的管理活动,而这些活动与企业信息系统开发和运行维护密切结合,也就是需要将管理层的活动融入企业信息系统开发和运行过程中才能实现安全信息系统;实现层是通过将管理层的活动融入信息系统生命周期中,实现安全的信息系统应用。

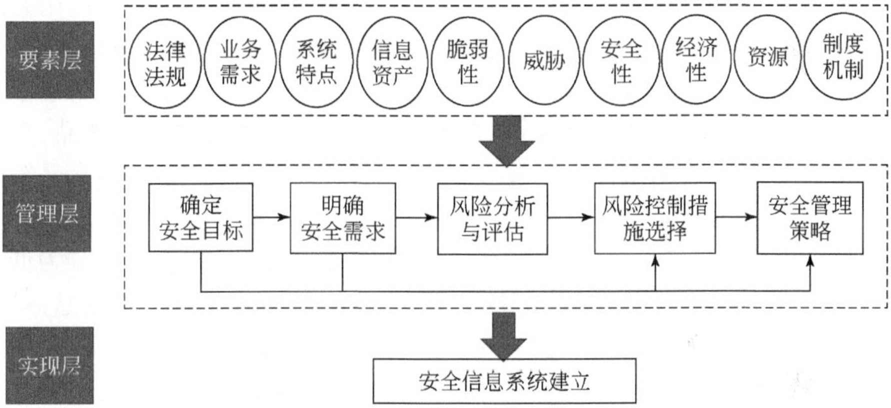

图 2.3 企业信息系统安全管理和安全信息系统建立

2.3.1 企业信息系统安全管理过程和管理策略

企业信息系统安全管理过程基于风险角度处理安全问题,管理过程中的活动主要包括确定信息系统安全管理目标、明确信息系统安全需求、评估信息系统安全风险、选择信息系统安全风险管理方法和控制技术与措施、制定信息系统安全管理策略等。

1. 确定企业信息系统安全管理目标

企业信息系统安全管理已经成为企业管理的重要内容之一。信息系统安全不仅直接关乎企业生存和发展,而且关乎企业竞争力和可持续发展。但盲目追求最新的安全技术应用并不一定能有效保障信息系统安全,信息系统安全需要有效的管理,也就是需要在考虑经济性的条件下实现信息系统的安全性。而管理首先需要在充分考虑企业信息系统自身特点的基础上,综合企业内外部环境确定企业信息系统安全管理目标。

首先,分析企业信息系统自身的特点。信息系统的特点涉及企业类型、企业的经营特色和管理特征,每个企业所要解决的内部问题和面临的外部挑战不尽相同,信息系统应用在企业中的作用和地位也不相同。按规模,可分为中、小企业的信息系统和大企业的信息系统。一般情况下,由于受到管理理念、经营能力和条件以及发展阶段的限制,大多数中、小企业的信息系统安全技术人员不足,信息系统安全技术投资能力有限,且企业信息系统的应用往往处于不断变化发展中,和用户的互动能力较弱,对信息系统安全的要求不高。对大企业来说,信息系统的应用有助于企业进行管理创新、组织创新和技术创新,支撑企业综合竞争力的提升,且大企业也有雄厚的资金和实力不断推进信息系统应用。大部分大企业都已经构建了自己的信息安全系统,构建方式有多种:如直接购买已有的安全软件系统产品,系统供应商根据用户需求,在系统部署时进行个性化配置;或是企业内部的信息系统安全部门自行维护,这样的信息安全系统自主性强,成本低;还有可能由信息系统安全外包商维护企业的信息系统安全。大企业信息系统中的信息经济价值分为低、中、高三类,由于用户的互动能力较强,部分行业的企业存有大量的用户信息,对信息系统安全的要求较高。一旦企业的核心竞争力信息或客户的信息被窃取,企业损失的不仅是信息本身的经济价值,企业的信誉度、股票价值都可能会受到重创。

其次,基于企业信息系统的特点,一般来说可以从四个层面上分析企业信息系统安全管理目标。一是从外部环境对企业信息系统安全管理要求的角度考虑相应的目标。例如,银行企业信息系统安全,不仅关乎国家金融安全,而且关乎消费者隐私信息等社会安全问题,为此,银行企业信息系统安全管理目标需要充分依据国家的法律法规,考虑外部环境安全要求设定相应目标。二是从企业层面考虑相关信息系统安全管理目标。企业信息系统不仅是企业业务运营的支持系统,而且信息系统的安全运行可能直接影响企业竞争力,如一些商业秘密的泄露可能使企业失去竞争优势。为此,需要从企业层面根据企业生存环境的特点和信息系统的作用,明确信息系统安全需求,确定相应的安全目标。三是从业务层面分析信息系统安全管理目标。从业务支持的角度,信息系统安全管理应在确保企业业务连续性的前提下,将企业的业务风险降到最低,同时还要以尽可能低的成本实现信息系统安全管理的目标。四是从企业人员层面考虑安全管理相关目标。人是信息系统安全管理中的能动因素,安全技术作用的发挥离不开人的作用,同时,人也是信息系统安全管理中需要被管理的核心要素。为此需要分别针对企业中的管理人员和业务人员,从信息系统使用和信息系统安全防范责任追究两方面设计安全目标。

2. 明确企业信息系统安全需求

企业信息系统安全需求和企业信息系统安全目标密切相关,安全需求分析是根据安全目标,首先从信息的安全属性特征出发,分析信息和信息系统的安全需求特征,以此为依据对信息及信息系统进行安全分类;其次从企业内外部环境和技术环境明确企业信息系统安全的环境特征,分析企业信息系统安全需求。在此基础上,进一步综合信息系统和信息的安全属性特征、信息系统的安全环境特征,分析信息系统的安全保护等级需求。

首先,对企业的信息和信息系统进行安全级别分类。不同企业、同一企业中的不同部门的安全目标会存在差别,这主要取决于企业信息系统的作用、信息系统中信息的价值和相关法律法规的要求。从信息角度看,信息的安全属性主要体现为机密性、完整性和可用性,为此,根据各类信息在机密性、完整性和可用性出现问题时,可能给企业或相关人员的信息资产所带来的负面影响的大小,按重要性对企业信息进行分类,进而对信息系统软件和硬件环境的安全要求进行分类。

其次,分析企业信息系统安全面临的环境。企业信息系统安全环境包括内部环境、外部环境和信息系统安全技术环境。通常,分析信息系统内部环境需要考虑企业员工素质及服务环境、组织结构与体制环境、资源环境;审视信息系统外部环境需要考虑社会环境、经济与投资环境、政策与法规环境。信息系统安全技术环境的分析包括可以用来维护信息安全的技术分析和黑客进攻技术的分析。

在企业信息系统的内部环境因素中,企业员工素质及服务环境直接影响信息系统安全。员工运用信息系统安全技术的熟练程度,员工的职业道德、安全意识和对信息系统安全的重视程度以及信息系统安全技术的维护周期等是影响信息系统安全的重要内部因素。任何技术配置的失误、恶意泄漏企业信息系统中有价值的信息、对信息系统安全掉以轻心、长期不更新维护信息系统安全软件等行为都会成为信息系统的安全漏洞,被黑客攻击或利用。企业信息系统安全管理的组织结构与体制环境决定其安全管理水平和发展方向,如果企业组织机构各自为政、条块分割,资源和服务对象互相封闭,管理过程中缺少安全等级的统一协调,这样不仅不利于企业信息系统使用的安全考核管理,而且会妨碍信息系统的有效使用。资源环境是指具有不同信息价值的信息系统安全防御措施的资源分配情况。例如,对储存信息价值高、安全要求高的信息系统,企业在人力、资金及技术上应加大投入,并非为企业每个部门的信息系统制定同样的信息安全策略。

在企业信息系统的外部环境因素中,社会环境主要包括黑客的攻击和正常用户的使用等因素。企业信息系统的安全需求既要能抵御黑客的非法入侵,又要保证信息系统的业务连续性,使正常用户可以顺利访问信息系统。经济与投资环境分析主要是对外部市场中信息系统安全技术或服务的经济性的分析。由于企业不可能投入过多资金保障自身的信息系统安全,分析信息系统安全技术产品的价格、第三方(软件开发商或安全审计公司)企业服务范围及信息安全合同的制定是经济与投资环境分析关注的主要内容。政策与法规环境能给企业信息系统的健康发展提供必要的保障依据,对激励企业共享信息系统安全漏洞信息、制约威胁信息系统安全的不法行为起到积极作用。目前,中国互联网络信息中心已经建立了信息系统安全漏洞共享平台,对加入平台的组织提供安全服务,对提供有效安全信息的组织给予经济补贴。但是披露信息系统漏洞对企业本身存在一定风险,因此决定是否披露信息系统漏洞、何时披露信息系统漏洞、披露何种类型的信息系统漏洞是企业信息系统安全管理中至关重要的问题。信息系统安全相关的法律法规可以惩戒和威慑破坏信息系统的黑客,补偿企业由于信息系统安全破坏产生的损失。但是由于虚拟网络犯罪的灵活性、隐蔽性,往往难以获得黑客攻击的证据,影响认定追踪黑客的效率。所以,综合运用社会工程学、信息安全技术和法律等多方面的安全工具才能创造相对合理的信息系统安全环境。

信息系统安全技术分析既需要分析企业可采用的防御和响应技术,也需要分析黑客可能采用的进攻技术。一方面,随着信息技术的飞速发展,企业可采用的信息系统安全防御技术、响应技术种类越来越多,如防火墙、IPS、IDS 等,同时还可根据需要组合使用这些技术。企业需要结合自身信息系统的特点、成本、威胁等因素,分析防御-响应技术的原理和适用条件,保障企业信息系统的安全。另一方面,分析黑客的进攻技术可以使企业知己知彼,合理选择与进攻技术“相克”的防御-响应技术,有效保障企业信息系统安全,还更容易修复因遭受攻击而产生的损失。

最后,综合考虑企业信息系统和信息安全需求特征与信息系统安全环境两方面的因素,确定企业信息系统的安全等级。公安部、国家保密局等对信息系统等级保护的定义是指对国家秘密信息、法人和其他组织及公民的专有信息以及公开信息和存储、传输、处理这些信息的信息系统分等级实行安全保护,对其使用的信息安全产品实行按等级管理,对信息安全事件分等级响应、处置。《计算机信息系统安全保护等级划分准则》(GB 17859—1999)把计算机信息系统的安全保护能力划分为五级,按照从低到高的顺序排列,第一级:用户自主保护级,该级信息系统的可信计算机通过隔离用户与数据,使用户具备自主安全保护的能力;第二级:系统审计保护级，与用户自主保护级相比，本级信息系统的可信计算机实施了粒度更细的自主访问控制，它通过登录规程、审计安全性相关事件和隔离资源，使用户对自己的行为负责；第三级：安全标记保护级，本级信息系统的可信计算机具有系统审计保护级所有功能，同时提供有关安全策略模型、数据标记以及主体对客体强制访问控制的非形式化描述，具有准确标记输出信息的能力，消除通过测试发现的任何错误；第四级：结构化保护级，该级信息系统的可信计算机建立于一个明确定义的形式化安全策略模型，要求将第三级系统中的自主和强制访问控制扩展到所有主体与客体；第五级：访问验证保护级，该级信息系统可信计算机满足访问监控器需求，访问监控器仲裁主体对客体的全部访问，访问监控器本身应是抗篡改的（胡志昂和范红，2010）。

3. 评估企业信息系统安全风险

在确定了企业信息系统安全目标和需求的基础上，基于风险管理方法具体实施企业信息系统的安全管理。基于风险的信息系统安全管理需要评估信息系统面临的安全风险，并综合考虑各种风险因素和信息系统安全的经济性，既不能忽视保护，也不必过度保护，在成本与效益分析的基础上选择恰当的安全措施控制风险，使残余风险降低到可以接受的程度。残余风险是指已采用安全措施所不能控制或避免的风险。

企业信息系统安全风险管理首先是确立对象，也就是明确信息系统安全风险管理的范围和对象以及对象的特性和安全要求，然后进行风险评估。信息系统风险评估一般经历四个阶段，即风险评估准备、风险因素识别、风险程度分析和风险等级评价，如图 2. 4 所示（林国恩和李建彬，2010）。

风险评估准备阶段，首先需要根据前期所明确的评估对象，成立风险评估小组。风险评估的顺利完成需要企业内部和外部多方面人员的积极参与，需要企业从组织上给予保证。信息系统风险评估小组的人员构成，不仅需要信息系统实际应用部门人员，而且需要企业中信息系统安全管理部门和企业主管部门的加入，还需要信息系统开发人员、信息系统安全评估人员以及信息系统关联部门的共同参与。信息系统安全风险评估不只是安全评估专业人员的事，相关管理部门不仅需要组织和领导信息系统安全风险评估工作，更需要及早了解信息系统安全风险及相关措施的特点，采取更有效的信息系统安全风险管理策略。企业信息系统实际应用部门一方面需要积极配合风险评估人员的工作，另一方面需要积极开展自评估。信息系统开发人员需要根据信息系统安全风险评估的结果设计合理的信息系统安全技术方案。其次评估小组共同商讨评估计划和程序，评估人员选择评估方法和工具。

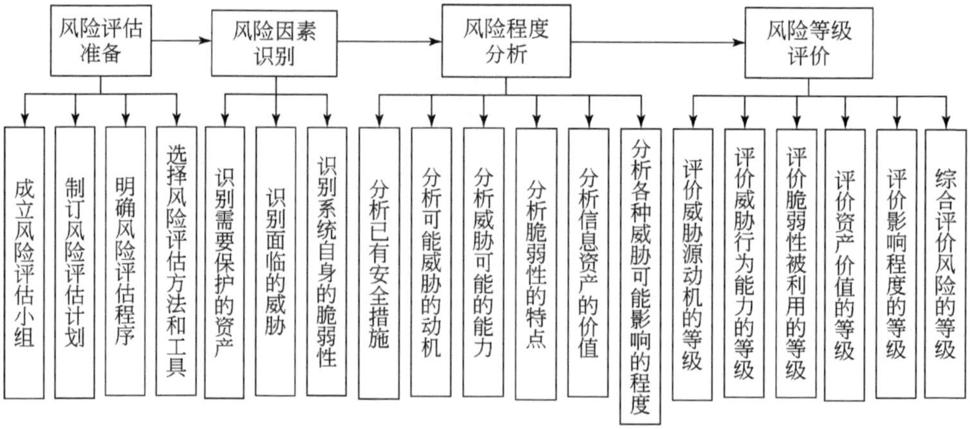

图 2.4　企业信息系统安全风险评估的过程

风险因素识别阶段首先需要分析和识别需要保护的信息资产及其特性,也就是分析企业信息系统中相关数据、软件和硬件以及相关信息系统服务等的特性,这是风险因素识别的基础。其次要针对信息资产分别分析各自面临的威胁及其自身的脆弱性。此阶段需要企业信息系统应用部门的高度参与。

企业信息系统风险程度是多方面因素共同作用的结果。风险程度分析不仅需要分析信息系统外部威胁的动机及其攻击能力,同时由于这些威胁往往是作用于信息系统自身脆弱性之上,还需要分析信息系统自身脆弱性的特点及其可能被外部威胁利用的程度,并且综合考虑针对这些威胁和脆弱性已经采取的安全措施的作用情况,做出信息系统风险程度的分析和判断。

信息系统风险等级评价是在信息系统威胁等级、脆弱性等级、信息资产价值等级、已有安全措施防护情况等级等分析确定的基础上,综合形成企业信息系统风险等级。基于信息系统风险程度分析,给出企业信息系统风险等级评价。

4. 选择企业信息系统安全风险管理方法和控制技术与措施

企业信息系统风险控制措施是针对识别出的信息系统安全风险,依据企业信息系统安全目标可以采取的、降低或控制风险的方法,用于保护信息的机密性、完整性和可用性。常见的风险控制措施可以分为三种类型:管理控制、技术控制和物理控制。管理控制是管理人员的职责,包括筛选人员、进行安全培训、编制安全管理规则和程序、监督规则执行、控制变更等;技术控制是保护信息资产的逻辑机制,如加密、防火墙、入侵检测系统(intrusion detection system,IDS)、访问控制等,这些技术控制是通过限制主体对客体访问软件和硬件以实现信息资产的安全;物理控制则是直接作用于计算机系统、部门、人员或设施的物理保护措施,如安全保卫、边界栅栏、门锁、监控设备等。

依据风险控制措施作用目的可分为检测性控制、预防性控制、纠正性控制、恢复性控制、阻止性控制和补偿性控制。预防性控制措施用于预防非预期事件的发生，是信息系统安全的第一道防线，包括物理安全控制、访问控制等；检测性控制措施用于识别对信息系统安全的破坏并帮助确定当前预防性控制的有效性，检测性控制措施的输出通常用于帮助理解事件发生的原因和具体情况；纠正性控制措施用于非预期事件发生后，改变状况、纠正错误；恢复性控制措施用于恢复资源和能力；阻止性控制措施用于阻止破坏和恶意行为；补偿性控制措施用于提供其他控制措施的候选控制措施。

企业信息系统的各类风险控制措施间不是相互孤立的，需要根据信息系统风险评估结果，综合考虑信息系统安全性和经济性以及各类风险控制措施间的关系进行选择，使各类措施间相互作用形成一个有机的安全控制体系。信息系统的经济性体现在信息系统建设管理、造价控制、资金使用、设备采购、信息系统发挥效益、遭入侵破坏后的恢复能力等方面，对信息系统安全风险控制措施的投资同样需要进行成本效益分析。若企业信息系统安全技术不能满足企业信息系统安全目标，则信息系统安全投资是失败的，其经济性体现在损失方面；若企业没有充分考虑运行环境和威胁，信息系统安全技术远远超过了既定的安全目标，信息系统安全技术配置过高，信息系统安全的投资也是失败的，其经济性体现在浪费方面。安全性和经济性的平衡点是有效选择风险控制措施的关键。而这需要企业综合考虑影响信息系统安全的因素和风险控制措施的技术特性，制定合理的信息系统安全管理策略。

5. 制定企业信息系统安全管理策略

风险控制措施选择只是实现企业信息系统安全的基础，风险控制措施的实现需要考虑影响信息系统安全的各类要素，制定信息系统安全管理策略。企业信息系统安全管理策略是在一定环境条件下，以实现信息系统安全风险控制目标为根本出发点，结合企业信息系统自身特点及与关联组织间的关系，全面考量企业、系统用户、黑客、安全技术供应商等诸多参与主体间的利益关系等情况下的信息系统安全管理的方法集合。信息系统安全管理策略主要包括信息系统安全技术选择和配置策略、信息系统安全投资策略、信息系统安全管理制度设计策略等。信息系统安全管理策略是企业管理策略体系中的重要组成部分。

企业信息系统安全技术选择和配置策略是基于信息系统风险控制措施的要求、各类信息系统安全技术自身的特性以及影响技术选择的相关因素，选择今后一段时间内信息系统的安全技术或技术组合，并分析确定技术或技术组合参数配置。

企业在确定了信息系统安全技术或技术组合及其参数配置后，还需要考虑信息系统安全技术的实施方式，如可以选择由安全技术服务提供商实施或采用外包方式实施等，信息系统安全技术实施策略就是确定信息系统安全技术或技术组合在企业中实际应用的方法及其相适配的管理制度和措施的设计。

企业信息系统安全投资策略是指企业综合考虑影响信息系统安全的各类因素，确定今后一段时间内信息系统安全投资的重点领域、规模、时机等的方法。企业信息系统的安全投资不仅包括防火墙、入侵检测系统、反病毒软件、虚拟专用网络、内容过滤技术、访问控制系统等安全技术和设备的购买费用，雇用相关的信息系统安全专家的费用，还包括安全技术和设备的运行维护和管理费用等，且各种投入之间相互作用，因此信息系统安全投资策略制定是一个复杂的决策过程，受到多方面因素的影响。

企业信息系统安全是技术和人相互作用的结果，只考虑高水平的信息系统安全技术配置并不一定能保障信息系统的安全性。如果管理手段不到位，会导致先进的安全防护技术无法发挥应有的效能。企业信息系统安全问题的解决需要技术，但又不能单纯依靠技术，信息系统安全管理过程是人与技术相互融合的过程。规章制度的设计策略是针对人和人与技术的相互作用，以保障信息系统安全为目标，考虑安全技术、内外部环境和利益关联等因素，完成信息系统安全管理规章制度设计的方法和流程。

企业信息系统安全管理策略是几个方面策略的有机结合，各个方面的策略相互作用、相互影响。各个策略的制定，均既需要考虑信息系统安全涉及的各类利益相关者及它们间的关系，又需要考虑信息系统外部环境、企业自身的特性和信息系统的特点等多方面的影响因素。

2.3.2 企业信息系统安全体系建立

企业信息系统安全措施不是孤立于信息系统之外，企业信息系统的建设和运行维护过程也是信息系统安全防护体系建设和发挥作用的过程，两者相互融合。在信息系统的建设和运行过程中，同时落实企业信息系统安全管理目标、安全控制措施和策略，使企业信息系统安全可控地实现对企业业务、管理决策等的持续性支持。

企业信息系统开发过程中不能等信息系统应用功能完全实现后再去考虑系统的安全问题，或将信息系统安全与信息系统应用功能孤立考虑。企业信息系统安全体系的建立应贯穿于信息系统整个生命周期，安全体系是企业信息系统不可分割的组成部分。构建信息系统安全体系的一种方法是信息系统开发生命周期法（security of system development life cycle，SecSDLC），也就是将信息系统安全体系构建融入信息系统开发和运行维护的全生命周期（Michael and Herbert,2015）。

传统的信息系统生命周期法（SDLC）将企业信息系统生命周期分为调研、系统分析、逻辑设计、物理设计、系统实现、系统运行维护和变更六个阶段，如图 2.5 所示。信息系统安全的核心是识别企业所面临的威胁、分析其影响、设计相应的控制措施和管理策略，信息系统安全体系的构建和运行需要融合于这六个阶段来实现。

调研阶段：该阶段主要根据企业信息系统的目标确定企业信息系统安全目标，完成信息系统安全需求的初步调查，同时构建企业信息系统安全管理组织架构，并对信息系统安全项目具体承担人员的资源和能力进行分析。

系统分析阶段：信息系统的风险管理活动在此阶段引入。在该阶段需要完成信息系统风险的识别、评估等活动。

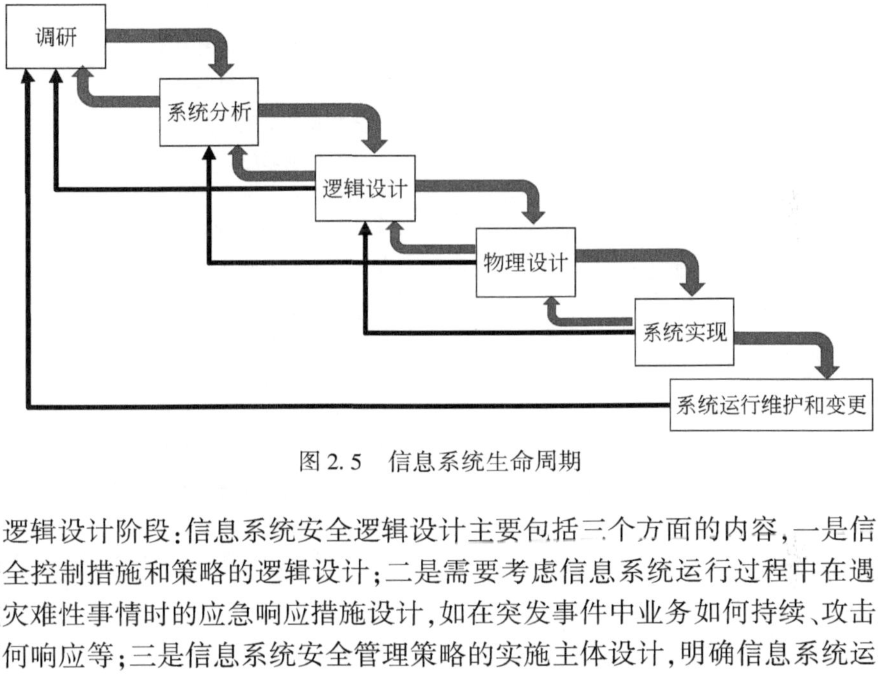

图 2.5　信息系统生命周期

逻辑设计阶段：信息系统安全逻辑设计主要包括三个方面的内容，一是信息系统安全控制措施和策略的逻辑设计；二是需要考虑信息系统运行过程中在遇到攻击或灾难性事情时的应急响应措施设计，如在突发事件中业务如何持续、攻击发生时如何响应等；三是信息系统安全管理策略的实施主体设计，明确信息系统运行维护过程中的管理者和安全管理措施，同时考虑相关主体的激励机制的设计。

物理设计阶段：该阶段需要完成信息系统安全控制措施的技术选择、管理策略实施的物理设计，同时完成物理安全措施的设计。

系统实现阶段：该阶段主要完成信息系统安全技术的实现，并进行测试。同时需要对信息系统应用人员进行培训和教育，让相关人员知晓信息系统安全管理的相关规章制度，熟练掌握并使用相关安全技术。

系统运行维护和变更阶段：由于企业信息系统运行过程中面临的威胁在不断发展变化，这就要求信息系统安全体系需要不断监控、测试、修改、更新和完善。信息系统安全设计过程中很难预见到各种恶意攻击的软件,在运行过程中对抗不可预见的攻击者是一场持久战。随着新威胁的产生和旧威胁的发展变化,企业信息系统安全控制措施和策略需要不断调整。

表2.1列出了信息系统及其安全体系建设和运行生命周期各个阶段的主要活动(Michael and Herbert,2015)。实际操作中,有一些活动是两者共同需要完成的。在分析和设计中需要对可行性分析进行更新和调整,同时每个阶段均需要形成完整的文档并归档,以保证系统整个生命周期中相关信息的可追溯性,保障系统的质量。

表2.1 SDLC和SecSDLC各个阶段的活动

阶段	SDLC和SecSDLC共有的活动	SecSDLC独有的活动
调研	• 明确项目的范围和总体目标 • 评估现有资源 • 可行性分析	• 确定信息系统安全管理的目标 • 确定信息系统安全管理的范围 • 调查现有安全措施的现状 • 安全分析文档归档
系统分析	• 分析现有信息系统现状 • 分析信息系统的应用需求和特点 • 分析新系统与现有系统之间的关系 • 文档归档、更新可行性分析	• 分析现有系统的安全策略 • 分析当前的威胁和控制 • 分析信息系统安全的法律法规环境 • 系统风险的识别和评估
逻辑设计	• 业务需求功能设计 • 数据库设计 • 界面设计 • 测试设计 • 培训设计 • 设计分析文档归档、更新可行性分析	• 安全系统总体设计 • 设计安全事故响应计划 • 设计灾难响应计划 • 设计安全控制技术 • 设计物理安全措施及其相应支持方案 • 设计安全系统的实施方式
物理设计	• 完成系统物理架构配置 • 完成逻辑设计的技术选择和配置 • 文档归档、更新可行性分析	• 安全控制技术措施的技术配置 • 物理安全措施的配置 • 针对各类用户设计相应的管理规章制度
系统实现	• 开发或购买软件 • 采购相关组件 • 文档归档 • 用户培训 • 更新可行性分析 • 用户试运行系统 • 系统测试、转换	• 购买或企业自己实现安全方案 • 安全系统测试
系统运行维护和变更	• 系统运行 • 周期性测试系统与企业需求的吻合 • 必要的升级和修补	• 不间断监控 • 系统的测试、修改、更新,以应对不断出现的新威胁和老威胁的发展

第3章 企业信息系统安全技术配置和投资问题

技术是信息系统安全的基础，随着企业信息系统安全环境复杂性的不断增强，更多企业需要组合运用多种安全技术保障信息系统安全，并且信息系统安全是技术、人和管理策略等共同作用的结果。本章首先阐述信息系统安全中可选择的各类安全技术及其特征，其次基于纵深防御体系，讨论了信息系统中常用的安全技术组合，最后讨论了影响信息系统技术配置和投资等策略制定的主要要素。

3.1 信息系统安全技术

3.1.1 信息系统安全技术内涵和分类

信息系统安全技术特有的属性是服务于信息系统安全，目前对信息系统安全技术没有形成普遍认可的学术定义。维基 MBA 智库百科定义信息系统安全技术为：保证己方正常获取、传递、处理和利用信息，而不被无权享用的他方获取和利用己方信息的一系列技术的统称①。陈志雨(2005)认为，信息系统安全技术是信息系统安全基础理论的具体应用，是针对信息在应用环境下的安全保护而提出的，是对信息系统进行安全检查和防护的技术，如防火墙、漏洞扫描、入侵检测、入侵防御、蜜罐、防病毒等。赵柳榕(2014)结合信息系统的安全属性，把信息系统安全技术定义为保障信息系统信息的保密性、完整性、可用性、可控性、真实性和不可否认性的一系列技术手段的集合。

有学者基于信息系统安全技术体系结构对信息系统安全技术进行分类。王斌君和吉增瑞(2009)依据复杂巨系统的一般原理以及信息系统安全的安全隔离、动态保护、深度保护等原则，提出了信息系统安全技术体系结构(图 3.1)，该体系结构包含层次维、空间维、等级维和时间维。冯登国和赵险峰(2014)从人们对信息系统安全技术的认知程度出发，认为主要的信息系统安全技术可以分为五类：核心基

① 维基 MBA 智库百科. 2013. 信息安全技术[EB/OL]. http://wiki.mbalib.com/zh-tw/. 2013-07-31.

础安全技术(包括密码技术和信息隐藏技术等)、安全基础设施技术(包括标识与认证技术、授权与访问控制技术等)、基础设施安全技术(包括主机系统安全技术和网络系统安全技术等)、应用安全技术(包括网络与系统攻击技术、网络与系统安全防护及应急响应技术、安全审计与责任认定技术、恶意代码检测与防范技术、内容安全技术等)、支撑安全技术(包括信息系统安全保障技术框架和信息系统安全测评与管理技术等)。

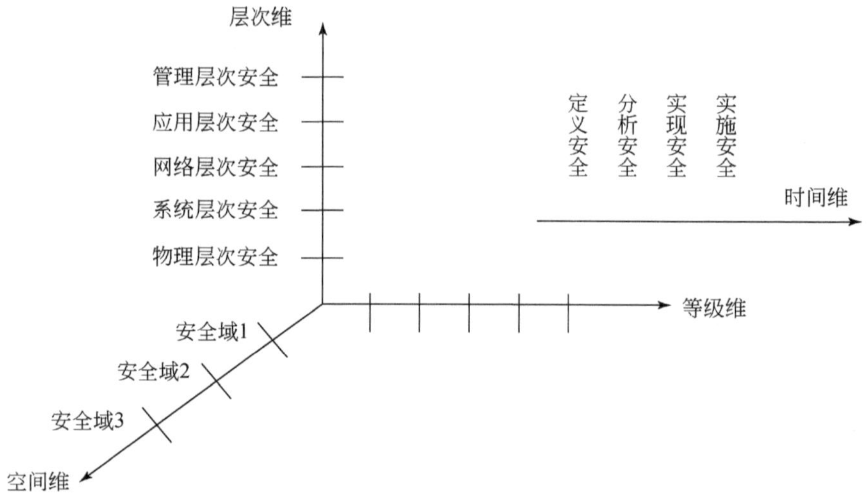

图 3.1　信息系统安全技术体系结构

随着企业信息系统深度防御策略的出现,实施信息系统安全保障的难度也在不断地增加,这主要源自技术的不断革新和操作与管理方面需求的不断调整。因此,根据保障各种信息活动的要求,结合信息系统的安全属性,本书将信息系统安全技术定义为保障信息系统中数据在存取、处理、传输和服务等过程中的机密性、完整性、可用性和真实性,以及信息系统能连续、可靠、正常运行的一系列技术的集合。目前,主要的信息系统安全技术有入侵检测技术、防火墙技术、漏洞扫描技术、身份认证技术、密码技术、访问控制技术、蜜罐技术、防病毒技术、安全隔离技术、审计技术、备份和恢复技术等。随着计算机和网络技术的不断更新换代,信息系统安全技术也在不断完善,有传统的、历史地位经久不衰的安全技术,如杀毒软件、防火墙、IDS、访问控制、漏洞扫描、加密等技术等;也有新进入市场的安全技术,如虚拟专用网络(virtual private network, VPN)技术、数字签名和认证技术、代理服务技术、蜜罐技术、综合安全网关(unified threat management, UTM)等。

每种安全技术都具有自身的特性和应用原理以应对不同的安全需求。按照信息系统安全技术的作用主体不同,可以将信息系统安全技术分为面向数据资源保护的信息系统安全技术、面向系统保护的信息系统安全技术和面向物理环境保护的信息系统安全技术三种类型。

3.1.2 面向数据资源保护的信息系统安全技术

面向数据资源保护的信息系统安全技术是指直接作用于数据资源,以保护数据资源的机密性、完整性和拒绝否认性的安全技术。常用的主要有以下几种技术(张基温,2017)。

1. 数据加密和隐藏技术

数据机密性保护包括数据的可见性保护和数据的可读性保护,数据加密技术实现数据的可读性保护,数据隐藏技术实现数据的可见性保护。

1)数据加密技术

数据加密(data encryption)是指将可读数据(或称明文,plain text)经过加密钥匙(encryption key)及加密函数转换,变成不可读的密文(cipher text),而接收方则将此密文经过解密函数、解密钥匙(decryption key)还原成明文。

对明文进行加密时所采用的一组规则称为加密算法,解密算法就是对密文进行解密时所采用的一组规则。加密算法和解密算法的操作通常都是在一组密钥控制下进行的,分别称为加密密钥和解密密钥。根据加密密钥和解密密钥是否相同,可将现有的加密体制分为两种:一种是私钥或对称加密体制,这种体制的加密密钥和解密密钥相同;另一种是公钥或非对称加密体制,这种体制的加密密钥和解密密钥不相同,并且从其中一个很难推出另一个。加密密钥可以公开,而解密密钥可由用户自己秘密保存。

根据明文加密方式的不同,又可将私钥加密体制分为两类:一类是流密码,在这类体制中,明文按字符逐位被加密;另一类是分组密码,在这类体制中,先将明文分组(每组含有多个字符),然后逐组进行加密。

对称加密算法和非对称加密算法的基本假设均是现有的计算能力不足,使得实现破解的时间往往要远长于密码保护信息的有效期。计算能力的飞速提高,特别是量子计算机的出现,使得这两类加密体系被破解的可能性越来越高,与之相对应的量子加密技术正成为数据加密技术的研究热点。量子加密概念于1970年由美国科学家威斯纳首先提出,1984年出现第一个量子密码技术方案,随后美国、瑞典、日本和中国等国家的科学家不断推进量子加密技术的发展。量子加密技术仍处于研究和发展阶段,是未来应对量子计算机必需的数据加密技术。

2)数据隐藏技术

数据隐藏是指隐藏数据的存在性,通常是将数据(secret message)隐藏在另一个可以公开的信息载体(cover)之中,形成新的隐秘载体(stego cover)。目的是不让非法者知道隐秘载体中是否隐藏秘密信息,并且即使知道也难以从中提取或去除秘密信息。

数据隐藏与数据加密都是用来保护数据机密性的手段,数据隐藏与数据加密技术的处理过程类似,数据的发送方和接收方分别完成数据的隐藏和提取。数据的隐藏过程是:首先,对原始数据进行加密、压缩等处理,形成隐藏报文;其次,利用密钥通过嵌入算法将隐藏报文隐藏于公开信息载体中,形成隐秘载体。而数据的提取过程是:首先,在密钥的控制下,使用提取算法从隐秘载体中提取隐藏报文;其次,对隐藏报文进行解密、解压等逆处理,恢复原来的报文。

2. 消息认证技术

消息认证(message authentication)是用于验收消息完整性的技术,当接收方收到发送方的报文时,接收方验证收到的报文是真实和未被篡改的。具体包括两层验证:一是验证信息的发送者是真正的而不是冒充的,二是验证信息传送过程中未被篡改。

消息认证常用的方法是消息发送者在发送的消息中加入一个鉴别码,并经加密后发送给接收者。接收者用约定的算法对解密后的消息进行鉴别运算,将得到的鉴别码与收到的鉴别码进行比较,若二者相同,则接收,否则拒绝接收。

3. 数字签名技术

数字签名技术是实现数据不可否认性保护的技术。类似于手写签名,数字签名有可信、不可伪造、不可复制、不可改变和不可否认等特性。数字签名技术应该具有以下特征:①签名的结果必须是与签名的报文相关的二进制位串;②签名要能够验证签名者的身份以及签名的日期和时间;③签名能够用于证实被签报文内容的真实性;④签名的产生、识别和验证应比较容易;⑤签名应当可以被备份。

数字签名可以基于对称密钥加密算法,也可基于非对称密钥加密算法实现。根据签名过程中参与主体的不同,数字签名分为直接方式和有仲裁的方式。直接方式是指签名过程中只有发送方和接收方参与,这种方法的前提是接收方可以通过某种方式验证发送方提交的凭证,在发生争议的时候将该凭证交第三方仲裁。有仲裁的数字签名方式,是发送方完成签名后,不是直接发送给接收方,而是将报文和签字先发送给双方共同信任的第三方进行验证,第三方验证无误后,附加上“已经通过验证”的说明并加上日期,一起发送给接收方。第三方的介入,让发送方和接收方都无法抵赖。

3.1.3 面向系统保护的信息系统安全技术

面向系统保护的信息系统安全技术是直接作用于信息系统,以实现信息系统的可用性、可控性和有效性保护的技术。可用性保护是确保授权用户在需要时可以正确访问系统中的数据;可控性保护是保证用户对信息系统中的信息资源和数据传输具有控制能力;有效性保护是保证合法用户可用,非法者拒绝。基于信息技术的发展,信息系统应用环境越来越复杂,面向系统保护的安全技术也不断发展,这里介绍几类普遍采用技术。

1. 防火墙技术

防火墙是指在内部网络与外部网络之间执行既定安全策略的安全防护系统,是一个或一组网络设备(计算机系统或路由器等),在两个网络之间执行控制策略,以保护一个网络不受另一个网络攻击。防火墙的体系结构一般有四种:双宿主主机体系结构、堡垒主机过滤体系结构、过滤子网体系结构和应用层网关体系结构。用于公共网络上保护个人信息的防火墙最为常见,其配置步骤为,首先为一台具有路由能力的计算机加上两块网卡,并禁止 IP(Internet protocol)转发,然后打开一个网卡通向外网,打开另一个网卡通向内网。除此以外,还有网络级防火墙、应用级防火墙和动态防火墙等,这些类型的防火墙均得到了业界的认可。网络级防火墙使用包过滤技术检查个人的 IP 包,采用简单的路由器,并决定是否允许基于资源的服务和目的地址等,也被称为包过滤防火墙。应用级防火墙一般是指运行在防火墙上的软件部分,常被称作应用网关,有时也被称作双宿主主机网关。动态防火墙主要用于保障 Web 网络安全,一般安装于操作系统。

防火墙不仅可以提高网络站点的安全性,企业还可以根据自身不同的安全需求采用不同的防火墙部署策略。一种是防火墙部署在网络服务器之外,使入侵者难以入侵该服务器,虽然这样令服务器得到了较好的保护,但也影响了外部用户的访问。另一种是防火墙部署在网络服务器之内,虽然服务器可能遭受入侵者的攻击,但对外部合法用户不造成影响,且合法用户仍能得到较好的保护。在这种部署策略下,企业一般会配置代理服务保护该网络服务器。再有一种将防火墙部署在网络服务器之上,虽然可以提高网络服务器的安全,对外部合法用户也不造成影响,但是如果服务器出现故障,整个企业所有网络站点将全部处于危险状态。

企业在选择和配置防火墙时,首先需考虑防火墙自身的安全性,然后再考虑特定的信息系统安全需求,如病毒扫描功能、IP 地址转换功能和是否具有虚拟专用网络功能等。此外,选择防火墙作为信息系统及其网络安全防御工具时还需满足四个基本要求:第一,可保护整体网络;第二,能弥补其他操作系统的不足;第三,能为使用者提供不同的平台选择;第四,软件供应商应能提供完善的售后服务。

2. IDS

IDS 是信息系统安全防护中继防火墙之后的第二道安全闸门,其任务主要包括监视、分析用户和系统活动,审计系统构造和弱点,识别反映已知进攻的活动模式并向相关人士报警,分析异常行为模式,评估重要系统和数据文件的完整性,审计跟踪管理操作系统并识别用户违反安全策略的行为等。

目前较为流行 IDS 的主要有基于主机的入侵检测系统(host-based IDS,HIDS)、基于网络的入侵检测系统(network-based IDS,NIDS)和分布式入侵检测系统(distributed IDS,DIDS)。HIDS 适用于被加密和交换的环境,可监视特定的系统活动,并可接近事实地检测和应答,同时还不需要额外的硬件支持。NIDS 在共享网段上对通信数据进行侦听以采集信息,分析可疑现象。它具有成本低、攻击者转移证据困难、实时检测和响应、能够检测未成功的攻击企图以及操作系统独立等多方面优点。然而 NIDS 只检查它直接连接网段的通信,为了不影响性能,通常采用简单的特征检测算法,难以实现复杂计算与分析,难以处理加密会话。DIDS 既能检测到网络入侵行为又能检测到主机入侵行为,适用于系统脆弱性分散在网络中的各个主机上的情形或者出现协作式入侵行为而非单一入侵行为的情形等。

根据 IDS 的技术原理,入侵检测常用的检测策略包括特征检测、异常检测和完整性分析。

(1)特征检测是假设入侵者的活动可以用一种模式来表示,系统的目标是检测主体活动是否符合这些模式,当被审计的事件与已知的入侵事件模式相匹配时报警。目前常用的是数据包特征模式匹配,具有准确率高、容易对付已知攻击等特点。特征检测是最简单的检测方法,因为它只是使用字符串比较操作活动的当前单元,如一个包或一个日志项,与一个特征列表进行比对。特征检测技术对很多网络或应用协议几乎没有什么理解,并且不能跟踪和理解复杂通信的状态,它们不能将请求与对应响应进行匹配。例如,知道对特定网页的 Web 服务器请求所产生的状态码为 403(即服务器拒绝请求)的响应。在处理当前请求时,它们没有记住以前请求的能力。

(2)异常检测是将所观察的活动与认为正常的活动进行比较并识别重要偏差的过程。异常检测技术所需的输入参数包括审计事件的数量、间隔时间、资源消耗情况等。异常检测使用统计的方法将当前活动的特征与相关的阈值进行比较,以确定潜在的威胁。例如,当发现 Web 活动产生比预期大得多的大量带宽时,它会向管理员发出报警。阈值可以根据不同的行为属性设定，如一个用户所发出的电子邮件数量、主机的失败登录尝试次数以及给定时间内主机中央处理器(central processing unit，CPU)的使用率等。

(3)完整性分析关注某个文件或对象是否被更改，包括文件和目录的内容及属性，它在发现被木马、病毒更改的应用程序方面特别有效。完整性分析检查系统保存了每个文件的数字摘要数据库，通过重新计算文件的数字摘要并与数据库中的值相比较来判断文件是否被修改。此外，完整性分析策略配置灵活，可以有选择地监测重要文件。虽然完整性分析能够给 IDS 带来更高级别的安全，但是文件完整性分析具有不少缺点：首先，文件完整性检查一般以批处理方式实现，不用于实时响应，且非常耗时；其次，文件完整性检查系统依赖于本地的文摘数据库，这些数据可能被入侵者修改，对此，可以将摘要数据库放在只读介质上来进行防范；另外，系统正常的升级会带来大量的文件更新，如 Windows NT 系统中升级 MS—Outlook 将会带来 1800 多个文件变化。

3. 网络隔离技术

网络隔离(network isolation)技术的目的是确保把有害攻击隔离在可信网络之外，保证可信网络内部信息在不外泄的前提下，完成网间数据的安全交换。具体是指把两个或两个以上可路由的网络(如 TCP/IP，transmission control protocol/Internet protocol)通过不可路由的协议[如 IPX/SPX(Internetwork packet exchange/sequences packet exchange)、NetBEUI(NetBios enhanced user interface)等]进行数据交换而达到隔离的目的。由于其原理主要是采用了不同的协议，所以通常也称为协议隔离(protocol isolation)。

网络隔离的工作原理与防火墙有很大的不同，防火墙的思路是在保障互联互通的前提下尽可能安全；而网络隔离的思路是在必须保证安全的前提下，尽可能互联互通，如果不安全则断开。目前实施的网络隔离技术主要有三种：网络开关、实时交换和单向连接(张剑等，2013)。网络开关是在一个系统里安装一个数据系统和两个虚拟系统，数据被写入一个虚拟系统，然后交换到数据系统，再交换到另一个虚拟系统，这种系统只适合于简单的文件交换，没有复杂的应用；实时交换相当于在两个系统之间共用一个交换设备，交换设备连接到网络 A，得到数据，然后交换到网络 B，这种系统适合于实时应用系统；单向连接一般指从安全性高的网络向安全性低的网络移动，这种系统只适合于数据单向迁移。

网闸是一种典型的网络隔离技术。它通过使用带有多种控制功能的固态开关读写介质连接两个独立主机系统的信息系统安全设备。网闸所连接的两个独立主机系统之间只有数据文件的无协议“摆渡”，不存在通信的物理连接、逻辑连接、信息传输命令、信息传输协议以及依据协议的信息包转发,且对固态存储介质只有"读"和"写"两个命令。网闸技术的基本原理是:切断网络之间的通用协议连接;将数据包进行分解或重组为静态数据;对静态数据进行安全审查,包括网络协议检查和代码扫描等;确认后的安全数据流向内部单元;内部用户通过严格的身份验证机制获取所需数据。其工作原理如图 3.2 所示。

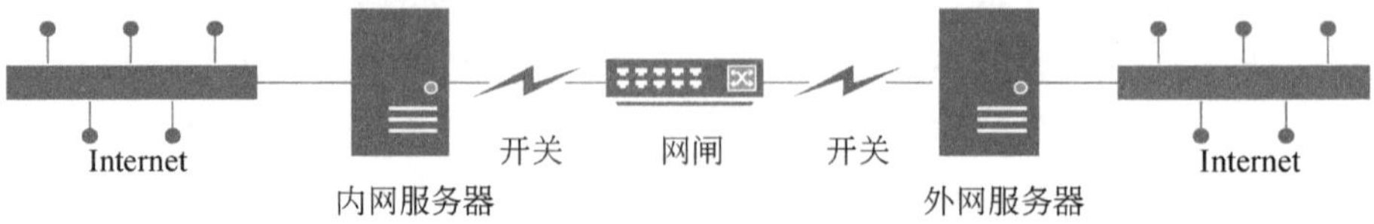

图 3.2　网闸工作原理

4. 入侵防御系统

入侵防御系统(intrusion prevention system,IPS)区别于 IDS,它不仅能识别潜在威胁,还能快速做出回应,是防火墙和病毒防范技术的有力补充。IPS 可以对抗恶意代码和僵尸网络攻击,是一种能够监视网络或网络设备中的网络资料传输行为的计算机网络安全设备,能够即时中断、隔离一些不正常或是具有伤害性的网络资料传输行为。例如,IPS 能够删除它认为是恶意的数据包,并进一步阻挡该 IP 地址或者端口的流量。

和 IDS 类似,IPS 识别潜在的恶意流量有两种基本策略:一种策略是特征检测,系统中有一个包含已知恶意活动的样本数据库,如果网络中用户活动与样本数据库相匹配,系统就会报警;另外一种策略是异常检测,系统监控网络,当网络中用户活动背离标准活动太明显,异常检测系统就会报警。不同于 IDS,IPS 不仅在发现系统中发生可疑行为时通知管理员,还可以阻止可疑流量进入网络。其优势在于可以很大程度上节约管理员的精力,而且对异常行为的反应速度相对较快。但 IPS 也有其缺点:首先,IPS 的运行维护费用一般较高,主要因为需要不断对检测到的异常流量进行处理,所以对处理器的要求很高。其次,IPS 一般是为特定的网络设计定制的,必须了解是对什么发出指令,要根据平常的流量类型,在没发生任何问题情况下定期更新,否则容易产生很多错误阻断,影响系统性能。这就对 IPS 实际应用管理提出了比较高的要求。

5. 蜜罐技术

蜜罐是网络诱骗技术的核心,通过模拟一个或多个易受攻击的主机引诱入侵者进行入侵,分散入侵者的精力并消耗入侵者的时间,减少对真正有价值目标的入侵。同时蜜罐也可以收集入侵者的信息获取证据,并学习了解入侵者的思路、工具、目的,帮助企业制定有效防止这些威胁的策略。

蜜罐的特点在于其不向外界提供真正有价值的服务,且所有与蜜罐的连接尝试均被视为可疑的连接。蜜罐技术的主要形式有空系统、镜像系统和虚拟系统(周黎等,2008)。空系统是一种没有任何虚拟和模拟环境但具有操作系统和应用程序的真实计算机系统,同时也存在真实的漏洞;镜像系统可向外界提供一些网络服务,这可让入侵者感受到真实性,但由于其仅仅是镜像系统,所以并不用担心真的被入侵;虚拟系统是在物理机器上运行一些仿真软件,从而模拟出多台虚拟机,构建多个蜜罐主机,这种形式的蜜罐技术不但逼真且成本低,资源利用率高。基于虚拟系统,并配以路由器、防火墙、IDS 和审计系统,即可形成蜜网,为入侵者制造适合入侵的环境,诱导其入侵,便于防御方对相关入侵行为加以研究,为真正有价值的信息系统提供有效保护策略。

为诱使潜在的攻击者发动攻击而又不被攻击者识破和利用,蜜罐常需要采用三种技术(冯登国和赵险峰,2014)。一是伪装和引入,是指蜜罐在系统中设置服务、应用或网络,它们仅供引诱攻击者使用,而不具有表面上所看到的真正功能。为了吸引黑客,蜜罐系统常在设置的服务、应用或网络中故意留下后门、漏洞或看似敏感的信息。蜜罐系统还可以采用所谓的主动吸引技术,它利用网络中已有的安全设备建立相应的数据转发机制,将入侵者或可疑的连接主动引入蜜罐系统或蜜网中。二是信息控制。一旦蜜罐或蜜网被攻破,攻击者完全可能利用被攻破的系统向其他网络发起攻击,因此,对蜜罐或蜜网中的信息需要进行全面控制,这类技术就是信息控制技术。信息控制不仅要控制攻击者利用被攻破的系统发出的操作和连接,而且还要保持这类控制的隐蔽性,这一般通过给予攻击者一定的操作权限并用防火墙等安全设备监管攻击者的通信实现。三是数据捕获,是指蜜罐或蜜网能够记录攻击者的行为,为分析和识别攻击做好准备。当前有三种数据捕获途径,第一种是在蜜罐中设置专门的信息、操作监控和记录程序,并设置日志服务器,第二种和第三种分别是利用防火墙和 IDS 捕获,其中,防火墙和 IDS 也用于前面的信息控制。对捕获数据的分析类似于在 IDS 设计中采取的方法,一般通过对攻击数据进行由一般到抽象的分析,不但能得到具体攻击和攻击者的信息,也能得到相应的攻击行为模式。

6. 虚拟专用网络技术

虚拟专用网络(VPN)技术是在公用网络中建立专用的数据通信网络的技术。之所以称为虚拟网,主要是因为整个 VPN 网络的任意两个节点之间的连接并没有传统专网所需的端到端的物理链路,而是架构在公用网络服务商所提供的网络平台上的逻辑网络,用户数据在逻辑链路中传输。VPN 主要采用了隧道技术、加解密技术、密钥管理技术(张剑等,2013)和使用者与设备身份认证技术(方玲,2016)。VPN 的最大优点在于不仅可以降低成本,还易于拓展;不仅可以随意与合作伙伴联网,还可以完全控制主动权。

根据应用环境不同,VPN 可以分为三类,即 Access VPN、Intranet VPN 和 Internet VPN。Access VPN 一般支持企业内部在外工作人员与企业建立通信,如在外出差人员或在家中办公的人员等。Intranet VPN 主要支持企业内部各部门办公室和中心办公室之间建立通信。Internet VPN 主要支持企业外部人员同企业建立通信,如企业的合作伙伴或重要客户等。

究其原理,VPN 实质上就是利用加密技术在公网上封装出一个数据通信隧道。在内网中架设一台 VPN 服务器,VPN 服务器用两块网卡分别连接内网和外网。外网中的用户在当地连接互联网后,通过互联网找到 VPN 服务器,然后利用 VPN 服务器作为跳板进入企业内网。为了保证数据安全,VPN 服务器和客户机之间的通信数据都进行了加密处理。有了数据加密,就可以认为数据是在一条专用的数据链路上进行安全传输,就如同专门架设了一个专用网络一样。实际上,VPN 使用的是互联网上的公用链路,因此只能称为虚拟专用网络。有了 VPN 技术,用户无论是在外出差还是在家中办公,只要能上互联网就能利用 VPN 非常方便地访问内网资源。为此,VPN 在各类组织信息系统安全管理中得到广泛应用。

VPN 具有广阔的应用前景,如企业运用 VPN 可以充分利用骨干网络强大的运输能力降低企业内部网的建设成本,提高网络运营和管理的灵活性,改善信息传输的安全性、实时性、方便性和宽频带性。一些大型企业也可组合运用专线网和 VPN,并对其进行优化,在与业务量较大企业或比较重要的分支机构连接时利用专线网络,而与业务量较小或不太重要的分支机构连接时利用 VPN 组网。

7. 访问控制技术

访问控制技术是指依据特定的安全策略控制主体,对客体资源访问能力和访问范围控制的一种安全机制,当计算机系统所属的信息资源遭受未经授权的操作威胁时,其能够提供恰当的管制及防护措施以保护资源的安全性和正确性。它的主要作用是保证合法用户访问授权保护的网络资源,防止非法主体进入受保护的网络资源,或防止合法用户对受保护的网络资源进行非授权的访问。

究其工作原理,访问控制首先需要对用户身份进行合法性验证,然后基于控制策略进行管理。除了对用户身份和访问权限进行验证以外,还要对用户的越权行为进行监控。访问控制主要有自主访问控制、强制访问控制和基于角色的访问控制等。自主访问控制的基本思想是由客体属主对自己的客体进行管理,由属主自己决定是否将自己客体的访问权或部分访问权授予其他主体。这种控制方式是自主的,一般通过访问矩阵描述。在自主访问控制下,一个用户可以自主选择哪些用户能够共享他的文件。有访问许可的主体能够直接或间接地向其他主体转让访问权。在商业环境中,大多数系统仅基于自主访问控制机制来实现访问控制,如主流操作系统(Windows NT Server,UNIX 系统)、防火墙等。强制访问控制机制的基本思想是系统对所有主体及其所控制的客体,如进程、文件、段、设备等实施强制访问控制,主体不能改变自身和客体的安全级别。系统为这些主体及客体指定敏感标记,如绝密级、机密级、秘密级和无密级。系统根据主体和客体的敏感标记决定访问模式。强制访问控制可以有效解决自主访问控制机制中可能存在的不安全问题,尤其是像特洛伊木马攻击。基于角色的访问控制是对自主访问控制和强制访问控制的改进,指由用户在一个组织中担当的角色来确定授权给用户的访问权限。它的基本思想是授权给用户的访问权限由用户在一个组织中担当的角色来确定。通过角色沟通主体与客体,将访问权限分配给角色,系统的用户担任一定的角色,与用户相比角色是相对稳定的。

8. 代理服务技术

代理服务技术是指对系统和网络具有访问能力的主机为无访问能力的主机提供代理服务,使无访问能力的主机能够通过代理服务器完成对系统和网络的访问。其原理是通过在双宿主主机上运行的一个或一组特殊协议来实现允许用户直接访问网络,但不允许数据包在用户系统和网络之间直接传送。另外,代理服务适合于做日志,可记录所有数据的传送。虽然代理服务应用较为广泛,但存在一些不足。第一,代理技术会造成延迟,在该延迟等待中,原先的未被代理的服务可能会出现脆弱性;第二,每个代理服务都要求不同的服务器,而选择、安装并配置这些不同的服务器工作非常烦琐;第三,代理服务一般要求对用户或程序进行修改,这些修改会形成偏差;第四,代理服务具有一定的局限性,这取决于客户和服务器之间能否插入代理服务器,若两者之间的通信与交谈过于复杂,则可能无法使用代理服务;第五,代理服务无法保护协议本身的不安全操作。

3.1.4 面向物理环境保护的信息系统安全技术

信息系统安全不仅包括数据和软件系统的安全,硬件设备安全也是信息系统安全的重要组成部分。如果攻击者获得被控制设备的物理访问权,就可以避开对此设备所采取的大多数基于技术的控制。例如,偷走计算机硬盘就可以方便获得硬盘上的数据。这就意味着对物理设备需要采用相应的安全技术和措施。物理安全技术主要涉及物理访问控制、水火电等环境中的安全要素控制、数据侦听的防范以及可移动与便携系统的安全防范等。

物理访问控制就是对物理设施直接接触的管理和控制,可以综合采用多种措施保证物理设备的访问控制,具体可以采用的技术主要包括门禁卡或生物学身份识别技术、电子监视、警报系统等。

对于水火电等灾害性因素需要根据各因素的特点,分别采用相应的技术措施。例如,对于火,可安装火灾自动检测系统;对于电,一方面必须保证所有设备电源的接地和电流强度,另一方面需要考虑不间断电源的使用;对于水,可以把水检测系统集成到控制全部设施运转的报警系统中。

数据侦听有三种途径:直接观察、侦听传输数据和电磁侦听。直接观察是侦听者与要获取的数据足够靠近时直接读取数据,肩窥是最常见的方式;侦听传输数据是攻击者采用嗅探器软件搜集信息,或者闯入局域网获取信息;电磁侦听是通过获取电缆中的电磁信号,获取数据。针对不同的数据侦听方式需要采用不同的安全措施。例如,对侦听传输数据,企业应对无线局域网中的信息传输通过加密进行保护,企业网络管理人员应定期对数据端口进行物理检查。

随着移动网络技术的快速发展,信息系统中的移动终端和设备应用越来越广泛,其安全问题成为信息系统物理安全的重要内容。对于移动终端和设备,可以在技术上实现当报告丢失或被盗时发送其位置信息,并同时自动清除所有数据,甚至完全切断该设备。例如,Absolute Software 的 CompuTrace 是一个计算机软件,该软件可定期向监视中心报告其位置,如果报告被盗,软件就会跟踪计算机的当前位置,而该软件在计算机系统上无法检测到。

3.2 企业信息系统安全技术组合

计算机和网络技术的快速发展以及越来越严峻的信息系统安全形势促进了多种信息系统安全技术的组合运用。多种信息系统安全技术组合配置主要是指运用多种信息系统安全技术,形成多样化和多层次的防御体系,为企业信息系统安全提供深防御。

3.2.1 纵深防御系统与企业信息系统安全技术组合

鉴于目前的信息系统安全技术设计开发水平和应用维护管理水平,任何一种信息系统安全保障产品(如防火墙、安全路由和入侵检测系统等),都会在具体应用中表现出自身的不足之处,所以攻击者一般可以在信息系统中找到可以利用的漏洞或者脆弱点。因此,较为有效的信息系统安全对策应该是在攻击者和目标之间部署多层防御机制，而不是单纯配置一种信息系统安全产品或者将几种信息系统安全产品简单地凑在一起（冯登国和赵险峰，2014）。这种多层防御机制中，每一个机制都对攻击者形成一道屏障，且针对每一个机制都有保护和检测机制。例如，为企业内部网络和外部网络分别配置一个与IDS相互联动的防火墙。多个屏障确保每个信息系统安全技术的功能尽量相互独立、互不干扰，这样的防御机制提高了攻击者被发现的风险，降低了攻击者成功攻击的可能性，或者使其成功实施攻击的成本提高，甚至让其放弃攻击。

企业信息系统纵深防御策略将人、技术和运行（包括管理）三个要素相结合（冯登国和赵险峰，2014），为了获得期望的信息系统安全保障水平，信息系统安全保障过程中需要由适当的人采用合理的技术，遵照适当的管理方案，而不是简单的安全保护技术的叠加。信息系统安全领域的纵深防御是指组合运用多种信息系统安全技术构建信息系统防御体系，降低企业信息系统安全风险和被攻击带来的损失。

一些学者对纵深防御策略进行了定性分析、设计和研究。Doreen和John（2001）探讨了多层安全的概念，认为信息系统安全不仅需要深度防御，还要广度防御。通过在DARPA（defence ARPA）信息系统安全项目中的一系列实验，认为多种信息系统安全技术相互作用会提高系统的复杂性，还有可能增加网络的脆弱性，所以，在信息系统安全防御过程中需要根据外部环境的变化动态改变安全防御结构，要同时考虑增加防御层次和扩大防御范围，才能有效防止各种不同类型的攻击。Harrison（2005）提出了一种模块验证策略，通过扩展经典的“深度防御”消除或者降低用户应用恶意软件对信息系统的破坏，同时将数据库加密和系统的标准化也作为纵深防御策略的一部分。Paul等（2005）综合开发、验证和协调网络通信安全策略时发现：纵深防御能使信息系统应对持续的团队攻击，并提出运用入侵检测、防火墙、补丁管理等多种信息系统安全技术，建立多层次的网络安全防御体系，能在不改变网络拓扑结构的前提下实现纵深防御。沈昌祥和陈兴蜀（2014）从加强信息系统安全保障体系建设、可信计算体系框架、可信计算体系框架的拓展等方面，详细阐述了如何将可信计算用于构建积极的纵深防御体系，以及所构建的防御体系的特点。为了防止攻击者通过共享的云资源对云用户发起针对虚拟机的高效攻击，崔竞松等（2014）提出基于软件定义网络的纵深防御系统。通过及时检测可疑虚拟机并控制其发出的流量，抑制来自该虚拟机的攻击行为并减轻因攻击所受到的影响。该系统以完全无代理的非侵入方式检测虚拟机状态，且基于软件定义网络，对同主机内虚拟机间或云主机间的网络流量进行进程级的监控，实验结果表明了该系统的有效性。

纵深防御系统正成为越来越多企业信息系统安全的策略选择，企业构建纵深防御系统的关键是信息系统安全技术组合的选择和设计。信息系统安全技术组合是基于企业信息系统安全管理目标,根据信息系统安全防御系统构建的需求,考虑不同信息系统安全技术特性,合理选择相关技术,有效配置不同技术参数,两个或两个以上安全技术组合共同作用,保障企业信息系统安全。信息系统安全技术组合不是简单的技术叠加,是利用不同技术之间的互补性,以达到1+1>2的效果;信息系统安全技术组合的应用需要根据企业的安全目标,在考虑经济性和安全等级要求的情况下进行选择和配置,而不是盲目追求技术的先进性和复杂性。

对于组合运用多种信息系统安全技术构建纵深防御系统,目前以定性分析和设计为主,通过建立数学模型进行优化,从定量的角度确定纵深防御系统的研究刚刚起步,主要是对几种特定的信息系统安全技术,建立数学模型优化技术参数配置,以使几种不同信息系统安全技术的性能得到充分发挥。Kumar 等(2008)指出,不同信息系统安全技术处理不同安全威胁的能力是不同的,对于一个企业而言,不同安全技术组合配置下攻击所带来的经济影响必然会存在差别,如何组合安全技术使组织效益最大化是信息系统安全管理必须解决的问题。Cavusoglu 等(2009)认为,一种信息系统安全技术的参数可能直接影响另一种安全技术的参数配置,组合技术间可能会出现相互冲突,所以合理设置不同的信息系统安全技术是权衡信息安全性和可用性的关键所在。赵柳榕等(2011)讨论了防火墙、IDS 和漏洞扫描技术的安全技术组合优化。Zhao 等(2015)分析了防火墙、IDS 和漏洞扫描技术的互补和冲突情况。方玲等(2015a)将多个 IDS 和人工调查技术相组合,利用博弈论研究了其最优配置与策略。方玲等(2015b)以 IDS 为基础,研究了基于脆弱性水平的企业信息系统安全技术配置策略。方玲等(2016)以防火墙和 IDS 技术组合为例研究了安全等级对信息系统安全技术策略的影响。这些研究成果均表明企业在应用信息系统安全技术组合时,各种安全技术参数的配置是安全技术组合的核心所在。若参数配置得合理,技术之间会相互补充,技术的运用效率比较高;若参数配置不当,技术之间可能相互冲突,导致技术的运用效率较低,甚至出现多种技术组合运用不如单独使用一种技术的情形。

3.2.2 几种典型信息系统安全技术组合的原理及特点

实现信息系统安全技术的优化组合,对其参数进行优化配置,了解信息系统安全技术组合的原理和特点至关重要。根据信息系统安全技术组合的数量,安全技术组合有两种技术组合和三种技术组合等不同情况,下面分别讨论 IDS 和防火墙,蜜罐与 IDS,防火墙、IDS 和漏洞扫描等几种技术组合的原理和特点。

1. IDS 和防火墙组合

防火墙是通过将软件和硬件结合,以保护企业内部网络免受外部非法用户的侵入,防火墙可以从源头上阻止入侵者。IDS 是依照一定的安全策略,通过软件和硬件,对网络、系统的运行状况进行监视,尽可能发现各种攻击企图、攻击行为或者攻击结果,以保证网络系统资源的机密性、完整性和可用性。

防火墙只能阻止外部的攻击,对于企业内部合法用户的攻击无能为力(Punithavathani et al. ,2015)。IDS 除了能够对外部入侵者进行检测并报警,还可以对企业内部用户进行检测。企业可以将两者结合使用,在边界位置配置防火墙用以阻止外部非法用户对企业的攻击,配置 IDS 及时准确地对防火墙之外的入侵行为进行检测,对可疑行为进行报警。假如防火墙是一幢大楼的门锁,那么 IDS 就是这幢大楼里的监视系统。一旦小偷爬窗进入大楼,或内部人员有越界行为,只有实时监视系统才能发现情况并发出警告。

同时,防火墙可以根据 IDS 收集的信息对自己的安全防御策略进行升级,从而提高防火墙的防御能力。因为防火墙阻止了大量外部黑客,降低了信息系统内部 IDS 的压力,对于企业信息系统内外部网络可以选用不同规则的 IDS,精细检测规则,提高整个系统的防御性能。IDS 和防火墙的互动模型见图 3. 3 所示。

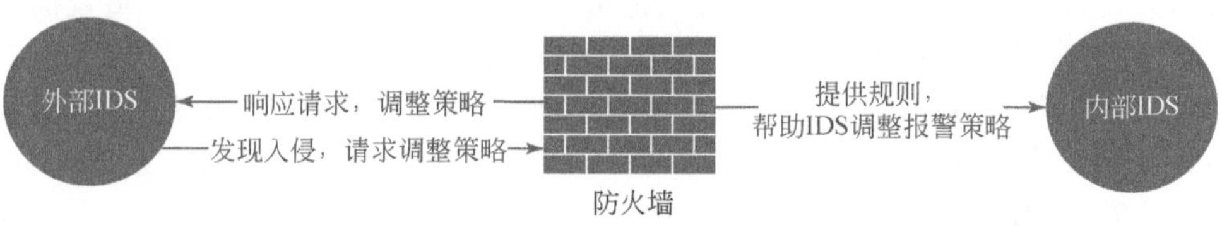

图 3. 3　防火墙与 IDS 组合的信息系统安全防御原理

IDS 和防火墙定义一个用户是黑客还是正常用户的标准,都是基于用户在信息系统中交易的异常记录是否超过一个设定的临界值。防火墙主要针对外部用户起作用,IDS 对于所有用户都能起到作用。防火墙会阻止所有超过临界值的用户,而 IDS 会对超过临界值的用户进行报警。因为异常记录的获取和确定过程中不可避免地存在误差,即被阻止或者被报警的用户不一定就是黑客,也可能是系统或者路由器等故障导致判断错误,因此临界值的确定是防火墙和 IDS 的误报率(正常合法用户被定义为可疑用户的概率)和漏报率(黑客或者可疑用户被定义为合法用户的概率)的关键所在。关于防火墙和 IDS 中的各种概率可通过采用 ROC(receiver operating characteristic)曲线构建的企业和用户之间的信息系统安全模型来确定(Cavusoglu et al. ,2005)。

2. 蜜罐与 IDS 技术组合

蜜罐的作用需要被黑客攻击后才能发挥,因此,虽然蜜罐在一定程度上能对信息系统起到保护作用,但并不能从根本上解决安全问题。若要使企业信息系统安全得到更好的保护,需要与其他信息系统安全技术组合使用,如 IDS 和防火墙等。IDS 作为一种强有力的发现入侵行为的安全技术,对入侵行为基本上不具备响应的能力,同时 IDS 对于未知入侵行为也无能为力。然而,蜜罐对各种入侵行为具备很好的发现能力。因此,蜜罐作为 IDS 的有力补充,不仅可以分担一部分数据流量,减轻 IDS 的负担,还可以提供 IDS 自学习的数据,增强入侵检测的智能化水平(Vargas and Kleinschmidt,2015)。例如,蜜罐可以记录和分析黑客的攻击事件,帮助 IDS 及时学习新型的攻击行为,并更新 IDS 的特征库,降低误报率和漏报率。

根据工作原理,IDS 会对所有的用户行为进行检测,并对可能的攻击行为进行报警,即 IDS 会产生大量的日志和报警信息。由于大多数日志记录的都是系统中的正常事件,并不需要去处理,但对于 IDS 产生的各种信号,企业会付出很多人力和财力有选择地进行人工调查或者通过其他方式进行处理,对很多正常运行的日志进行调查并不能给企业带来任何帮助,反而提高了企业安全防护成本。蜜罐的主要作用在于诱骗,且进入蜜罐系统中的用户是黑客的可能性相对比较高。因此,根据蜜罐的工作原理和特性,IDS 可以把可疑行为和未知的用户行为都重定向到蜜罐系统,这样不仅能减轻 IDS 的负担,还可以降低漏报率。同时,因为蜜罐可以对用户的行为进行跟踪和记录,更容易获取攻击者的特征,这也方便了 IDS 进行特征库的更新,降低误报率。图 3.4 是将蜜罐与 IDS 相互结合,构建的一个基于主动防御的信息系统安全防御模型图。

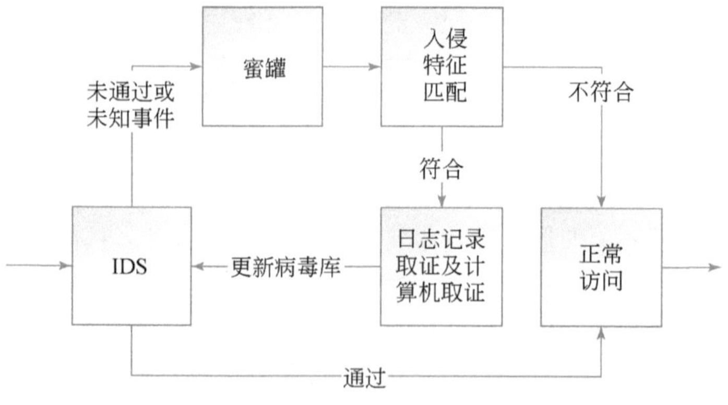

图 3.4 蜜罐与 IDS 联合防御模型

3. 防火墙、IDS 和漏洞扫描技术组合

防火墙、IDS 和漏洞扫描技术的组合方式如图 3.5 所示。防火墙一般用于阻止外部入侵,IDS 用于检测入侵,漏洞扫描技术用于找出入侵安全隐患和可被黑客利用的漏洞。

防火墙和 IDS 组合运用的原理是:IDS 能及时发现防火墙之外的入侵行为,防火墙可以根据 IDS 反馈的入侵信息调整安全策略,从源头上阻隔入侵行为。防火墙和 IDS 相互组合能大大提高整个防御系统的性能。IDS 和漏洞扫描技术组合的原理是:利用入侵检测系统得到的黑客攻击信息,反推出目标系统存在的漏洞;根据目标系统的安全漏洞可以结合当前的黑客攻击状态,有效估计和预测黑客攻击的发展趋势。

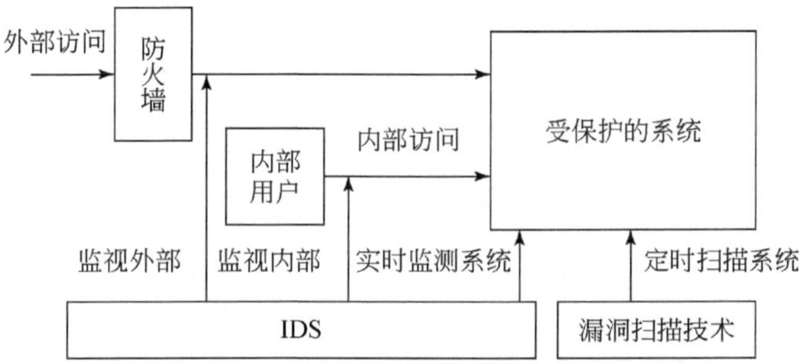

图 3.5　三种安全技术组合的信息系统安全防御模型

在实际应用中,根据企业的安全需求,结合网络拓扑结构和应用类型配置适当类型的防火墙用于阻止外部入侵,在网络系统若干关键点利用入侵检测技术对系统进行实时监控,在发现入侵行为以后通过系统管理员或设置的安全策略自动对系统进行调整。同时利用漏洞扫描技术定期对系统进行隐患扫描,以便及时发现系统漏洞并加以修补。

3.3　企业信息系统安全管理策略制定的影响要素

企业信息系统安全管理最终通过信息系统安全管理策略的落实而实现,企业信息系统安全管理策略不只是安全技术或技术组合的选择和配置,还需要考虑相应的投资策略和管理规章制度等。本书重点讨论信息系统安全技术配置策略及相关的投资策略。

企业信息系统安全管理策略的制定和实施除了需要考虑信息系统自身、企业等方面和环境因素,同时与信息系统安全相关的一系列利益相关者也是信息系统

安全管理策略制定不可忽略的重要因素。

3.3.1 企业信息系统安全的利益相关者

企业信息系统安全管理策略的制定、实施和作用发挥中涉及一系列相关联的主体,如企业信息系统安全管理者、信息系统用户、政府、安全技术供应商、安全服务提供商、信息系统攻击者(黑客)等,他们是企业信息系统安全系统中的能动因素,他们之间相互作用、相互影响,构成信息系统安全的利益相关者。他们的行为特征和相互作用关系直接作用于企业信息系统安全。

制定企业信息系统安全管理策略,之所以需要考虑利益相关者间的关系,主要有三方面的原因,即动机不一致性、网络外部性和信息不对称性。动机不一致性是指信息系统安全的受害者和信息系统安全负责者间的动机通常不一致。动机不一致可能会导致信息系统安全负责者很难全心全意去帮助信息系统安全受害者防御攻击者的入侵。例如,电信部门可能从自身利润最大化考虑,鼓励企业使用与电信部门合作的防火墙厂商生产的防火墙,而合作单位的防火墙被黑客攻破后,虽然电信部门可能会进行一定的赔偿,但受损害最大的可能是使用该防火墙的企业。网络外部性是指由于不同企业的信息系统和业务之间都会相互联系,当黑客成功入侵一个企业的信息系统后便可以较容易地入侵与之关联的其他企业的信息系统。例如,中国目前较大的阿里云服务器和很多电商平台都有密切联系,当黑客成功入侵了其中某一个电商平台后,就能很容易获得与该电商平台相关的顾客的阿里云账号信息等,然后根据顾客服务器信息很容易入侵该顾客其他的信息系统。信息不对称性是指信息系统安全利益相关者的努力程度经常未能被准确获知。例如,购买安全技术的企业对安全技术供应商的产品是否真正如广告中所描述的那样优异,是否能真正解决企业的安全问题,这些都不能准确获知。

企业信息系统安全管理的利益相关者之间存在着复杂的博弈关系,主要利益相关者间的博弈关系及他们的风险偏好是否相互影响对方的行为决策以及如何影响等均是企业信息系统安全管理策略制定时必须考虑的重要因素,也是本书研究的重点之一。信息系统安全管理中主要利益相关者及他们间的关系如图 3.6 所示。

各类利益相关者之间的博弈关系直接影响企业信息系统安全管理策略的制定和实施。企业不仅要为合法用户提供正常服务,还要从安全技术供应商购买安全技术,并对其不断升级以应对非法用户(黑客)的攻击,或者采用安全服务外包商的服务保障信息系统安全。企业为了实现自身收益最大化,需要从经济和管理相结合的角度制定和实施信息系统安全管理策略,使安全技术与人员管理相协调,以最少的安全投资实现最高的安全水平。同时,相关主体的风险偏好也是信息系统

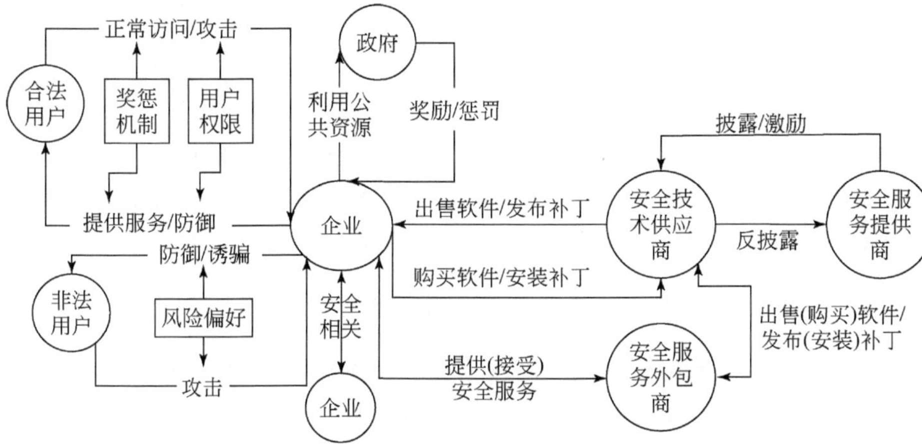

图 3.6　企业信息系统安全管理策略中的利益相关者

安全投资策略中需要考虑的因素之一(罗云,2010)。投资者的行为受到其自身风险偏好的影响,在一般投资行为中,主要考虑投资者和竞争者的风险偏好。而在信息系统安全管理中,不仅需要考虑企业的风险偏好,还需要考虑黑客的风险偏好。因为企业和黑客双方一般都需要基于对方的行为和策略而做出自身的策略选择,所以双方在策略选择时都受到自身风险偏好的影响。

本节重点企业分析信息系统安全管理策略制定时主要利益相关者之间的博弈关系,是相关问题研究的基础。

1. 企业与用户

基于用户权限可以把用户分为合法用户和非法用户。合法用户是具有信息系统使用权限的用户,非法用户是没有信息系统使用权限的用户,也就是企业信息系统的攻击者,或常称之为黑客,非法用户在任何情况下都不能为企业带来正收益。企业和用户之间的博弈关系主要表现为防御、攻击和互动。企业希望以最少的安全投资实现最高的安全水平,既为合法用户的正常使用提供正常服务,同时防御黑客的攻击,而攻击者则希望以较少的投入实现对企业信息系统的成功攻击。

企业和合法用户间的关系。合法用户在使用企业服务的同时,也可能对企业发起攻击,所以企业在为合法用户提供正常服务的同时也要防御合法用户的攻击。但企业防御策略可能会影响到合法用户的正常访问,所以企业制定和选择信息系统安全管理策略时需要分析企业和合法用户间的博弈关系。同时,随着合法用户权限的提高,虽然企业和合法用户的工作效率都会提高,但合法用户一旦攻击将会给企业带来更加严重的损失。因此,基于企业和合法用户间博弈的关系,企业制定信息系统安全管理策略时需要科学设计合法用户权限范围以及相应的奖惩机制。

企业和非法用户间的关系。企业希望以最少的安全投入实现最高的安全防御,而非法用户则希望以最少的投入获得最高的攻击收益。非法用户根据自身的期望收益选择攻击或者不攻击,企业在对非法用户的安全防御中除了选择和配置相应的信息系统安全技术以外还会选择人工调查等相关管理策略。企业和非法用户各自策略的选择有可能受到对方行为动机及策略的影响,因此,企业和非法用户间的博弈关系也是企业信息系统安全管理策略制定中必须考虑的因素。

2. 企业、安全技术供应商和安全服务外包商

企业可以直接向安全技术供应商购买安全技术保障信息系统安全,也可以将企业的信息系统安全外包给相应的安全服务外包商,由他们为企业提供信息系统安全保障服务。

企业(安全服务外包商)和安全技术供应商之间的博弈关系主要表现为,企业希望购买安全技术以后少升级从而尽量减少安全投资,或者希望把更多的安全责任转移给安全技术供应商(供应商有时需要对购买安全技术企业的安全损失承担一部分责任)。安全技术供应商为企业提供各种安全技术和服务并收取相应的费用,在企业信息系统出现漏洞和威胁时,安全技术供应商需要发布安全补丁,并采取相关策略促使企业进行补丁升级,进一步保护企业信息系统安全,同时获得持续收益。安全技术供应商希望企业能不断升级安全技术,安装补丁。原因有两个,一方面,通过安全技术升级让企业追加安全投资;另一方面,若企业不安装补丁会降低网络安全水平,可能影响安全技术供应商的声誉,降低其利润。企业和安全技术供应商间的博弈关系也是企业信息系统安全管理策略制定中必须考虑的因素之一。

3. 企业和政府

企业在为社会创造财富的同时也会不断利用社会公共资源,政府的目的是提高社会总收益,而企业的目的是尽可能利用公共资源实现自身利益最大化。由于网络外部性的存在,当黑客入侵购买安全技术但没有安装补丁的企业后,可能将攻击渗透到整个网络,企业出于自身利益最大化的做法会对其他企业的安全水平产生负面影响,甚至出现“公共地悲剧”现象。对此,基于企业和政府间的博弈关系分析,政府应该采取一些引导性或强制性策略,促使企业采取足够的信息系统安全措施降低其他关联企业的损失,保障整个网络环境的安全,提高社会总收益。

4. 安全技术供应商和安全服务提供商

安全服务提供商是对安全技术漏洞进行披露的第三方网络平台,通过对安全

技术存在的漏洞进行披露,能有效推动安全技术提供商及时研制和发布安全补丁。安全服务提供商,如国内的国家信息安全漏洞共享平台和乌云漏洞报告平台等通常是非营利性质的,以社会福利最大化为目的。安全技术供应商和安全服务提供商的目的也不一致,很多信息系统安全漏洞不能及时被修复,导致信息系统网络安全风险升高。

安全技术供应商和安全服务提供商之间的博弈关系主要表现为,安全服务提供商希望通过披露各种安全技术漏洞,促使安全技术供应商及时研制和发布漏洞补丁,降低网络安全风险。安全技术供应商为了维护自身声誉,希望安全漏洞不被或少被披露。安全技术供应商为了漏洞不被披露,可能采取增加用户体验的更新方式强制用户更新安全技术漏洞,或者在漏洞更新后及时通知安全服务提供商,要求安全服务提供商不进行披露。

5. 关联企业

当前,越来越多的企业信息系统,如供应链上下游企业间、不同行业的合作企业间等通过网络实现互联互通。企业间信息系统的互联互通,一方面方便了企业间信息的快速传递,提高了信息传递的效率,加快了信息共享,提升了企业对市场的快速响应能力。另一方面也使企业信息系统安全面临更大挑战。企业信息系统安全水平受关联企业的影响,企业在进行信息系统安全投资时需要考虑关联企业的信息系统安全投资策略。一般而言,企业之间的关系既可能表现在信息资产方面,也可能表现在市场关系方面。企业信息资产之间的关系有很多种,如互补关系、替代关系和独立关系等;企业在市场中的关系也是多样的,如竞争关系、合作关系、上下游企业关系等。企业的性质也可能不同,如公有企业和私营企业。关联企业之间的不同关系已成为企业信息系统安全投资策略制定中必须考虑的重要因素之一。

3.3.2 影响企业信息系统安全管理策略制定的环境因素

基于企业信息系统安全管理活动和可能涉及的利益相关者的分析,可以看出企业信息系统安全管理策略的制定和实施是一个复杂过程,如图3.7所示。一方面企业信息系统安全管理策略是信息系统安全投资策略、安全技术选择配置策略以及企业安全管理规章制度的相互作用、相互影响的策略集合。另一方面,每个方面策略的制定均受到企业内部和外部的多方面环境因素影响。有来自系统本身的,如系统脆弱性水平等;有来自外部环境的,如入侵者的威胁类型等;有来自企业内部的,如企业根据业务需求和法律法规制定的安全等级、企业决策者的风险偏好等;也有来自安全技术的,如安全技术的类型与特性等。同时,信息系统安全利益相关者之间的博弈关系、各主体的风险偏好和安全关联企业间的关系等也是信息系统安全管理策略制定和实施必须考虑的要素,并且这些因素之间往往不是相互孤立的,而是相互作用和相互影响的。

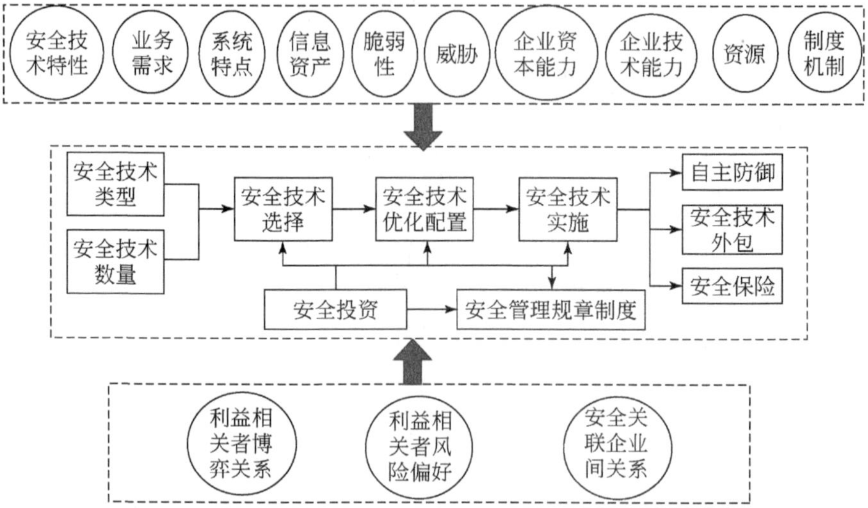

图 3.7　影响企业信息系统安全技术和投资策略制定的主要环境因素

1. 安全威胁

信息系统安全威胁类型影响信息系统安全技术类型的选择和安全技术的优化配置,因此在制定信息系统安全管理策略时需要考虑安全威胁因素。因为不同行业的企业有不同主营业务,面临不同的信息系统安全威胁,所以其信息系统安全管理策略也不尽相同。企业在明确自身可能面临的主要威胁之后,需要考虑如何制定相应的信息系统安全管理策略,既最小化安全成本,又保障信息系统安全。例如,若安全威胁主要来自企业外部,则首先考虑配置防火墙阻止非法外部入侵,同时考虑选择蜜罐,通过获取外部攻击者信息,帮助防火墙升级优化;若安全威胁主要来自企业内部,则首先考虑配置 IDS,对内部用户的非法攻击行为进行警告,也可同时配置蜜罐跟踪内部用户的非法行为,帮助 IDS 降低误报率。

2. 安全技术特性

安全技术特性主要指安全技术的工作原理及其接入网络的方式。安全技术特性影响安全技术数量的选择和安全技术的优化配置,如蜜罐的主要作用是引诱入侵者进入蜜罐,而了解入侵者的思路、工具和目的,研究如何防止这些威胁。蜜罐可以只用一个,也可以同时布置多个。配置蜜罐技术不仅可以分流一部分数据,而且收集到的数据的真实性较高。虽然部署多个蜜罐能分流更多入侵,但其成本必然高于部署单个蜜罐。因此,企业应结合蜜罐本身的技术特性,决定具体应该部署多少个蜜罐。此外,任何安全技术产品都有自身的承载能力范围,对小型企业,因为用户和数据流量比较小,可能一个防火墙与一个 IDS 就能够解决企业信息系统安全问题。随着企业规模提升,用户和数据量增加,可以通过升级成高配置的防火墙和 IDS 满足企业需求,让企业安全风险降低到企业期望的范围内。但对于大型的数据中心,因为用户数目和数据流量非常大,不管单个安全技术的配置多高,其数据吞吐量和负载能力总是有限的,因此,在保证信息系统安全的同时又要考虑合法用户的正常使用,那么就需要把数据中心划分成几个区域,根据信息系统安全技术特性,通过配置多个安全技术产品实现负载均衡,将安全风险降低到期望范围内。

3. 信息系统脆弱性

信息系统脆弱性是指信息系统自身存在的易于被黑客利用或者入侵的缺陷。企业信息系统的缺陷越多,脆弱性水平就越高,对信息系统安全管理的要求就越高,因此在信息系统安全管理策略的制定过程中需要考虑信息系统脆弱性。随着信息系统安全威胁的种类越来越复杂和多样化,越来越需要综合考虑脆弱性和安全技术特性制定信息系统安全管理策略。例如,在企业采用两种及两种以上信息系统安全技术组合来防护其信息系统安全的情形下,脆弱性水平对安全技术配置的影响已不再是越低越好,而是需要综合平衡所选用的安全技术之间的互补性。

4. 安全等级

安全等级是为了满足不同安全需求设定的不同安全级别。因为企业一般是根据信息系统的安全性需求,将信息系统保护划分等级,根据等级分别采取相应的安全防护措施,所以安全等级划分是企业制定信息系统安全管理策略的重要前提之一,即安全等级是信息系统安全管理策略制定需要考虑的因素之一。等级保护原理在于依据信息系统的重要程度,将其划分为不同的安全等级,并综合平衡考虑系统安全要求、所面临安全风险和实施安全措施的成本,进行安全措施调整和定制,形成不同等级的安全措施进行保护。不同安全等级的需求直接影响信息安全技术组合配置策略。以人工调查策略为例,对于安全等级较低的信息系统,企业可能采取的策略是减少人工调查比例,甚至不采用人工调查策略。对安全等级较高的信息系统,企业可能对 IDS 的报警信息全部采用人工调查策略,最终的目的是希望计算机信息系统的安全防护能力能够随着安全保护等级的提高而增强。

企业信息系统安全等级通过安全性评估确定。对信息系统安全性评估的目的主要为选择合理的信息系统安全技术、改进信息系统安全性和设计科学的信息系统安全策略,即在众多的信息系统安全技术中选择最适合安全性性能需求和经济性的信息系统安全策略。通过对信息系统安全性的评估,还可以对已有的系统安全缺陷和性能瓶颈进行改进,对未来的系统进行安全评估,在安全、性能和成本方面实现最佳设计。

目前,信息系统安全性评估主要手段包括已有的安全评估标准和攻击性测试。国际标准化组织在安全技术机制开发和安全评估标准等方面制定了许多标准,如信息技术安全性评估通用标准 CC/ISO15408(common criteria/ international standard organization)和系统安全工程能力成熟度模型(systems security engineering-capability maturity model,SSE-CMM)等。中国国家标准规定,信息系统安全等级保护是指根据信息系统在国家安全、社会稳定、经济秩序和公共利益等方面的重要程度以及风险威胁、安全需求和安全成本等因素,将其划分为不同的安全保护等级并采取相应等级的安全保护技术和管理措施,以保障信息系统安全和信息安全(唐成华,2012;徐国爱等,2011)。该标准将安全等级分为五级,分别为用户自主保护级、系统审计保护级、安全标记保护级、结构化保护级和访问验证保护级。这些标准虽然综合了现有国际上的评测准则,给出了框架和原则要求,但企业在评估信息系统安全时,仍然需要综合考虑自身的安全属性,以及企业安全管理具体情况和信息安全的具体实现、算法和评估方法等。攻击性测试可以找到特定系统存在的漏洞。但是,攻击性测试的最大问题是测试结果的不可重复性,往往会因为测试人员、操作环境的变化而发生改变,因此攻击性测试是一种概率事件,安全性评估依据并不充分。找到科学的信息系统安全性评估方法是信息系统面临的重要问题之一。

5. 企业资本和技术能力

企业资本和技术能力是企业为了保护自身信息系统安全所拥有的可支配资金和可使用的安全技术及人员。企业资本和技术能力对企业信息系统安全管理策略的制定会产生重要影响。若企业选择自主防御则必须要有足够的资金和技术能力,如果在这两方面比较欠缺,自主防御便失去了实际可行性。因此,企业制定信息系统安全管理策略需要考虑企业的资本和技术能力这两个因素。

6. 企业信息系统安全技术供应商和安全服务外包商

企业可以购买安全技术保障信息系统安全,也可以将信息系统安全外包给安全服务外包商。企业、信息系统安全技术供应商和安全服务外包商之间复杂的博弈关系直接影响企业的信息系统安全管理。同时,信息系统安全技术供应商和安全服务外包商本身的特性也是信息系统安全管理策略制定需要考虑的重要因素。

企业信息系统安全服务外包商选择的过程中,考虑外包商的能力和水平的同时,还需要考虑其努力程度。方玲等(2019)认为,企业信息系统安全技术策略选择不仅可以考虑自主防御还可以考虑外包,两者之间存在选择边界。赵柳榕等(2019)认为,竞争企业均选择自主防御时,脆弱性水平和系统相似性是影响决策的主要因素;竞争企业均选择外包策略时,系统相似性和外部性是影响决策的主要因素。顾建强等(2016)研究了信息系统安全外包背景下委托公司如何通过激励措施来协调管理安全服务提供商的努力水平,从而有效控制信息系统安全风险。研究结果表明,部分外包契约优于一般惩罚契约,但只有奖励-惩罚契约能够诱导外包商最优努力的时候可使委托公司获得最大的回报。

安全技术供应商在供应给企业的安全软件质量方面的投入对企业信息系统安全投资策略影响也很大。由于企业通常无法具体了解安全技术的质量,在企业和安全技术供应商之间形成“柠檬市场”,供应商缺乏向企业提供高质量安全技术的动机,他们往往通过技术更新方式向企业收取额外费用。这样一来,企业就需要更多安全投资以防御信息系统免受黑客入侵。Khansa 和 Liginlal(2011)研究指出,黑客的恶意攻击可以导致安全技术供应商的股票价格增加。究其原因在于,为应对黑客的恶意攻击,企业不得不购买更多的安全技术,使得供应商的产品需求增加,其利润也随之提高。这些现象表明,企业在进行信息系统安全投资时,不但要考虑黑客攻击的行为特征,还要考虑安全技术供应商的努力程度。

7. 黑客行为

黑客行为与计算机犯罪行为都属于计算机滥用行为,主要是指黑客攻击者出于不正当的目的或者误操作对目标网络或主机进行的一系列的非法获取主机内部信息资源、破坏主机正常业务运行,或者传输异常网络数据包等过程的活动(图 3.8)。不同的黑客攻击目的和手段不同,对攻击目标的作用效果和攻击规模[①]不同,需要不同的信息系统安全技术配置策略来维护信息系统安全。黑客行为的目的主要包括满足精神需求和得到物质利益。前者主要是为了窥探、开玩笑和炫耀,证明自己的存在价值或满足私有虚荣心、好奇心。后者一般为有目的的经济犯罪,不择手段以达到目的。对于满足精神需求的黑客应以防御策略为主,检测策略为辅,对于为了得到物质利益的黑客要采取防御策略和检测策略交互方式,此外还要配置蜜罐等信息系统安全技术捕捉黑客非法行为,进行计算机取证,有力打击黑客。

① 攻击规模指攻击能量的大小,个体行为攻击能量相对较小,而有组织的行为攻击能量相对较大。

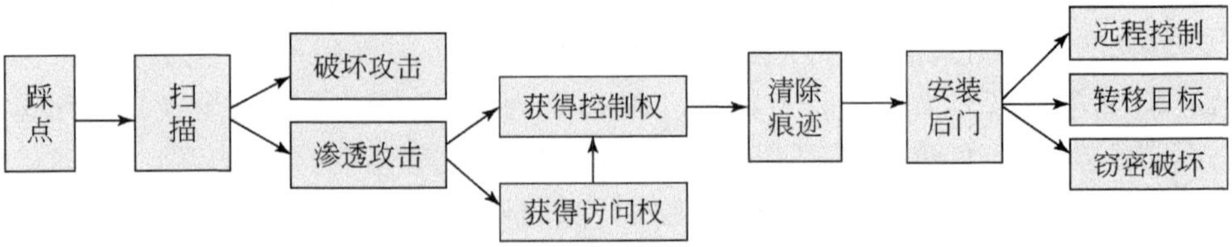

图 3.8　黑客攻击行为的一般过程

黑客的攻击手段分为非破坏性攻击和破坏性攻击。非破坏性攻击一般是为了扰乱系统的运行,并不盗窃系统资料;破坏性攻击是以盗窃系统保密信息、破坏目标系统数据为目的,通常采用暴力破解、拒绝服务攻击或信息炸弹盗窃资料、获取目标主机系统的非法访问权等。这些攻击手段的特征是 IDS 产生报警的依据,即黑客攻击行为的一种特征一般对应于 IDS 的一条检测规则,一条检测规则会产生一种类型的警告信息。因此,不同的攻击手段对应着不同的 IDS 配置策略。

此外,黑客从个体到群体,其发展和演变十分神速。有组织的黑客大战骤然升级,对抗频繁,其攻击手段和技术不断更新,阵容日渐壮大。其中,黑客之间的信息共享对信息系统安全配置策略和投资策略具有直接显著影响。

计算机和通信网络的发展在方便了人类的通信、商务和娱乐的同时,也给黑客的知识扩散提供了便利。与现实世界的知识交流不同,黑客可以利用互联网这一虚拟的网络世界与其他黑客共享安全知识。当企业信息系统漏洞被少数具有特定攻击技能的黑客发现后,这些黑客便可借助诸如黑客网站等交流平台在整个黑客群体扩散其获取的信息。通过对这些信息的学习和消化,其他黑客的攻击能力会越来越高,从而会更容易地成功攻击企业信息系统。这些分享的信息可以是针对某些特定企业的,也可以是一些通用的攻击技巧和经验。黑客的学习能力逐渐提升,企业信息系统被黑客成功攻击的概率随之提高,企业不得不加强信息系统防御,提升安全投资水平。

从技术角度看,黑客发动的网络攻击有多种类型,如木马攻击、漏洞攻击、拒绝服务攻击、IP 地址欺骗攻击、密码攻击、应用层攻击、网络监听攻击、后门程序攻击、信息炸弹攻击等。可将黑客攻击行为分为定向攻击和随机攻击。定向攻击是指黑客根据收益最大化原则对不同用户、企业或者组织分配不同的网络攻击资源,如拒绝服务攻击和商业间谍攻击。相反,在随机攻击下,黑客忽视这些攻击目标的差异性,随机分配攻击资源,如病毒、蠕虫、邮件攻击、钓鱼式攻击等。一般而言,定向攻击需要黑客具备较高的知识水平,且黑客的攻击目标很明确;随机攻击只需要黑客具备较低的专业知识,攻击目标带有一定的盲目性。此外,黑客的不同攻击方式对不同企业可能带来的影响也不相同。例如,当黑客定向攻击时,信息资产价值高的企业受到的网络攻击强度会比信息资产价值低的企业大。所以,企业在制定信息系统安全投资策略时,需要考虑黑客的攻击方式。

8. 安全关联企业间的关系

互联网使不同企业信息系统间产生多种关联,从企业信息系统安全管理的角度,企业信息系统安全管理策略制定过程中需要考虑的关联因素主要有两类:信息共享和企业间市场关系。

1)信息共享

企业可以通过分享安全信息提高信息系统安全水平。不少国家和地区的政府和企业协会成立了旨在促进公共部门以及私有部门之间安全信息分享的机构,如美国的计算机应急响应组(Computer Emergency Response Team,CERT)、信息分享与分析中心(Information Sharing and Analysis Centers,ISACs)、电子犯罪任务执行组(Electronic Crimes Task Forces,ECTFs)、安全事务执行官圆桌会议(Chief Security Officers Round Tables,CSORTs)等。其中,信息分享与分析中心成立于1999年,用于分享针对财经服务部门的重要安全威胁信息。利用来自商业部门、政府部门、法律部门以及其他可以信任的机构提供的信息,该中心能够及时向其会员提供来自物理层的威胁和网络威胁预警。此外,信息安全专家分析这些威胁并推荐相应的解决方案,这些解决方案也被其会员共享,以便于他们能够防范已知和未来可能出现的安全威胁。该中心的会员数目增长迅速,2005年只有不足1000家企业,到2011年已经超过4000家。我国也成立了国家互联网应急中心。然而,信息共享也会带来负面效应,如一些会员的安全信息可能会被其他会员秘密地泄露给其竞争对手甚至黑客。除道德风险之外,信息分享也有可能导致会员企业的消费者信心和满意度下降。总之,信息分享虽可以提高企业信息系统安全水平,但又可能给企业带来负面影响,企业在决定信息分享时必须权衡利弊。

计算机网络呈现的另一个重要特性是外部互联性,这一特性对信息系统安全产生了越来越重要的影响。随着网上购物、网上消费等电子商务的快速发展以及电子政务的不断推进,企业和政府部门的信息系统变得越来越复杂,不同信息系统之间呈现出强烈的外部互联性。信息系统外部互联带来了网络攻击的传染风险,相邻航空公司安检问题以及相邻住房火灾问题能够解释这类风险产生的原因。企业信息系统互联,使得黑客在入侵第一个企业信息系统之后可以容易入侵第二个企业信息系统,所以企业信息系统安全水平不但与自身安全投资有关,还与另一企业信息系统的安全性有关(Bandyopadhyay et al.,2014)。例如,在僵尸网络(botnet)中,黑客通过采用多种传播手段使大量信息系统感染bot程序(僵尸程序)病毒,形成一对多的控制网络,黑客进而可以通过控制信道对被感染的信息系统发布指令攻击互联网上更多的信息系统。再如,2009年我国推荐所有个人计算机安装绿坝-花季护航绿色上网过滤软件,随后发现该软件中包含严重的安全漏洞,如果黑客能入侵一个用户的信息系统并且研究该软件的漏洞,就能通过其发现的漏洞对其他安装有该软件的成千上万用户发动网络攻击(Hui et al. ,2012)。信息系统的外部互联性一方面会传染风险,另一方面也可能会增强企业的防御能力(互联企业的信息系统安全投资有时会对黑客产生威慑作用),企业进行信息系统安全投资时需要充分考虑到外部互连性的双刃剑作用。

2)企业间市场关系

市场经济的基本特征是存在企业的竞争。企业之间主要存在两种竞争机制,即价格竞争(Bertrand 竞争)与产量竞争(Cournot 竞争)。顾名思义,价格竞争是指企业优化价格以最大化收益,产量竞争是指企业优化产量以最大化收益。由于理性的消费者总是愿意和信息系统安全性高的企业开展业务,如信用卡公司等,信息系统安全投资可以通过影响企业的消费者需求进而影响企业的收益。有关技术创新的大量文献都重点分析了两种竞争方式下企业的创新动机。事实上,作为一类特殊的创新活动,企业信息系统安全投资策略在不同的竞争方式下也会不同。

通常情况下,不同企业信息系统所保护的信息资产是相对独立的,黑客成功攻击任意一个企业的信息系统总能得到一定的收益。不过,现实中还存在另外一类信息资产,黑客仅仅成功攻击一个或者部分企业的信息系统往往得不到任何收益,只有当黑客成功攻击所有企业的信息系统时才能取得一定的收益。例如,考虑两家企业,一家企业的信息系统保存有消费者姓名和社会保险号(如美国人的身份证和美国人一生中所有的基本信息与信用记录都联系起来,如社会福利、手机套餐等),另一家企业的信息系统保存有消费者姓名、地址以及电话号码。只有当黑客窃取到这两家企业的信息资产时,才能够冒名利用社会保险号、姓名和地址申请新的信用卡或者进行非法借贷活动(Liu et al. ,2011)。这种情况下,每个企业除了保护好自己的信息系统不被黑客成功攻击外,其他企业的信息系统安全性也影响着该企业的利益。事实上,即使对于单一企业而言,为了其信息资产的安全性,也可能会将这些资产分开存放于不同的信息系统以分散风险。此类做法类似于密码学中的密钥管理,即将密钥的不同部分分别给不同的管理员保管,每个管理员不能利用其掌握的局部密钥破解密码,只有当管理员数目达到一定数量时才能破解密码。可见,当企业间信息资产存在不同关系时,企业信息系统安全投资对信息资产价值的影响方式也不一样,所以企业信息系统安全投资策略也会随之变化。

9. 参与人的风险偏好

风险偏好是指为了实现目标,企业或个体在承担风险的种类、大小等方面的基本态度。不同的行为者对风险的态度存在差异,分为风险追求者、风险中立者和风险厌恶者。

风险追求型黑客是指在面临多种选择需要决策时,愿意承担高风险以博取可能的高收益,如网络金融诈骗等。黑客攻击的最大期望在于攻击成本近乎为零、攻击后可安然逃逸,而攻击收益却趋于无限大。以网络金融诈骗为例,用于破解偷盗目标身份信息和密码信息的病毒攻击武器等在网络空间中随处可觅,其购买和开发成本低廉,通过升级和变种可轻易躲避防火墙和其他安全软件的查杀,黑客可以以较低的成本实施攻击,虽然黑客很清楚一经抓获会受到严厉惩罚,但风险追求型黑客仍会冒险以小成本博取高收益。

风险中立型黑客是指在面临多种选择需要决策时,对各种选择可能招致的风险等同看待,最终选择带来最大收益或致敌最大损伤的行动方案。一般而言,此类黑客主要为网络防御占优者和技术炫耀者,或在非对称性网络冲突中被逼入绝境的一方也会做此选择。此类黑客入侵策略的直接和根本动因在于利益最大化。

风险厌恶型黑客是指在面临多种选择需要决策时,会优先考虑招致报复损失最小、风险最为确定、结果最为可控的方案,而不是偏好于攻击收益最大化。黑客厌恶风险的原因在于畏惧惩罚、担忧附带损害所带来的道德风险或难以估测的未来前景。此类黑客的入侵策略往往会优先考虑招致可能报复的损失程度和自己的承受能力,而不是一味追求攻击收益或致敌损伤。综上所述,在不同的风险特征下,不同风险偏好的黑客遵循不同的入侵决策模式,由此决定了针对不同类型的网络攻击也应采取不同的信息安全技术配置策略。

现实中,企业一般为风险中立型或风险厌恶型,很少有企业持风险追求的态度,愿意暴露自己企业的信息资源。对一部分黑客,通过增加进攻成本和明确罪责责任是可以发挥威慑作用的。例如,防火墙的建立和各种防毒杀毒软件的开发是一种典型的劝止性威慑,其目的不在于惩罚黑客,而在于使对方看不到进攻获利的希望而放弃攻击行为。

综上所述,企业科学配置信息系统安全技术和制定安全投资策略应充分考虑信息系统的运用特点和要求,掌握面临的安全形势和威胁,保护信息和信息系统不被未经授权的访问、使用、破坏、更改和泄露,保障信息的保密性、完整性、可用性、可控性和不可否认性,科学地进行企业信息系统安全技术参数配置,在此基础上实现企业信息系统安全性和经济性。

第二部分

企业信息系统安全技术配置策略

第 4 章 IDS 和 IPS 的选择及其配置策略

与 IDS 相比,IPS 是近年开发的信息系统安全技术,其配置和管理已成为企业信息系统安全管理的重要问题之一。本章针对 IDS 和 IPS 这两种具有一定相似性的安全技术,研究两种技术选择和配置的条件。首先,讨论 IPS 的 ROC 曲线及其相应的信息系统安全模型构建。其次,给出模型均衡解,讨论了相关结论。最后,分别在 IDS 不同配置情况下,分析用 IPS 代替 IDS 经济价值,讨论企业中这两种技术选择和配置的条件。

4.1 问题提出和模型假设

4.1.1 问题提出

当前依靠计算机网络收看新闻、了解股票价格、收发邮件、在线购物和开会等已成为普遍的选择。然而,信息技术带来便利的同时,也带来信息系统安全问题。信息系统安全问题已成为企业信息技术基础设施建设中的重要问题之一。从经济学角度,随着 IDS 的发展,企业已经在预防和响应的基础上,加强检测机制的运用(Corona et al. ,2013)。然而,单纯的检测无法阻止攻击,即无法实现安全防御。通过在边界位置配置防火墙虽然可以阻止外部非法用户对企业的攻击,但防火墙对于企业内部合法用户的攻击却无能为力。为此,近年来不少企业把 IDS 和防火墙组合运用,但二者结合存在时间延迟和相互冲突等问题,经常导致二者组合配置后的效果反而不如单独配置其中一种安全技术。例如,在 IDS 产生警报到企业采取控制措施之间企业可能已经遭受严重的损失。此外,防火墙和 IDS 之间也有不少相互重复的功能,可能会导致企业信息系统安全技术的投资收益率降低。

IPS 的工作原理和 IDS 既有相似的方面又有其自身的特点。IPS 定义一个用户是否为非法用户是基于用户行为中的异常历史记录是否超过设定的临界值。当 IPS 报警时,则预示着有一个潜在的攻击行为,企业需要进行人工调查。因为有异常记录的用户并不一定是非法用户,也有可能是系统或者路由器的故障,临界值的设定影响着 IPS 的误报率,且在临界值附件 IPS 的误报率最高。不同于 IDS,IPS 既能对可疑用户行为进行报警,又能即时阻止用户攻击行为(Ashoor and Gore,2011;Zhang,2014)。此外,IPS不仅能像防火墙一样阻止外部用户对企业的入侵,还可以有效阻止企业内部合法用户对企业的入侵以及绕过防火墙进入企业内部的非法用户对企业的入侵。但是,由于IPS是在没有时间延迟的情况下立刻阻止被判定为非法行为的用户,若合法用户的正常访问被阻止,必将给企业带来损失,该损失被定义为企业的阻止成本。例如,由于IPS的误阻止,顾客放弃购买该企业电子商城的产品等。因此,相比IDS,选用IPS时可能需要更多的人工调查。基于企业配置IPS后的调查成本和阻止成本,企业在制定自身信息系统安全防御策略时,必须根据需要合理选择并配置IPS或IDS。

由于IPS相比IDS具有自身的特点,企业在什么情况下需要选用IPS而不是IDS,以及如何实现IPS的最优配置成为企业信息系统安全技术管理中必须考虑的现实问题。本章根据IPS的特性,设定两个临界值把合法用户分成三种类型。当合法用户行为中异常历史记录达到较高的值,IPS会产生危险警报,直接阻止该合法用户;当合法用户交易中异常历史记录位于中等数值,IPS会产生可疑警报;当合法用户交易中异常历史记录较少,IPS不报警,认为是合法用户正常访问。考虑IPS中合法用户被误阻止的阻止成本,构建企业和合法用户间的博弈模型,对IDS和IPS的价值进行比较,提出IPS的最优配置,给出相应管理启示。

4.1.2 模型假设和变量设计

基于企业和合法用户之间的博弈关系,通过构建关于IPS的博弈模型,对IPS的替代价值进行分析。IPS的替代价值定义为企业用IPS取代IDS后企业期望损失的变化情况。若期望损失降低,则IPS的替代价值为正;若期望损失提高,则IPS的替代价值为负;若期望损失不变,则IPS无替代价值。企业在保护系统免遭攻击情况下最小化期望损失,即企业需要决定是否选用IPS替代IDS,若选择采用IPS,还需要对IPS进行优化配置。

基于用户权限可以把用户分为合法用户和非法用户。合法用户是具有信息系统使用权限的用户,当合法用户正常使用信息系统时能为企业带来正收益,合法用户自身也有正收益;非法用户是没有信息系统使用权限的用户,非法用户在任何情况下都不能为企业带来正收益。但由于合法用户也会为了利益而攻击系统,非法用户也会有不入侵的访问行为,为此,所有用户(合法用户和非法用户)只要对企业发动攻击,都称为非法行为用户(Cai et al.,2018),与非法行为用户相对应,所以未入侵的用户都被称为合法行为用户,包括合法用户的正常访问和非法用户的不入侵行为。由于本章考虑了阻止成本,而非法用户不存在阻止成本,所以本章只考虑企业的合法用户。

ROC 曲线是根据一系列不同的二分类方式(分界值或阈值),以真阳性率(灵敏度)为纵坐标,假阳性率(1-特异度)为横坐标绘制的曲线。一种信息系统安全技术的 ROC 曲线可以通过分析和实验的方式获得(Yu et al.,2014; Nze et al.,2015)。因为当 IPS 产生危险警报、可疑警报和未被报警时,IPS 中采取的人工调查策略和 IDS 中的人工调查策略类似,所以假设 IPS 和 IDS 具有相同的 ROC 曲线。因此与 IDS 相类似,IPS 的准确性可以通过以下几个概率来衡量:正阻率(进行攻击的合法用户被直接阻止的概率)、检测率(进行攻击的合法用户被定义为可疑合法用户的概率)、误阻率(正常访问的合法用户被误判并阻止的概率)、误报率(正常访问的合法用户被定义为可疑合法用户的概率)和漏报率(非法行为用户或者可疑合法用户被定义为正常访问的合法用户的概率)。

如果非法行为用户的攻击未被检测到,获得收益为 μ;如果被检测到,则遭受的惩罚为 β。即当非法行为用户攻击企业信息系统时,若 IPS 产生可疑警报,且企业进行了人工调查,则非法行为用户的净收益为 $\mu-\beta$;若 IPS 产生危险警报,则非法行为用户的净收益为 $-\beta$。为了保证非法行为用户被检测到后没有正收益,假设 $\mu\leqslant\beta$。合法用户进入企业信息系统后根据参数 μ、β 和 IPS 的检出概率决定自己的攻击策略。假设合法用户的攻击概率为 ψ。

假设合法用户正常访问企业信息系统时,企业的收益为 ω,合法用户自身的收益为 f。由于合法用户的正常访问被企业阻止后企业将无法获得应有的收益,ω 也被称为企业的阻止成本。例如,当合法用户攻击企业信息系统且未被检测到,则企业遭受的损失为 d。企业进行一次人工调查的成本为 c。当企业选用 IDS 时,企业会调查大部分被 IDS 报警的合法用户和小部分未被 IDS 报警的合法用户。

当企业选用 IPS 时,IPS 会自动阻止被 IPS 判定为非法行为用户的合法用户,另外企业会调查部分被 IPS 判定为危险的合法用户、可疑的合法用户和未被 IPS 报警的合法用户。假设合法用户正常访问企业信息系统时被 IPS 误阻止,企业和合法用户的收益都为 0;如果合法用户的攻击被企业阻止或者调查发现,企业可以免遭损失。为了确保企业的调查成本不高于检测到入侵时企业损失的减少值,假设 $c\leqslant d$。

如果选用的 IPS 是不可配置的,企业只能选择默认配置 IPS。若所选用的 IPS 是可配置的,那么企业在部署 IPS 之前会对其进行优化配置(Yue and Cakanyildirim,2007)。与 Cavusoglu 等(2009)提出的 IDS 和防火墙组合模型类似,在 IPS 模型中可以通过四个参数(P_{D}、P_{F}、P_D^F 和 P_F^F)来测量 IPS 的有效性。P_{D} 是合法用户攻击时IPS 报警(危险警报和可疑警报)的概率,也被称为检测率;P_{F} 是合法用户未攻击时 IPS 报警(危险警报和可疑警报)的概率,也被称为误报率;P_D^F 是合法用户攻击时 IPS 产生危险警报的概率;P_F^F 是合法用户未攻击时 IPS 发出危险警报的概率。$P_D-P_D^F$ 是合法用户攻击时 IPS 产生可疑警报的概率;$P_F-P_F^F$ 是合法用户未攻击时 IPS 产生可疑警报的概率。具体来说,P_D^F 是当合法用户攻击企业信息系统时被 IPS 阻止的概率,简称正阻率;P_F^F 是当合法用户正常访问企业信息系统时被 IPS 阻止的概率,简称误阻率。实际中,P_F 和 P_F^F 的值较低,P_{D} 和 $P_{\mathrm{D}}^{\mathrm{F}}$ 的值较高。对于一个 IPS,上面这些参数并非相互独立,而是由企业的安全状态决定着已选用 IPS 中 P_D、P_F、P_D^F 和 P_F^F 的关联情况。

与 IDS 类似,IPS 中也同样存在信息的不准确性,因此对 IPS 产生的信号进行部分人工调查是必不可少的(Qassim et al. ,2014)。假设企业进行人工调查总能成功,合法用户策略是 $S^{\mathrm{U}}\in\{H,NH\}$,其中 H 代表攻击,NH 代表不攻击。企业策略是 $S^{\mathrm{F}}\in\{(P,I,I),(P,I,NI),(P,NI,I),(P,NI,NI),(NP,I,I),(NP,I,NI),(NP,NI,I),(NP,NI,NI)\}$,其中 P 代表阻止,NP 代表不阻止,I 代表人工调查,NI 代表不进行人工调查。在每个小括号中第一个元素代表当 IPS 产生危险警报(D-alarm)时企业采取的措施,第二个元素代表当 IPS 产生可疑警报(S-alarm)时企业采取的措施,第三个元素代表当 IPS 未报警时企业采取的措施。当 IPS 产生一个危险警报时 IPS 直接阻止该合法用户,企业混合策略对为$(\rho_1,\rho_2,\rho_3)\in[0,1]\times[0,1]]\times[0,1]$。$\rho_1$ 代表 IPS 产生可疑警报(S-alarm)时企业进行人工调查的概率,ρ_2 代表 IPS 未报警时企业进行人工调查的概率,ρ_3 代表 IPS 产生危险警报(D-alarm)时企业人工调查的概率。表 4. 1 列出了本节所有参数、决策变量和目标函数。

表 4. 1　参数、决策变量和目标函数列表

项目		说明
参数	μ	合法用户入侵,但未被检测到时合法用户的收益
	β	合法用户入侵后被检测到时合法用户受到的惩罚
	ω	合法用户正常访问时企业获得的收益(阻止成本)
	f	合法用户正常访问时合法用户自身所获得的收益
	c	企业进行一次人工调查所花费的成本
	d	合法用户攻击,但未被检测到时企业的损失
	P_D	合法用户攻击时 IPS 报警(危险警报和可疑警报)的概率,也称为检测率
	P_F	合法用户未攻击时 IPS 报警(危险警报和可疑警报)的概率,也称为误报率
	P_D^F	合法用户攻击时 IPS 产生危险警报(D-alarm)的概率,也称为正阻率

续表

项目		说明
参数	P_F^F	合法用户未攻击时 IPS 产生危险警报(D-alarm)的概率,也称为误阻率
	$P_D-P_D^F$	合法用户攻击时 IPS 产生可疑警报(S-alarm)的概率
	$P_F-P_F^F$	合法用户未攻击时 IPS 产生可疑警报(S-alarm)的概率
决策变量	ψ	合法用户的攻击概率
	ρ_1	IPS 产生可疑警报(S-alarm)时企业进行人工调查的概率
	ρ_2	IPS 未报警时企业进行人工调查的概率
	ρ_3	IPS 产生危险警报(D-alarm)时企业进行人工调查的概率
	ρ_{de}	企业检查出合法用户攻击的概率
目标函数	M	企业的期望成本
	H	合法用户的期望收益

4.2 模型构建和分析

4.2.1 ROC 曲线和模型构建

某类信息系统安全技术的 ROC 曲线可以通过分析和实验的方式获得(Yu et al. ,2014; Nze et al. ,2015)。与 IDS 相类似,通过对合法用户的历史记录进行分析计算其评分,获得该合法用户的一个威胁指数 x,然后通过与设定的临界(t_1 和 t_2)进行比较后判定该用户是哪种类型的合法用户(Cavusoglu and Raghunathan, 2004)。若合法用户的威胁指数满足 $x>t_1$(危险警报),则 IPS 定义该合法用户为非法行为用户;若合法用户的威胁指数满足 $t_1>x>t_2$(可疑警报),则 IPS 定义该合法用户为可疑合法用户;若合法用户的威胁指数满足 $x<t_2$(可疑警报),则 IPS 定义该合法用户为正常合法用户。假设 $t_2\leqslant t_1$,采用与 IDS 中相类似的方案,有

$$P_D=\int_{t_2}^{\infty}f_H(x)\,\mathrm{d}x \tag{4.1}$$

$$P_F=\int_{t_2}^{\infty}f_N(x)\,\mathrm{d}x \tag{4.2}$$

$$P_D^F=\int_{t_1}^{\infty}f_H(x)\,\mathrm{d}x \tag{4.3}$$

$$P_F^F = \int_{t_1}^{\infty} f_N(x)\,\mathrm{d}x \tag{4.4}$$

$$P_D - P_D^F = \int_{t_2}^{t_1} f_H(x)\,\mathrm{d}x \tag{4.5}$$

$$P_F - P_F^F = \int_{t_2}^{t_1} f_N(x)\,\mathrm{d}x \tag{4.6}$$

对于非法行为用户和可疑合法用户，威胁指数 x 的概率密度函数是 $f_H(x)$；对于正常合法用户，x 的概率密度函数是 $f_N(x)$，图 4.1 说明了这些概率的计算过程。

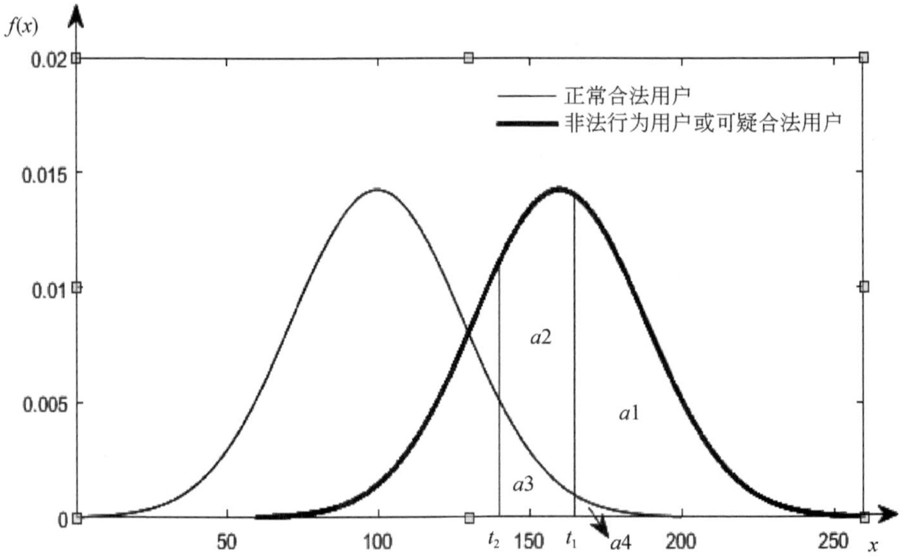

图 4.1 相关概率的计算

ROC 曲线的形状依赖于这些概率密度函数。假设用于判定用户为非法行为用户、可疑合法用户还是正常合法用户的威胁指数满足指数分布。因为指数分布，除了易于对合法用户历史数据进行分析，还对用户特性也描述得很好。如果正常合法用户的威胁指数满足参数为 θ_N 的指数分布，非法行为用户或者可疑合法用户的威胁指数满足参数为 θ_H 的指数分布，那么计算 P_D、P_F、P_D^F 和 P_F^F 如下：

$$P_D = \int_{t_2}^{\infty} \theta_H \mathrm{e}^{-(\theta_H x)}\,\mathrm{d}x = \mathrm{e}^{-\theta_H t_2} \tag{4.7}$$

$$P_F = \int_{t_2}^{\infty} \theta_N e^{-(\theta_N x)} dx = e^{-\theta_N t_2} \tag{4.8}$$

$$P_D^F = \int_{t_1}^{\infty} \theta_H e^{-(\theta_H x)} dx = e^{-\theta_H t_1} \tag{4.9}$$

$$P_F^F = \int_{t_1}^{\infty} \theta_N e^{-(\theta_N x)} dx = e^{-\theta_N t_1} \tag{4.10}$$

P_D 和 P_D^F 可以分别写成是 P_F 和 P_F^F 的函数如下：

$$P_F = (P_D)^L \tag{4.11}$$

$$P_F^F = (P_D^F)^L \tag{4.12}$$

其中 $L = \theta_N / \theta_H$，且 $L > 1$。式(4.11)和式(4.12)代表着 IPS 的 ROC 曲线。图 4.2 描述了不同 L 情况下 IPS 的 ROC 曲线。参数 L 代表 ROC 曲线的特征，较高的 L 会产生较陡峭的 ROC 曲线，也代表着高质量 IPS。原因如下：对于一个已知的$P_D(P_F)$和$P_D^F(P_F^F)$，具有较高 L 值的 IPS 意味着较低的 $P_F(P_D)$和 $P_F^F(P_D^F)$。图 4.2 显示，ROC 曲线位于(0,0)和(1,1)连接的对角线的下方，即 $P_D > P_F$ 且 $P_D^F > P_F^F$。在 IPS 的可变参数范围内，通过对 IPS 进行优化配置能找到最佳均衡点，并以 ROC 曲线为特征，使该配置符合企业的风险和成本环境。

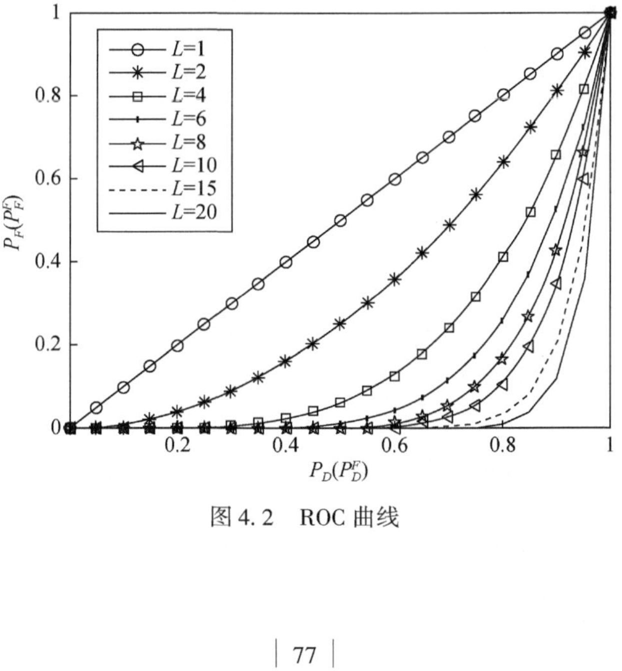

图 4.2　ROC 曲线

4.2.2 模型分析

下面的概率计算被用于推导企业和合法用户之间混合策略的纳什均衡点。IPS 产生危险警报(D-alarm)、可疑警报(S-alarm)和未报警(no-alarm)情况下的概率分别如下:

$$P(\text{D-alarm}) = (1-\psi)P_F^F + \psi P_D^F = P_F^F + \psi(P_D^F - P_F^F) \tag{4.13}$$

$$P(\text{S-alarm}) = (1-\psi)(P_F - P_F^F) + \psi(P_D - P_D^F) = (P_F - P_F^F) + \psi((P_D - P_D^F) - (P_F - P_F^F)) \tag{4.14}$$

$$P(\text{no-alarm}) = (1-\psi)(1-P_F) + \psi(1-P_D) = 1 - P_F - \psi(P_D - P_F) \tag{4.15}$$

根据贝叶斯规则,IPS 产生危险警报(D-alarm)、可疑警报(S-alarm)和未报警(no-alarm)情况下非法行为用户攻击的后验概率分别如下:

$$\eta_D = P(\text{攻击} \mid \text{D-alarm}) = \frac{P(\text{D-alarm} \mid \text{攻击})P(\text{攻击})}{P(\text{D-alarm})} = \frac{\psi P_D^F}{P_F^F + \psi(P_D^F - P_F^F)} \tag{4.16}$$

$$\eta_S = P(\text{攻击} \mid \text{S-alarm}) = \frac{P(\text{S-alarm} \mid \text{攻击})P(\text{攻击})}{P(\text{S-alarm})} = \frac{\psi(P_D - P_D^F)}{(P_F - P_F^F) + \psi[(P_D - P_D^F) - (P_F - P_F^F)]} \tag{4.17}$$

$$\eta_n = P(\text{攻击} \mid \text{no-alarm}) = \frac{P(\text{no-alarm} \mid \text{攻击})P(\text{攻击})}{P(\text{no-alarm})} = \frac{\psi(1-P_D)}{1 - P_F - \psi(P_D - P_F)} \tag{4.18}$$

模型博弈树如图 4.3 所示,假设企业和合法用户都有完美的信息,即所有参数对企业和合法用户都是可变的。

IPS 产生危险警报(D-alarm)、可疑警报(S-alarm)和未报警(no-alarm)情况下企业的期望成本分别如下:

$$M_{\text{Da}}(\rho_3, \psi) = (1-\eta_D)(1-\rho_3)\omega + \rho_3 c \tag{4.19}$$

$$M_{\text{Sa}}(\rho_1, \psi) = c\rho_1 + \eta_S d(1-\rho_1) \tag{4.20}$$

$$M_{\text{na}}(\rho_2, \psi) = c\rho_2 + \eta_n d(1-\rho_2) \tag{4.21}$$

因此,企业总体期望成本为

$$\begin{aligned} &M(\rho_1, \rho_2, \psi) \\ &= M_{\text{Da}}(\psi)\text{P}(\text{D-alarm}) + M_{\text{Sa}}(\rho_1, \psi)\text{P}(\text{S-alarm}) + M_{\text{na}}(\rho_2, \psi)\text{P}(\text{no-alarm}) \end{aligned} \tag{4.22}$$

类似,IPS 产生危险警报(D-alarm)、可疑警报(S-alarm)和未报警(no-alarm)情况下合法用户的期望收益分别为

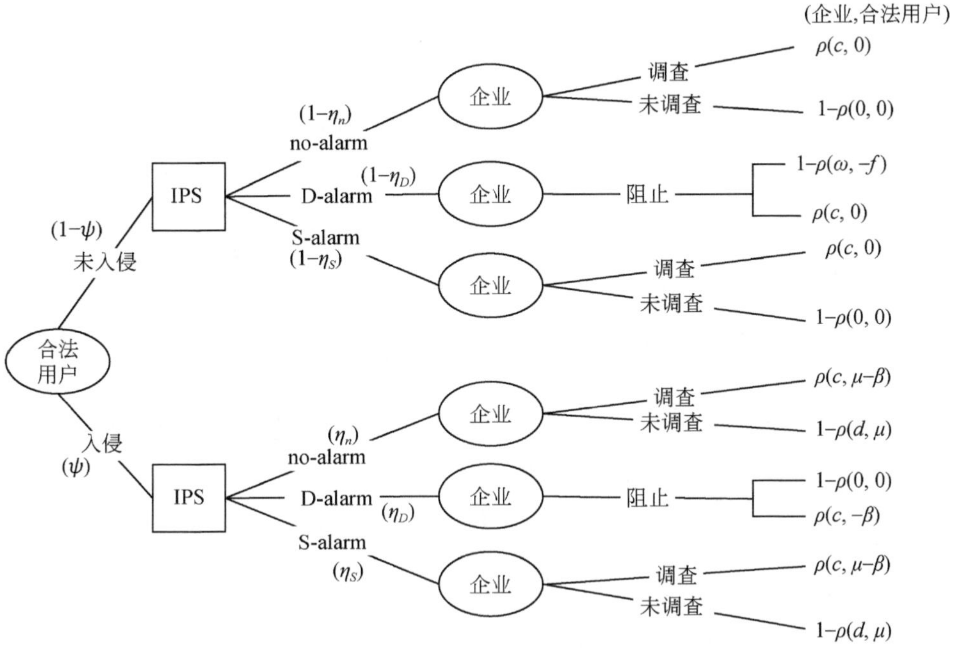

图 4.3　模型博弈树

$$H_{\mathrm{Da}}(\rho_3,\psi)=-(1-\eta_D)(1-\rho_3)f-\eta_D\beta\rho_3 \tag{4.23}$$

$$H_{\mathrm{Sa}}(\rho_1,\psi)=\eta_S(\mu-\beta\rho_1) \tag{4.24}$$

$$H_{\mathrm{na}}(\rho_2,\psi)=\eta_n(\mu-\beta\rho_2) \tag{4.25}$$

因此,合法用户的总体期望收益为

$$\begin{aligned}H(\rho_1,\rho_2,\psi)&=H_{\mathrm{Da}}(\psi)P(\text{D-alarm})+H_{\mathrm{Sa}}(\psi)P(\text{S-alarm})\\&=(\mu-\beta\rho_1)\psi(P_D-P_D^F)+(\mu-\beta\rho_2)\psi(1-P_D)-[(1-\psi)P_F^F f(1-\rho_3)+\psi P_D^F\beta\rho_3]\end{aligned} \tag{4.26}$$

企业的目标是通过选择人工调查概率(ρ_1,ρ_2,ρ_3)最小化自身期望成本,合法用户的目标是通过选择攻击概率(ψ)最大化自身期望收益。因此,企业和合法用户之间决策变量的联合博弈策略为($\rho_1,\rho_2,\rho_3,\psi$)。假设企业和合法用户之间同时博弈,能获得其纳什均衡策略,其中企业和合法用户都不能单方面改变博弈策略来提高双方博弈的效益。

引理 4.1　假设选用 IPS 后企业的决策优于未选用 IPS 的情况($P_D>P_F$,$P_D^F>P_F^F$),IPS 会阻止任何使 IPS 发出危险警报(D-alarm)的合法用户。IPS 发出可疑警报时企业人工调查概率高于当 IPS 未报警时企业的人工调查概率,当 IPS 发出危险警报时企业人工调查概率位于 IPS 发出可疑警报时企业人工调查概率和 IPS 未发出警报时企业人工调查概率之间,即($\rho_1 \geqslant \rho_3 \geqslant \rho_2$)。此外,企业只在调查完所有使IPS 产生可疑警报和危险警报的合法用户之后才会对未使 IPS 报警的合法用户进行调查。

结论 4.1 若企业和合法用户之间同时博弈,在企业选用 IPS 情况下,企业和合法用户之间达到均衡时企业最优调查概率和合法用户最优攻击概率分别如下:

当 $\mu(1-P_D^F) \geqslant \beta P_D$ 时,

$$\rho_1^* = 1, \rho_2^* = \frac{\mu(1-P_D^F)-\beta P_D}{\beta(1-P_D)}, \rho_3^* = 1, \psi_{\text{IPS}}^* = \frac{c(1-P_F)}{c(P_D-P_F)+d(1-P_D)};$$

当 $\mu(1-P_D^F) < \beta(P_D-P_D^F)-fP_F^F$ 时,

$$\rho_1^* = \frac{\mu(1-P_D^F)}{\beta(P_D-P_D^F)}, \rho_2^* = 0, \rho_3^* = 0, \psi_{\text{IPS}}^* = \frac{c(P_F-P_F^F)}{d(P_D-P_D^F)-c[(P_D-P_D^F)-(P_F-P_F^F)]};$$

当 $\beta P_D > \mu(1-P_D^F) \geqslant \beta(P_D-P_D^F)-fP_F^F$ 时,

$$\rho_1^* = 1, \rho_2^* = 0, \rho_3^* = \frac{fP_F^F+\mu(1-P_D)-(\beta-\mu)(P_D-P_D^F)}{fP_F^F+\beta P_D^F}, \psi_{\text{IPS}}^* = \frac{(\omega-c)P_F^F}{(\omega-c)P_F^F+cP_D^F}。$$

证明过程见附录 A。

当企业选用 IDS 时,IDS 不能阻止合法用户。因此,通过设定结论 4.1 中 $P_D^F = P_F^F = 0$,并去掉 ρ_3^*,即可获得企业在选用 IDS 情况下,企业和合法用户之间达到均衡时,企业最优调查概率和合法用户最优攻击概率。

结论 4.2 若企业和合法用户之间同时博弈,在企业选用 IDS 情况下企业和合法用户之间达到均衡时企业最优调查概率和合法用户最优攻击概率分别如下:

当 $\mu \geqslant \beta P_D$ 时,$\rho_1^* = 1, \rho_2^* = \dfrac{\mu-\beta P_D}{\beta(1-P_D)}, \psi_{\text{IDS}}^* = \dfrac{c(1-P_F)}{c(P_D-P_F)+d(1-P_D)}$;

当 $\mu < \beta P_D$ 时,$\rho_1^* = \dfrac{\mu}{\beta P_D}, \rho_2^* = 0, \psi_{\text{IDS}}^* = \dfrac{cP_F}{dP_D-c(P_D-P_F)}$。

结论 4.1 和结论 4.2 表明:在 IPS 和 IDS 中,较高检测率都能降低非法行为用户攻击概率。因此,当检测率较高时,如果 IPS 和 IDS 未报警,企业不会进行人工调查,且当 IPS 产生危险警报(D-alarm)和可疑警报(S-alarm)以及 IDS 报警时,企业也都只是调查其中的一部分合法用户。相反,较低的检测率将导致非法行为用户较高的攻击概率。因此,当检测率较低时,若 IPS 产生危险警报(D-alarm)和可疑警报(S-alarm)以及 IDS 报警时,企业全部进行人工调查。此外,当 IPS 和 IDS 都未报警时,企业应调查一部分合法用户。

为了分析 IPS 和 IDS 对企业和合法用户策略的影响,下面对比 IPS 和 IDS 几个关键变量,主要包括调查概率(不同状态下企业进行人工调查概率的总和)、检出概率和攻击概率。

IPS 的检出概率 ρ_{de_IPS} 定义为 $\rho_1^*(P_D-P_D^F)+\rho_2^*(1-P_D)+\rho_3^* P_D^F$，具体如下：

如果 $\mu(1-P_D^F)\geqslant\beta P_D$，则 $\rho_{de\_IPS}^*=\dfrac{\mu(1-P_D^F)}{\beta}$；

如果 $\mu(1-P_D^F)<\beta(P_D-P_D^F)-fP_F^F$，则 $\rho_{de\_IPS}^*=\dfrac{\mu(1-P_D^F)+fP_F^F}{\beta}$；

如果 $\beta P_D>\mu(1-P_D^F)\geqslant\beta(P_D-P_D^F)-fP_F^F$，则 $\rho_{de\_IPS}^*=\dfrac{\mu(1-P_D^F)+fP_F^F}{fP_F^F+\beta P_D^F}$。

通过设定 $P_D^F=0$，可获得企业选用 IDS 后企业的检出概率恒为 $\rho_{de\_IDS}^*=\mu/\beta$。

结论 4.3 比较企业选用 IDS 和 IPS 时的关键参数，可得以下主要结果：

(1)若检测率较低($\mu/\beta\geqslant P_D$)，当 IPS 未报警时企业对该合法用户进行人工调查的概率低于当 IDS 未报警时企业对该合法用户进行人工调查的概率。若检测率较高($\mu/\beta<P_D$)，当 IPS 产生可疑警报(S-alarm)时企业对该合法用户进行人工调查的概率高于当 IDS 报警时企业对该合法用户进行人工调查的概率。

(2)选用 IPS 时企业的检出概率低于选用 IDS 时企业的检出概率，且该结论与检测率无关。

(3)当检测率很低时，即$[P_D\leqslant\mu(1-P_D^F)/\beta]$，选用 IPS 情况下合法用户攻击概率与选用 IDS 情况下合法用户攻击概率相等；当检测率适中时，即$[\mu(1-P_D^F)+fP_F^F+\beta P_D^F]/\beta\geqslant P_D>\mu(1-P_D^F)/\beta$，选用 IPS 情况下合法用户攻击概率低于选用 IDS 情况下合法用户攻击概率；当检测率很高时，即 $P_D>[\mu(1-P_D^F)+fP_F^F+\beta P_D^F]/\beta$，选用 IPS 情况下合法用户攻击概率高于选用 IDS 情况下合法用户攻击概率。

证明：证明过程详见附录 A。

分析(1)：与 IDS 相比，IPS 通过把警报细分为危险警报(D-alarm)和可疑警报(S-alarm)，使企业能更好地对人工调查进行定位。若检测率较低($P_D\leqslant\mu/\beta$)，因为当 IDS 或者 IPS 未报警时企业对该合法用户进行人工调查并不能有效降低企业期望成本，与选用 IDS 的情况相比，选用 IPS 时，当 IDS 或 IPS 未报警时企业可以降低对合法用户的调查概率。若检测率较高($P_D>\mu/\beta$)，因为当 IPS 产生可疑警报时企业对该合法用户进行人工调查能有效降低企业期望成本，且当 IPS 产生危险警报(D-alarm)时该合法用户是非法行为用户的可能性很高，所以当 IPS 产生危险警报(S-alarm)时企业对该合法用户进行人工调查的概率很低。因此，当 IPS 产生可疑警报(S-alarm)时企业对合法用户进行人工调查的概率高于当 IDS 报警时企业对合法用户进行人工调查的概率。

分析(2)：若检测率很低$[P_D\leqslant\mu(1-P_D^F)/\beta]$，当 IPS 产生危险警报(D-alarm)和可疑警报(S-alarm)时虽然企业调查了所有合法用户，但是与 IDS 的情况相比较，当 IPS 未报警时企业降低了对合法用户进行人工调查的概率。因此当检测率很低时[$P_D \leqslant \mu(1-P_D^F)/\beta$]，与选用 IDS 的情况相比较，选用 IPS 时企业的检出概率较低，即实际上更多非法行为用户未被检测出。

若检测率很高[$P_D > (\mu(1-P_D^F)+fP_F^F+\beta P_D^F)/\beta$]，当 IPS 产生危险警报(D-alarm)和可疑警报(S-alarm)时企业调查该合法用户。当 IDS 报警时虽然企业对该合法用户进行人工调查的概率低于当 IPS 产生可疑警报(S-alarm)时企业对该合法用户进行人工调查的概率，但高于当 IPS 产生危险警报(D-alarm)时企业对该合法用户进行人工调查的概率。因此，与 IDS 的情况相比较，选用 IPS 时企业总体调查概率较低，从而总体检出概率较低，即实际上更多非法行为用户未被检测出。

当检测率较高时，即[$\mu(1-P_D^F)+fP_F^F+\beta P_D^F$]$/\beta \geqslant P_D > \mu(1-P_D^F)/\beta$)，解释与前面相类似，此处省略了。

分析(3)：合法用户的均衡策略是使企业在调查和不调查之间保持无差异性。当检测率很低时，即 $P_D \leqslant \mu(1-P_D^F)/\beta$，若企业选用 IPS，当 IPS 产生危险警报(D-alarm)和可疑警报(S-alarm)时企业会调查所有合法用户；若企业选用 IDS，当 IDS 报警时企业也会调查所有合法用户。此外，不管是企业选用 IPS 还是 IDS，当未被报警时企业调查合法用户对降低企业期望收益都是无效的。因此，当检测率很低时，即 $P_D \leqslant \mu(1-P_D^F)/\beta$，IPS 情况下合法用户攻击概率与 IDS 情况下合法用户攻击概率相等。

若检测率很高，即 $P_D > [\mu(1-P_D^F)+fP_F^F+\beta P_D^F]/\beta$，当 IPS 产生可疑警报(S-alarm)时合法用户是非法行为用户的可能性要低于当 IDS 报警时合法用户是非法行为用户的可能性。然而当 IPS 产生可疑警报(S-alarm)时企业对该合法用户进行调查的概率高于当 IDS 报警时企业对合法用户进行调查的概率。因此，当检测率很高时，选用 IDS 情况下企业的人工调查比选用 IPS 情况下企业的人工调查更有效。此时，与企业选用 IDS 的情况相比较，企业选用 IPS 情况下合法用户会提高对企业信息系统的攻击概率。

若检测率较低，即 $\mu/\beta \geqslant P_D > \mu(1-P_D^F)/\beta$，与选用 IDS 的情况相比，当企业选用 IPS 时，企业无效的调查概率较低($\rho_{2\_IPS}^{*}=0, \rho_{3\_IPS}^{*}<1$)，从而企业总成本较低。

若检测率较高，即[$\mu(1-P_D^F)+fP_F^F+\beta P_D^F$]$/\beta \geqslant P_D > \mu/\beta$，与选用 IDS 的情况相比，当企业选用 IPS 时，企业有效调查概率较高($\rho_{1\_IPS}^{*}=1, 0<\rho_{3\_IPS}^{*}<1$)，从而企业总成本较低；此外，若 $P_F^F \to 0$，一个正常使用企业信息系统的合法用户被企业误阻止的概率很低，因此，合法用户将倾向于降低其攻击概率。

综上所述，当检测率适中时，即[$\mu(1-P_D^F)+fP_F^F+\beta P_D^F$]$/\beta \geqslant P_D > \mu(1-P_D^F)/\beta$，企业选用 IPS 情况下合法用户的攻击概率低于企业选用 IDS 情况下合法用户的攻击概率。

根据式(4.22)和结论 4.1，选用 IPS 时企业的期望成本为

当
$$P_D \leqslant \frac{\mu(1-P_D^F)}{\beta}, M_{IPS}=c \tag{4.27}$$

当 $P_D > \frac{\mu(1-P_D^F)+fP_F^F+\beta P_D^F}{\beta}, M_{IPS}=\frac{\omega P_F^F(d-c)(P_D-P_D^F)+dc(1-P_D^F)(P_F-P_F^F)}{(d-c)(P_D-P_D^F)+c(P_F-P_F^F)}$ (4.28)

当
$$\frac{\mu(1-P_D^F)}{\beta}<P_D \leqslant \frac{\mu(1-P_D^F)+fP_F^F+\beta P_D^F}{\beta},$$
$$M_{IPS}=cP_F+\frac{[d(1-P_D)+c(P_D-P_F)](\omega-c)P_F^F}{(\omega-c)P_F^F+cP_D^F} \tag{4.29}$$

通过设定 $P_D^F=P_F^F=0$，可得选用 IDS 时企业的期望成本为

当
$$\frac{\mu}{\beta} \geqslant P_D, M_{IDS}=c \tag{4.30}$$

当
$$\frac{\mu}{\beta}<P_D, M_{IDS}=\frac{cdP_F}{(d-c)P_D+cP_F} \tag{4.31}$$

4.3 IPS 替代价值和配置策略

将选用 IDS 情况下企业的期望成本减去选用 IPS 情况下企业的期望成本作为 IPS 的替代价值，进一步分析企业是否需要选用 IPS 替代 IDS。4.2 节已经分别计算了企业在选用 IPS 和 IDS 两种情况下企业的期望成本，对于一个已经选用了 IPS 或者 IDS 的企业，其期望成本由变量 P_D、P_F、P_D^F 和 P_F^F 的值决定。当变量 P_D^F 和变量 P_F^F 都不确定时，IPS 的替代价值如下：

(1) 当 $P_D \leqslant \frac{\mu(1-P_D^F)}{\beta}$，即 $1-P_D\frac{\beta}{\mu} \geqslant P_D^F \geqslant 0, M_{IDS}-M_{IPS}=0$ (4.32)

(2) 当 $P_D > \frac{\mu(1-P_D^F)+fP_F^F+\beta P_D^F}{\beta}$，即 $0 \leqslant P_D^F \leqslant \left\{X \mid P_D=\frac{\mu(1-X)+fX^L+\beta X}{\beta}\right\}$，

$$M_{IDS}-M_{IPS}$$
$$=\frac{cdP_F}{(d-c)P_D+cP_F}-\frac{\omega P_F^F(d-c)(P_D-P_D^F)+dc(1-P_D^F)(P_F-P_F^F)}{(d-c)(P_D-P_D^F)+c(P_F-P_F^F)}\begin{cases}\leqslant 0, if \omega>V\\ \geqslant 0, if c<\omega<V\end{cases} \tag{4.33}$$

证明过程如下：

$$\frac{\partial M_{IPS}}{\partial P_D^F}=\frac{\begin{gathered}\omega[(d-c)^2L(P_D^F)^{L-1}(P_D-P_D^F)^2+Lc(d-c)(P_D^F)^{L-1}(P_D-P_D^F)P_F\\ -c(d-c)P_D^F(P_F-P_F^F)]-[dc^2(P_F-P_F^F)^2\\ +dcL(P_D^F)^{L-1}(d-c)(1-P_D^F)(P_D-P_D^F)]\end{gathered}}{[(d-c)(P_D-P_D^F)+c(P_F-P_F^F)]^2}$$

$$\Rightarrow \frac{\partial M_{\text{IPS}}}{\partial P_D^F}\begin{cases}>0, if \omega>V \\ <0, if c<\omega<V\end{cases} \tag{4.34}$$

式中

$$V=\frac{dc^2\ (P_F-P_F^F)^2+dcL\ (P_D^F)^{L-1}(d-c)(1-P_D^F)(P_D-P_D^F)}{(d-c)^2L\ (P_D^F)^{L-1}(P_D-P_D^F)^2+Lc(d-c)(P_D^F)^{L-1}(P_D-P_D^F)P_F-c(d-c)P_F^F(P_F-P_F^F)}。$$

当阻止成本较高($\omega>V$)时,最优 P_D^F 是 $P_D^{F*}=0$,因此,选用 IPS 情况下企业的最小期望成本和选用 IDS 情况下企业的期望成本一样,即 $M_{\text{IPS}}\geqslant M_{\text{IDS}}$。当 $c<\omega<V$ 时,选用 IPS 情况下企业最大期望成本与选用 IDS 情况下企业的期望成本一样,即 $M_{\text{IPS}}\mid_{P_D^F=0}=M_{\text{IDS}}$。

又因为最优 P_D^F 是 $P_D^{F*}=\{X\mid P_D=(\mu(1-X)+\theta X^L+\beta X)/\beta\}$,

$M_{\text{IPS}}^*=M_{\text{IPS}}\mid_{P_D^F=P_D^{F*}}<M_{\text{IPS}}\mid_{P_D^F=0}=M_{\text{IDS}}$,因此,当 $c<\omega<V$ 时,选用 IPS 情况下企业的期望成本小于选用 IDS 情况下企业的期望成本,即 $M_{\text{IPS}}<M_{\text{IDS}}$。

证毕。

(3)当$\frac{\mu(1-P_D^F)}{\beta}<P_D\leqslant\frac{\mu(1-P_D^F)+\theta P_F^F+\beta P_D^F}{\beta}$时,选用 IPS 情况下企业的期望成本高于选用 IDS 情况下企业的期望成本,即阻止成本和检测率对 IPS 的替代价值有着至关重要的影响。

证明:

$$\frac{\partial M_{\text{IPS}}}{\partial P_D^F}=\frac{(L-1)cP_F^F(\omega-c)[c(P_D-P_F)+d(1-P_D)]}{[(\omega-c)P_F^F+cP_D^F]^2}>0 \tag{4.35}$$

当 $\mu(1-P_D^F)/\beta<P_D\leqslant\mu/\beta$ 时,$P_D^F>1-P_D\beta/\mu$。

因为 $P_D^{F*}\to1-P_D\beta/\mu\overset{P_D=\mu/\beta}{\Rightarrow}P_D^{F*}\to0$,所以 $M_{\text{IPS}}^*=M_{\text{IPS}}\mid_{P_D^F\to0}\to \mathrm{c}P_F<M_{\text{IDS}}=C$,即选用 IPS 情况下企业最小期望成本小于选用 IDS 情况下企业的期望成本。

$$M_{\text{IDS}}-M_{\text{IPS}}=c-cP_F-\frac{[d(1-P_D)+c(P_D-P_F)](\omega-c)P_F^F}{(\omega-c)P_F^F+cP_D^F}$$

$$\overset{P_D^F=P_D}{\Rightarrow}M_{\text{IDS}}-M_{\text{IPS}}=\frac{c^2P_D(1-P_F)-(d-c)(\omega-c)P_F(1-P_D)}{(\omega-c)P_F+cP_D},$$

因此,如果企业的阻止成本(ω)足够高,选用 IPS 情况下企业最大期望成本可能高于选用 IDS 情况下企业的期望成本。

当 $\mu/\beta<P_D\leqslant[\mu(1-P_D^F)+fP_F^F+\beta P_D^F]/\beta$ 时,$P_D\geqslant P_D^F\geqslant\{X\mid P_D=(\mu(1-X)+fX^L+\beta X)/\beta\}$,$P_D^{F*}=\{X\mid P_D=(\mu(1-X)+fX^L+\beta X)/\beta\}$。

$$M_{\text{IDS}}-M_{\text{IPS}}=\frac{cdP_F}{(d-c)P_D+cP_F}-cP_F-\frac{[d(1-P_D)+c(P_D-P_F)](\omega-c)P_F^F}{(\omega-c)P_F^F+cP_D^F},$$

因此,若企业的阻止成本(ω)足够高,选用 IPS 情况下企业的期望成本可能高于选用 IDS 情况下企业的期望成本。证毕。

为进一步研究 IPS 的替代价值,首先分三种情况分析是否以及在什么情况下企业选用 IPS 替代 IDS 能够获得更高收益。第一种情况是 IDS 和 IPS 均为默认配置;第二种情况是 IDS 为默认配置与 IPS 为最优配置;第三种情况是 IDS 和 IPS 均为最优配置。其次在 IPS 的可配置范围内给出该 IPS 的最优配置。最后通过数值案例对 IPS 的替代价值进行仿真分析。其中默认配置是指企业购买的安全设备中各个参数不可调节,或者可调节但企业全部选择参数的默认值。最优配置是指企业购买的安全设备中参数可人工调节,且企业根据自身环境对该参数进行调节,充分发挥该安全设备的作用,使其最符合企业自身环境和需求,实现企业期望成本最小。

4.3.1 IDS 和 IPS 均为默认配置

相对 IDS 而言,IPS 将合法用户的信息进行细分,从而为企业提供更精确的警报信息,选用 IPS 替代 IDS 的目的是降低企业的期望成本。然而,当企业的阻止成本(ω)足够高时,选用 IPS 替代 IDS 反而提高了企业的期望成本。这个结论进一步验证了关于 IPS 替代价值问题(李天目等,2008),当检测率(P_D)足够低时,IPS 的替代价值为零。本节对 IDS 和 IPS 均为默认配置情况下 IPS 的替代价值问题进行分析。

当检测率很高时,即 $P_D>[\mu(1-P_D^F)+fP_F^F+\beta P_D^F]/\beta$,如果阻止成本足够高($\omega>V$),选用 IPS 替代 IDS 后,企业的调查成本虽然降低,但其阻止成本提高,导致企业总成本增加。这主要因为当 IPS 产生危险警报(D-alarm)时,企业对合法用户不进行调查,导致选用 IPS 时企业产生的阻止成本高于选用 IDS 时企业因为遗漏调查所产生的损失成本。

当检测率较高时,即 $\mu(1-P_D^F)/\beta<P_D\leqslant[\mu(1-P_D^F)+fP_F^F+\beta P_D^F]/\beta$, $\partial M_{\mathrm{IPS}}/\partial\omega>0$,根据上面的分析,若阻止成本 ω 足够高,用 IPS 替代 IDS 可能总体上反而提高了企业的期望成本。解释和前面类似,此处省略。

当检测率很低时,即 $P_D\leqslant\mu(1-P_D^F)/\beta$,IPS 没有替代价值,即选用 IPS 替代 IDS 后企业的期望成本保持不变。对此原因解释如下:

若检测率很低时,即 $P_D\leqslant\mu(1-P_D^F)/\beta$,当 IPS 产生危险警报(D-alarm)时,企业调查所有合法用户,所以企业的阻止成本为零。此外,根据结论 4.3,当检测率很低时,即 $P_D\leqslant\mu(1-P_D^F)/\beta$,当 IDS 或者 IPS 未报警时企业对合法用户进行调查不但不能降低企业期望成本,反而可能提高企业期望成本。且此时在 IPS 和 IDS 两种情况下非法行为用户的攻击概率相等。

综上,当 IDS 和 IPS 均为默认配置情况下,IPS 的替代价值可归纳为结论 4.4 所示。

结论 4.4 当 IDS 和 IPS 均为默认配置情况下,基于企业的期望成本对 IPS 和 IDS 进行比较,结果如下:

(1)当检测率较高时,即 $P_D>\mu(1-P_D^F)/\beta$,若阻止成本(ω)不是太高,IPS 优于 IDS;若阻止成本(ω)足够高,IDS 优于 IPS。当检测率较低时,即 $P_D<\mu(1-P_D^F)/\beta$,企业选用 IPS 的期望成本与选用 IDS 的期望成本相等。

(2)当检测率很高时,即 $P_D>[\mu(1-P_D^F)+fP_F^F+\beta P_D^F]/\beta$,若阻止成本($\omega$)足够高,IPS 的替代价值随正阻率($P_D^F$)的增加而降低;若阻止成本($\omega$)不太高,IPS 的替代价值随正阻率($P_D^F$)的增加而增加。

(3)当检测率适中时,即 $\mu(1-P_D^F)/\beta<P_D\leqslant[\mu(1-P_D^F)+fP_F^F+\beta P_D^F]/\beta$,IPS 的替代价值随正阻率($P_D^F$)的增加而降低。

结论 4.4 表明,企业不应该选用默认配置 IPS 替代默认配置 IDS,因为这样可能会提高企业的期望成本。首先,IPS 虽然提高了对入侵检测的精准性,但选用 IPS 后企业可能会阻止部分合法用户的正常访问。此外,如果阻止成本(ω)足够高,与 IDS 相比,选用 IPS 可能提高企业的总期望成本。因此,若 IPS 是可配置(参数可调节)的,企业如何优化选择 P_D^F 和 P_F^F 值是需要解决的问题。

4.3.2 IDS 默认配置与 IPS 最优配置

因为企业选用默认配置 IDS,期望成本 M_{IDS} 中无变量 P_D^F,所以 IPS 的替代价值由 P_D^F 决定,即对 IPS 进行优化配置其实就是根据 P_D 和 P_F 的值选择合适的 P_D^F 值。根据式(4.32)~式(4.35)和上面的分析,可获得 IPS 的最优配置,如表 4.2 所示。

表 4.2 IPS 的替代价值

区间范围		$\frac{\partial M_{\mathrm{IPS}}}{\partial P_D^F}$	最优 P_D^F	默认配置 IPS 和默认配置 IDS 比较	最优配置 IPS 是否优于默认配置 IDS	
$P_D\leqslant\mu(1-P_D^F)/\beta$		0	无	$M_{\mathrm{IPS}}=M_{\mathrm{IDS}}$	$M_{\mathrm{IPS}}^*=M_{\mathrm{IDS}}$	否
$P_D>\frac{\mu(1-P_D^F)+fP_F^F+\beta P_D^F}{\beta}$	$\omega>V$	>0	0	$M_{\mathrm{IPS}}\geqslant M_{\mathrm{IDS}}$	$M_{\mathrm{IPS}}^*=M_{\mathrm{IDS}}$	否
	$c<\omega<V$	<0	A	$M_{\mathrm{IPS}}<M_{\mathrm{IDS}}$	$M_{\mathrm{IPS}}^*<M_{\mathrm{IDS}}$	是

续表

<table>
<tr><th colspan="2">区间范围</th><th>$\frac{\partial M_{\text{IPS}}}{\partial P_D^F}$</th><th>最优 P_D^F</th><th>默认配置 IPS 和默认配置 IDS 比较</th><th colspan="2">最优配置 IPS 是否优于默认配置 IDS</th></tr>
<tr><td rowspan="2">$\frac{\mu(1-P_D^F)}{\beta}<P_D\leqslant\frac{\mu}{\beta}$</td><td>高 ω</td><td rowspan="4">>0</td><td rowspan="2">B</td><td>$M_{\text{IPS}}\geqslant M_{\text{IDS}}$</td><td rowspan="2">$M_{\text{IPS}}^*<M_{\text{IDS}}$</td><td rowspan="4">是</td></tr>
<tr><td>低 ω</td><td>$M_{\text{IPS}}<M_{\text{IDS}}$</td></tr>
<tr><td rowspan="2">$\frac{\mu}{\beta}<P_D\leqslant$
$\frac{\mu(1-P_D^F)+fP_F^F+\beta P_D^F}{\beta}$</td><td>高 ω</td><td rowspan="2">A</td><td>$M_{\text{IPS}}\geqslant M_{\text{IDS}}$</td><td>$M_{\text{IPS}}^*$和 M_{IDS}之间大小关系不确定</td></tr>
<tr><td>低 ω</td><td>$M_{\text{IPS}}<M_{\text{IDS}}$</td><td>$M_{\text{IPS}}^*<M_{\text{IDS}}$</td></tr>
</table>

$$V=\frac{dc^2\ (P_F-P_F^F)^2+dcL\ (P_D^F)^{L-1}(d-c)(1-P_D^F)(P_D-P_D^F)}{(d-c)^2L\ (P_D^F)^{L-1}(P_D-P_D^F)^2+Lc(d-c)(P_D^F)^{L-1}(P_D-P_D^F)P_F-c(d-c)P_F^F(P_F-P_F^F)};$$

$$A=\left\{X\mid P_D=\frac{\mu(1-X)+fX^L+\beta X}{\beta}\right\};B=1-P_D\ \frac{\beta}{\mu}。$$

从表 4.2 可看出,IPS 最优配置相比于 IDS 默认配置,两种情况下有优势,两种情况下无优势。有优势的两种情况为

第一,检测率适中,即 $\frac{\mu(1-P_D^F)}{\beta}<P_D\leqslant\frac{\mu(1-P_D^F)+fP_F^F+\beta P_D^F}{\beta}$;

第二,检测率很高,即 $P_D>\frac{\mu(1-P_D^F)+fP_F^F+\beta P_D^F}{\beta}$,但阻止成本较低($c<\omega<V$)。

无优势的两种情况为

第一,检测率很低,即 $P_D\leqslant\mu(1-P_D^F)/\beta$;

第二,检测率很高,即 $P_D>\frac{\mu(1-P_D^F)+fP_F^F+\beta P_D^F}{\beta}$,但阻止成本较高($\omega>V$)。

当检测率较低时,即 $P_D\leqslant\mu(1-P_D^F)/\beta$,IPS 的替代价值为零,且与参数 ω 无关。即当检测率(P_D)较低时,IPS 的替代价值与阻止成本 ω 无关。

当检测率较高时,即 $P_D>\mu(1-P_D^F)/\beta$,IPS 的替代价值受到参数 ω 的影响。当阻止成本足够高时,虽然 IPS 默认配置情况下企业的期望成本可能高于 IDS 默认配置情况下企业的期望成本,但 IPS 最优配置情况下企业的期望成本不高于 IDS 默认配置情况下企业的期望成本。当阻止成本较低时,IPS 默认配置情况下企业的期望成本和 IPS 最优配置情况下企业的期望成本都低于 IDS 默认配置情况下企业的期望成本。

因此,IPS 的替代价值不仅受到各种成本参数的影响,还与原有 IDS 的检测率有关。此外,当阻止成本较低时,IPS 最优配置的替代价值非负。前面都假设 IDS 中参数不可调节或可调节但企业选择默认值。然而,实际中大多 IDS 的参数是可调节的,且企业也会对其进行调节从而使其更符合自身环境。那么当 IDS 的参数是可调节时,最优配置 IPS 是否优于最优配置 IDS 呢?

4.3.3 IDS 和 IPS 均为最优配置

因为 IPS 的最优配置中没有参数 P_D^F(最优 P_D^F 可以用含有参数 P_D 和 P_F 的表达式来描述),所以在比较最优配置 IPS 和最优配置 IDS 时,企业需要解决的核心问题是选择合适的参数 P_D 和 P_F 的值。根据式(4.32)~式(4.35)和上面的分析,可获得 IDS 和 IPS 的最优配置,如表 4.3 所示。

表 4.3 IPS 和 IDS 不同配置时的企业期望成本比较

区间和范围		可配置 IPS 和可配置 IDS 之间企业期望成本比较		最优配置 IPS 是否优于最优配置 IDS	
		IPS 默认配置和 IDS 默认配置(P_D^F、P_F^F、P_D 和 P_F 都固定)	IPS 最优配置和 IDS 默认配置(P_D 和 P_F 都固定)		
$P_D \leqslant \mu(1-P_D^F)/\beta$		$M_{\mathrm{IPS}}=M_{\mathrm{IDS}}$	$M_{\mathrm{IPS}}^*=M_{\mathrm{IDS}}$	$M_{\mathrm{IPS}}^{**}=M_{\mathrm{IDS}}^*$	否
$P_D>\dfrac{\mu(1-P_D^F)+fP_F^F+\beta P_D^F}{\beta}$	$\omega>V$	$M_{\mathrm{IPS}} \geqslant M_{\mathrm{IDS}}$	$M_{\mathrm{IPS}}^*=M_{\mathrm{IDS}}$	$M_{\mathrm{IPS}}^{**}=M_{\mathrm{IDS}}^*$	否
	$c<\omega<V$	$M_{\mathrm{IPS}}<M_{\mathrm{IDS}}$	$M_{\mathrm{IPS}}^*<M_{\mathrm{IDS}}$	$M_{\mathrm{IPS}}^{**}<M_{\mathrm{IDS}}^*$	是
$\dfrac{\mu(1-P_D^F)}{\beta}<P_D \leqslant \dfrac{\mu}{\beta}$	高 ω	$M_{\mathrm{IPS}} \geqslant M_{\mathrm{IDS}}$	$M_{\mathrm{IPS}}^*<M_{\mathrm{IDS}}$	$M_{\mathrm{IPS}}^{**}<M_{\mathrm{IDS}}^*$	是
	低 ω	$M_{\mathrm{IPS}}<M_{\mathrm{IDS}}$			
$\mu/\beta<P_D \leqslant \dfrac{\mu(1-P_D^F)+fP_F^F+\beta P_D^F}{\beta}$	高 ω	$M_{\mathrm{IPS}} \geqslant M_{\mathrm{IDS}}$	—	$M_{\mathrm{IPS}}^{**} \geqslant M_{\mathrm{IDS}}^*$	
	低 ω	$M_{\mathrm{IPS}}<M_{\mathrm{IDS}}$	$M_{\mathrm{IPS}}^*<M_{\mathrm{IDS}}$	$M_{\mathrm{IPS}}^{**}<M_{\mathrm{IDS}}^*$	

注:M_{IPS}^{**} 是 P_D^F、P_F^F、P_D 和 P_F 四个参数都是不固定情况下企业的期望成本。M_{IPS}^* 是单纯参数 P_D^F 和参数 P_F^F 不固定情况下企业的期望成本。"—"是指 M_{IPS}^* 和 M_{IDS} 之间大小关系不确定

从表 4.3 可以看出,IPS 最优配置相比较于 IDS 最优配置,三种情况下有优势,三种情况下无优势。有优势的情况为

第一,检测率很高,即 $P_D>\dfrac{\mu(1-P_D^F)+fP_F^F+\beta P_D^F}{\beta}$,且阻止成本较低($c<\omega<V$);

第二,检测率较低,即 $\dfrac{\mu(1-P_D^F)}{\beta}<P_D \leqslant \dfrac{\mu}{\beta}$;

第三,检测率较高,即 $\mu/\beta<P_D \leqslant \dfrac{\mu(1-P_D^F)+fP_F^F+\beta P_D^F}{\beta}$,且阻止成本较低。

无优势的情况为

第一,检测率很低,即 $P_D \leqslant \mu(1-P_D^F)/\beta$;

第二,检测率很高,即 $P_D>\dfrac{\mu(1-P_D^F)+fP_F^F+\beta P_D^F}{\beta}$,但阻止成本较高($\omega>V$);

第三，检测率较高，即 $\mu/\beta<P_D\leqslant\dfrac{\mu(1-P_D^F)+fP_F^F+\beta P_D^F}{\beta}$，但阻止成本较高。

当检测率很低，即 $P_D\leqslant\mu(1-P_D^F)/\beta$，IPS 最优配置情况下企业期望成本和 IDS 最优配置情况下企业期望成本相等，即 $M_{\mathrm{IPS}}^{**}=M_{\mathrm{IDS}}^{*}=c$。

当检测率很高，即 $P_D>[\mu(1-P_D^F)+fP_F^F+\beta P_D^F]/\beta$，若阻止成本 ω 足够高，IPS 最优配置情况下企业期望成本和 IDS 最优配置情况下企业期望成本相等，即 $M_{\mathrm{IPS}}^{**}=M_{\mathrm{IDS}}^{*}=cdP_F/[(d-c)P_D+cP_F]$。

当检测率较高，即 $\mu/\beta<P_D\leqslant[\mu(1-P_D^F)+fP_F^F+\beta P_D^F]/\beta$，IDS 最优配置情况下企业期望成本固定为 $M_{\mathrm{IDS}}^{*}=cdP_F/(d-c)P_D+cP_F\mid_{P_D=\mu/\beta}$，但 IPS 最优配置情况下企业期望成本随其阻止成本的提高而提高，所以 IPS 最优配置情况下企业期望成本大于等于 IDS 最优配置情况下企业期望成本。因此，与 IDS 最优配置情况相比较，在上面三种情况下，最优配置 IPS 无替代价值。

当检测率很高，即 $P_D>[\mu(1-P_D^F)+fP_F^F+\beta P_D^F]/\beta$，如果阻止成本较低，因为 IPS 默认配置情况下企业的期望成本低于 IDS 默认配置情况下企业的期望成本，且 IPS 可以被看作特殊形式 IDS，所以最优配置 IPS 优于最优配置 IDS。

当检测率较低，即 $\mu(1-P_D^F)/\beta<P_D\leqslant\mu/\beta$，因为 IPS 最优配置情况（$P_D$ 和 P_F 是固定的）下企业的期望成本低于 IDS 最优配置情况下企业的期望成本，所以最优配置 IPS 优于最优配置 IDS。

当检测率较高，即 $\mu/\beta<P_D\leqslant[\mu(1-P_D^F)+fP_F^F+\beta P_D^F]/\beta$，如果阻止成本较低，因为 IPS 默认配置情况下企业期望成本低于 IDS 默认配置情况下企业期望成本，所以最优配置 IPS 优于最优配置 IDS。此外，当阻止成本较低时（如 $\omega=c$），$M_{\mathrm{IPS}}=cP_F$，$M_{\mathrm{IDS}}=cdP_F/[(d-c)P_D+cP_F]$，且在 IDS 最优配置中最优 P_D 是 μ/β。

综上可得，IPS 最优配置情况下，其替代 IDS 所产生的价值情况见结论 4.5。

结论 4.5　IDS 和 IPS 均为最优配置情况下：

(1) IPS 的替代价值不仅受其成本参数影响，还受原有 IDS 特性影响。

(2) 最优配置 IPS 的替代价值是严格非负的。即同等安全水平情况下，企业选用最优配置 IPS 的期望成本总低于选用最优配置 IDS 的期望成本。

(3) 由于 IPS 和 IDS 的区别只受正阻率 P_D^F 和阻止成本 ω 的影响，而这两个参数与 IDS 的配置无关，所以企业是否选用 IPS 替代 IDS 的决策与原有 IDS 的配置无关。

因为误报率（P_F）的存在，合法用户即使正常访问也可能会被 IPS 阻止，所以阻止成本和调查成本是影响企业 IPS 最优配置的两个主要因素。此外，企业和合法用户的决策也受到检测率（P_D）和误报率（P_F）的影响。因此，IPS 的替代价值不仅受到成本参数影响，还受原有 IDS 特性影响。

若检测率很低，即 $P_D \leqslant \mu(1-P_D^F)/\beta$，当 IPS 或 IDS 报警时企业会调查所有合法用户，即无阻止成本，所以 IPS 无替代价值。若检测率很高，即 $P_D>(\mu(1-P_D^F)+fP_F^F+\beta P_D^F)/\beta$，当 IDS 或 IPS 报警时企业只对部分合法用户进行调查。此外，随着阻止成本提高，IPS 的替代价值会降低。所以当阻止成本较高时，最优配置 IPS 可能并不优于最优配置 IDS。

若检测率较低，即 $\mu(1-P_D^F)/\beta<P_D \leqslant \mu/\beta$，当 IPS 产生可疑报警时企业对合法用户进行调查比当 IDS 报警时企业对合法用户进行调查更有效。此时，虽然 IPS 可能阻止部分合法用户的正常使用，但降低了企业的调查成本。因此，当检测率较低时，最优配置 IPS 优于最优配置 IDS。当检测率较高时，即 $\mu/\beta<P_D \leqslant [\mu(1-P_D^F)+fP_F^F+\beta P_D^F]/\beta$，与较低检测率的情况相比较，企业将降低调查概率，从而更多正常使用的合法用户可能被阻止，且不进行人工调查。因此，当阻止成本（ω）很高时，企业阻止成本增加将导致最优配置 IPS 不优于最优配置 IDS。

因为本章假定 IPS 和 IDS 具有相等的检测率，所以 IPS 和 IDS 的区别在于影响企业阻止成本和调查成本的正阻率（P_D^F）。例如，企业 1 配置了默认配置 IDS，企业 2 配置了最优配置 IDS。对于是否选用 IPS 替代 IDS，企业 1 和企业 2 的决策主要取决于正阻率（P_D^F）和阻止成本（ω）。同时，正阻率和阻止成本与 IDS 的配置不相关，因此是否选用 IPS 替代 IDS 的决策与原有 IDS 的配置不相关。

4.3.4 IPS 替代价值的仿真和分析

本节采用数值模拟分析 IDS 和 IPS 中技术参数对 IPS 替代价值的影响。Kenkre 等研究表明，即使最优 IDS 也只能检测出大概 80% 的非法行为用户攻击行为（Kenkre et al.，2015）。因此，在下面的仿真分析中，假定企业 A 和企业 B 的检测率分别为 $P_D=0.7$ 和 $P_D=0.4$。对于每一个企业，通过选择不同参数（较低阻止成本 $\omega=80$，较高阻止成本 $\omega=200$）确保 P_D 处于不同区间，且所有例子中假设 $L=3$，$f=50$，$c=50$，$d=100$，$\mu=80$，$\beta=160$。下面给出 P_D 在不同区间内的企业期望成本（图 4.4～图 4.7）。

为了方便说明，图 4.4 的左边部分用 L4 表示，右边部分用 R4 表示；图 4.5 的左边部分用 L5 表示，右边部分用 R5 表示；图 4.6 的左边部分用 L6 表示，右边部分用 R6 表示；图 4.7 的左边部分用 L7 表示，右边部分用 R7 表示。

根据图 4.4 和图 4.5 分析企业 A 中 IPS 的替代价值。企业 A 中较高检测率使其调查概率较低，即企业 A 的总体调查成本较低，所以 IPS 的替代价值主要受阻止成本和正阻率的影响。当企业 A 选用 IPS 替代 IDS 时，如果阻止成本较低（$\omega=200$），则增加的阻止成本低于降低的调查成本，所以企业 A 的总体期望成本降低，

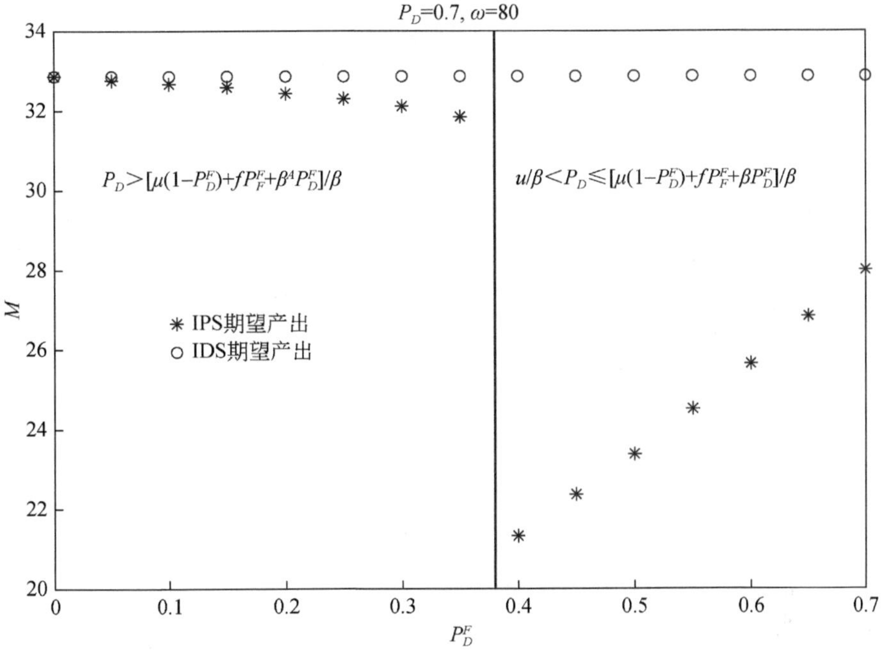

图 4.4　高 P_D 和低 ω

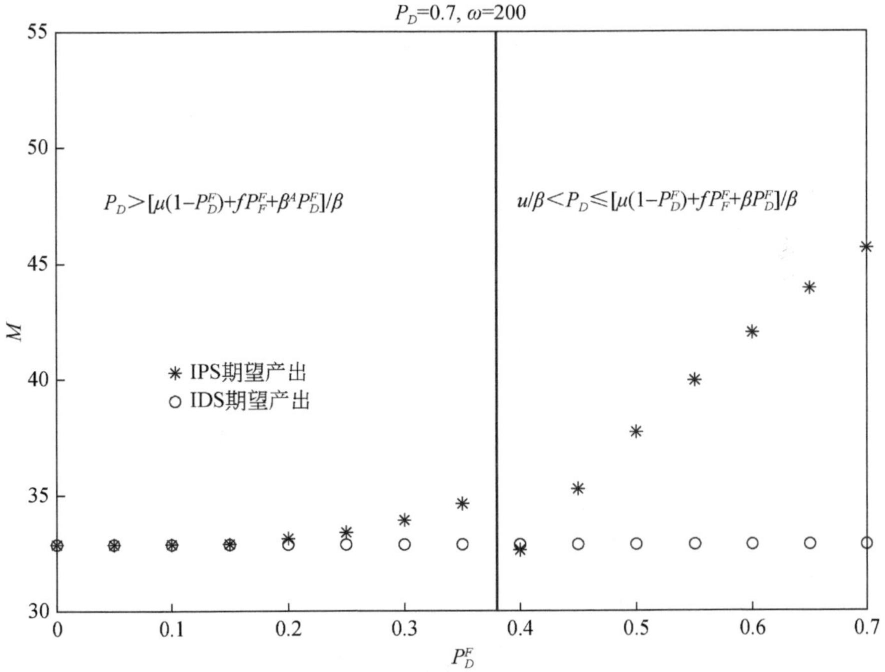

图 4.5　高 P_D 和高 ω

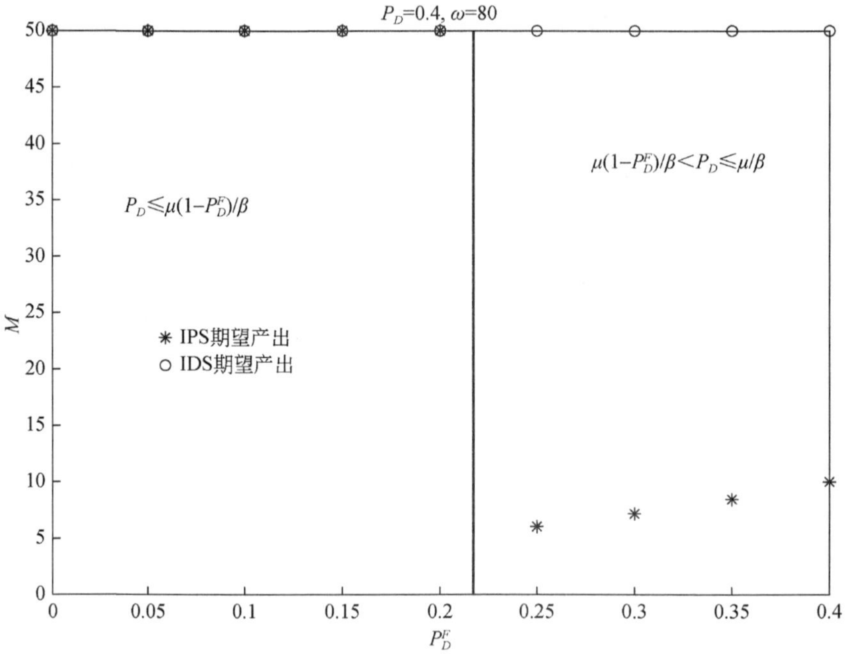

图 4.6 低 P_D 和低 ω

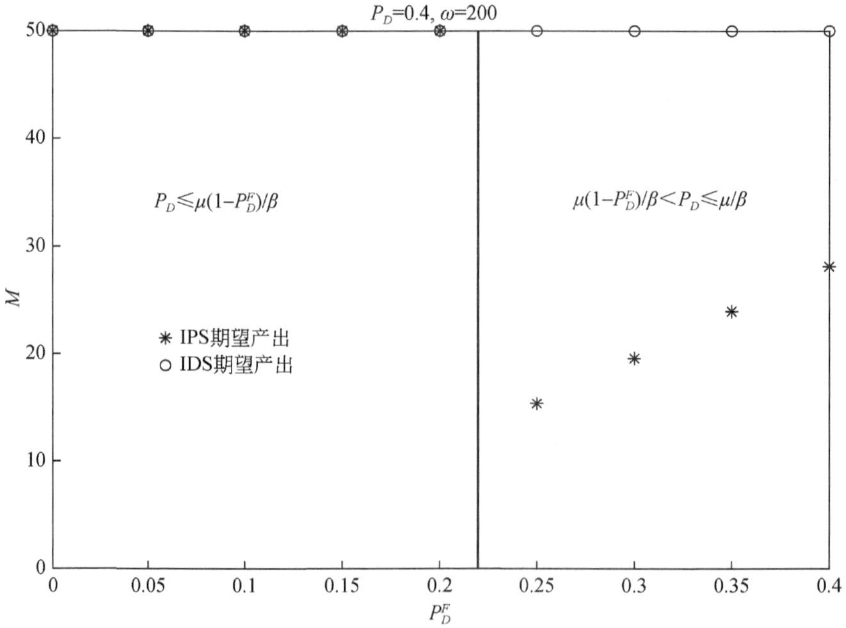

图 4.7 低 P_D 和高 ω

如图 4. 4 所示;如果阻止成本较高($\omega=200$),则情况相反,如图 4. 5 所示。

根据图 4. 6 和图 4. 7 分析企业 B 中 IPS 的价值。企业 B 较低检测率使其调查概率较高,即企业 B 的总体调查成本较高,所以 IPS 的替代价值主要受调查概率的影响。当企业 B 选用 IPS 替代 IDS 时,如果 IPS 的正阻率较低($\mu P_D^F \leqslant \mu-\beta P_D$),则增加的阻止成本等于降低的调查成本,所以企业 B 的总体期望成本保持不变,如图 L6 和 L7 所示;如果 IPS 的正阻率较高($\mu P_D^F > \mu-\beta P_D$),则调查概率较低,但是降低的调查成本高于增加的阻止成本,因此企业 B 的总体期望成本降低,如图 R6 和 R7 所示。

随着正阻率(P_D^F)提高,误阻率(P_F^F)也提高,所以当正阻率(P_D^F)较高时,与调查成本相比,阻止成本在企业总成本中的比例增加。因此,当正阻率较高时,IPS 的替代价值随正阻率提高而降低,IPS 的最优配置是最小正阻率(P_D^F),如图 R4、R5、R6 和 R7 所示。若企业 B 的正阻率较低($\mu P_D^F \leqslant \mu-\beta P_D$),由于当 IDS 或 IPS 产生警报时企业 B 调查了所有合法用户,且没有阻止成本,所以企业的调查成本保持不变。因此这种情况下 IPS 无替代价值,如图 L6 和 L7 所示。

当企业 A 有较高检测率和较低正阻率时,即 $P_D > [\mu(1-P_D^F)+fP_F^F+\beta P_D^F]/\beta$,误阻率($P_F^F$)也较低。因此,随着正阻率($P_D^F$)增加,如果阻止成本较低($\omega=80$),调查成本在企业总成本中的比例增加。此外,因为高检测率导致较低调查概率,所以企业 A 的总体期望成本也将降低,如图 L4 所示。如果阻止成本较高时($\omega=200$),随着正阻率(P_D^F)增加,阻止成本在企业总期望成本中的比例增加。因此企业 A 的总期望成本增加,如图 L5 所示。

4. 4 主要结论和管理启示

IPS 能很好地解决 IDS 和防火墙组合中存在的时间延迟和相互冲突等问题,但由于 IPS 是在没有时间延迟的情况下立刻阻止被判定为非法行为用户的用户,一旦正常访问的合法用户被 IPS 阻止了,必将给企业带来损失,为此,选用 IPS 后企业需要进行更多的人工调查。基于企业配置 IPS 的调查成本和阻止成本的变化,企业对 IPS 与 IDS 的选择和配置是一个博弈过程。本章基于 ROC 曲线,构建了 IPS 技术优化配置模型,从人工调查概率、检出概率和合法用户攻击概率三个方面对 IPS 和 IDS 的均衡策略进行比较,分析用 IPS 替代 IDS,企业能否从中获得收益,以及企业如何进行 IPS 参数的优化配置。本章模型分析的主要结论有:

(1)在企业配置了 IPS 或 IDS 情况下,较高检测率都能降低非法行为用户攻击概率。当检测率较高时,如果 IPS 或 IDS 未报警,企业不会进行人工调查,且当 IPS 产生危险警报(D-alarm)和可疑警报(S-alarm)或者 IDS 报警时,企业也都只是调查其中的一部分合法用户。相反,较低检测率将导致非法行为用户较高攻击概率。当检测率较低时,若 IPS 产生危险警报(D-alarm)和可疑警报(S-alarm)或者 IDS 报警时,企业将全部进行人工调查。此外,当 IPS 或 IDS 都未报警时,企业应调查一部分合法用户。

(2)在企业配置了 IPS 或 IDS 情况下,若检测率较低,当 IPS 未报警时企业对该合法用户进行人工调查的概率低于当 IDS 未报警时企业对该合法用户进行人工调查的概率。若检测率较高,当 IPS 产生可疑警报(S-alarm)时企业对该合法用户进行人工调查的概率高于当 IDS 报警时企业对该合法用户进行人工调查的概率。

(3)选用 IPS 时企业的检出概率低于选用 IDS 时企业的检出概率,且该结论与检测率无关。

(4)当检测率很低时,选用 IPS 情况下合法用户的攻击概率与选用 IDS 情况下合法用户的攻击概率相等;当检测率适中时,选用 IPS 情况下合法用户的攻击概率低于选用 IDS 情况下合法用户的攻击概率;当检测率很高时,选用 IPS 情况下合法用户的攻击概率高于选用 IDS 情况下合法用户的攻击概率。

(5)选用未配置的 IPS 不一定优于 IDS 加防火墙。当检测率较高时,若阻止成本不是太高,IPS 优于 IDS;若阻止成本足够高,IDS 优于 IPS。当检测率较低时,企业选用 IPS 的期望成本与选用 IDS 的期望成本相等。

(6)IPS 的最优配置受到企业调查成本和用户攻击成本的影响,IPS 的替代价值与企业原有 IDS 的特性有关。当检测率很高时,若阻止成本足够高,IPS 的替代价值随正阻率的增加而降低;若阻止成本不太高,IPS 的替代价值随正阻率的增加而增加。当检测率适中时,IPS 的替代价值随正阻率的增加而降低。

(7)当 IPS 是最优配置时,企业是否选用 IPS 替代 IDS 加防火墙与企业原有 IDS 的配置无关。最优配置 IPS 的替代价值是严格非负的,即最优配置 IPS 优于 IDS。

基于模型分析结论,企业在 IPS 和 IDS 配置时的主要管理启示有:

(1)选用默认配置的 IPS 替代 IDS 可能会提高企业期望成本,因此企业若是计划选用 IPS 替代 IDS,需要选用可以进行人工配置的 IPS,且必须对 IPS 进行优化配置。否则考虑到 IPS 的价格一般高于 IDS,若是不能对可选 IPS 进行优化配置,那尽量继续用原来的 IDS 产品。因为 IPS 虽然提高了对入侵检测的精准性,但选用 IPS 后企业可能会阻止部分合法用户的正常访问,即阻止成本太高,导致企业总体期望成本反而提高。

(2)IPS 的替代价值不仅受各种成本参数影响,还受所替代的 IDS 特性的影响,所以建议企业在选用和配置 IPS 时不仅要考虑其阻止成本,还要充分考虑原有 IDS 的特性。尤其,当企业原来所使用 IDS 的检测率很高时,选用 IPS 之前必须权衡 IPS 和 IDS 的价格差异和优化配置成本以及 IDS 的误报率情况。因为当 IDS 的检测率很高时,对用户的威慑力较强,用户本来的攻击概率就很低。此时,企业对没有报警的用户不会进行人工调查,即无调查成本差异;当 IPS 产生危险警报(D-alarm)和可疑警报(S-alarm)或者 IDS 报警时,企业也都只是调查其中的一部分合法用户,即阻止成本和调查成本差异在 IPS 的替代价值中所占比例很小。所以,此时 IPS 的替代价值主要受到所替代的 IDS 的误报率影响。

(3)当企业 IPS 优化配置后,企业是否选用 IPS 替代 IDS 的决策与原有 IDS 的配置无关,所以建议企业此时不用考虑原有 IDS 的特性。因为 IPS 可以看成是一种特殊的 IDS,若是 IPS 可以进行优化配置,且配置的成本较低,那么当企业选用 IPS 且已经进行了优化配置,建议企业用配置后的 IPS 替代 IDS,且不用考虑原来 IDS 的特性,即最优配置 IPS 的替代价值是严格非负的。

(4)任何一种信息系统安全产品都有各自的优点和缺点,企业在考虑继续使用 IDS 还是选用 IPS 替代原来 IDS 的问题时,需要综合考虑 IPS 的阻止成本、原来 IDS 和防火墙的特性、企业的人工调查成本和企业类型,以企业期望成本降低为主要目标,而不能因为 IPS 的技术先进就必须使用 IPS,能帮助企业降低成本的信息系统安全产品才是最适合的。

第 5 章　诱骗与 IDS 技术组合配置策略

IDS 和 IPS 等技术是企业信息系统安全的被动防御技术,蜜罐技术能诱骗用户攻击,降低其攻击正常系统的概率,拟态式蜜罐能威慑用户放弃攻击正常系统。蜜罐既能分散用户的精力,又能记录和分析非法行为用户的攻击过程,获取有价值的信息,从而使企业由完全的被动防御变为主动防御。本章基于企业和用户间的博弈关系,研究企业诱骗策略中蜜罐技术的配置和优化策略。首先,从管理的角度分析 IDS 和蜜罐组合的优化配置策略。其次,对蜜罐进行扩展,分析企业信息系统安全防御中拟态式蜜罐诱骗机制的最优配置策略。

5.1　IDS 和蜜罐组合运用策略

5.1.1　问题提出和模型假设

为了消除单一安全技术的不足和漏洞所带来的安全隐患,需要将不同安全技术进行组合配置,使各种技术扬长避短、相互配合,以达到最好的安全保护效果。常见的组合方式是通过运用欺骗策略增加系统对用户的迷惑性从而增加防御的有效性。蜜罐作为非常典型的诱骗技术,用于被用户探测到甚至最后被其攻陷,其核心价值在于对这些攻击活动进行监视、检测和分析,为企业提供额外的有价值信息,但蜜罐不具有任何修补作用。

因为只有受到攻击,蜜罐的价值才能发挥。所以虽然蜜罐的诱骗在一定程度上提高了安全防护的效果,但是,这种技术并不能从本质上解决安全问题,如果想要得到更好的防护效果,还需要与其他安全技术,如 IDS、防火墙等组合运用。IDS 作为一种有很强发现入侵行为能力的设备,基本上不具备对入侵的响应能力和发现未知入侵行为的能力,而蜜罐具有对未知入侵行为的发现能力。蜜罐作为 IDS 的有力补充,可以分担 IDS 的一部分数据流量,减轻 IDS 的负担,而且还可以提供 IDS 自学习的数据,增强 IDS 的智能。例如,针对 IDS 中存在的高误报率和漏报率,蜜罐通过记录和分析用户的攻击事件,帮助 IDS 及时学习新型的攻击行为并更新 IDS 的特征库,降低 IDS 的误报率和漏报率。

从技术原理角度分析,IDS 和蜜罐的组合是可行的,且能实现优势互补。但从企业管理的角度分析,两种技术组合也会产生一些管理问题。首先,使用两种技术会提升企业信息系统安全投入,所以蜜罐和 IDS 组合的经济价值有待进一步研究。其次,蜜罐和 IDS 之间存在替代性和冲突等问题,所以除了从技术层面对蜜罐和 IDS 进行组合配置以外,如何从管理层面对蜜罐和 IDS 进行参数优化配置有待进一步研究。例如,企业配置蜜罐的目的是希望更多用户攻击系统,而 IDS 的威慑力会导致用户减少甚至放弃攻击。不同检测率的 IDS 对用户的影响方式不同,其成本也不同,企业如何将不同检测率的 IDS 和蜜罐进行组合才能实现组合效用最大化有待进一步研究。最后,IDS 中存在漏报和误报等问题,所以企业的人工调查必不可少,因此,蜜罐和 IDS 组合后企业的人工调查策略也有待进一步研究。

目前国内外对蜜罐和 IDS 组合的研究主要集中在架构设计和系统设计及其实现方面(Gani,2012; Jie and Liu,2012),基于管理的角度运用博弈论方法对这两种技术联动策略的研究还很少。为此,本节通过构建 IDS 和蜜罐的组合运用模型,从博弈的角度分析两种技术的组合运用策略。以企业总期望收益为目标函数,分别讨论正常服务和蜜罐服务中 IDS 技术的优化配置,通过构建博弈模型求解出企业和用户间纳什均衡策略,从调查概率、检出概率、攻击概率和期望收益四个角度进行分析,提出具有指导意义的蜜罐和 IDS 组合配置策略。

企业信息系统给其用户提供服务的状态包括提供正常服务、提供蜜罐服务和不提供服务三类,用户对企业信息系统具有访问和不访问两种选择。虽然企业的理想是为合法行为用户提供正常服务,为非法行为用户提供蜜罐服务,同时合法用户只访问正常服务和非法行为用户只访问蜜罐服务。但是蜜罐的迷惑性及其诱骗程度在现实中受到很大制约,导致此理想均衡的条件很难满足。现实状况更可能是“服务-服务-访问-攻击”的策略均衡(诸葛建伟等,2013),即企业提供正常服务和蜜罐服务,合法行为用户和非法行为用户都访问两种服务。本节在“服务-服务-访问-攻击”的策略均衡下,分别从真实服务和蜜罐服务两个角度对 IDS 最优配置策略进行博弈分析。

基于上述均衡,在正常服务和蜜罐服务中,假设所有用户中正常访问的用户全是合法行为用户,攻击的全是非法行为用户。IDS 的目标是检测非法行为用户的攻击,所有用户中非法行为用户的概率为 $\psi \in [0,1]$,正常访问的合法用户概率为 $1-\psi$。

首先考虑正常服务情况,若一个非法行为用户的攻击未被检测到,则非法行为用户收益为 $\gamma a-b$(a 为常量,代表合法用户正常访问系统时企业与合法用户所获得的收益。γ 为攻击破坏因子,反映不同攻击的破坏程度且 $\gamma \geqslant 1$。b 为攻击成本,且 $a \gg b>0$,$\gamma a-a-b>0$)(石乐义等,2012);若被检测到,则受到的惩罚为 d(净收益为

$\gamma a-b-d$),设 $\gamma a-b\leqslant d$,即非法行为用户被检测到后无正收益。企业执行人工调查的成本为 c,若企业检测到攻击,损失(γa)可以全部被修复,设 $a\leqslant c\leqslant \gamma a$,即企业的调查成本不高于其修复后损失减少量,不低于为合法用户提供正常服务所获得的收益(Cavusoglu et al.,2009),且假设企业进行人工调查一定能检测到所受的攻击。不管企业是否进行人工调查,若合法用户访问正常服务,企业和合法用户的收益全为 a。若非法用户不入侵正常服务,企业和非法用户都无收益,因此用户(合法用户和非法用户)正常访问正常服务时,企业和用户的收益全为 a。

再考虑蜜罐服务情况,当一个非法行为用户被蜜罐成功诱骗,但未被企业检测到,则非法行为用户收益为 $-b$,企业收益为 0;若被企业检测到,则非法行为用户受到的惩罚为 βa(净收益为 $-\beta a-b$,β 为诱骗因子,反映蜜罐对非法行为用户的诱骗程度,且 $\beta>0$),企业收益为 βa(人工调查后净收益为 $\beta a-c$,且 $c\leqslant\beta a$,即企业的调查成本不高于其对这些攻击活动进行监视、检测和分析后所获得的收益)。不管企业是否进行人工调查,合法用户访问蜜罐服务,其收益全为 $-a$;企业因未获取到有价值的信息,其收益为 0。因为非法用户不入侵时,企业与非法用户都无收益,因此,用户(合法用户和非法用户)正常访问蜜罐服务时,企业收益为 0,用户的收益全为 $-a$。

假设 P_D 是用户攻击时 IDS 发出警报的概率,即 IDS 的检测率;P_F 是用户正常访问时 IDS 发出警报的概率,即 IDS 的误报率,且 $P_D>P_F$(Cavusoglu et al.,2005)。企业配置蜜罐服务实际上是包括真实服务和蜜罐服务两个参与者。当企业配置了 IDS 和蜜罐服务时,用户的策略为 $S^U\in\{H,NH\}$ 其中 H 为用户攻击系统,NH 为用户正常访问系统;企业的策略为 $S^F\in\{(I,I),(I,NI),(NI,I),(NI,NI)\}$,其中 I 为进行人工调查,NI 为不进行人工调查。IDS 的两种状态为“报警”和“不报警”,则 S^F 集合中每对的第一个元素表示 IDS 报警时企业采取的行动,第二个元素表示 IDS 未报警时企业采取的行动。例如,(I,NI) 表示企业若收到 IDS 的报警则进行人工调查,若未收到 IDS 报警则不进行人工调查。令 $\rho_1\in[0,1]$ 为 IDS 报警时企业进行人工调查的概率;$\rho_2\in[0,1]$ 为 IDS 未报警时企业进行人工调查的概率,且 $\rho_1\geqslant\rho_2$(Cavusoglu et al.,2005)。当企业没有配置 IDS 时,用户策略不变,企业的策略变为 $S^F\in\{I,NI\}$,$\rho\in[0,1]$ 为企业人工调查的概率。所有参数及变量见表 5.1。

表 5.1 参数、变量和函数及其解释

项目		解释
参数	a	合法用户访问正常服务后,企业(或合法用户)所获收益,也是合法用户访问蜜罐后,合法用户所遭受的损失
	γ	攻击破坏因子,反映非法行为用户的攻击对正常服务的破坏程度($\gamma\geqslant1$)
	γa	非法行为用户攻击正常服务后非法行为用户所获收益,也是此时企业正常服务所遭受的损失

续表

项目		解释
参数	β	诱骗因子,反映蜜罐对用户的诱骗程度($\beta>0$)
	βa	非法行为用户攻击蜜罐被检测到时,非法行为用户受到的惩罚。也是企业此时所获的收益
	b	用户的攻击成本($a\gg b>0,\gamma a-a-b>0$)
	d	非法行为用户攻击正常服务后被检测到,其受到的惩罚(净收益为 $\gamma a-b-d,\gamma a-b\leqslant d$)
	c	企业进行人工调查的成本($a\leqslant c\leqslant\gamma a,c\leqslant\beta a$)
	P_D	用户攻击时 IDS 报警的概率
	P_F	合法行为用户正常访问时 IDS 报警的概率
决策变量	ρ_S	未配置 IDS 情况下,正常服务中企业进行人工调查的概率
	ψ_S	未配置 IDS 情况下,用户攻击正常服务的概率
	$\rho_{S+\mathrm{IDS\_1}}$	正常服务中配置 IDS 后,IDS 报警时企业进行人工调查的概率
	$\rho_{S+\mathrm{IDS\_2}}$	正常服务中配置 IDS 后,IDS 未报警时企业进行人工调查的概率
	$\psi_{S+\mathrm{IDS}}$	正常服务中配置 IDS 后,用户攻击正常服务的概率
	ρ_H	未配置 IDS 情况下,蜜罐服务中企业进行人工调查的概率
	ψ_H	未配置 IDS 情况下,用户攻击蜜罐服务的概率
	$\rho_{H+\mathrm{IDS\_1}}$	蜜罐服务中配置 IDS 后,IDS 报警时企业进行人工调查的概率
	$\rho_{H+\mathrm{IDS\_2}}$	蜜罐服务中配置 IDS 后,IDS 未报警时企业进行人工调查的概率
	$\psi_{H+\mathrm{IDS}}$	蜜罐服务中配置 IDS 后,用户攻击蜜罐服务的概率
函数	M	企业在各种情况下的期望收益
	F	用户在各种情况下的期望收益

5.1.2 模型构建与分析

利用博弈论,采用逆向归纳法,求解企业和用户之间的策略均衡点,分别针对正常服务和蜜罐服务中配置 IDS 的情况进行博弈分析,目的是得出企业和用户之间的纳什均衡策略。

1. 情况一:正常服务

构建正常服务下企业与用户之间的博弈收益矩阵如表 5.2 所示。

表 5.2　未配置 IDS 情况下正常服务的博弈收益矩阵

(企业收益,用户收益)		用户策略(S^U)	
		正常访问(NH)	攻击(H)
企业策略(S^F)	调查(I)	$(a-c,a)$	$(-c,\gamma a-b-d)$
	不调查(NI)	(a,a)	$(-\gamma a,\gamma a-b)$

根据表 5.2,企业和用户的期望收益分别为

$M_S(\rho_S,\psi_S)=(1-\psi_S-\gamma\psi_S)a+(\gamma a\psi_S-c)\rho_S$,$F_S(\rho_S,\psi_S)=a+(\gamma a-a-b-d\rho_S)\psi_S$。

分别对 $M_S(\rho_S,\psi_S)$ 求 ρ_S 的偏导数,对 $F_S(\rho_S,\psi_S)$ 求 ψ_S 的偏导数,并令其都等于零,计算得出企业和用户博弈的纳什均衡混合策略分别为

$$\rho_S^*=(\gamma a-a-b)/d,\psi_S^*=c/(\gamma a)。$$

均衡时,企业期望收益为

$$M_S^*=M_S(\rho_S^*,\psi_S^*)=a-c-c/\gamma \tag{5.1}$$

通过对正常服务配置 IDS 后,构建企业和用户之间的博弈收益决策树如图 5.1 所示。

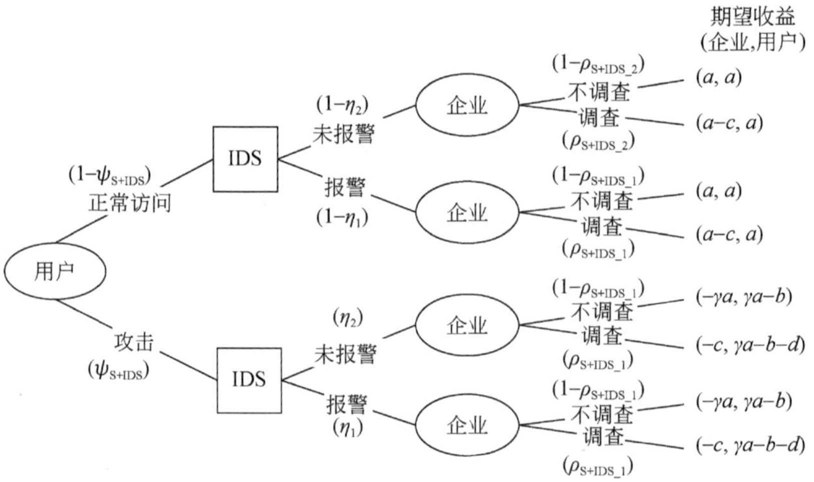

图 5.1　正常服务配置 IDS 后的博弈收益矩阵

正常服务中 IDS 报警与未报警的概率分别如下:

$$P_S(\text{报警})=\psi_{S+IDS}P_D+(1-\psi_{S+IDS})P_F=P_F+\psi_{S+IDS}(P_D-P_F) \tag{5.2}$$

$$P_S(\text{未报警})=\psi_{S+IDS}(1-P_D)+(1-\psi_{S+IDS})(1-P_F)=1-P_F-\psi_{S+IDS}(P_D-P_F) \tag{5.3}$$

根据贝叶斯规则,当 IDS 报警与未报警情况下,非法行为用户攻击正常服务的概率分别如下:

$$\eta_1=P_S(\text{攻击}\mid\text{报警})=\frac{P_S(\text{报警}\mid\text{攻击})P_S(\text{攻击})}{P_S(\text{报警})}=\frac{\psi_{S+\mathrm{IDS}}P_D}{P_F+\psi_{S+\mathrm{IDS}}(P_D-P_F)} \quad (5.4)$$

$$\eta_2=P_S(\text{攻击}\mid\text{未报警})=\frac{P_S(\text{未报警}\mid\text{攻击})P_S(\text{攻击})}{P_S(\text{未报警})}=\frac{\psi_{S+\mathrm{IDS}}(1-P_D)}{1-P_F-\psi_{S+\mathrm{IDS}}(P_D-P_F)} \quad (5.5)$$

正常服务中当IDS报警与未报警情况下，企业期望收益分别如下：

$$M_{\text{报警}}(\rho_{S+\mathrm{IDS\_1}},\psi_{S+\mathrm{IDS}})=a-c\rho_{S+\mathrm{IDS\_1}}-\eta_1(a-\gamma a+\gamma a\rho_{S+\mathrm{IDS\_1}}) \quad (5.6)$$

$$M_{\text{未报警}}(\rho_{S+\mathrm{IDS\_2}},\psi_{S+\mathrm{IDS}})=a-c\rho_{S+\mathrm{IDS\_2}}-\eta_2(a-\gamma a+\gamma a\rho_{S+\mathrm{IDS\_2}}) \quad (5.7)$$

企业的总体期望收益为

$$\begin{aligned}&M_{S+\mathrm{IDS}}(\rho_{S+\mathrm{IDS\_1}},\rho_{S+\mathrm{IDS\_2}},\psi_{S+\mathrm{IDS}})\\&=M_{\text{报警}}(\rho_{S+\mathrm{IDS\_1}},\psi_{S+\mathrm{IDS}})P_S(\text{报警})+M_{\text{未报警}}(\rho_{S+\mathrm{IDS\_2}},\psi_{S+\mathrm{IDS}})P_S(\text{未报警})\end{aligned} \quad (5.8)$$

正常服务中当IDS报警与未报警情况下，用户期望收益分别如下：

$$F_{\text{报警}}(\rho_{S+\mathrm{IDS\_1}},\psi_{S+\mathrm{IDS}})=a+\eta_1(\gamma a-a-b-d\rho_{H+\mathrm{IDS\_1}}) \quad (5.9)$$

$$F_{\text{未报警}}(\rho_{S+\mathrm{IDS\_2}},\psi_{S+\mathrm{IDS}})=a+\eta_2(\gamma a-a-b-d\rho_{H+\mathrm{IDS\_2}}) \quad (5.10)$$

用户总体期望收益为

$$\begin{aligned}&F_{S+\mathrm{IDS}}(\rho_{S+\mathrm{IDS\_1}},\rho_{S+\mathrm{IDS\_2}},\psi_{S+\mathrm{IDS}})\\&=F_{\text{报警}}(\rho_{S+\mathrm{IDS\_1}},\psi_{S+\mathrm{IDS}})P_S(\text{报警})+F_{\text{未报警}}(\rho_{S+\mathrm{IDS\_2}},\psi_{S+\mathrm{IDS}})P_S(\text{未报警})\end{aligned} \quad (5.11)$$

定理5.1 正常服务中配置IDS时，企业和用户间博弈的纳什均衡混合策略为

当$\frac{\gamma a-a-b}{d}\leqslant P_D$时，$\rho^*_{S+\mathrm{IDS\_1}}=\frac{(\gamma a-a-b)}{dP_D}$，$\rho^*_{S+\mathrm{IDS\_2}}=0$，$\psi^*_{S+\mathrm{IDS}}=\frac{cP_F}{\gamma aP_D-c(P_D-P_F)}$；

当$\frac{\gamma a-a-b}{d}>P_D$时，$\rho^*_{S+\mathrm{IDS\_1}}=1$，$\rho^*_{S+\mathrm{IDS\_2}}=\frac{\gamma a-a-b-dP_D}{d(1-P_D)}$，$\psi^*_{S+\mathrm{IDS}}=\frac{c(1-P_F)}{\gamma a(1-P_D)+c(P_D-P_F)}$。

定理5.1的证明见附录B。

结论5.1 正常服务中配置IDS时，企业和用户原本单一的均衡策略被分成两个区域的差异化均衡策略。一方面，足够高的IDS检测率可以降低用户的攻击概率，此时，企业只调查部分被报警的用户，对未被报警的用户不做调查。另一方面，低IDS检测率会导致用户较高的攻击概率，此时，企业不仅应调查所有被报警的用户，还应调查部分未被报警的用户。

为进一步了解IDS对正常服务中企业和用户间均衡策略的影响，从企业人工调查的概率(调查概率)、用户攻击后被IDS检测出的概率(检出概率)和用户进行攻击的概率(攻击概率)三个方面分别对正常服务和配置IDS的正常服务两种情况进行比较分析。

未配置IDS情况下：

检出概率和调查概率都是 $\rho_S^*=(\gamma a-a-b)/d$，攻击概率是 $\psi_S^*=c/(\gamma a)$。

配置 IDS 后：

本节定义总体检出概率为 $\rho_{S+\mathrm{IDS\_out}}^*=\rho_{S+\mathrm{IDS\_1}}^*P_D+\rho_{S+\mathrm{IDS\_2}}^*(1-P_D)$，

总体调查概率为 $\rho_{S+\mathrm{IDS\_in}}^*=\rho_{S+\mathrm{IDS\_1}}^*P_S(\text{报警})+\rho_{S+\mathrm{IDS\_2}}^*P_S(\text{未报警})$。

通过计算得到：

当 $\dfrac{\gamma a-a-b}{d}\leqslant P_D$ 时，$\rho_{S+\mathrm{IDS\_out}}^*=\dfrac{\gamma a-a-b}{d}$，$\rho_{S+\mathrm{IDS\_in}}^*=\dfrac{\gamma a(\gamma a-a-b)P_F}{d(\gamma aP_D-c(P_D-P_F))}$；

当 $\dfrac{\gamma a-a-b}{d}>P_D$ 时，

$$\rho_{S+\mathrm{IDS\_out}}^*=\frac{\gamma a-a-b}{d},\rho_{S+\mathrm{IDS\_in}}^*=\frac{\gamma a(\gamma a-a-b)(1-P_F)-d(\gamma a-c)(P_D-P_F)}{d(\gamma a(1-P_D)+c(P_D-P_F))}$$

正常服务中配置 IDS 和不配置 IDS 两种情况的比较结果如表 5.3 所示。

表 5.3　正常服务中配置 IDS 和不配置 IDS 的比较

P_D 范围	局部调查率	总体调查概率	检出概率	攻击概率
		$\rho_{S+\mathrm{IDS\_in}}^*-\rho_S^*$	$\rho_{S+\mathrm{IDS\_out}}^*-\rho_S^*$	$\psi_{S+\mathrm{IDS}}^*-\psi_S^*$
$P_D\geqslant\dfrac{\gamma a-a-b}{d}$	$\rho_S^*\leqslant\rho_{S+\mathrm{IDS\_1}}^*$	$\dfrac{(\gamma a-a-b)(c-\gamma a)(P_D-P_F)}{d(\gamma aP_D-c(P_D-P_F))}<0$	0	$\dfrac{c(c-\gamma a)(P_D-P_F)}{\gamma a(\gamma aP_D-c(P_D-P_F))}<0$
$P_D<\dfrac{\gamma a-a-b}{d}$	$\rho_S^*\geqslant\rho_{S+\mathrm{IDS\_2}}^*$	$\dfrac{(d-(\gamma a-a-b))(c-\gamma a)(P_D-P_F)}{d(\gamma a(1-P_D)+c(P_D-P_F))}<0$	0	$\dfrac{c(\gamma a-c)(P_D-P_F)}{\gamma a(\gamma a(1-P_D)+c(P_D-P_F))}>0$

结论 5.2　比较企业在正常服务中配置 IDS 和不配置 IDS 两种情况，可以发现，①与不配置 IDS 相比，配置 IDS 后有 $\rho_{S+\mathrm{IDS\_2}}^*\leqslant\rho_S^*\leqslant\rho_{S+\mathrm{IDS\_1}}^*$；②与不配置 IDS 相比，配置 IDS 后企业总体调查概率降低；③两种情况下，企业总体检出概率不变；④若 $(\gamma a-a-b)/d\leqslant P_D$，配置 IDS 后用户的攻击概率低于不配置 IDS 时的用户的攻击概率；若 $(\gamma a-a-b)/d>P_D$，配置 IDS 后用户的攻击概率高于不配置 IDS 时的用户的攻击概率。

虽然企业未配置 IDS 时的调查概率高于配置 IDS 且 IDS 报警时的调查概率，低于配置 IDS 且 IDS 未报警时的调查概率，但与未配置 IDS 相比，配置 IDS 时企业总体调查概率（有效调查概率）低于未配置 IDS 时企业总体调查概率，这说明 IDS 可以帮助企业更准确地进行调查。

检出概率在配置 IDS 和未配置 IDS 情况下是相等的，企业的最优策略都是让用户在攻击和正常访问之间保持无差异性，企业对用户行为能造成影响的是检出概率（决定攻击是否被检测到），而不是调查概率（企业是否进行调查）。所以企业会在配置 IDS 和未配置 IDS 情况下调整其策略从而保证检出概率不变。

虽然在配置 IDS 和没有配置 IDS 情况下企业的总体检出概率相同,但企业维持相同检出概率所采用的策略不同。配置 IDS 情况下,企业首先对报警状态进行调查,然后调查未报警状态。与没有配置 IDS 的情况相比较,配置 IDS 时,当 IDS 检出概率较高(低)时,用户的攻击概率较低(高)。出现此现象的原因是:用户的最优策略是让企业在调查和不调查之间形成无差异性。用户攻击概率和 IDS 检测率影响企业的期望收益。当 IDS 检测率较高(低)时,企业对调查进行的定位(不)准确,从而调查成本较低(高),所以用户为了让企业在调查和不调查之间形成无差异性,自身将降低(提高)攻击概率。

根据式(5.8)和定理 5.1,达到均衡点时,企业提供正常服务时企业的期望收益为

当$\frac{\gamma a-a-b}{d}\leqslant P_D$时,

$$M_{S+\mathrm{IDS}}^{*}=M_{S+\mathrm{IDS}}(\rho_{S+\mathrm{IDS\_1}}^{*},\rho_{S+\mathrm{IDS\_2}}^{*},\psi_{S+\mathrm{IDS}}^{*})=a\,\frac{(\gamma a-c)P_D-\gamma cP_F}{(\gamma a-c)P_D+cP_F};\tag{5.12}$$

当$\frac{\gamma a-a-b}{d}>P_D$时,

$$M_{S+\mathrm{IDS}}^{*}=M_{S+\mathrm{IDS}}(\rho_{S+\mathrm{IDS\_1}}^{*},\rho_{S+\mathrm{IDS\_2}}^{*},\psi_{S+\mathrm{IDS}}^{*})=a\,\frac{(\gamma a-\gamma c-c)(1-P_D)-c^2(P_D-P_F)}{\gamma a(1-P_D)+c(P_D-P_F)}。\tag{5.13}$$

2. 情况二:蜜罐服务

蜜罐服务下企业与用户之间的博弈收益矩阵如表 5.4 所示。

表 5.4 未配置 IDS 情况下蜜罐服务的博弈收益矩阵

(企业收益,用户收益)		用户策略(S^U)	
		正常访问(NH)	攻击(H)
企业策略(S^F)	调查(I)	$(-c,-a)$	$(\beta a-c,-\beta a-b)$
	不调查(NI)	$(0,-a)$	$(0,-b)$

根据表 5.4,企业和用户期望收益分别为

$$M_H(\rho_H,\psi_H)=(\beta a\psi_H-c)\rho_H,F_H(\rho_H,\psi_H)=-a+(a-b-\beta d\rho_H)\psi_H。$$

分别对 $M_H(\rho_H,\psi_H)$ 求 ρ_H 的偏导数,对 $H_H(\rho_H,\psi_H)$ 求 ψ_H 的偏导数,并令其都等于零,得出企业和用户之间博弈的纳什均衡混合策略分别为

$$\rho_H^*=(a-b)/(\beta a),\psi_H^*=c/(\beta a)。$$

均衡时,企业的期望收益为

$$M_H^* = M_H(\rho_H^*, \psi_H^*) = 0 \tag{5.14}$$

蜜罐服务中配置 IDS 后,企业和用户之间的博弈收益决策树如图 5.2 所示。

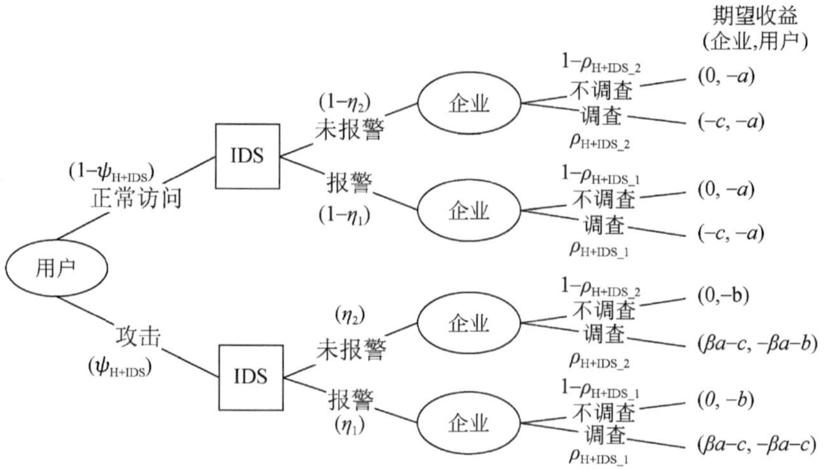

图 5.2　配置 IDS 的蜜罐服务的博弈收益矩阵

蜜罐服务中 IDS 报警与未报警的概率分别如下:

$$P_H(\text{报警}) = \psi_{H+\text{IDS}} P_D + (1-\psi_{H+\text{IDS}}) P_F = P_F + \psi_{H+\text{IDS}}(P_D - P_F) \tag{5.15}$$

$$P_H(\text{未报警}) = \psi_{H+\text{IDS}}(1-P_D) + (1-\psi_{H+\text{IDS}})(1-P_F) = 1 - P_F - \psi_{H+\text{IDS}}(P_D - P_F) \tag{5.16}$$

根据贝叶斯规则,当 IDS 报警与未报警情况下,用户攻击蜜罐的概率分别如下:

$$\eta_1 = P_H(\text{攻击}\mid\text{报警}) = \frac{P_H(\text{报警}\mid\text{攻击})P_H(\text{攻击})}{P_H(\text{报警})} = \frac{\psi_{H+\text{IDS}} P_D}{P_F + \psi_{H+\text{IDS}}(P_D - P_F)} \tag{5.17}$$

$$\eta_2 = P_H(\text{攻击}\mid\text{未报警}) = \frac{P_H(\text{未报警}\mid\text{攻击})P_H(\text{攻击})}{P_H(\text{未报警})} = \frac{\psi_{H+\text{IDS}}(1-P_D)}{1 - P_F - \psi_{H+\text{IDS}}(P_D - P_F)} \tag{5.18}$$

蜜罐中当 IDS 报警与未报警情况下,企业的期望收益分别如下:

$$M_{\text{报警}}(\rho_{H+\text{IDS}\_1}, \psi_{H+\text{IDS}}) = (\beta a \eta_1 - c)\rho_{H+\text{IDS}\_1} \tag{5.19}$$

$$M_{\text{未报警}}(\rho_{H+\text{IDS}\_2}, \psi_{H+\text{IDS}}) = (\beta a \eta_2 - c)\rho_{H+\text{IDS}\_2} \tag{5.20}$$

企业提供蜜罐服务时企业的总体期望收益为

$$\begin{aligned} & M_{H+\text{IDS}}(\rho_{S+\text{IDS}\_1}, \rho_{S+\text{IDS}\_2}, \psi_{S+\text{IDS}}) \\ &= M_{\text{报警}}(\rho_{H+\text{IDS}\_1}, \psi_{H+\text{IDS}}) P_H(\text{报警}) + M_{\text{未报警}}(\rho_{H+\text{IDS}\_2}, \psi_{H+\text{IDS}}) P_H(\text{未报警}) \end{aligned} \tag{5.21}$$

蜜罐中在 IDS 报警与未报警情况下，用户的期望收益分别如下：

$$F_{\text{报警}}(\rho_{H+\text{IDS\_1}},\psi_{H+\text{IDS}})=-a+\eta_1(a-b-\beta a\rho_{H+\text{IDS\_1}}) \tag{5.22}$$

$$F_{\text{未报警}}(\rho_{H+\text{IDS\_2}},\psi_{H+\text{IDS}})=-a+\eta_2(a-b-\beta a\rho_{H+\text{IDS\_2}}) \tag{5.23}$$

用户总体期望收益为

$$\begin{aligned}&F_{H+\text{IDS}}(\rho_{S+\text{IDS\_1}},\rho_{S+\text{IDS\_2}},\psi_{S+\text{IDS}})\\&=F_{\text{报警}}(\rho_{H+\text{IDS\_1}},\psi_{H+\text{IDS}})P_H(\text{报警})+F_{\text{未报警}}(\rho_{H+\text{IDS\_2}},\psi_{H+\text{IDS}})P_H(\text{未报警})\end{aligned} \tag{5.24}$$

定理 5.2 蜜罐服务中配置 IDS 时，企业和用户博弈的纳什均衡混合策略为

当$\frac{a-b}{\beta a}\leqslant P_D$时，$\psi^*_{H+\text{IDS}}=\frac{cP_F}{\beta aP_D-c(P_D-P_F)}$，$\rho^*_{H+\text{IDS\_1}}=\frac{a-b}{\beta aP_D}$，$\rho^*_{H+\text{IDS\_2}}=0$；

当$\frac{a-b}{\beta a}>P_D$时，$\psi^*_{S+\text{IDS}}=\frac{c(1-P_F)}{\beta a(1-P_D)+c(P_D-P_F)}$，$\rho^*_{H+\text{IDS\_1}}=1$，$\rho^*_{H+\text{IDS\_2}}=\frac{a-b-\beta aP_D}{\beta a(1-P_D)}$。

证明过程同定理 5.1，略。

与正常服务中配置 IDS 相类似，蜜罐服务中配置 IDS 后企业的总体检出概率和调查概率分别为

当$\frac{a-b}{\beta a}\leqslant P_D$时，$\rho^*_{H+\text{IDS\_out}}=\frac{a-b}{\beta a}$，$\rho^*_{H+\text{IDS\_in}}=\frac{(a-b)P_F}{\beta aP_D-c(P_D-P_F)}$；

当$\frac{\gamma a-a-b}{d}>P_D$时，$\rho^*_{S+\text{IDS\_out}}=\frac{a-b}{\beta a}$，$\rho^*_{H+\text{IDS\_in}}=\frac{(a-b)(1-P_F)-(\beta a-c)(P_D-P_F)}{\beta a(1-P_D)+c(P_D-P_F)}$。

比较蜜罐服务中配置 IDS 与不配置 IDS 两种情况，两种情况下的相关概率如表 5.5 所示。

表 5.5 蜜罐服务中配置 IDS 与未配置 IDS 比较

P_D 范围	局部调查率	总体调查率	检出概率	攻击率
		$\rho^*_{H+\text{IDS\_in}}-\rho^*_H$	$\rho^*_{H+\text{IDS\_out}}-\rho^*_S$	$\psi^*_{H+\text{IDS}}-\psi^*_H$
$P_D\geqslant\frac{a-b}{\beta a}$	$\rho^*_H\leqslant\rho^*_{H+\text{IDS\_1}}$	$\frac{(c-\beta a)(a-b)(P_D-P_F)}{\beta a(\beta aP_D-c(P_D-P_F))}\leqslant 0$	0	$\frac{c(c-\beta a)(P_D-P_F)}{\beta a(\beta aP_D-c(P_D-P_F))}\leqslant 0$
$P_D<\frac{a-b}{\beta a}$	$\rho^*_H\geqslant\rho^*_{H+\text{IDS}_2}$	$\frac{(\beta a-a+b)(c-\beta a)(P_D-P_F)}{\beta a(\beta a(1-P_D)+c(P_D-P_F))}\leqslant 0$	0	$\frac{c(\beta a-c)(P_D-P_F)}{\beta a(\beta a(1-P_D)+c(P_D-P_F))}\geqslant 0$

结论 5.3 比较企业在蜜罐服务中配置 IDS 与不配置 IDS 两种情况，可以发现：①相比不配置 IDS，配置 IDS 后有 $\rho^*_{H+\text{IDS}_2}\leqslant\rho^*_H\leqslant\rho^*_{H+\text{IDS\_1}}$；②相比不配置 IDS，配置 IDS 后企业总体调查概率降低；③不管配置和不配置 IDS，企业总体检出概率不变；④若 $(a-b)/(\beta a)\leqslant P_D$，配置 IDS 后用户的攻击概率低于不配置 IDS 时用户的攻击概率；若 $(a-b)/(\beta a)>P_D$，配置 IDS 后用户的攻击概率高于不配置 IDS 时用户的攻击概率。

结论5.3的解释同结论5.2,略。结论5.2和结论5.3进一步说明,IDS是一种对入侵具有很强发现能力的信息系统安全技术,不仅能有效降低企业人工调查概率,还能影响用户的攻击概率。根据式(5.21)和定理5.2,达到均衡点时,企业提供蜜罐服务的期望收益为

$$当(a-b)/\beta a \leqslant P_D, M_{H+\mathrm{IDS}}^* = M_{H+\mathrm{IDS}}(\rho_{H+\mathrm{IDS\_1}}^*, \rho_{H+\mathrm{IDS\_2}}^*, \psi_{H+\mathrm{IDS}}^*) = 0; \tag{5.25}$$

$$当(a-b)/\beta a > P_D, M_{H+\mathrm{IDS}}^* = M_{H+\mathrm{IDS}}(\rho_{H+\mathrm{IDS\_1}}^*, \rho_{H+\mathrm{IDS\_2}}^*, \psi_{H+\mathrm{IDS}}^*) = \frac{c(\beta a-c)(P_D-P_F)}{\beta a(1-P_D)+c(P_D-P_F)} \tag{5.26}$$

5.1.3 蜜罐对IDS运用的影响

本节分析IDS在正常服务和蜜罐服务下的价值,IDS的价值定义为配置IDS后企业的期望收益减去不配置IDS情况下企业的期望收益。通过在正常服务和蜜罐服务中配置给定参数的IDS(P_D 和 P_F 的值是固定的),可得出给定配置参数下,IDS在正常服务和蜜罐服务中的价值如表5.6所示。

表5.6 默认配置下IDS的价值

P_D 范围	IDS在正常服务中的价值 ($M_{S+\mathrm{IDS}}^*-M_S^*$)	企业是否获益	P_D 范围	IDS在蜜罐服务中的价值 ($M_{H+\mathrm{IDS}}^*-M_H^*$)	企业是否获益
$P_D \geqslant \frac{\gamma a-a-b}{d}$	$\frac{c(\gamma+1)(\gamma a-c)(P_D-P_F)}{\gamma((\gamma a-c)P_D+cP_F)} \geqslant 0$	是	$P_D \geqslant \frac{a-b}{\beta a}$	0	否
$P_D < \frac{\gamma a-a-b}{d}$	$\frac{c(c-\gamma a)(P_D-P_F)}{\gamma(\gamma a(1-P_D)+c(P_D-P_F))} \leqslant 0$	否	$P_D < \frac{a-b}{\beta a}$	$\frac{c(\beta a-c)(P_D-P_F)}{\beta a(1-P_D)+c(P_D-P_F)} \geqslant 0$	是

结论5.4 ①若企业提供正常服,当 $P_D \geqslant (\gamma a-a-b)/d$ 时,配置IDS能提高企业的期望收益;当 $P_D<(\gamma a-a-b)/d$ 时,配置IDS反而降低了企业的期望收益。若企业提供蜜罐服务,当 $P_D \geqslant (a-b)/(\beta a)$ 时,配置IDS对企业的期望收益没有影响;当 $P_D<(a-b)/(\beta a)$ 时,配置IDS能提高企业的期望收益。②企业在正常服务与蜜罐服务中同时配置IDS能实现"1+1>2"的效果,即正向溢出。若蜜罐服务中配置IDS,当 $P_D<(a-b)/(\beta a)$ 时,IDS能降低蜜罐对用户的威慑力,诱骗更多的用户进入蜜罐。

对结论5.4中的①可以如此理解:企业提供正常服务时,收益来源于合法用户的正常访问,与是否配置IDS无关。企业的损失包括人工调查成本和期望损失。其中人工调查成本随调查概率的提高而提高,期望损失随攻击概率的提高而提高。根据结论5.2,当 $P_D \geqslant (\gamma a-a-b)/d$ 时,配置IDS情况下总体调查概率和攻击概率

都低于未配置 IDS 的情况，因此调查成本和期望损失在配置 IDS 后都降低，即企业的期望收益提高。当 $P_D<(\gamma a-a-b)/d$ 时，与未配置 IDS 情况相比较，配置 IDS 后企业的总体调查概率降低，但攻击概率提高。即调查成本降低，但期望损失提高。由于期望损失提高的程度高于调查成本降低的程度，所以企业总体期望收益降低。

企业提供蜜罐服务时，企业收益来源于非法行为用户被诱骗成功（非法行为用户攻击蜜罐被企业检测到并进行了调查分析）所获收益（简称企业期望收益），企业损失只有调查成本。企业期望收益随攻击概率的提高而提高（攻击概率越高，企业通过监视、检测和分析可以获得越多有价值的信息），调查成本随调查概率的提高而提高。根据结论 5.3，当 $P_D\geqslant(a-b)/(\beta a)$ 时，配置 IDS 情况下总体调查概率和攻击概率都低于未配置 IDS 的情况。因为合法用户被蜜罐误导和非法行为用户攻击蜜罐的概率降低所导致的企业期望收益的减少量正好弥补了企业因调查概率降低所节约的调查成本，所以企业总体期望收益不变。当 $P_D<(a-b)/(\beta a)$ 时，与未配置 IDS 相比较，配置 IDS 后，企业的调查概率降低了，非法行为用户攻击蜜罐的概率提高了。因此，不仅调查成本降低，而且企业期望收益提高，所以企业总体期望收益提高。

关于结论 5.4 中的②：正常服务中配置 IDS 不仅提高企业对用户的检测能力，还对用户有威慑作用（Cavusoglu et al.，2005）。若正常服务和蜜罐服务中同时配置 IDS，当正常服务中 IDS 检测到入侵行为时，可以通过动态配置的网络分流器中的分流规则（Mansoori et al.，2012），将入侵行为重定向到蜜罐中进行监视，以便获得更多非法行为用户信息，从而提高蜜罐的价值；同样，对于蜜罐服务中配置的 IDS，当 $P_D<(a-b)/\beta a$ 时，IDS 能降低用户被发现和被惩罚的感知风险。即降低 IDS 的威慑作用，从而诱骗更多非法行为用户进入蜜罐系统进行攻击演练。这既能提高蜜罐的价值，在一定程度上又降低了正常服务被攻击的概率。

下面分析 IDS 检测率可变情况下 IDS 的最优配置问题。通过分别对正常服务和蜜罐服务中 IDS 的价值求 IDS 检测率（P_D）的偏导数（$P_F=P_D^L, L>1$）（Gao et al.，2013a）得到如下结果：

当 $P_D\geqslant\dfrac{\gamma a-a-b}{d}$时，$\dfrac{\partial(M_{S+\mathrm{IDS}}^*-M_S^*)}{\partial P_D}=\dfrac{c\gamma a(\gamma+1)(\gamma a-c)(1-L)P_F}{\gamma[(\gamma a-c)P_D+cP_F]^2}\leqslant 0$；

当 $P_D<\dfrac{a-b}{\beta a}$时，$\dfrac{\partial(M_{H+\mathrm{IDS}}^*-M_H^*)}{\partial P_D}=\dfrac{c\beta a(\beta a-c)[1+(L-1)P_F-LP_D^{(L-1)}]}{[\beta a(1-P_D)+c(P_D-P_F)]^2}$，

0 由$\dfrac{\partial[1+(L-1)P_F-LP_D^{(L-1)}]}{\partial P_D}=L(L-1)P_D^{(L-2)}(P_D-1)<0$

$\Rightarrow\min[1+(L-1)P_F-LP_D^{(L-1)}]=[1+(L-1)P_F-LP_D^{(L-1)}]|_{P_D=1}=0$，所以 $\dfrac{\partial(M_{H+\mathrm{IDS}}^*-M_H^*)}{\partial P_D}\geqslant 0$。

因此正常服务和蜜罐服务中 IDS 的最优配置分别为：$P_{D\_S}^{*}=\frac{\gamma a-a-b}{d}$，$P_{D\_H}^{*}=\frac{a-b}{\beta a}$。

结论 5.5 正常服务中，IDS 最优检测率 $P_{D_S}^{*}$随攻击破坏因子的扩大而提高；蜜罐服务下，IDS 最优检测率 $P_{D_H}^{*}$随诱骗因子的扩大而降低。

正常服务中非法行为用户的攻击破坏因子越大，一旦攻击成功，企业的损失越严重。企业为了稳定自身期望损失，会选择通过提高 IDS 配置成本（提高最优检测率）来提高对非法行为用户的威慑力（“以牙还牙”策略），从而降低非法行为用户的攻击概率。蜜罐服务下，蜜罐的诱骗因子越大，对非法行为用户的诱骗能力越强，非法行为用户的损失越严重。非法行为用户为了减少损失，会降低攻击蜜罐的概率。因此，企业为了稳定自身期望收益（获取稳定的有价值的非法行为用户攻击信息），会通过降低 IDS 最优检测率来降低对非法行为用户的威慑力（“诱敌深入”策略），从而稳定非法行为用户攻击蜜罐的概率。

5.2 拟态式蜜罐配置策略

5.2.1 问题提出和模型假设

自然界生物种群竞争中，为了更好地避敌、捕猎或繁衍，常出现诱骗博弈的局面，既有弱者隐藏于周边环境的保护色机制，也有强者威吓敌手的警戒色机制，还可能出现弱者模仿强者警戒色特征从而避开攻击的贝氏拟态（Batesian mimicry）机制（O'Hanlon et al.，2014）。拟态现象经历了亿万年“物竞天择，适者生存”的有效性验证，对网络安全防护具有重要的借鉴意义。受生物拟态现象启发，有学者提出了拟态式蜜罐（mimicry honeypot）概念。拟态式蜜罐是指在传统蜜罐技术基础上通过综合运用模拟真实服务环境的保护色机制和模拟蜜罐特征的警戒色机制进行拟态演化和对抗博弈，有效地迷惑和诱骗非法行为用户，保护企业信息系统安全。拟态式蜜罐的保护色是指蜜罐在硬件、软件、数据、服务信息等方面模仿周边服务器和网络环境的特征，使非法行为用户难以识别蜜罐的存在。而警戒色则是指服务器在硬件、软件或数据等方面模仿蜜罐特征，使非法行为用户将该系统认作蜜罐而躲避攻击。拟态式蜜罐系统中，不仅蜜罐可以模仿真实网络服务以便诱骗非法行为用户，真实网络服务也可以模拟蜜罐特征威吓和避开敌手攻击，这些正是保护色和警戒色机制在保护企业信息系统安全中的应用。

拟态式蜜罐的欺骗策略主要有诱骗服务和威慑服务。实际中,诱骗服务和威慑服务都是在特定的 IP 服务端口帧听并像应用服务程序那样对各种网络请求进行应答的应用程序。该应用程序在与非法行为用户交互的过程中对所有的行为进行记录,同时提供较为合理的应答。诱骗服务让闯入系统的非法行为用户感觉系统并不安全,而威慑服务让闯入者感觉系统是个蜜罐。例如,在一个校园网的防火墙后有 FTP、Telnet、SMTP、POP3、Finger、HTTP 等服务,当将诱骗服务配置为 FTP 服务模式,若非法行为用户连接到 TCP/21 端口时,就会收到一个由蜜罐发出的 FTP 的标识。如果非法行为用户认为诱骗服务就是他要攻击的 FTP,他就会采用攻击 FTP 服务的方式进入系统。这样,系统管理员便可以记录攻击的细节。当将威慑服务配置为 FTP 服务模式,若非法行为用户连接到 TCP/21 端口的时候,就会收到一个由伪蜜罐发出的 FTP 的标识。如果非法行为用户认为威慑服务不是他要攻击的 FTP,他就会放弃攻击 FTP 服务,不进入系统。

虽然拟态式蜜罐在企业安全防御中已经广泛应用,但目前还很少从管理角度分析拟态式蜜罐的诱骗机理以及其配置策略。例如,企业选用拟态式蜜罐的最终目的是威慑非法行为用户放弃攻击正常系统,同时诱骗非法行为用户攻击蜜罐系统。有些研究虽然讨论了拟态式蜜罐中保护色和警戒色机制在企业诱骗博弈中的适用条件,也证明了保护色和警戒色的诱骗机理,但既没有对保护色和警戒色进行比较分析,也没有对拟态式蜜罐中的保护色和警戒色的配置比例进行研究,导致这些研究成果的实际应用价值不大。

本节基于拟态式蜜罐的欺骗策略,构建企业和非法用户之间的博弈模型,通过对其中保护色和警戒色的比较分析,基于拟态式蜜罐的效用函数和攻防双方实际均衡条件的存在性,讨论拟态式蜜罐的配置策略对非法用户攻击策略的影响,并通过仿真分析给出拟态式蜜罐的最优欺骗策略以及在信息系统安全管理方面的启示。

从非法用户视角,假设企业除了提供真实服务外,可能还提供蜜罐和伪蜜罐两种欺骗服务;从企业视角,系统的用户为非法用户。这是因为常规合法用户是通过正常链接访问系统,蜜罐诱骗机制和伪蜜罐的威慑机制对常规合法用户不产生影响,即任何以蜜罐为源或目标的链接都是可疑的,常规合法用户不会因为伪蜜罐而放弃访问正常服务。因此后面模型中只考虑企业和非法用户期望收益。

基于非合作双方不完全信息动态博弈模型理论,以企业和非法用户的期望收益为目标函数构建博弈模型,研究企业欺骗策略的最优配置问题。假设非法用户知晓伪蜜罐的存在,模型中非法用户可以在攻击和不攻击之间任意选择一种;企业可以把真实服务伪装成蜜罐(警戒色),也可以把蜜罐伪装成真实服务(保护色)。

基于信号传递博弈理论,定义原本自然类型(真实状态)为真实服务(N)或蜜罐(H),传递给非法用户为真实服务信号(n)或蜜罐信号(h)。假设蜜罐(H)的配置比例为$\varepsilon\in[0,1]$,真实服务(N)的配置比例为$1-\varepsilon$。真实服务被伪装成蜜罐信号(h)的比例为$q\in[0,1]$;蜜罐被伪装成真实服务信号(n)的比例为$p\in[0,1]$。若非法用户接收到真实服务信号(n),则攻击的概率为$\psi_1\in[0,1]$,不攻击的概率为$1-\psi_1$;若接收到蜜罐信号(h),则攻击的概率为$\psi_2\in[0,1]$,不攻击的概率为$1-\psi_2$。因为在网络中大量使用蜜罐系统或者大量常规服务器伪装成蜜罐系统会对正常服务的性能有一定影响(如增加了系统自身的复杂性导致管理成本提高,蜜罐和伪蜜罐可能被非法用户利用去攻击其他系统),所以假设企业对信息系统进行伪装的伪装成本全为w。下面对企业和非法用户的具体收益进行描述。

首先考虑蜜罐的情况,若非法用户攻击蜜罐,则非法用户损失为$\beta_1 a$(净收益为$-\beta_1 a-b$,其中a为常量;β_1为蜜罐诱骗因子,反映蜜罐对非法用户的诱骗程度,且$\beta_1>0$)(石乐义等,2012),企业因为记录和分析非法用户的攻击过程,有利于学习和改进自身的防御策略,所以其收益为$\beta_1 a$(若蜜罐被伪装成真实服务信号,则企业收益为$\beta_1 a-w$),设$\beta_1 a>w$,即非法用户攻击蜜罐,企业有正收益;若未攻击,则非法用户收益全为0,企业收益也为0(若蜜罐被伪装成真实服务信号,则企业收益为$-w$)。

其次考虑伪蜜罐的情况,若非法用户攻击伪蜜罐,则非法用户收益为$\gamma a-\beta_2 a-b$(γ为攻击破坏因子,反映不同攻击的破坏程度,且$\gamma\geqslant 1$,$a\gg b>0$;β_2为伪蜜罐威慑因子,反映伪蜜罐对非法用户的威慑程度,且$\gamma>\beta_2>0$,$\gamma a-\beta_2 a-b>0$)(石乐义等,2009),企业收益为$-\gamma a-w$;若非法用户在攻击伪蜜罐之前放弃攻击,则非法用户收益为0,企业收益为$\beta_2 a-w$(设$\beta_2 a>w$,即伪蜜罐欺骗成功,企业有正收益)。

最后考虑真实服务的情况,若非法用户成功攻击真实服务,则非法用户收益为$\gamma a-b$,企业收益为$-\gamma a$;与伪蜜罐相类似,由于蜜罐中的保护色策略,若非法用户在攻击真实服务之前放弃攻击,则企业同样获得收益为$\beta_2 a$。

本模型中企业采用欺骗策略所获收益分为两类。根据图5.3,第一类是蜜罐的诱骗收益($2\beta_1 a$),包括因为蜜罐被伪装成真实服务信号(保护色)导致非法用户攻击蜜罐[$\beta_1 a-w-(-w)$]以及因为非法用户知晓伪蜜罐(警戒色)的存在从而攻击蜜罐($\beta_1 a-0$);第二类是蜜罐的威慑收益[$2(\beta_2+\gamma)a$],包括因为真实服务被伪装成蜜罐信号(警戒色)导致非法用户在攻击真实服务之前放弃攻击[$(\beta_2 a-w)-(-\gamma a-w)$]以及因为非法用户知晓蜜罐可能被伪装成真实服务信号(保护色)从而在攻击真实服务之前放弃攻击[$\beta_2 a-(-\gamma a)$]。

基于信号传递博弈理论,由图5.3可得企业欺骗策略中四种纯策略如表5.7所示。策略s_1和s_4是不管系统自然类型如何,企业分别向非法用户传递真实服务

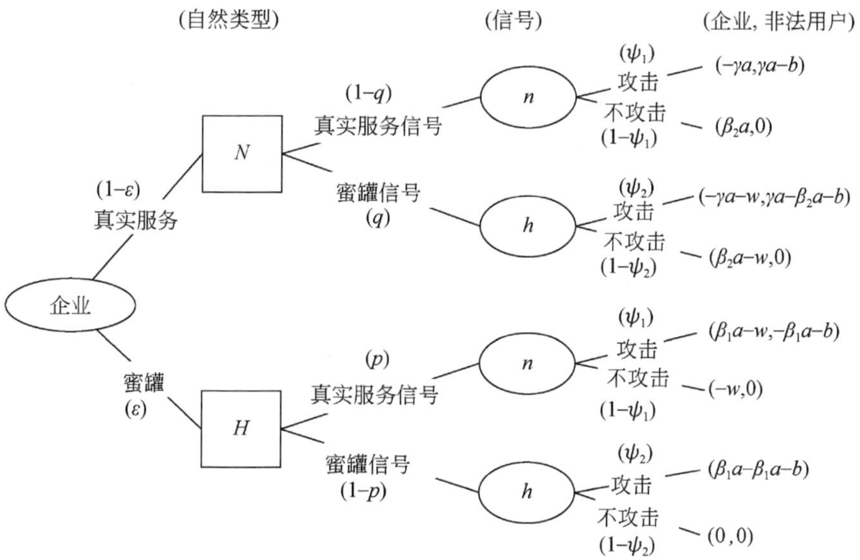

图 5.3　欺骗策略模型博弈树

信号(n)和蜜罐信号(h);策略 s_2 是企业向非法用户传递与自然类型相一致的信号;策略 s_3 是企业向非法用户传递与自然类型相反的信号。因为现实中策略 s_2、s_3 在企业和非法用户之间无法达到均衡(Carroll and Grosu,2011),所以后面只分析 s_1、s_4 两种纯策略和企业总体欺骗策略。

表 5.7　企业欺骗策略中四种纯策略

自然类型	信号类型			
	s_1	s_2	s_3	s_4
	($q=0,p=1$)	($q=0,p=0$)	($q=1,p=1$)	($q=1,p=0$)
N	n	n	h	h
H	n	h	n	h

5.2.2　模型构建与分析

1. 纯策略纳什均衡

根据图 5.3 可得策略 s_1(定义为纯保护色)和策略 s_4(定义为纯警戒色)下的博

弈树分别如图 5.4 和图 5.5 所示。

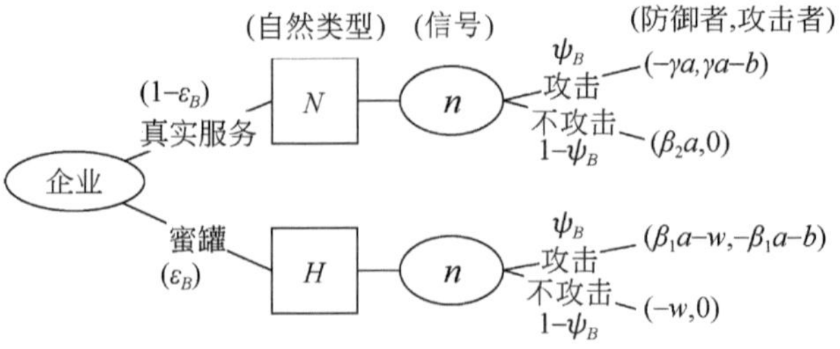

图 5.4　纯保护色模型博弈树

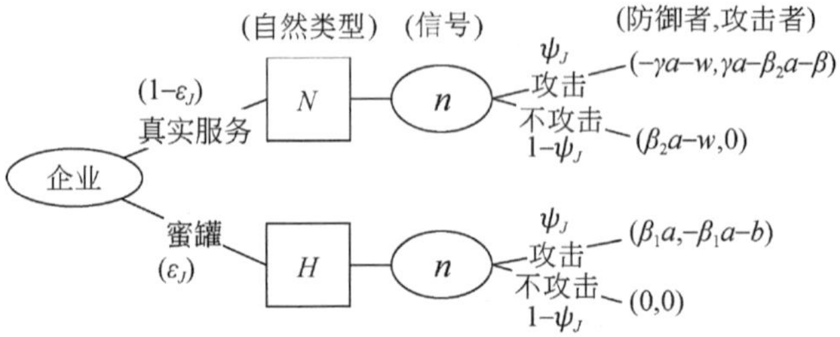

图 5.5　纯警戒色模型博弈树

根据图 5.4,企业期望收益为

$M_B(\varepsilon_B,\psi_B)=\beta_2 a-(\beta_2+\gamma)a\psi_B+((\beta_1+\beta_2+\gamma)a\psi_B-w-\beta_2 a)\varepsilon_B$;

非法用户期望收益为 $A_B(\varepsilon_B,\psi_B)=(\gamma a-b-(\beta_1+\gamma)a\varepsilon_B)\psi_B$。

若$(\beta_1+\beta_2+\gamma)a\psi_B-w-\beta_2 a=0$,则 $M_B(\varepsilon_B,\psi_B)$ 与 ε_B 不相关;

若 $\gamma a-b-(\beta_1+\gamma)a\varepsilon_B=0$,则 $A_B(\varepsilon_B,\psi_B)$ 与 ψ_B 不相关,所以有:

定理 5.3　纯保护色情况下企业和非法用户博弈的纳什均衡混合策略为 $\varepsilon_B^*=\dfrac{\gamma a-b}{(\beta_1+\gamma)a}$,$\psi_B^*=\dfrac{\beta_2 a+w}{(\beta_1+\beta_2+\gamma)a}$。均衡时,企业期望收益为

$$M_B^*=M_B(\varepsilon_B^*,\psi_B^*)=\frac{\beta_1\beta_2 a-(\beta_2+\gamma)w}{\beta_1+\beta_2+\gamma}。\tag{5.27}$$

根据图 5.5,同理可得:

定理 5.4　纯警戒色情况下企业和非法用户博弈的纳什均衡混合策略为 $\varepsilon_J^*=\dfrac{\gamma a-\beta_2 a-b}{(\beta_1+\gamma-\beta_2)a}$,$\psi_J^*=\dfrac{\beta_2 a-w}{(\beta_1+\beta_2+\gamma)a}$。均衡时,企业期望收益为

$$M_J^*=M_J(\varepsilon_J^*,\psi_J^*)=\frac{\beta_1\beta_2 a-\beta_1 w}{\beta_1+\beta_2+\gamma}。\tag{5.28}$$

根据定理 5.3 和定理 5.4，很显然 $\varepsilon_B^* \geqslant \varepsilon_J^*$，$\psi_B^* \geqslant \psi_J^*$。若 $\beta_1 \geqslant \beta_2+\gamma$，则 $M_B^* \geqslant M_J^*$；若 $\beta_1<\beta_2+\gamma$，则 $M_B^*<M_J^*$。$\partial(\psi_B^*-\psi_J^*)/\partial w=2/((\beta_1+\beta_2+\gamma)a)$，且若 $w=0$，$\psi_B^*=\psi_J^*$，$M_B^*=M_J^*$。所以有结论 5.6。

结论 5.6 ①与纯警戒色情况相比，纯保护色情况下蜜罐最优配置比例和非法用户最优攻击概率都较高。欺骗策略中伪装成本是两种策略下非法用户攻击概率差异性的主要原因。②当蜜罐的诱骗收益高于其威慑收益时，纯保护色优于纯警戒色；当蜜罐的威慑收益高于其诱骗收益时，纯警戒色优于纯保护色。

结论 5.6 中①的分析：若非法用户攻击了真实服务，纯保护色情况下非法用户期望收益高于纯警戒色情况下（$\gamma a-b>\gamma a-\beta_2 a-b$）非法用户期望收益；若非法用户攻击了蜜罐，两种情况下非法用户的期望损失一样（都为 $\beta_1 a+b$）。所以非法用户对纯保护色情况的攻击概率偏高。不进行攻击时，非法用户在两种欺骗策略下的期望收益全为零，而企业最优策略是使非法用户在攻击与不攻击之间保持无差异性，所以为了实现非法用户在保护色和警戒色下进行攻击时的期望收益相等，企业会提高纯保护色情况下蜜罐的配置比例。随着伪装成本提高，企业会提高保护色中正常服务的比例和警戒色中蜜罐的比例，所以非法用户对保护色和警戒色所采取攻击策略的差异也会随之增加。当不考虑伪装成本时，企业随机分配两种欺骗策略的比例，所以保护色和警戒色对非法用户的决策没有差异性。

结论 5.6 中②的分析：纯保护色策略的主要目的是诱骗非法用户攻击蜜罐，从而获取收益；纯警戒色策略的主要目的是威慑非法用户放弃攻击真实服务，从而降低损失。当蜜罐的诱骗能力较强（诱骗收益高于其威慑收益）时，与纯警戒色策略相比，纯保护色策略能更有效发挥蜜罐的诱骗作用，使得纯保护色优于纯警戒色；当蜜罐的威慑能力较强（威慑收益高于诱骗收益）时，与纯保护色策略相比，纯警戒色策略能更有效地发挥蜜罐的威慑作用，使得纯警戒色优于纯保护色。

2. 整体欺骗策略纳什均衡

对于保护色和警戒色混合策略中最优配置问题，根据图 5.3 有

$$P_n=\varepsilon p+(1-\varepsilon)(1-q) \tag{5.29}$$

$$P_h=\varepsilon(1-p)+(1-\varepsilon) \tag{5.30}$$

根据贝叶斯规则，在企业传递真实服务信号与蜜罐信号的情况下，自然类型是真实服务的概率分别如下：

$$\eta_1=P(N\mid n)=\frac{(1-\varepsilon)(1-q)}{P_n} \tag{5.31}$$

$$\eta_2=P(N\mid h)=\frac{(1-\varepsilon)q}{P_h} \tag{5.32}$$

在企业传递真实服务信号与蜜罐信号的情况下，企业期望收益分别如下：

$$(p^*,q^*)=\begin{cases}\left[1,\dfrac{(\beta_1+\gamma)a-w}{(\beta_2+\gamma)a-w}\right] & \text{当}\ \beta_1\leqslant\beta_2\\ (1,1) & \text{当}\ \beta_1>\beta_2\ \text{且}(\beta_2+\gamma)\beta_2 a>\beta_1 w\\ (1,0) & \text{当}(\beta_2+\gamma)\beta_2 a\leqslant\beta_1 w\end{cases}\tag{5.42}$$

根据 Carroll 和 Grosu(2011)的研究,虽然$(p^*,q^*)=(1,1)$让拟态式蜜罐的效用函数(企业期望收益)实现最大,但不满足实际均衡存在的条件。所以最优欺骗策略为

$$(p^*,q^*)=\begin{cases}(E,1),\text{当}\beta_1\geqslant\beta_2\\ (0,1),\text{当}(\beta_1+\gamma)\beta_1 a\leqslant(\beta_2+\gamma)w\\ (1,F),\text{当}\beta_1<\beta_2\\ (1,0),\text{当}(\beta_2+\gamma)\beta_2 a\leqslant\beta_1 w\end{cases}\tag{5.43}$$

式中,

$E=\dfrac{\beta_2 a-w}{\beta_1 a-w}$;

$F=\dfrac{(\beta_1+\gamma)a-w}{(\beta_2+\gamma)a-w}$。

因为当$\beta_1\geqslant\beta_2$时,$\partial M_{B+J}^*/\partial E\geqslant 0$,且$\lim\limits_{\beta_1\geqslant\beta_2}\max E\to 1$;当$\beta_1\leqslant\beta_2$时,$\partial M_{B+J}^*/\partial F\geqslant 0$,且$\lim\limits_{\beta_1\leqslant\beta_2}\max F\to 1$。所以$(p^*,q^*)=(E,1)$和$(p^*,q^*)=(1,F)$同样不满足均衡存在的条件[91],因此,$q$ 和 p 相互独立时,拟态式蜜罐的最优配置策略依然是两种纯策略(纯保护色和纯警戒色)。

现在假设 p 和 q 具有内在相关性,分析两种特殊情况下的拟态式蜜罐的最优配置策略。情况 1:保护色和警戒色配置相同比例($p=q$);情况 2:总伪装成本保持不变,且两种服务信号中正常服务和蜜罐服务的比例保持一致($p+q=1$)。

当 $p=q$ 时,式(5.39)和式(5.40)变为

当$q>\dfrac{\gamma}{\beta_2+\gamma-\beta_1}$时,

$$M_{B+J}^*=M(\varepsilon^*,\psi_1^*,\psi_2^*)=\frac{\beta_1(\beta_2 a+\gamma a-w)-(\beta_2+\gamma-\beta_1)qw-\beta_1\gamma a\left(\dfrac{1}{q}-1\right)}{(\beta_2+\gamma)+\beta_1\left(\dfrac{1}{q}-1\right)}\tag{5.44}$$

当$q\leqslant\dfrac{\gamma}{\beta_2+\gamma-\beta_1}$时,

$$M_{B+J}^*=M(\varepsilon^*,\psi_1^*,\psi_2^*)=\frac{\beta_1\beta_2 a-(\beta_2+\gamma)w+(\beta_2+\gamma-\beta_1)qw}{\beta_1+(\beta_2+\gamma)\left(\dfrac{1}{q}-1\right)}\tag{5.45}$$

很显然，$\partial M_{B+J}^{*}/\partial q>0$，因此最优欺骗策略 $p^{*}=q^{*}=1$。这同样不满足实际均衡条件(Carroll and Grosu，2011)。下面在总伪装成本一定的情况下研究保护色和警戒色混合策略的最优配置问题(情况 2)。根据结论 5.7，在企业的欺骗策略中，非法用户获得的信号(正常服务信号或者蜜罐服务信号)中正常服务和蜜罐的比例是影响非法用户进行决策的重要因素。因此让两种信号中正常服务和蜜罐服务的比例保持一致(即非法用户对获得的信号和自身实际收益情况进行分析后无法获得任何有价值的信息(Carroll and Grosu，2011)，此时在攻防双方的均衡博弈中拟态式蜜罐的迷惑性也最大。根据式(5.31)和式(5.32)，可得：

$$\eta_1 : (1-\eta_1) = P(N \mid n) : P(H \mid n) = \frac{(1-\varepsilon)(1-q)}{\varepsilon q} \tag{5.46}$$

$$\eta_2 : (1-\eta_2) = P(N \mid h) : P(H \mid h) = \frac{(1-\varepsilon)q}{\varepsilon(1-p)} \tag{5.47}$$

$\eta_1 : (1-\eta_1) = \eta_2 : (1-\eta_2) \Rightarrow p+q=1$，为了进一步分析当 $p+q=1$ 时，拟态式蜜罐的迷惑性最大，也是攻防双方的均衡点。先假设整个系统中正常服务(N)有 20 个，蜜罐(H)有 15 个，即正常服务和蜜罐服务的比例 $N : H=4 : 3$。

当 $p+q=1$ 时。设 $p=0.8$，$q=0.2$，则正常信号(n)中正常服务和蜜罐服务的数量之比为 $20(1-q) : 15p=4 : 3$，蜜罐信号(h)中正常服务和蜜罐服务的数量之比为 $20q : 15(1-p)=4 : 3$。即正常服务信号和蜜罐信号下正常服务和蜜罐服务的比例一样。因此非法用户从信号上无法获得任何有用的信息。

当 $p+q>1$ 时。设 $p=0.8$，$q=0.4$，则正常信号(n)中正常服务和蜜罐服务的数量之比为 $20(1-q) : 15p=1 : 1$，蜜罐信号(h)中正常服务和蜜罐服务的数量之比为 $20q : 15(1-p)=8 : 3$。即蜜罐信号下正常服务的比例高于正常服务信号下正常服务的比例。因此非法用户通过对获得的信号和自身收益进行分析后，会提高攻击蜜罐信号的比例。即相对 $p+q=1$ 的情况而言，$p+q>1$ 降低了拟态式蜜罐的迷惑性。同时，企业针对非法用户策略的变化又会调整拟态式蜜罐的欺骗策略。因此，当 $p+q>1$ 时，攻防双方无法达到纳什均衡。

当 $p+q<1$ 时。设 $p=0.6$，$q=0.2$，则正常信号(n)中正常服务和蜜罐服务的数量之比为 $20(1-q) : 15p=16 : 9$，蜜罐信号(h)中正常服务和蜜罐服务的数量之比为 $20q : 15(1-p)=2 : 3$。即正常服务信号下正常服务的比例高于蜜罐服务信号下正常服务的比例。因此非法用户通过对获得的信号和自身收益进行分析后，会提高攻击正常服务信号的比例。即相对 $p+q=1$ 的情况而言，$p+q<1$ 也同样降低了拟态式蜜罐的迷惑性。同时，企业针对非法用户策略的变化又会调整拟态式蜜罐的欺骗策略。因此，当 $p+q>1$ 时，攻防双方同样无法达到纳什均衡。

综合上述分析，当 $p+q=1$ 时，由定理 5.5 衍生出定理 5.6。

定理 5.6 总伪装成本一定时,包含纯保护色和纯警戒色两种欺骗策略的企业和非法用户博弈的纳什均衡混合策略为

当 $q > \dfrac{(\beta_1+\gamma)a-w}{(\beta_1+\beta_2+\gamma)a-2w}$ 时, $\varepsilon^* = \dfrac{\gamma a-\beta_2 a-b}{(\beta_1+\gamma-\beta_2)a}$, $\psi_1^* = 1$, $\psi_2^* = \dfrac{(\beta_2 a-w)q-((\beta_1+\gamma)a-w)(1-q)}{(\beta_1+\beta_2+\gamma)aq}$;

当 $q \leqslant \dfrac{(\beta_1+\gamma)a-w}{(\beta_1+\beta_2+\gamma)a-2w}$ 时, $\varepsilon^* = \dfrac{\gamma a-b}{(\beta_1+\gamma)a}$, $\psi_1^* = \dfrac{\beta_2 a+(1-2q)w}{(\beta_1+\beta_2+\gamma)a(1-q)}$, $\psi_2^* = 0$。

根据定理 5.6,有如下结论。

结论 5.8 总伪装成本一定时,当蜜罐信号比例较高,虽然正常信号和蜜罐信号中正常服务和蜜罐服务的比例相同,但非法用户依然首先选择攻击所有真实服务信号的系统,然后攻击一部分蜜罐服务信号的系统;当蜜罐信号比例较低时,非法用户不仅不攻击蜜罐信号的系统,对真实服务信号的系统也只攻击一部分。

上面分析了最优总伪装成本($p+q=1$),下面分析当 $p+q=1$ 且 q 是可变的情况下,满足企业期望收益最大时纯保护色和纯警戒色的最优配置比例。把定理 5.6 中决策变量均衡值($\varepsilon^*, \psi_1^*, \psi_2^*$)代入式(5.35)可得到:

当 $q > \dfrac{(\beta_1+\gamma)a-w}{(\beta_1+\beta_2+\gamma)a-2w}$ 时,

$$M_{B+J}^* = M(\varepsilon^*, \psi_1^*, \psi_2^*) = \frac{\beta_1\beta_2 a-(\beta_2+\gamma)w+(\beta_2+\gamma-\beta_1)qw}{\beta_1+\beta_2+\gamma}; \tag{5.48}$$

当 $q \leqslant \dfrac{(\beta_1+\gamma)a-w}{(\beta_1+\beta_2+\gamma)a-2w}$ 时,

$$M_{B+J}^* = M(\varepsilon^*, \psi_1^*, \psi_2^*) = \frac{\beta_1\beta_2 a-(\beta_2+\gamma)w+(\beta_2+\gamma-\beta_1)qw}{\beta_1+\beta_2+\gamma}。 \tag{5.49}$$

根据式(4.48)和式(4.49),可得

$$\frac{\partial M_{B+J}^*}{\partial q} = \frac{\partial M(\varepsilon^*, \psi_1^*, \psi_2^*)}{\partial q} = \frac{(\beta_2+\gamma-\beta_1)w}{\beta_1+\beta_2+\gamma}。 \tag{5.50}$$

根据式(5.50),若 $\beta_1 \geqslant \beta_2+\gamma$, $\partial M_{B+J}^*/\partial q \leqslant 0$;若 $\beta_1 < \beta_2+\gamma$, $\partial M_{B+J}^*/\partial q > 0$。结合前面 q 和 p 相互独立的均衡情况分析,有如下结论。

结论 5.9 ①拟态式蜜罐诱骗策略中保护色和警戒色的作用相互冲突,对信息系统单独配置纯保护色或纯警戒色比混合配置两种策略更优。即一般策略(部分蜜罐伪装成真实服务信号,部分真实服务伪装成蜜罐信号)的诱骗力和威慑力总体上不如纯策略(真实服务不进行伪装,蜜罐全部伪装成真实服务信号;蜜罐不进行伪装,真实服务全部伪装成蜜罐信号)。②非法用户所获两种信号中正常服务和蜜罐服务的比例一致情况下,当蜜罐的诱骗能力较强(诱骗收益高于威慑收益)

时，企业最优欺骗策略是纯保护色策略；当蜜罐的威慑能力较强（威慑收益高于诱骗收益）时，企业最优欺骗策略是纯警戒色策略。

5.2.3 仿真与分析

为深入分析采用拟态式蜜罐的经济效用等问题，借助数学工具 MATLAB 对结论 5.6 和结论 5.9 进行数值模拟分析。

1）数值模拟结论 5.6

令 $a=10, w=3, \beta_2=0.8, \gamma=1.2, \beta_1 \in [1,3]$。$\beta_1$ 为横坐标，企业的期望收益 M^*（包括 M_B^* 和 M_J^*）为纵坐标。在 $\beta_1>\beta_2+\gamma$ 和 $\beta_1<\beta_2+\gamma$ 两种情况下，分别对纯保护色和纯警戒色两种纯策略下企业期望收益进行比较，其关系如图 5.6 所示。

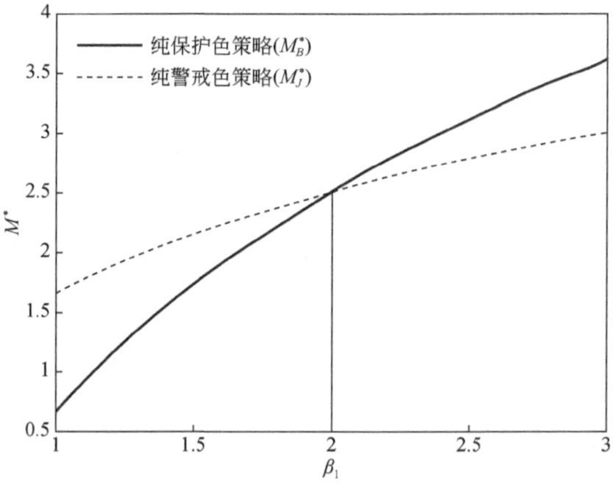

图 5.6　两种纯策略之间企业期望收益的差异

图 5.6 说明，蜜罐的诱骗能力越强，企业期望收益越高。当蜜罐的诱骗收益高于其威慑收益时（$\beta_2+\gamma=2, \beta_1>2$），纯保护色策略优于纯警戒色策略，且诱骗收益与威慑收益的差距越大，纯保护色策略的优势越明显；当蜜罐的威慑收益高于其诱骗收益时（$\beta_2+\gamma=2, \beta_1<2$），纯警戒色策略优于纯保护色策略，且威慑收益与诱骗收益的差距越大，纯警戒色策略的优势越明显。

2）数值模拟结论 5.9

令 $a=10, w=3, \beta_2=0.8, \gamma=1.2, q \in [0,1]$。$q$ 为横坐标，企业期望收益 M_{B+J}^* 为纵坐标。分别取 $\beta_1=1.5$ 和 $\beta_1=2.5$，在 $\beta_1>\beta_2+\gamma$ 和 $\beta_1<\beta_2+\gamma$ 两种情况下，分析随着 q 的变化企业期望收益的变化情况，其趋势如图 5.7 所示。

图 5.7 说明，在总伪装成本一定（$p+q=1$）的情况下，当蜜罐的诱骗收益低于其威慑收益（$\beta_1<\beta_2+\gamma$）时，随着伪蜜罐所占比例（q）的提高，企业期望收益增加；当蜜

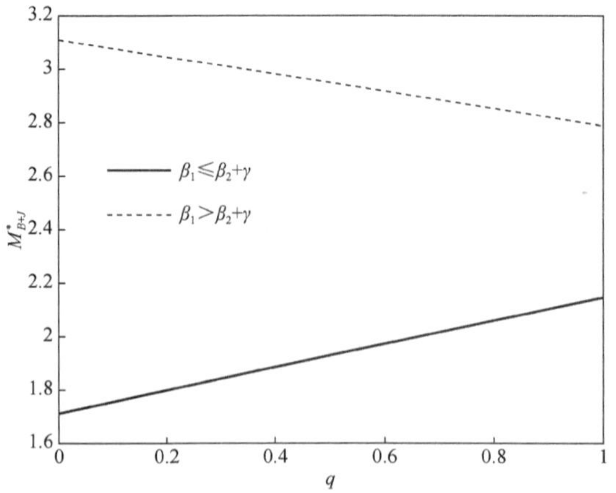

图 5.7　混合策略下企业期望收益

罐的诱骗收益高于其威慑收益($\beta_1>\beta_2+\gamma$)时,随着伪蜜罐所占比例(q)的提高,企业期望收益降低。即拟态式蜜罐诱骗策略中保护色和警戒色的作用相互冲突,同时配置两种欺骗策略反而不如只配置一种欺骗策略。

5.3　主要结论和管理启示

蜜罐和拟态式蜜罐已成为企业信息系统安全管理中主动防御的主要技术选择。目前关于蜜罐和拟态式蜜罐的研究主要集中于技术设计和实现方面,较少从管理的角度研究其优化和配置问题。本章构建企业和非法用户之间的博弈模型,一方面研究 IDS 和蜜罐的组合运用配置策略,提出不同检测率的 IDS 在正常服务和蜜罐服务中的动态配置策略,充分发挥 IDS 和蜜罐在技术上的互补作用。另一方面对拟态式蜜罐中两种欺骗策略(纯保护色和纯警戒色)的应用进行了对比分析,结合拟态式蜜罐的效用函数和攻防双方实际均衡条件的存在性,提出了企业的最优欺骗策略(拟态式蜜罐中纯保护色和纯警戒色的最优配置策略)。两方面问题的研究得到以下主要结论:

(1)当检出概率较高时(定义为高端 IDS),IDS 能有效降低用户的攻击概率;当检出概率较低时(定义为低端 IDS),IDS 反而会提高用户的攻击概率。即当 IDS 检测率较高时,配置 IDS 对正常服务有利,对蜜罐服务不利;当 IDS 检测率较低时,配置 IDS 对蜜罐服务有利,对正常服务不利。因此,把检测率低的 IDS 应用于蜜罐服务中,把检测率高的 IDS 应用于正常服务中,不仅可节约企业安全投资,还可让不同级别的 IDS 充分发挥各自的作用。

(2)正常服务中 IDS 的最优配置策略受非法行为用户攻击破坏因子的影响,而蜜罐服务中 IDS 的最优配置策略受蜜罐的诱骗因子的影响。因此，若企业能动态调整最优 IDS 检测率，则信息系统的防御能力能得到很大提高。

(3) 与纯警戒色策略相比，纯保护色策略下蜜罐最优配置比例和非法用户最优攻击概率都较高。

(4) 伪装成本(正常服务被伪装成蜜罐和蜜罐被伪装成正常服务)是影响非法用户攻击概率的主要原因。

(5) 若蜜罐信号中伪蜜罐的比例较低或正常信号中蜜罐的比例较高，非法用户不仅不攻击蜜罐信号的信息系统，对正常服务信号的信息系统也只攻击一部分；相反，若蜜罐信号中伪蜜罐的比例较高或正常信号中蜜罐的比例较低，非法用户不仅攻击所有正常服务信号的信息系统，还攻击一部分蜜罐信号的信息系统。

(6) 企业安全投资中总伪装成本一定时，当蜜罐信号比例较高时，虽然两种信号中正常服务和蜜罐服务的比例相同，但非法用户依然首先选择攻击所有真实服务信号的系统，然后攻击一部分蜜罐服务信号的系统；当蜜罐信号比例较低时，非法用户不仅不攻击蜜罐信号的系统，对真实服务信号的系统也只攻击一部分。

(7) 对信息系统配置保护色或警戒色比同时配置两种策略更优；当蜜罐的诱骗能力(威慑能力)较强时，纯保护色(纯警戒色)策略较优。

基于以上研究结论，可得如下主要管理启示：

(1) 因为不同检出概率的 IDS 对用户产生不同的影响，所以，若企业在正常服务和蜜罐服务中配置 IDS 后，由于 IDS 高检测率减少了用户攻击概率，建议企业不用调查未被报警的用户，只需调查部分被报警的用户；IDS 低检测率会导致高的用户攻击概率，建议企业除了调查所有被报警的用户，还应调查部分未被报警的用户。

(2) 因为正常服务中企业期望通过配置 IDS 降低用户的攻击概率，从而降低期望损失；而蜜罐服务中企业期望通过配置 IDS 提高非法行为用户的攻击概率(诱骗成功)，从而不仅降低非法行为用户攻击正常服务的概率，还能通过对非法行为用户的攻击过程进行监视、检测和分析获取更多有价值的信息。因此，建议企业在蜜罐和 IDS 组合配置时，将较便宜的低端 IDS 配置到蜜罐系统中，较贵的高端 IDS 配置到正常服务中，让不同价位的 IDS 都能发挥最大的价值，即实现技术正向溢出，节约企业的安全投资。

(3) 配置拟态式蜜罐时建议企业同时考虑其效用函数最优和攻防双方均衡条件的存在性。当拟态式蜜罐中蜜罐全部伪装成正常服务时，虽然将正常服务全部伪装成蜜罐或者在威慑收益较高时将绝大多数正常服务伪装成蜜罐都能实现拟态式蜜罐效用函数(企业期望收益)最大化，但是这几种伪装策略并不满足攻防双方均衡条件，即无实际意义。因此，企业在配置拟态式蜜罐之前需要先对攻防双方均衡条件的存在性进行分析。例如,企业可在总伪装成本一定时,通过伪装策略让正常信号和蜜罐信号中正常服务和蜜罐服务的比例一致。此时拟态式蜜罐的迷惑性最强,且满足攻防双方均衡条件。

(4)建议企业对信息系统中欺骗策略进行单一化处理,即全部伪装成真实服务或者全部伪装成蜜罐,同时根据系统环境变化动态调整欺骗策略。从信息系统所处阶段角度,信息系统在试运行或者测试阶段,采用纯保护色策略;等信息系统进入正式运行的稳定阶段,转变为纯警戒色策略。从信息价值角度,对价值不高的一般信息,其敏感度不高,可采用纯保护色策略;对信息比较敏感、价值较高的重要信息采用纯警戒色策略。

第6章 考虑合法用户权限和奖惩机制的IDS配置策略

大量的案例表明企业合法用户(系统服务对象)也是信息系统的安全威胁之一,且这类用户一旦攻击可能比非法用户具有更大的破坏性。企业信息系统安全管理中,不仅要考虑配置安全技术应对非法用户,还必须加强对合法用户的有效管理。本章以IDS配置为例,讨论合法用户权限和奖惩机制对信息系统安全技术配置策略的影响。首先分析企业合法用户权限对IDS配置策略的影响,提出IDS最优配置策略及相应的合法用户最优权限配置方案。其次分析企业和合法用户间的决策理解差异及企业对合法用户的奖惩机制对IDS配置策略的影响。

6.1 考虑合法用户权限的IDS配置策略

6.1.1 问题提出和模型假设

针对企业信息系统的合法用户,企业信息系统安全管理过程中,会根据用户的角色设计访问权限,用户对系统的操作是经过授权的。在企业信息系统中,合法用户具有的权限越大,越能方便地开展相关工作。这虽然提高了企业的工作效率,降低了成本,但也提升了信息系统安全的风险。具有更多权限的合法用户应同时承担更多的责任,一旦失败可能给系统带来更大的风险。例如,企业对于自身的产品和客户数据的管理可以由系统管理员统一管理,也可以让企业内部合法用户自主管理。若是全部由系统管理员统一管理,虽然企业产品和客户数据被泄漏的风险降低,系统安全性提高,但企业内部合法用户在使用和修改数据时都需要提交系统管理员进行审核,这不仅工作效率低,耽误时间,而且系统管理员的工作量较大。若是内部合法用户有权限对企业数据库进行管理,不用等待,则能快速自主完成任务,工作效率较高,但这增加了企业产品和客户数据被泄漏的风险。并且有权限的合法用户一旦主动泄漏数据或者入侵企业其他系统,企业的损失将更加严重。如果企业的产品和客户数据被泄漏,企业的竞争对手可能会采取相应的竞争策略,会给企业带来严重的经济损失。因此,企业对内部合法用户科学设定权限是企业信息系统安全管理需要解决的重要问题之一。

一般的防火墙、IDS、防病毒软件等只能检测异常进攻行为，但对合法用户权限过大所造成的误操作或有目的的破坏行为和对系统合法用户的非法操作等无能为力。这时可以为合法用户设定合适的访问控制权限，使得合法用户在被控制下使用系统，用户权限的设置在降低企业信息系统安全风险的同时，也必然会影响用户的工作效率。为此，企业在信息系统安全管理中，需要综合考虑安全技术和用户使用权限的设置。本节以 IDS 配置为例，基于企业与用户间博弈关系分析，研究企业合法用户的权限设置和 IDS 技术配置的组合运用问题。

合法用户（包括不乱用特权的职员、管理员、顾客、合作伙伴等）正常访问企业信息系统能为公司提供正收益。一般而言，合法用户权限越大，就越容易攻破企业信息系统，获得的净收益也越高。同时合法用户权限越大，企业被攻击后遭受的损失也越大；若用户的攻击行为被企业检测到，合法用户比非法用户受到惩罚也会更严重（雷雪，2010；Hamer and Finlayson，2015）。假设合法用户攻破企业信息系统后获得的收益为$(\lambda+1)\mu$，一旦其攻击行为被企业检测到，将受到的惩罚为$(\lambda+1)\beta$，其中 λ 代表合法用户的权限，设 $\lambda\in[0,1]$[①]），$\mu\leq\beta$，即用户的攻击行为被检测到后用户无正收益。若合法用户正常访问企业信息系统，企业和合法用户获得的收益均为 λa。任何情况下非法用户访问企业信息系统都不为企业提供正收益，即“入侵者”或“非法行为用户”不为企业带来正收益。非法用户对企业信息系统只有攻击和不攻击两种方案。非法用户成功攻击企业信息系统将获得的收益为 μ，一旦其攻击行为被企业调查到，将受到的惩罚为 β；非法用户未攻击企业信息系统时，非法用户和企业都没有任何收益（赵柳榕等，2014a）。

假设两种用户（合法用户和非法用户）都能成功攻击企业信息系统。合法用户成功攻击企业信息系统，企业损失为$(\lambda+1)d$；非法用户成功攻击企业信息系统，企业损失为 d。企业执行人工调查的成本为 c。若合法用户和非法用户的攻击行为被企业检测到，企业的损失都可全部被修复，设 $c\leq d$，即企业的调查成本不高于其被修复后所获得的收益（赵柳榕等，2014b）。假设企业进行人工调查一定能检测到用户攻击与否。

IDS 的目标是检测所有用户的攻击行为，用户（合法用户和非法用户）攻击的概率为 $\psi\in[0,1]$，合法用户正常访问企业信息系统和非法用户未攻击企业信息系统的概率都为 $1-\psi$。假设 P_D 是用户攻击企业信息系统时 IDS 发出警报的概率，即 IDS 的检测率；P_F 是用户未攻击企业信息系统时 IDS 发出警报的概率，即 IDS 的误

① 知法犯法，罪加一等，假设当合法用户有最大权限时，攻击企业信息系统被调查到后将受到双倍惩罚，即 $\lambda=1$。

报率,且 $P_D>P_F$,$P_F=P_D^L$,$L>1$(详见公式 4.11)。当企业配置 IDS 时,两种用户(合法用户和非法用户)的策略为 $S^U\in\{H,NH\}$,其中 H 为两种用户攻击企业信息系统,NH 为合法用户正常访问企业信息系统或者非法用户不攻击企业信息系统;企业的策略为 $S^F\in\{(I,I),(I,NI),(NI,I),(NI,NI)\}$,其中 I 为企业进行人工调查,NI 为企业不进行人工调查。IDS 的两种状态为"报警"和"不报警",则 S^F 集合中每个小括号中第一个元素表示 IDS 报警时企业采取的行动,第二个元素表示 IDS 未报警时企业采取的行动。例如,(I,NI) 表示企业若收到了 IDS 报警则进行人工调查,若未收到 IDS 报警则不进行人工调查。令 $\rho_1\in[0,1]$ 为 IDS 报警时企业进行人工调查的概率;$\rho_2\in[0,1]$ 为 IDS 未报警时企业进行人工调查的概率,且 $\rho_1\geqslant\rho_2$,即企业对被报警的用户进行人工调查的概率绝对高于对未被报警的用户进行人工调查的概率(Cavusoglu et al.,2005)。当企业没有配置 IDS 时,两种用户的策略不变,企业策略变为 $S^F\in\{I,NI\}$,令 $\rho\in[0,1]$ 为企业进行人工调查的概率。

6.1.2 模型构建与分析

分别对配置 IDS 的信息系统中的合法用户和非法用户进行博弈分析,得出企业和两种用户之间的纳什均衡,即策略对(企业策略,用户策略)中企业和用户都不能单方面改变自身策略而增加自身收益。

情况一:合法用户

未配置 IDS 时企业与合法用户之间的博弈收益矩阵如表 6.1 所示。

表 6.1 未配置 IDS 时企业和合法用户之间的博弈收益矩阵

(企业收益,合法用户收益)		合法用户策略(S^U)	
		正常访问(NH)	攻击(H)
企业策略(S^F)	调查(I)	$(\lambda a-C,\lambda a)$	$(-C,(\lambda+1)(\mu-\beta))$
	不调查(NI)	$(\lambda a,\lambda a)$	$(-(\lambda+1)d,(\lambda+1)\mu)$

根据表 6.1,企业和合法用户的期望收益分别为

$M_L(\rho_L,\psi_L)=-\psi_L[\rho_Lc+(1-\rho_L)(\lambda+1)d]+(1-\psi_L)(\lambda w-\rho_Lc)$,

$U_L(\rho_L,\psi_L)=\psi_L(\lambda+1)(\mu-\rho_L\beta)+(1-\psi_L)\lambda w$。

企业和合法用户都最大化各自的期望收益,得到企业和合法用户之间博弈的纳什均衡混合策略为

$\rho_L^*=[(\lambda+1)\mu-\lambda w]/[(\lambda+1)\beta]$,$\psi_L^*=c/[d(\lambda+1)]$。

证明类似于 Cavusoglu 等(2005)的方法,即分别对 $M_L(\rho_L,\psi_L)$ 求 ρ_L 的偏导数,

对 $U_L(\rho_L,\psi_L)$ 求 ψ_L 的偏导数，并令其都等于零，得到驻点 ψ_L^* 和 ρ_L^*。通过比较驻点和端点处（攻击概率和调查概率的最大值和最小值）企业和合法用户的期望收益的大小关系，得出企业和合法用户之间纳什均衡混合策略。均衡时，企业的期望收益为

$$M_L^* = M_L(\rho_L^*, \psi_L^*) = \lambda a - c - \lambda ac/[d(\lambda+1)] \tag{6.1}$$

配置 IDS 后，构建企业和合法用户之间的博弈收益决策树如图 6.1 所示。

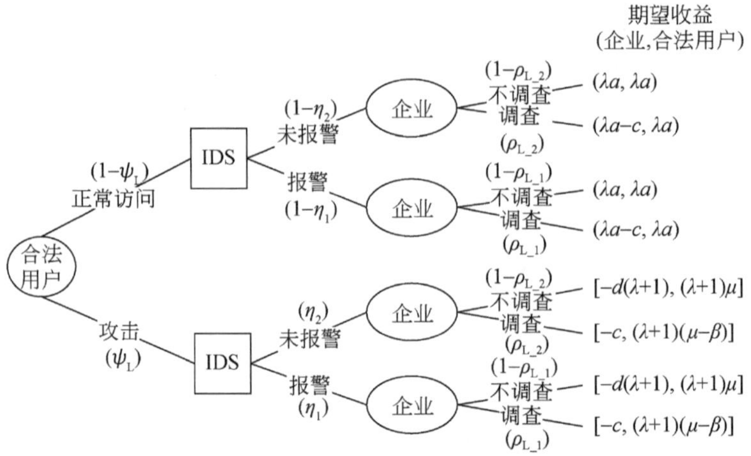

图 6.1　配置 IDS 后企业和合法用户之间的博弈收益决策树

IDS 报警与未报警的概率分别如下：

$$P_A = \psi_L P_D + (1-\psi_L) P_F \tag{6.2}$$

$$P_{NA} = \psi_L(1-P_D) + (1-\psi_L)(1-P_F) \tag{6.3}$$

根据贝叶斯规则，在 IDS 报警与未报警情况下，合法用户攻击的概率分别如下：

$$\eta_1 = P(\text{攻击} \mid \text{报警}) = \frac{P_L(\text{报警} \mid \text{攻击}) P_L(\text{攻击})}{P_A} = \frac{\psi_L P_D}{\psi_L P_D + (1-\psi_L) P_F} \tag{6.4}$$

$$\eta_2 = P(\text{攻击} \mid \text{未报警}) = \frac{P_L(\text{未报警} \mid \text{攻击}) P_L(\text{攻击})}{P_{NA}} = \frac{\psi_L(1-P_D)}{\psi_L(1-P_D) + (1-\psi_L)(1-P_F)} \tag{6.5}$$

在 IDS 报警与未报警情况下，企业的期望收益分别如下：

$$M_A(\rho_{L_1}, \psi_L) = -\eta_1[\rho_{L\_1}c + (1-\rho_{L\_1}) d(\lambda+1)] + (1-\eta_1)(\lambda a - \rho_{L\_1}c) \tag{6.6}$$

$$M_{NA}(\rho_{L_2}, \psi_L) = -\eta_2[\rho_{L\_2}c + (1-\rho_{L\_2}) d(\lambda+1)] + (1-\eta_2)(\lambda a - \rho_{L\_2}c) \tag{6.7}$$

企业总体期望收益为

$$M_L(\rho_{L\_1},\rho_{L\_2},\psi_L)=M_A(\rho_{L\_1},\psi_L)P_A+M_{NA}(\rho_{L\_2},\psi_L)P_{NA} \tag{6.8}$$

在 IDS 报警与未报警情况下,合法用户的期望收益分别如下:

$$U_A(\rho_{L\_1},\psi_L)=\eta_1(\lambda+1)(\mu-\beta\rho_{L\_1})+(1-\eta_1)\lambda a \tag{6.9}$$

$$U_{NA}(\rho_{L\_2},\psi_L)=\eta_2(\lambda+1)(\mu-\beta\rho_{L\_2})+(1-\eta_2)\lambda a \tag{6.10}$$

合法用户总体期望收益为

$$U_L(\rho_{L\_1},\rho_{L\_2},\psi_L)=U_A(\rho_{L\_1},\psi_L)P_A+U_{NA}(\rho_{L\_2},\psi_L)P_{NA} \tag{6.11}$$

定理 6.1 配置 IDS 技术时,企业和合法用户之间博弈的纳什均衡混合策略为:

当 $P_D\leqslant\dfrac{(\lambda+1)\mu-\lambda a}{(\lambda+1)\beta}$时,

$$\rho_{L\_1}^*=1,\rho_{L\_2}^*=\frac{(\lambda+1)(\mu-\beta P_D)-\lambda a}{(\lambda+1)\beta(1-P_D)},\psi_L^*=\frac{c(1-P_F)}{(\lambda+1)d(1-P_D)+c(P_D-P_F)};$$

当 $P_D>\dfrac{(\lambda+1)\mu-\lambda a}{(\lambda+1)\beta}$时,

$$\rho_{L\_1}^*=\frac{(\lambda+1)\mu-\lambda a}{(\lambda+1)\beta P_D},\rho_{L\_2}^*=0,\psi_L^*=\frac{cP_F}{(\lambda+1)dP_D-c(P_D-P_F)}。$$

证明见附录 C。

根据式(6.8)和定理 6.1,达到均衡点时,企业的期望收益为

当 $P_D\leqslant\dfrac{(\lambda+1)\mu-\lambda a}{(\lambda+1)\beta}$时,

$$M_L^*=M_L(\rho_{L\_1}^*,\rho_{L\_2}^*,\psi_L^*)=\lambda a-c-\frac{\lambda ac(1-P_F)}{(\lambda+1)d(1-P_D)+c(P_D-P_F)}; \tag{6.12}$$

当 $P_D>\dfrac{(\lambda+1)\mu-\lambda a}{(\lambda+1)\beta}$时,

$$M_L^*=M_L(\rho_{L\_1}^*,\rho_{L\_2}^*,\psi_L^*)=\lambda a-\frac{cP_F[\lambda a+d(\lambda+1)]}{(\lambda+1)dP_D-c(P_D-P_F)}。 \tag{6.13}$$

情况二:非法用户

与合法用户相对应的是非法用户,合法用户和非法用户的主要区别有两点:第一,企业只授予合法用户一定的访问控制权限,不会授权给非法用户;第二,合法用户正常使用企业信息系统时企业和合法用户都有正收益,非法用户对企业信息系统只有攻击和不攻击两种方案,且都不会为企业带来正收益。因此,配置 IDS 后企业和非法用户之间的博弈收益决策树如图 6.2 所示。

根据图 6.2 可以获得企业和非法用户之间博弈的纳什均衡策略如下。

定理 6.2 配置 IDS 技术时,企业和非法用户之间博弈的纳什均衡混合策略为

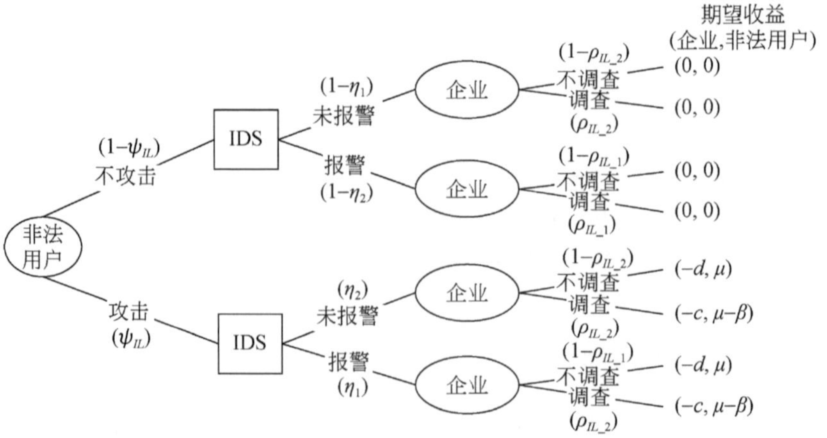

图 6.2　配置 IDS 后企业和非法用户之间的博弈收益决策树

当 $P_D \leqslant \dfrac{\mu}{\beta}$ 时，$\rho_{IL\_1}^* = 1$，$\rho_{IL\_2}^* = \dfrac{\mu - \beta P_D}{\beta(1-P_D)}$，$\psi_{IL}^* = \dfrac{c(1-P_F)}{d(1-P_D)+c(P_D-P_F)}$；

当 $P_D > \dfrac{\mu}{\beta}$ 时，$\rho_{IL\_1}^* = \dfrac{\mu}{\beta P_D}$，$\rho_{IL\_2}^* = 0$，$\psi_{IL}^* = \dfrac{cP_F}{dP_D - c(P_D-P_F)}$。

达到均衡点时，企业的期望收益为

当 $$P_D \leqslant \frac{\mu}{\beta} \text{时}, M_{IL}^* = M_{IL}(\rho_{IL\_1}^*, \rho_{IL\_2}^*, \psi_{IL}^*) = -c; \tag{6.14}$$

当 $$P_D > \frac{\mu}{\beta} \text{时}, M_{IL}^* = M_{IL}(\rho_{L\_1}^*, \rho_{IL\_2}^*, \psi_{IL}^*) = -\frac{cdP_F}{dP_D - c(P_D-P_F)}。 \tag{6.15}$$

结论 6.1　一方面，足够高的 IDS 检测率可以降低用户（合法用户和非法用户）的攻击概率，此时，企业只调查部分被报警的用户（合法用户和非法用户），对于未被报警的用户（合法用户和非法用户）不进行调查。另一方面，低 IDS 检测率下用户（合法用户和非法用户）的攻击概率较高，此时，企业不仅调查所有被报警的用户（合法用户和非法用户），还会调查部分未被报警的用户（合法用户和非法用户）。

配置 IDS 后，不论是合法用户还是非法用户，企业和两种用户之间原本单一的均衡策略都被分成两个区域中差异化的均衡策略。当 IDS 检测率较高时，IDS 对于合法用户和非法用户的威慑力较高，所以两种用户都会降低攻击概率；当 IDS 检测率较低时，IDS 对于合法用户和非法用户的威慑力较低，所以两种用户都会提高攻击概率。企业进行人工调查需要支付调查成本，当 IDS 报警时企业的调查比 IDS 未报警时企业的调查更有效。因此，当 IDS 检测率较高时合法用户和非法用户的攻击概率都较低，企业只调查部分被报警的用户（合法用户和非法用户），对于未被报警的用户（合法用户和非法用户）不进行调查；当 IDS 检测率较低时合法用户和非法用户的攻击概率都较高，企业不仅调查所有被报警的用户（合法用户和非法用户），还会调查部分未被报警的用户（合法用户和非法用户）。

6.1.3 合法用户权限和 IDS 的组合优化配置

与 Cavusoglu 等（2005）寻求 IDS 最优配置的方法相一致，为求解合法用户与企业博弈中的 IDS 最优配置策略，在合法用户与企业达到均衡时，对企业期望收益求 IDS 检测率的偏导数如下：

当 $P_D \leqslant \frac{(\lambda+1)\mu-\lambda a}{(\lambda+1)\beta}$ 时，

$$\frac{\partial M_L(\rho_{L\_1}^*,\rho_{L\_2}^*,\psi_L^*)}{\partial P_D}=\frac{\lambda ac[c-(\lambda+1)d](LP_D^L-LP_D^{L-1}+1-P_D^L)}{[(\lambda+1)d(1-P_D)+c(P_D-P_F)]^2}\leqslant 0^{①} \quad (6.16)$$

当 $P_D > \frac{(\lambda+1)\mu-\lambda a}{(\lambda+1)\beta}$ 时，

$$\frac{\partial M_L(\rho_{L\_1}^*,\rho_{L\_2}^*,\psi_L^*)}{\partial P_D}=\frac{c[\lambda a+(\lambda+1)d]P_D^L(L-1)[c-(\lambda+1)d]}{[(\lambda+1)dP_D-c(P_D-P_F)]^2}<0 \quad (6.17)$$

根据式(6.16)和式(6.17)可以得出，对于合法用户，企业配置 IDS 时最优检测率如下：

当 $P_D \leqslant \frac{(\lambda+1)\mu-\lambda a}{(\lambda+1)\beta}$ 时，$P_D^{L*}=0$，即等效于不配置 IDS；

当 $P_D > \frac{(\lambda+1)\mu-\lambda a}{(\lambda+1)\beta}$ 时，$P_D^{L*}=\frac{(\lambda+1)\mu-\lambda a}{(\lambda+1)\beta}$。

根据式(6.14)和式(6.15)可以得出，对于非法用户，企业配置 IDS 时最优检测率如下：

当 $P_D \leqslant \frac{\mu}{\beta}$ 时，不配置 IDS；当 $P_D > \frac{\mu}{\beta}$ 时，$P_D^{IL*}=\frac{\mu}{\beta}$。

下面从企业的总体调查概率、检出概率（detection rate）（Cavusoglu et al.，2005）和合法用户的攻击概率三个角度对企业和合法用户之间配置 IDS 和未配置 IDS 的情况进行比较分析。

若企业配置 IDS，参考 Cavusoglu 等（2005）的研究，企业检出合法用户攻击的概率为 $\rho_{L\_1}^*P_D+\rho_{L\_2}^*(1-P_D)=[(\lambda+1)\mu-\lambda a]/(\lambda+1)\beta$，即配置 IDS 时企业的检出概率和未配置 IDS 时企业的检出概率一样。由于 IDS 为企业提供了更准确的

---

① 因为 $\partial(LP_D^L-LP_D^{L-1}+1-P_D^L)/\partial P_D=L(L-1)P_D^{L-2}(P_D-1)<0$，所以当 $P_D=1$ 时，$LP_D^L-LP_D^{L-1}+1-P_D^L$ 取最小值为 0，即 $LP_D^L-LP_D^{L-1}+1-P_D^L \geqslant 0$。

信息(更准确地对发起攻击的合法用户和非法用户进行定位),但企业的检出概率没变,所以配置 IDS 后企业整体调查概率低于未配置 IDS 时企业整体调查概率。

当 $P_D \leqslant [(\lambda+1)\mu-\lambda a]/(\lambda+1)\beta$ 时,企业配置 IDS 后合法用户的攻击概率高于未配置 IDS 时合法用户的攻击概率;当 $P_D > [(\lambda+1)\mu-\lambda a]/(\lambda+1)\beta$ 时,企业配置 IDS 后合法用户的攻击概率低于未配置 IDS 时合法用户的攻击概率。

证明:根据定理 6.1,通过设定 $P_D=P_D=0$ 可得,未配置 IDS 情况下,当企业和合法用户达到策略均衡时,合法用户的攻击概率为 $c/(\lambda+1)d$。与配置 IDS 情况下的合法用户的攻击概率相比,

当 $P_D \leqslant \dfrac{(\lambda+1)\mu-\lambda a}{(\lambda+1)\beta}$ 时,

$$\frac{c(1-P_F)}{(\lambda+1)d(1-P_D)+c(P_D-P_F)}-\frac{c}{(\lambda+1)d}=\frac{[(\lambda+1)d-c](P_D-P_F)c}{[(\lambda+1)d(1-P_D)+c(P_D-P_F)](\lambda+1)d}>0;$$

当 $P_D > \dfrac{(\lambda+1)\mu-\lambda a}{(\lambda+1)\beta}$ 时,

$$\frac{cP_F}{(\lambda+1)dP_D-c(P_D-P_F)}-\frac{c}{(\lambda+1)d}=\frac{[-cd(\lambda+1)-c^2](P_D-P_F)}{[(\lambda+1)dP_D-c(P_D-P_F)](\lambda+1)d}<0。$$

证毕。

结论 6.2 ①当企业配置 IDS 后,企业对合法用户的总体调查概率降低,但检出概率保持不变;当 IDS 检测率较低(高)时,合法用户的攻击概率较高(较低)。②当 IDS 的检测率较低时,企业最优策略是不配置 IDS;当 IDS 的检测率较高时,企业最优策略是配置 IDS,且对合法用户配置的最优 IDS 检测率低于对非法用户配置的最优 IDS 检测率,即 $P_D^{L*} \leqslant P_D^{IL*}$。③通过提高合法用户权限可以降低企业对 IDS 配置的要求,即 P_D^{L*} 随着合法用户权限的提高而降低。

结论 6.2 中①的分析:企业的最优策略是使合法用户在攻击和正常访问之间保持无差异性。检出概率(检出合法用户是否攻击)是真正对合法用户具有威慑力的因素,即合法用户主要受企业的检出概率影响。

配置 IDS 情况下合法用户攻击时,合法用户的期望损失为 $\mu-[\rho_{L\_1}^* P_D+\rho_{L\_2}^*(1-P_D)]\beta=\mu-(\text{DetectionRate}_{\text{IDS}})\beta=0$;未配置 IDS 情况下合法用户攻击时,合法用户的期望损失为 $\mu-\rho_L^*\beta=\mu-(\text{DetectionRate}_{\text{No-IDS}})\beta=0$,所以是否配置 IDS,企业的检出概率不受影响。

然而,虽然检出概率一样,但在配置 IDS 和未配置 IDS 两种情况下,企业维持相同检出概率所采取的策略不一样。配置 IDS 时,企业首先调查被报警的合法用户(高效调查),其次再调查未被报警的合法用户(低效调查)。配置 IDS 后企业的调查更加准确,但检出概率一样,所以总体调查概率降低。

配置 IDS 后,当 IDS 检测率较高(低)时,合法用户的攻击概率低(高)于未配置 IDS 情况下合法用户的攻击概率。为了对此做出解释,需要考虑合法用户的最优策略,即企业在调查和不调查之间保持无差异性。当企业配置 IDS 时,企业成本主要受合法用户的攻击策略和 IDS 检测率影响。

当 IDS 检测率较高时,即 $P_D>[(\lambda+1)\mu-\lambda w]/(\lambda+1)\beta$,企业的调查策略能较大程度上降低企业成本,且对合法用户的威慑力也较强,因此,合法用户会降低其攻击概率;当 IDS 的检测率较低时,即 $P_D\leqslant[(\lambda+1)\mu-\lambda w]/(\lambda+1)\beta$,企业的调查策略对降低企业成本的效果较差,且对合法用户的影响较小,所以合法用户会提高其攻击概率。

结论 6.2 中②的分析:企业的目标是提高自身期望收益,其收益主要受两个因素影响①(企业人工调查成本和企业被攻击后的期望损失),企业的期望收益随着其调查成本和期望损失的提高而降低。

当 IDS 检测率较高时,即 $P_D>[(\lambda+1)\mu-\lambda w]/(\lambda+1)\beta$,配置 IDS 时的企业总体调查概率低于未配置 IDS 时的企业总体调查概率,用户(合法用户和非法用户)的攻击概率也低于未配置 IDS 时用户的攻击概率。因此,配置 IDS 后企业总体收益提高,即企业最优策略是配置 IDS;当 IDS 检测率较低时,即 $P_D\leqslant[(\lambda+1)\mu-\lambda w]/(\lambda+1)\beta$,虽然配置 IDS 的企业总体调查概率低于未配置 IDS 的企业总体调查概率,但配置 IDS 后用户(合法用户和非法用户)的攻击概率提高,导致企业期望损失提高的程度高于由企业的调查概率降低导致的企业期望成本减少的程度,因此,配置 IDS 后企业总体期望收益降低,即企业的最优策略是不配置 IDS。另外,合法用户的正常访问还能为企业带来收益,所以企业对合法用户配置的最优 IDS 检测率低于对非法用户配置的最优 IDS 检测率。

结论 6.2 中③的分析:当企业的用户群中合法用户占比较高时(如企业内部信息系统),适当增加较低检测率的 IDS 占比能降低企业成本;当企业的用户群中非法用户占比较高时(如企业外部信息系统),适当增加较高检测率的 IDS 占比能降低非法行为用户的攻击概率。例如,当 IDS 配置在企业内部和防火墙之间时,其面对的主要是企业内部合法用户,所以采用较低检测率的 IDS 能降低企业投资成本;当 IDS 配置在企业防火墙外部时,其面临更多非法用户,所以采用较高检测率的 IDS 能降低非法用户的攻击概率。为了寻求合法用户最优权限,在企业配置 IDS 情况下,当合法用户与企业的决策达到均衡时,对企业期望收益求合法用户权限的偏导数如下:

---

① 合法用户正常访问企业信息系统所产生收益的变化对企业的均衡策略基本没有影响,从而基本不会影响均衡点时企业的期望收益,所以这里不做分析。

$P_D \leqslant \frac{(\lambda+1)\mu-\lambda a}{(\lambda+1)\beta}$时，$\frac{\partial M_L(\rho_{L_1}^*,\rho_{L_2}^*,\psi_L^*)}{\partial\lambda}=a\frac{X}{[(\lambda+1)d(1-P_D)+c(P_D-P_F)]^2}$，

其中 $X=(\lambda+1)^2d^2(1-P_D)^2+c(P_D-P_F)(1-P_D)[(\lambda+1)d-c]+cd(1-P_D)[\lambda(P_D-P_F)-1+P_D]$。因为$\frac{\partial X}{\partial\lambda}=2(\lambda+1)d^2(1-P_D)^2+cd(1-P_D)(P_D-P_F)>0$，

所以，当 $\lambda=0$ 时，

X 的最小值为 $d(1-P_D)^2(d-c)+c(d-c)(1-P_D)(P_D-P_F)>0$，因此，

$$\frac{\partial M_L(\rho_{L\_1}^*,\rho_{L\_2}^*,\psi_L^*)}{\partial\lambda}>0 \tag{6.18}$$

$P_D>\frac{(\lambda+1)\mu-\lambda a}{(\lambda+1)\beta}$时，$\frac{\partial M_L(\rho_{L_1}^*,\rho_{L_2}^*,\psi_L^*)}{\partial\lambda}=\frac{Y}{[(\lambda+1)dP_D-c(P_D-P_F)]^2}$，

其中 $Y=a[(\lambda+1)^2d^2(P_D)^2+c^2P_D(P_D-P_F)-2(\lambda+1)dcP_D(P_D-P_F)-dcP_DP_F]+c^2dP_F(P_D-P_F)$。因为$\frac{\partial Y}{\partial\lambda}=2adP_D[(\lambda+1)dP_D-c(P_D-P_F)]>0$，

所以，当 $\lambda=0$ 时，

Y 的最小值为 $a[(d-c)^2(P_D)^2+c(d-c)P_DP_F]+c^2dP_F(P_D-P_F)>0$，因此，

$$\frac{\partial M_L(\rho_{L\_1}^*,\rho_{L\_2}^*,\psi_L^*)}{\partial\lambda}>0 \tag{6.19}$$

结论 6.3 随着合法用户权限的提高，企业人工调查概率和合法用户的攻击概率都降低，企业总体期望收益增加。提高合法用户权限的同时加大对其攻击行为的惩罚力度，实现更多的工作由合法用户自助完成，能有效提高企业的期望收益。

随着合法用户权限的提高，虽然合法用户更容易攻破企业信息系统且能获得更高收益，但攻击行为被企业调查到也将受到更严重惩罚；同时随着合法用户的权限提高，合法用户能更方便地完成更多工作。因此，随着合法用户权限的提高，总体上企业被攻击的概率降低，企业也可以相应地降低对合法用户的调查概率。企业期望收益主要包含调查成本和被攻击后的损失两个部分。随着合法用户权限提高，合法用户的攻击概率和企业人工调查概率都降低，即企业遭受攻击的损失和企业的人工调查成本都降低，因此总体上企业期望收益增加。

通过提高合法用户权限让其自助完成更多工作，能有效减少企业管理者的工作量，降低管理成本。同时，提高合法用户权限能增强其责任感和积极性，合法用户具有更高权限也能给其工作带来更多便利（减少很多烦琐的审核流程从而提高工作效率），即降低工作成本，提高其净收益。然而，权限的提高是一把双刃剑，高权限方便了合法用户操作的同时也带来了很多企业被攻击的风险，因此，在提高合法用户权限的同时也要相应地提高对其攻击行为的惩罚力度。

6.1.4 仿真与分析

为更好地说明合法用户权限在信息系统安全防护过程中的作用，本节对用户权限相关影响机制进行仿真，其中仿真数据的选择本着符合基本假设的原则，尽量与实际接近。

1) 数值模拟结论 6.1

令 $a=70, c=50, d=150, \mu=80, \beta=160, \lambda=0.5, L=5$。$\psi^*$ 为纵坐标，P_D 为横坐标。配置 IDS 时，IDS 检测率与两种用户入侵概率的关系如图 6.3 所示。图 6.3 说明，在已知参数取值下，当 $P_D \geqslant 0.4$ 时，高 IDS 检测率降低了合法用户的攻击概率；当 $P_D<0.4$ 时，低 IDS 检测率会导致合法用户的高攻击概率。当 $P_D \geqslant 0.55$ 时，高 IDS 检测率降低了非法用户的攻击概率；当 $P_D<0.55$ 时，低 IDS 检测率会导致非法用户的高攻击概率。

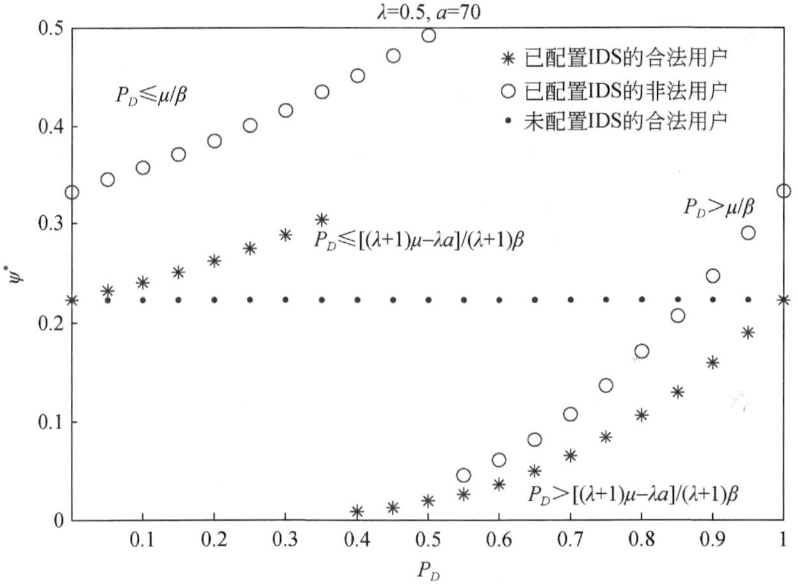

图 6.3 IDS 检测率与两种用户入侵概率的关系

2) 数值模拟结论 6.2

因为当 IDS 检测率较低时，企业的最优策略是不配置 IDS，所以，只对 IDS 检测率较高的情况进行仿真。令 $a=70, \mu=80, \beta=160$。P_D^* 为纵坐标，λ 为横坐标。随着合法用户权限提高，合法用户和非法用户的最优 IDS 检测率如图 6.4 所示。

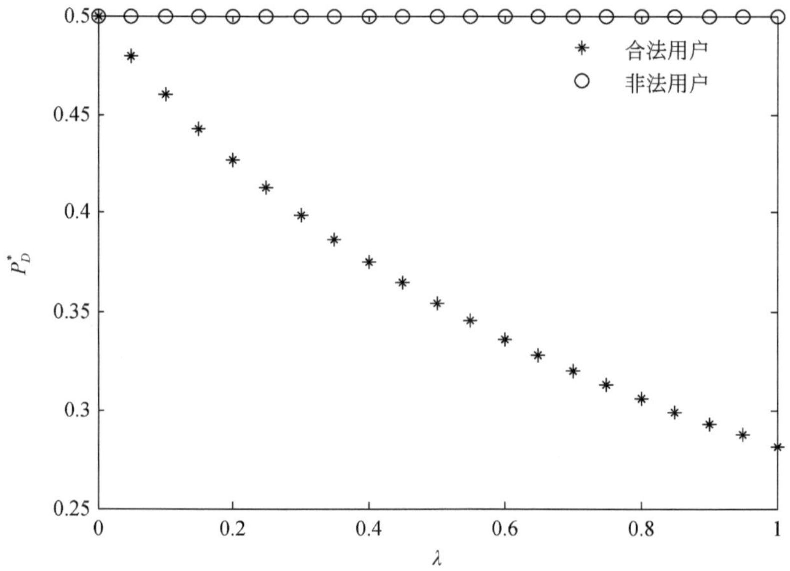

图 6.4　合法用户权限与 IDS 最优检测率的关系

图 6.4 说明,企业对合法用户配置的最优 IDS,其检测率低于企业对非法用户配置的最优 IDS 检测率,且最优 IDS 检测率随合法用户权限的提高而降低。因此,当企业的用户群中合法用户比例较高时,适当增加低检测率 IDS 的比例能降低企业成本。

3)数值模拟结论 6.3

因为当 IDS 检测率较低时,企业的最优策略是不配置 IDS,所以,只对 IDS 检测率较高的情况进行数值模拟。令 $a=70$,$c=50$,$d=150$,$\mu=80$,$\beta=160$,$P_D=0.8$,$L=5$。$\rho_{L\_1}^*$、ψ_L^* 和 M_L^* 为纵坐标,λ 为横坐标。随着合法用户权限提高,当 IDS 报警时企业的调查概率和合法用户的攻击概率如图 6.5 所示;随着合法用户权限提高,企业期望收益如图 6.6 所示。

图 6.5 说明,随着合法用户权限提高,IDS 报警时企业人工调查概率和合法用户的攻击概率都降低;图 6.6 说明,随着合法用户权限提高,企业总体期望收益增加。因此,在企业信息系统安全管理中提高合法用户的权限能有效提高企业的期望收益。

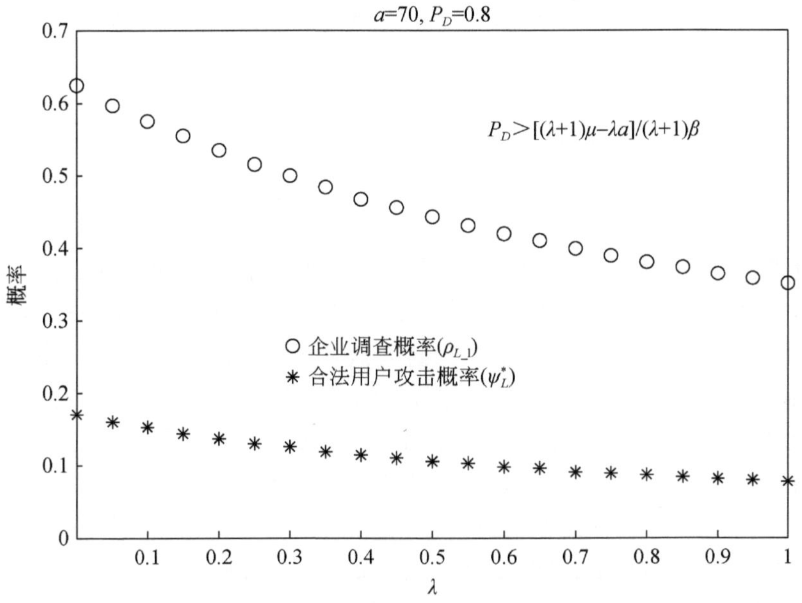

图 6.5　IDS 报警时企业的调查概率和合法用户的攻击概率

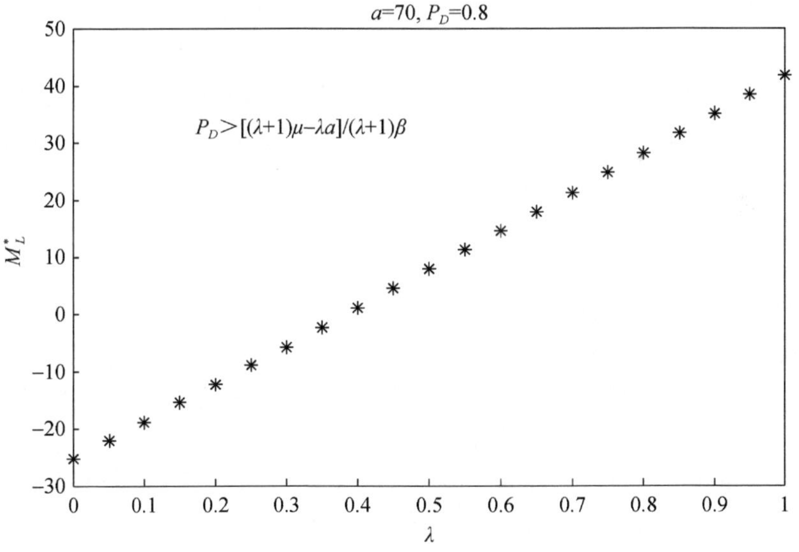

图 6.6　企业期望收益

6.2 考虑合法用户奖惩机制的 IDS 配置策略

6.2.1 问题提出和模型假设

企业在赋予合法用户一定权限的同时,在安全管理中还可采用奖惩机制,以提升信息系统的安全性。信息系统安全管理中企业对用户的管理以威慑为主,即采用各种信息系统安全技术及管理策略使其不敢入侵,如提高对非法行为用户的惩罚力度。这对非法用户管理效果较好,能有效降低非法用户的攻击概率。然而,企业合法用户主要以正常使用信息系统为目的,惩罚机制产生的威慑力对合法用户的管理效果并不好。因此,企业对合法用户除采取惩罚机制外,还可以采用奖励机制。为了分析企业奖励机制的作用,本节通过构建企业和合法用户间的博弈模型,以企业的期望成本为目标函数,分析奖惩机制对 IDS 配置策略的影响。

针对合法用户的安全管理,企业的管理成本主要包含人工调查成本和被非法行为用户攻击后的损失。首先,企业采取奖励机制虽然能提高合法用户攻击的机会成本,降低合法用户的攻击概率,但奖励本身也有成本,所以企业奖励的成本与采用奖励所获得收益之间的关系对企业奖励策略的选择有着十分重要的影响。其次,在企业和合法用户的博弈中,因为信息在传递过程中不可避免地存在表达得不够准确、观察分析认知偏差、设备误差、企业和用户的不理性以及信息不完全性等问题,企业和合法用户在进行安全决策时会出现决策理解差异。例如,企业实际决定进行人工调查,但企业合法用户通过分析企业传递出的信息,根据自身经验,可能会认为企业将不进行人工调查;也有企业的合法用户实际决定进行入侵,但企业通过分析合法用户传递出的信息,根据自身经验,可能会错判该用户不会进行攻击。这种双方对彼此决策理解上的差异对企业制定信息系统安全技术配置策略有重要影响。因此,在企业和合法用户间的博弈中考虑决策理解差异,能让企业的安全技术配置决策更加合理。本节基于企业与合法用户间的博弈关系分析,分析决策理解差异和奖励机制对 IDS 配置策略的影响,对企业如何科学选用和配置符合自身特征的奖惩机制具有重要指导意义。

在企业和合法用户之间存在两种主要关系:一大部分合法用户正常访问;一小部分合法用户非法入侵(也被称为非法行为用户)。IDS 根据合法用户的访问历史记录判断该用户是合法用户还是非法行为用户。但 IDS 在判断过程中不可避免地存在两种错误:漏报(false negative failure)和误报(false positive failure),漏报是指把非法行为用户误认为是正常访问的合法用户,误报是把正常访问的合法用户误认为是非法行为用户。定义几个变量如下：

检测率 $=P_D=P$(报警|用户攻击)；漏报率 $=1-P_D$；

误报率 $=P_F=P$(报警|用户未攻击)，$P_F=P_D^L(L>1)$(Cavusoglu et al.,2009)。

因为 IDS 中存在误报和漏报，所以企业的人工调查必不可少，且假设企业所进行的人工调查都能调查成功。假设企业合法用户的策略对是 $S^U\in\{F,NF\}$，其中 F 代表合法用户入侵(非法行为用户)，NF 代表合法用户正常访问；与合法用户策略相对应，假设企业的策略对是 $S^F\in\{(I,I),(I,NI),(NI,I),(NI,NI)\}$，其中 I 代表企业进行人工调查，NI 代表企业不进行人工调查，且每一个小括号中第一个元素代表 IDS 报警时企业的行为，第二个元素代表 IDS 未报警时企业的行为。企业的混合策略对是 $(\rho_1,\rho_2)\in[0,1]\times[0,1]$，假设 $\rho_1\geqslant\rho_2$，其中 ρ_1 代表当 IDS 报警时企业实际进行人工调查的概率，ρ_2 代表 IDS 未报警时企业实际进行人工调查的概率。合法用户的混合策略是实际攻击概率，定义为 $\psi\in[0,1]$。

根据 Alpcan 和 Başar(2010)以及 Nguyen 等(2010)的研究结果，本节将企业与合法用户间的决策理解差异引入企业针对合法用户的信息系统安全管理策略制定中。假设参数 ε 代表合法用户实际决定攻击，但企业认为该合法用户未攻击的概率；参数 δ 代表合法用户实际决定放弃攻击，但企业认为该合法用户将进行攻击的概率。参数 α 代表企业实际决定进行人工调查，但合法用户认为企业将放弃人工调查的概率；参数 γ 代表企业实际决定放弃人工调查，但合法用户认为企业将进行人工调查的概率。且合法用户的行为与 IDS 产生的信号不相关。参数说明详见表 6.2。ψ_{de} 是企业认为合法用户将进行攻击的概率，ρ_{1de} 和 ρ_{2de} 分别代表合法用户认为在 IDS 报警和未报警时企业将进行人工调查的概率。

表 6.2　参数、变量和函数说明

项目		说明
参数	μ	合法用户攻击，但未被检测到，该用户的收益
	β	合法用户的攻击行为被检测到，该用户所受的惩罚
	C	企业一次人工调查所花费的成本
	d	攻击行为未被检测到时，企业的损失
	ε	合法用户实际决定攻击，但企业认为该用户将放弃攻击的概率
	δ	合法用户实际决定放弃攻击，但企业认为该用户将攻击的概率
	α	企业实际决定进行人工调查，但合法用户认为企业将放弃人工调查的概率
	γ	企业实际决定放弃人工调查，但合法用户认为企业将进行人工调查的概率
	φ	合法用户攻击行为被检测到时，企业损失的修复比例

项目		说明
决策变量	ψ	合法用户实际攻击概率
	ρ_1	IDS 报警时企业实际进行人工调查的概率
	ρ_2	IDS 未报警时企业实际进行人工调查的概率
	P_D	当合法用户攻击时,该用户被 IDS 定义为非法行为用户的概率
	P_F	合法用户未攻击,但该用户被 IDS 定义为非法行为用户的概率
	θ	企业进行人工调查后,对未攻击的合法用户进行奖励时所支出的成本
	$f(\theta)$	企业进行人工调查后,对未攻击的合法用户进行奖励时所获潜在收益
	$\theta_2=g(\theta)$	企业进行人工调查后,未攻击的合法用户所获奖励
函数	ψ_{de}	企业认为合法用户将要进行攻击的概率
	$\rho_{1\mathrm{de}}$	当 IDS 报警时,合法用户认为企业将要进行人工调查的概率
	$\rho_{2\mathrm{de}}$	当 IDS 未报警时,合法用户认为企业将要进行人工调查的概率
	θ_1	企业进行人工调查后,对未攻击的合法用户进行奖励时企业所产生的净成本
	M	企业的期望成本
	H	合法用户期望收益

若合法用户攻击该用户将获得收益μ,如果合法用户的攻击行为被企业调查到,该用户将受到的惩罚是β。若合法用户未攻击,但企业进行了人工调查,则该用户获得的奖励收益为θ_2,假设$\theta_2<\mu<\beta$,$\theta_2=g(\theta)$,$\partial\theta_2/\partial\theta>0$。企业为奖励所支出成本为$\theta$,获得潜在收益为$f(\theta)$,因此企业净成本为$\theta_1=\theta-f(\theta)$。

企业进行一次人工调查的成本为c。若合法用户攻击,但企业未进行人工调查,则企业将产生的损失为d;若合法用户的攻击行为被企业调查到,则企业部分损失可被修复,设修复比例为φ,即此时企业实际损失为$d(1-\varphi)$,且$0\leqslant\varphi\leqslant1$。因为企业的调查成本不可能高于其调查所获收益,所以假设$c\leqslant d\varphi$,所有参数、决策变量、函数和变量说明见表 6.2。

6.2.2 模型构建与分析

决策理解差异可以通过式(6.20)~式(6.22)和图 6.7 来描述。合法用户的实际行为与企业认为的合法用户行为之间不完全一致,不一致的部分就是企业的决策理解差异;企业的实际行为与合法用户认为的企业行为之间也可能不完全一致,不一致的部分就是合法用户的决策理解差异。

$$\psi_{de}=\psi(1-\varepsilon)+(1-\psi)\delta=(1-\varepsilon-\delta)\psi+\delta \tag{6.20}$$

$$\rho_{1de}=\rho_1(1-\alpha)+(1-\rho_1)\gamma=(1-\alpha-\gamma)\rho_1+\gamma \tag{6.21}$$

$$\rho_{2de}=\rho_2(1-\alpha)+(1-\rho_2)\gamma=(1-\alpha-\gamma)\rho_2+\gamma \tag{6.22}$$

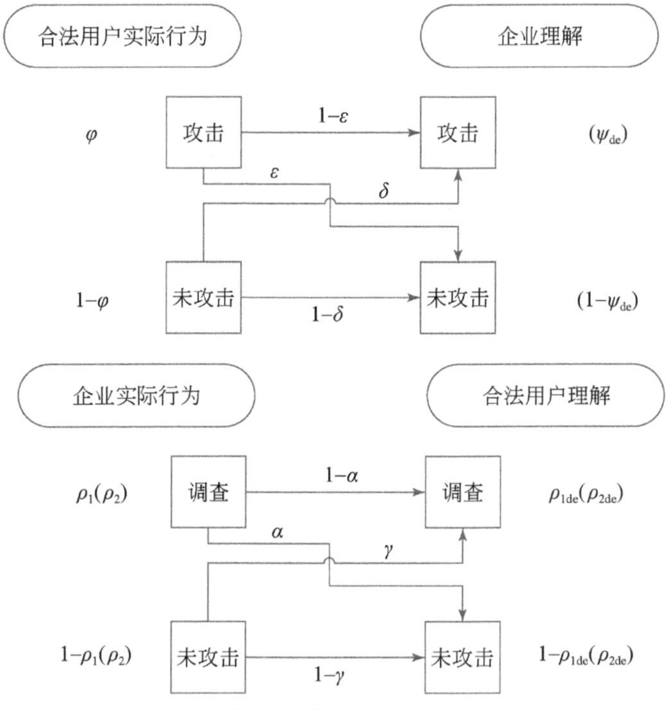

图 6.7　决策理解差异

本节中假设 $\varepsilon+\delta<1$，$\alpha+\gamma<1$，即决策理解差异的比例不会太大。因此报警和未报警情况的概率分别如式(6.23)和式(6.24)所示：

$$P(\text{报警})=P_D\psi_{de}+P_F(1-\psi_{de})=P_F+\psi_{de}(P_D-P_F) \tag{6.23}$$

$$P(\text{未报警})=(1-P_D)\psi_{de}+(1-P_F)(1-\psi_{de})=1-P_F-\psi_{de}(P_D-P_F) \tag{6.24}$$

根据贝叶斯规则，当 IDS 报警和未报警时合法用户实际攻击的概率分别如式(6.25)和式(6.26)所示：

$$\eta_1=P(\text{攻击}\mid\text{报警})=\frac{P(\text{报警}\mid\text{攻击})P(\text{攻击})}{P(\text{报警})}=\frac{\psi_{de}P_D}{P_F+\psi_{de}(P_D-P_F)} \tag{6.25}$$

$$\eta_2=P(\text{攻击}\mid\text{未报警})=\frac{P(\text{未报警}\mid\text{攻击})P(\text{攻击})}{P(\text{未报警})}=\frac{\psi_{de}(1-P_D)}{1-P_F-\psi_{de}(P_D-P_F)} \tag{6.26}$$

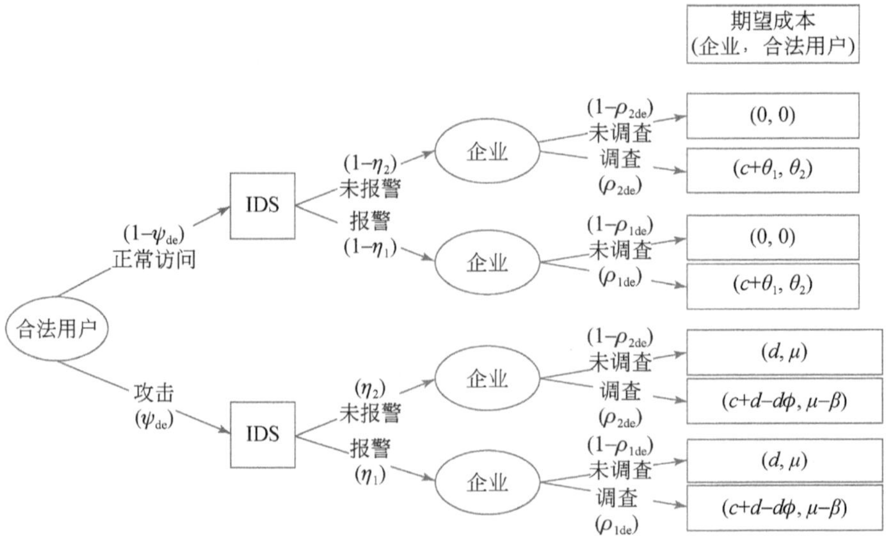

图 6.8　模型博弈树

模型的博弈树如图 6.8 所示。当 IDS 报警和未报警时，企业的期望成本分别如式(6.27)和式(6.28)所示：

$$M_s(\rho_1,\psi)=(c+\theta)\rho_{1\mathrm{de}}+\eta_1(d-d\varphi\rho_{1\mathrm{de}}-\theta\rho_{1\mathrm{de}}) \tag{6.27}$$

$$M_{\mathrm{ns}}(\rho_2,\psi)=(c+\theta)\rho_{2\mathrm{de}}+\eta_2(d-d\varphi\rho_{2\mathrm{de}}-\theta\rho_{2\mathrm{de}}) \tag{6.28}$$

因此，企业总体期望成本为

$$\begin{aligned}M(\rho_1,\rho_2,\psi)&=M_s(\rho_1,\psi)P(\mathrm{signal})+M_{\mathrm{ns}}(\rho_2,\psi)P(\text{no-signal})\\&=\{[c+\theta_1-\eta_1(\theta_1+d\varphi)][(1-\alpha-\gamma)\rho_1+\gamma]+\eta_1 d\}P(\mathrm{signal})\\&\quad+\{[c+\theta_1-\eta_2(\theta_1+d\varphi)][(1-\alpha-\gamma)\rho_2+\gamma]+\eta_2 d\}P(\text{no-signal})\end{aligned} \tag{6.29}$$

同理，当 IDS 报警和未报警时，合法用户的期望成本分别如下：

$$H_s(\rho_1,\psi)=\theta_2\rho_{1\mathrm{de}}+\eta_1(\mu-\beta\rho_{1\mathrm{de}}-\theta\rho_{1\mathrm{de}}) \tag{6.30}$$

$$H_{\mathrm{ns}}(\rho_2,\psi)=\theta_2\rho_{2\mathrm{de}}+\eta_2(\mu-\beta\rho_{2\mathrm{de}}-\theta\rho_{2\mathrm{de}}) \tag{6.31}$$

因此，合法用户的总体期望成本为

$$\begin{aligned}H(\rho_1,\rho_2,\psi)&=H_s(\rho_1,\psi)P(\mathrm{signal})+H_{\mathrm{ns}}(\rho_2,\psi)P(\text{no-signal})\\&=\theta_2P_F\rho_{1\mathrm{de}}+\theta_2(1-P_F)\rho_{2\mathrm{de}}+[(1-\varepsilon-\delta)\psi+\delta]\left\{\begin{array}{l}\mu-P_F\theta_2(\rho_{1\mathrm{de}}-\rho_{2\mathrm{de}})\\-\beta[\rho_{2\mathrm{de}}+P_D(\rho_{1\mathrm{de}}-\rho_{2\mathrm{de}})]-\theta_2\rho_{2\mathrm{de}}\end{array}\right\}\end{aligned} \tag{6.32}$$

企业的目标是选择合适的实际人工调查概率(ρ_1,ρ_2)，从而实现其期望成本最小；而合法用户的目标是选择合适的实际攻击概率(ψ)，从而最大化自身期望收益。因此，联合企业和合法用户的决策变量为(ρ_1,ρ_2,ψ)。

假设企业和合法用户之间存在一个同时博弈,且博弈的纳什均衡策略是存在的,即企业和合法用户达到均衡后企业和合法用户之间任何一方都不能通过单方面修改策略来提高自身效益。

结论 6.4 具有奖惩机制和决策理解差异情况下的企业和合法用户之间的纳什均衡混合策略如下。

如果 $\mu>\gamma(\theta_2+\beta)+(1-\alpha-\gamma)(\theta_2 P_F+\beta P_D)$,则

$$\rho_1^*=1,\rho_2^*=\frac{1}{1-\alpha-\gamma}\left[\frac{\mu-(1-\alpha)(\theta_2 P_F+\beta P_D)}{\beta(1-P_D)+\theta_2(1-P_F)}-\gamma\right],$$

$$\psi^*=\frac{1}{1-\varepsilon-\delta}\left[\frac{(c+\theta_1)(1-P_F)}{(c+\theta_1)(P_D-P_F)+(\theta_1+d\varphi)(1-P_D)}-\delta\right]。$$

$$M=(1-\alpha)(c+\theta_1)+\frac{[d-(1-\alpha)(\theta_1+d\varphi)](c+\theta_1)(1-P_F)}{(c+\theta_1)(P_D-P_F)+(\theta_1+d\varphi)(1-P_D)} \tag{6.33}$$

如果 $\mu<\gamma(\theta_2+\beta)+(1-\alpha-\gamma)(\theta_2 P_F+\beta P_D)$,则

$$\rho_1^*=\frac{1}{1-\alpha-\gamma}\left[\frac{\mu-(\theta_2+\beta)\gamma}{\beta P_D+\theta_2 P_F}\right],\rho_2^*=0,\psi^*=\frac{1}{1-\varepsilon-\delta}\left[\frac{(c+\theta_1)P_F}{(\theta_1+d\varphi)P_D-(c+\theta_1)(P_D-P_F)}-\delta\right]。$$

$$M=(c+\theta_1)\gamma+\frac{[d-\gamma(\theta_1+d\varphi)](c+\theta_1)P_F}{(\theta_1+d\varphi)P_D-(c+\theta_1)(P_D-P_F)} \tag{6.34}$$

证明过程见附录 C。

通过设定结论 6.4 中 $\theta_1=\theta_2=0$,可获得只有惩罚机制和决策理解差异情况下的企业和合法用户之间的均衡混合策略。

结论 6.5 具有惩罚机制和决策理解差异情况下的企业和合法用户之间的纳什均衡混合策略如下。

如果 $\mu>\gamma\beta+(1-\alpha-\gamma)\beta P_D$,则

$$\rho_1^*=1,\rho_2^*=\frac{1}{1-\alpha-\gamma}\left[\frac{\mu-(1-\alpha)\beta P_D}{\beta(1-P_D)}-\gamma\right],\psi^*=\frac{1}{1-\varepsilon-\delta}\left[\frac{c(1-P_F)}{c(P_D-P_F)+d\varphi(1-P_D)}-\delta\right];$$

如果 $\mu<\gamma\beta+(1-\alpha-\gamma)\beta P_D$,则

$$\rho_1^*=\frac{1}{1-\alpha-\gamma}\left[\frac{\mu-\beta\gamma}{\beta P_D}\right],\rho_2^*=0,\psi^*=\frac{1}{1-\varepsilon-\delta}\left[\frac{cP_F}{d\varphi P_D-c(P_D-P_F)}-\delta\right]。$$

通过设定结论 6.4 中 $\alpha=\gamma=\varepsilon=\delta=0$,可获得只有奖惩机制情况下企业和合法用户之间的均衡混合策略。

结论 6.6 只有奖惩机制情况下企业和合法用户之间的纳什均衡混合策略如下。

如果 $\mu>\theta_2 P_F+\beta P_D$,则

$$\rho_1^*=1,\rho_2^*=\frac{\mu-(\theta_2 P_F+\beta P_D)}{\beta(1-P_D)+\theta_2(1-P_F)},\psi^*=\frac{(c+\theta_1)(1-P_F)}{(c+\theta_1)(P_D-P_F)+(\theta_1+d\varphi)(1-P_D)};$$

如果$\mu<\theta_2 P_F+\beta P_D$,则

$$\rho_1^*=\frac{\mu}{\beta P_D+\theta_2 P_F},\rho_2^*=0,\psi^*=\frac{(c+\theta_1)P_F}{(\theta_1+d\varphi)P_D-(c+\theta_1)(P_D-P_F)}。$$

通过设定结论6.4中$\alpha=\gamma=\varepsilon=\delta=0$和$\theta_1=\theta_2=0$,可获得只有惩罚机制情况下企业和合法用户之间均衡混合策略。

结论6.7 只有惩罚机制情况下企业和合法用户之间的纳什均衡混合策略如下。

如果$\mu>\beta P_D$,则

$$\rho_1^*=1,\rho_2^*=\frac{\mu-\beta P_D}{\beta(1-P_D)},\psi^*=\frac{c(1-P_F)}{c(P_D-P_F)+d\varphi(1-P_D)};$$

如果$\mu<\beta P_D$,则

$$\rho_1^*=\frac{\mu}{\beta P_D},\rho_2^*=0,\psi^*=\frac{cP_F}{d\varphi P_D-c(P_D-P_F)}。$$

一方面,IDS较低检测率会导致较高的用户攻击概率,所以当IDS检测率较低时,企业不仅调查所有被IDS报警的合法用户,还会调查部分未被IDS报警的合法用户。另一方面,IDS较高检测率会导致较低的用户攻击概率,所以当IDS检测率较高时,企业只调查部分被IDS报警的合法用户,对未被IDS报警的合法用户不进行调查。

6.2.3 合法用户奖励与IDS的组合优化配置

1. 考虑决策理解差异

结论6.8 企业和用户间决策理解差异对企业和合法用户的最优决策具有重要影响,且对企业并非总是不利的。随着决策理解差异中参数的变化,企业需要相应地调整自身的策略去弥补存在的差异。具体如表6.3所示。

证明:对比结论6.5和结论6.7,有

如果$\mu>\gamma\beta+(1-\alpha-\gamma)\beta P_D,\rho_1^*=1$,则

$$\rho_2^*:\frac{1}{1-\alpha-\gamma}\left[\frac{\mu-(1-\alpha)\beta P_D}{\beta(1-P_D)}-\gamma\right]>\frac{\mu-\beta P_D}{\beta(1-P_D)}\Rightarrow\frac{\mu}{\beta}>\frac{\gamma}{\alpha+\gamma},$$

$$\psi^*:\frac{1}{1-\varepsilon-\delta}\left[\frac{c(1-P_F)}{c(P_D-P_F)+d\varphi(1-P_D)}-\delta\right]>\frac{c(1-P_F)}{c(P_D-P_F)+d\varphi(1-P_D)}$$

$$\Rightarrow\frac{c(1-P_F)}{c(P_D-P_F)+d\varphi(1-P_D)}>\frac{\delta}{\varepsilon+\delta};$$

如果$\mu<\gamma\beta+(1-\alpha-\gamma)\beta P_D,\rho_2^*=0$,则

$$\rho_1^*:\frac{1}{1-\alpha-\gamma}\left[\frac{\mu-\beta\gamma}{\beta P_D}\right]>\frac{\mu}{\beta P_D}\Rightarrow\frac{\mu}{\beta}>\frac{\gamma}{\alpha+\gamma},$$

$$\psi^*:\frac{1}{1-\varepsilon-\delta}\left[\frac{cP_F}{d\varphi P_D-c(P_D-P_F)}-\delta\right]>\frac{cP_F}{d\varphi P_D-c(P_D-P_F)}\Rightarrow\frac{cP_F}{d\varphi P_D-c(P_D-P_F)}>\frac{\delta}{\varepsilon+\delta}。$$

证毕。

表 6.3　根据企业和用户间决策理解差异,企业和合法用户对各自策略的调整情况

区间和范围			(ψ^*,ρ_2^*)
$\mu>\gamma\beta+(1-\alpha-\gamma)\beta P_D$, $\rho_1^*=1$	$\frac{c(1-P_F)}{c(P_D-P_F)+d\varphi(1-P_D)}>\frac{\delta}{\varepsilon+\delta}$	$\frac{\mu}{\beta}>\frac{\gamma}{\alpha+\gamma}$	(↑,↑) A1
		$\frac{\mu}{\beta}<\frac{\gamma}{\alpha+\gamma}$	(↑,↓) B1
	$\frac{c(1-P_F)}{c(P_D-P_F)+d\varphi(1-P_D)}<\frac{\delta}{\varepsilon+\delta}$	$\frac{\mu}{\beta}>\frac{\gamma}{\alpha+\gamma}$	(↓,↑) C1
		$\frac{\mu}{\beta}<\frac{\gamma}{\alpha+\gamma}$	(↓,↓) D1
区间和范围			(ψ^*,ρ_1^*)
$\mu<\gamma\beta+(1-\alpha-\gamma)\beta P_D$, $\rho_2^*=0$	$\frac{cP_F}{d\varphi P_D-c(P_D-P_F)}>\frac{\delta}{\varepsilon+\delta}$	$\frac{\mu}{\beta}>\frac{\gamma}{\alpha+\gamma}$	(↑,↑) A2
		$\frac{\mu}{\beta}<\frac{\gamma}{\alpha+\gamma}$	(↑,↓) B2
	$\frac{cP_F}{d\varphi P_D-c(P_D-P_F)}<\frac{\delta}{\varepsilon+\delta}$	$\frac{\mu}{\beta}>\frac{\gamma}{\alpha+\gamma}$	(↓,↑) C2
		$\frac{\mu}{\beta}<\frac{\gamma}{\alpha+\gamma}$	(↓,↓) D2

表注:括号↑和↓两个符号分别表示上升和下降趋势。其中策略对第一个元素表示用户攻击概率调整趋势,第二个元素表示企业调查概率的调整趋势。

根据图 6.7,当 γ 较低或者 α 较高,即 $\mu/\beta>\gamma/(\alpha+\gamma)$ 时,合法用户认为企业和用户间决策理解差异会使企业降低人工调查概率,从而企业会认为合法用户将提高对企业的攻击概率。

因此,为了达到新的平衡,当 $\mu/\beta>\gamma/(\alpha+\gamma)$ 时,企业实际会提高人工调查概率,即表 6.3 中 A1、C1、A2 和 C2 部分所示。当 γ 较高或者 α 较低,即 $\mu/\beta<\gamma/(\alpha+\gamma)$ 时,情况与前面相反,见表 6.3 中 B1、D1、B2 和 D2 部分所示。

当 δ 较低或者 ε 较高,即 $[c(1-P_F)]/[c(P_D-P_F)+d\varphi(1-P_D)]>\delta/(\varepsilon+\delta)$ 且 $cP_F/[d\varphi P_D-c(P_D-P_F)]>\delta/(\varepsilon+\delta)$ 时,企业认为企业和用户间决策理解差异会使合法用户降低对企业的攻击概率,从而合法用户会认为企业将提高人工调查概率。

因此,为了达到新的平衡,当 $c(1-P_F)/[c(P_D-P_F)+d\varphi(1-P_D)]>\delta/(\varepsilon+\delta)$ 且 $cP_F/[d\varphi P_D-c(P_D-P_F)]>\delta/(\varepsilon+\delta)$ 时,合法用户实际会提高对企业的攻击概率,即表 6.3 中 A1、B1、A2 和 B2 部分所示。当 $c(1-P_F)/[c(P_D-P_F)+d\varphi(1-P_D)]<\delta/(\varepsilon+\delta)$ 且 $cP_F/[d\varphi P_D-c(P_D-P_F)]<\delta/(\varepsilon+\delta)$ 时,情况与前面相反,见表 6.3 中 C1、D1、C2 和 D2 部分所示。

2. 考虑决策理解差异和奖励

结论 6.9 虽然奖励机制能降低企业实际人工调查概率,但当企业进行奖励所支出的净成本 $\theta_1>0$ 时,奖励机制反而提高了合法用户的实际攻击概率。证明过程如下:

根据结论 6.6,有

如果 $\mu>\theta_2 P_F+\beta P_D$,则

$$\frac{\partial\rho_2^*}{\partial\theta_2}=\frac{\beta(P_D-P_F)-\mu(1-P_F)}{[\beta(1-P_D)-\theta_2(1-P_F)]^2}<0,\frac{\partial\psi^*}{\partial\theta_1}=\frac{(1-P_D)(1-P_F)(d\varphi-c)}{[(c+\theta_1)(P_D-P_F)+(\theta_1+d\varphi)(1-P_D)]^2}>0;$$

如果 $\mu<\theta_2 P_F+\beta P_D$,则

$$\frac{\partial\rho_1^*}{\partial\theta_2}=\frac{-\mu P_F}{[\beta P_D+\theta_2 P_F]^2}<0,\frac{\partial\psi^*}{\partial\theta_1}=\frac{(d\varphi-c)P_D P_F}{[(\theta_1+d\varphi)P_D-(c+\theta_1)(P_D-P_F)]^2}>0。$$

与结论 6.7 相比较,随着企业进行奖励所支出净成本 θ_1 增加,企业人工调查成本增加,合法用户认为企业将降低人工调查概率,因此合法用户实际将增加对企业的攻击概率;随着未攻击的合法用户所获奖励 θ_2 增加,奖励的诱惑性提高,企业认为合法用户将降低对企业的攻击概率,因此企业实际将降低对合法用户的调查概率。

结论 6.10 从非法行为用户攻击的角度分析,当未攻击的合法用户所获奖励 θ_2 较高时,企业和用户间的决策理解差异能降低合法用户的实际攻击概率,即当 θ_2 较高时决策理解差异对奖励具有积极作用;当未攻击的合法用户所获奖励 θ_2 较低时,企业和用户间决策理解差异会提高合法用户的实际攻击概率,即当 θ_2 较低时决策理解差异对奖励具有消极作用。从人工调查的角度分析,企业和用户间决策理解差异提高了企业的人工调查概率,因此对奖励具有消极作用。此外,决策理解差异能提高奖励对于企业人工调查和合法用户攻击的影响程度。

通过对比结论 6.6 和结论 6.4,可得表 6.4。

表 6.4 决策理解差异对奖励的影响

变量	结论 6.6	$\rho_1^*=1$ 时,两结论比较大小	结论 6.4
	$\mu>\theta_2 P_F+\beta P_D$		$\mu>\gamma(\theta_2+\beta)+(1-\alpha-\gamma)(\theta_2 P_F+\beta P_D)$
ρ_2^*	$\frac{\mu-(\theta_2 P_F+\beta P_D)}{\beta(1-P_D)+\theta_2(1-P_F)}$	<	$\frac{1}{1-\alpha-\gamma}\left[\frac{\mu-(1-\alpha)(\theta_2 P_F+\beta P_D)}{\beta(1-P_D)+\theta_2(1-P_F)}-\gamma\right]$

续表

变量	结论 6.6	$\rho_1^* = 1$ 时，两结论比较大小	结论 6.4
	$\mu > \theta_2 P_F + \beta P_D$		$\mu > \gamma(\theta_2 + \beta) + (1-\alpha-\gamma)(\theta_2 P_F + \beta P_D)$
$\left\lvert \dfrac{\partial \rho_2^*}{\partial \theta_2} \right\rvert$	$\dfrac{\mu(1-P_F) - \beta(P_D - P_F)}{[\beta(1-P_D) - \theta_2(1-P_F)]^2}$	<	$\dfrac{\mu(1-P_F) - (1-\alpha)\beta(P_D - P_F)}{(1-\alpha-\gamma)[\beta(1-P_D) - \theta_2(1-P_F)]^2}$
ψ^*	$\dfrac{(c+\theta_1)(1-P_F)}{\begin{bmatrix}(c+\theta_1)(P_D-P_F)\\ +(\theta_1+d\varphi)(1-P_D)\end{bmatrix}}$	<	$\dfrac{1}{1-\varepsilon-\delta}\left\{\dfrac{(c+\theta_1)(1-P_F)}{\begin{bmatrix}(c+\theta_1)(P_D-P_F)\\ +(\theta_1+d\varphi)(1-P_D)\end{bmatrix}} - \delta\right\}$
$\dfrac{\partial \psi^*}{\partial \theta_1}$	$\dfrac{(1-P_D)(1-P_F)(d\varphi - c)}{\begin{bmatrix}(c+\theta_1)(P_D-P_F)\\ +(\theta_1+d\varphi)(1-P_D)\end{bmatrix}^2}$	<	$\dfrac{(1-P_D)(1-P_F)(d\varphi - c)}{(1-\varepsilon-\delta)\begin{bmatrix}(c+\theta_1)(P_D-P_F)\\ +(\theta_1+d\varphi)(1-P_D)\end{bmatrix}^2}$
$\rho_2^* = 0$	$\mu < \theta_2 P_F + \beta P_D$		$\mu < \gamma(\theta_2 + \beta) + (1-\alpha-\gamma)(\theta_2 P_F + \beta P_D)$
ρ_1^*	$\dfrac{\mu}{\beta P_D + \theta_2 P_F}$	<	$\dfrac{1}{1-\alpha-\gamma}\left[\dfrac{\mu - (\theta_2+\beta)\gamma}{\beta P_D + \theta_2 P_F}\right]$
$\left\lvert \dfrac{\partial \rho_1^*}{\partial \theta_2} \right\rvert$	$\dfrac{\mu P_F}{(\beta P_D + \theta_2 P_F)^2}$	<	$\dfrac{\mu P_F + \beta\gamma(P_D - P_F)}{(1-\alpha-\gamma)[\beta P_D + \theta_2 P_F]^2}$
ψ^*	$\dfrac{(c+\theta_1)P_F}{(\theta_1+d\varphi)P_D - (c+\theta_1)(P_D-P_F)}$	>	$\dfrac{1}{1-\varepsilon-\delta}\left\{\dfrac{(c+\theta_1)P_F}{\begin{bmatrix}(\theta_1+d\varphi)P_D-\\ (c+\theta_1)(P_D-P_F)\end{bmatrix}} - \delta\right\}$
$\dfrac{\partial \psi^*}{\partial \theta_1}$	$\dfrac{(d\varphi - c)P_D P_F}{\begin{bmatrix}(\theta_1+d\varphi)P_D-\\ (c+\theta_1)(P_D-P_F)\end{bmatrix}^2}$	<	$\dfrac{(d\varphi - c)P_D P_F}{(1-\varepsilon-\delta)\begin{bmatrix}(\theta_1+d\varphi)P_D-\\ (c+\theta_1)(P_D-P_F)\end{bmatrix}^2}$

注："<"表示结论 6.6 中变量的值小于结论 6.4 中变量的值；">"表示结论 6.6 中变量的值大于结论 6.4 中变量的值

奖励机制降低了企业人工调查概率和合法用户的攻击概率。然而，当未攻击的合法用户所获奖励 θ_2 较低时，奖励对于合法用户的诱惑程度较低，企业和用户间决策理解差异可能使合法用户认为攻击的潜在成本低于攻击的潜在收益。因此，合法用户会提高实际攻击概率；当未攻击的合法用户所获奖励 θ_2 较高时，奖励对于合法用户的诱惑程度较高，企业和用户间决策理解差异会使合法用户认为攻击的潜在成本高于攻击的潜在收益，因此，合法用户会降低实际攻击概率。

当未攻击的合法用户所获奖励 θ_2 较低时，由于合法用户将提高其实际攻击概率，企业和用户间决策理解差异会使企业提高其实际人工调查概率。当未攻击的合法用户所获奖励 θ_2 较高时，合法用户为了获得更多奖励可能会以虚假攻击的现象来提高企业的调查概率。

结论 6.11 若企业调查时未攻击的合法用户所获奖励 θ_2 较低，这不仅不能降低合法用户的实际攻击概率反而提高了合法用户的实际攻击概率，因此建议企业进行人工调查后提高对未攻击的合法用户的奖励力度，使未攻击的合法用户获得高收益。当企业奖励支出净成本 $\theta_1>0$ 时，企业不使用奖励策略；当企业奖励支出净成本 $\theta_1<0$ 时，企业使用奖励策略。

如果合法用户攻击成功所获收益较高，即 $\mu>\gamma(\theta_2+\beta)+(1-\alpha-\gamma)(\theta_2 P_F+\beta P_D)$，企业的最优奖励策略是 $\theta^*=\{\theta \mid \theta_1=\{\delta(1-P_D)d\varphi-c[1-P_F-\delta(P_D-P_F)]\}/[(1-\delta)(1-P_F)]\}$；

如果合法用户攻击成功所获收益较低，即 $\mu<\gamma(\theta_2+\beta)+(1-\alpha-\gamma)(\theta_2 P_F+\beta P_D)$，企业的最优奖励策略是 $\theta^*=\{\theta \mid \theta_1=\{\delta P_D d\varphi-c[P_F+\delta(P_D-P_F)]\}/(1-\delta)P_F\}$。

证明过程如下：

根据结论 6.4 和式(6.33)，

如果 $\mu>\gamma(\theta_2+\beta)+(1-\alpha-\gamma)(\theta_2 P_F+\beta P_D)$，

$$\frac{\partial M}{\partial \theta_1}=\frac{[(1-\alpha)(d\varphi-c)(P_D-P_F)-d(1-P_F)](1-P_D)(c-d\varphi)}{[(c+\theta_1)(P_D-P_F)+(\theta_1+d\varphi)(1-P_D)]^2}>0;$$

如果 $\mu<\gamma(\theta_2+\beta)+(1-\alpha-\gamma)(\theta_2 P_F+\beta P_D)$，

$$\frac{\partial M}{\partial \theta_1}=\frac{[dP_F+\gamma(d\varphi-c)(P_D-P_F)](d\varphi-c)P_D}{[(\theta_1+d\varphi)P_D-(c+\theta_1)(P_D-P_F)]^2}>0。$$

因此，当 $\theta_1>0$，企业因为奖励所产生的期望成本(θ)高于因为奖励所产的潜在收益[$f(\theta)$]，即奖励机制总体上提高了企业的期望成本，所以当 $\theta_1>0$ 时，企业的最优策略是不使用奖励策略。

当 $\theta_1<0$ 时，如果 $\mu>\gamma(\theta_2+\beta)+(1-\alpha-\gamma)(\theta_2 P_F+\beta P_D)$，根据 $0<\psi^*<1$，有

$$\frac{\delta(1-P_D)}{1-P_F-\delta(P_D-P_F)}<\frac{c+\theta_1}{d\varphi+\theta_1}<\frac{(1-\varepsilon)(1-P_D)}{1-P_F-(1-\varepsilon)(P_D-P_F)},$$

因此企业的最优奖励策略是

$$\frac{\delta(1-P_D)}{1-P_F-\delta(P_D-P_F)}=\frac{c+\theta_1^*}{d\varphi+\theta_1^*},\text{即 }\theta_1^*=\frac{\delta(1-P_D)d\varphi-[1-P_F-\delta(P_D-P_F)]c}{(1-\delta)(1-P_F)};$$

如果 $\mu<\gamma(\theta_2+\beta)+(1-\alpha-\gamma)(\theta_2 P_F+\beta P_D)$，根据 $0<\psi^*<1$，有

$$\frac{\delta P_D}{P_F+\delta(P_D-P_F)}<\frac{c+\theta_1}{d\varphi+\theta_1}<\frac{(1-\varepsilon)P_D}{P_F+(1-\varepsilon)(P_D-P_F)},$$

因此企业的最优奖励策略是

$$\frac{\delta P_D}{P_F+\delta(P_D-P_F)}=\frac{c+\theta_1}{d\varphi+\theta_1},\text{即 }\theta_1^*=\frac{\delta P_D d\varphi-c[P_F+\delta(P_D-P_F)]}{(1-\delta)P_F}。$$

证毕。

6.2.4 仿真与分析

仿真结果也表明奖励对于企业人工调查概率和合法用户攻击概率有显著影响。假设所有实验中 $c=50$、$d=100$、$\mu=100$、$\beta=120$、$P_D=0.8$、$L=10$ 和 $\varphi=0.8$。在结论 6.6 和结论 6.4 中设定 $\alpha=\gamma=5\%$、$\theta_1\in[-40,40]$、$\theta_2\in[0,80]$。

随着 θ_1 增加，可以得到 $\mu>\gamma(\theta_2+\beta)+(1-\alpha-\gamma)(\theta_2 P_F+\beta P_D)$ 和 $\mu<\gamma(\theta_2+\beta)+(1-\alpha-\gamma)(\theta_2 P_F+\beta P_D)$ 两种情况下企业合法用户的实际攻击概率，即 θ_2 较低和 θ_2 较高两种情况下合法用户的实际攻击概率。其中图 6.9 所示未考虑决策理解差异，图 6.10 所示考虑了决策理解差异。

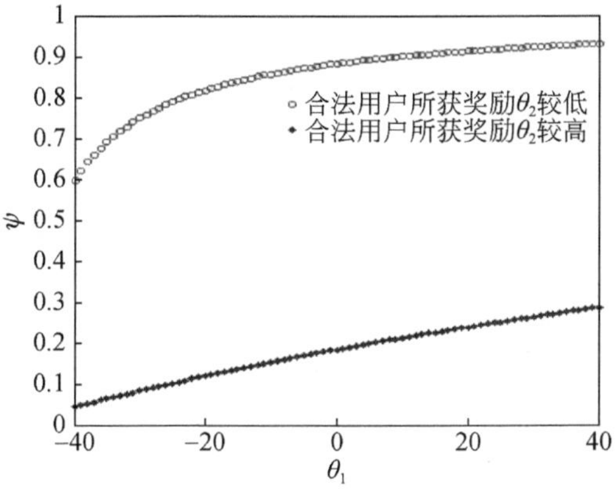

图 6.9　结论 6.6 中合法用户的实际攻击概率(未考虑决策理解差异)

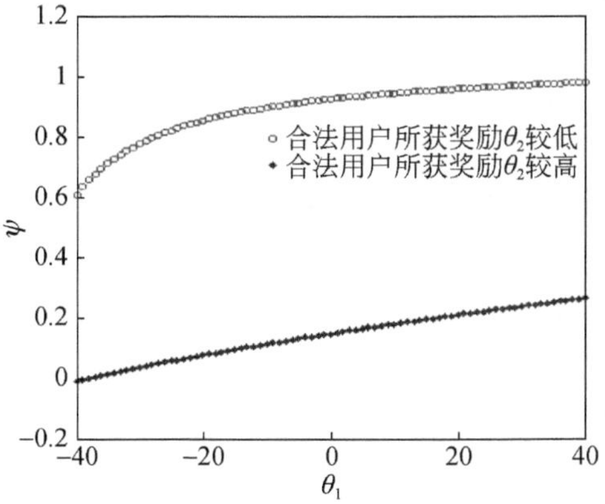

图 6.10　结论 6.4 中合法用户的实际攻击概率(考虑决策理解差异)

随着 θ_2 增加，可以得到 $\mu>\gamma(\theta_2+\beta)+(1-\alpha-\gamma)(\theta_2 P_F+\beta P_D)$ 和 $\mu<\gamma(\theta_2+\beta)+(1-$

$\alpha-\gamma$)($\theta_2 P_F+\beta P_D$)两种情况下企业的人工调查概率,即ρ_2和ρ_1。其中图6.11所示未考虑决策理解差异,图6.12所示考虑了决策理解差异。

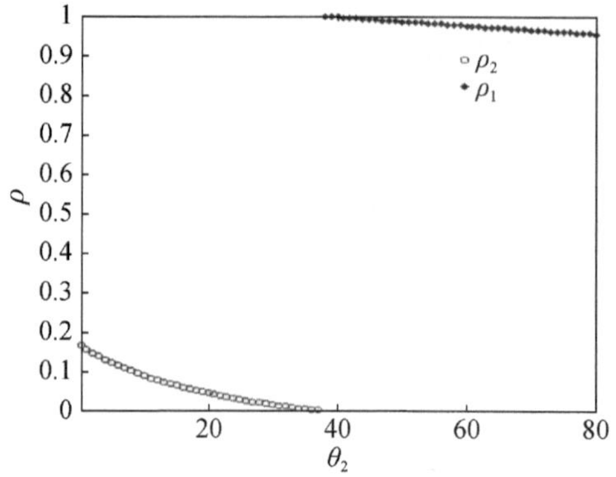

图6.11　结论6.6中企业人工调查概率ρ_2(未考虑决策理解差异)

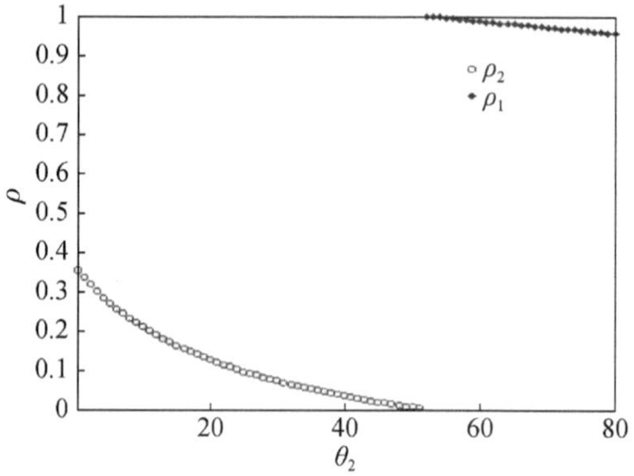

图6.12　结论6.4中企业人工调查概率ρ_1(考虑决策理解差异)

从图6.9和图6.10中可以看出,结论6.6和结论6.4中合法用户实际攻击概率都随企业奖励支出的净成本θ_1的增加而增加;从图6.11和图6.12可以看出,结论6.6和结论6.4中企业人工调查概率都随未攻击的合法用户所获奖励θ_2的增加而降低。以上解释和结论6.9相一致。

通过比较图6.10和图6.9,可以发现,当未攻击的合法用户所获奖励θ_2较低时,企业和用户间决策理解差异增加了合法用户的实际攻击概率;当θ_2较高时企业和用户间决策理解差异降低了合法用户的实际攻击概率。通过比较图6.11和图6.12,可以发现,企业和用户间的决策理解差异增加了企业的实际调查概率。此外,通过对图6.10和图6.12,以及图6.9和图6.11的比较,发现决策理解差异让图像变得更加陡峭,因此决策理解差异提高了奖励机制对企业人工调查和合法用户攻击的影响。以上解释与结论 6. 10 相一致。

图 6. 13 显示了企业调查后未攻击的合法用户所获奖励高低对企业期望成本的影响,即 $\mu>\gamma(\theta_2+\beta)+(1-\alpha-\gamma)(\theta_2 P_F+\beta P_D)$ 和 $\mu<\gamma(\theta_2+\beta)+(1-\alpha-\gamma)(\theta_2 P_F+\beta P_D)$ 两种情况下,随着 θ_1 增加企业的期望成本也增加。

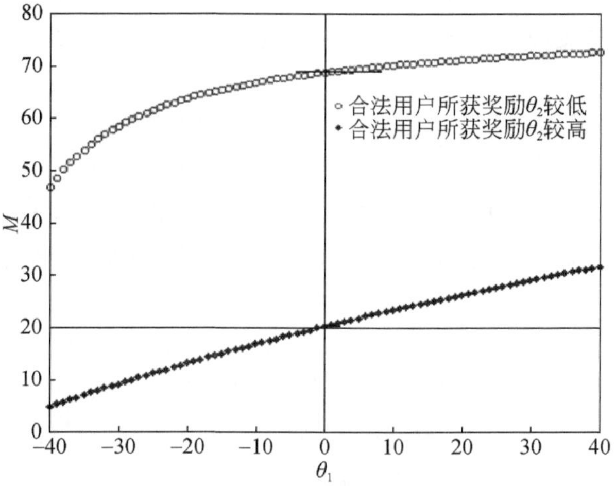

图 6. 13 θ_1 与期望成本之间的关系

6. 3 主要结论和管理启示

企业信息系统运用各种安全技术主要是应对各种来自人的威胁,对系统的非法用户只能通过技术检测和防御予以应对,而对系统合法用户(系统服务对象)通常是通过为他们设置相应的权限和奖惩机制来进行管理。而所设计的合法权限和奖惩机制与相关安全技术(如 IDS)间会相互作用。本章构建企业与合法用户之间的博弈模型,一方面讨论合法用户权限对 IDS 配置策略的影响,另一方面分析了决策理解差异和奖惩机制对 IDS 配置策略的影响。本章通过模型研究和仿真分析得到以下主要结论:

(1)与未配置 IDS 的情况相比,配置 IDS 后企业对合法用户的总体调查概率降低,但检测率保持不变;当 IDS 检测率较低(高)时,合法用户的攻击概率较高(较低),因此,对合法用户配置的最优 IDS 检测率应低于对非法用户配置的最优 IDS 检测率,即 $P_D^L \leqslant P_D^{IL}$ 。

(2)通过提高合法用户权限可以降低企业对 IDS 配置的要求,即 P_D^L 随着合法用户权限的提高而降低。

（3）随着合法用户权限的提高，企业的人工调查概率和合法用户的攻击概率都降低，企业的总体期望收益增加。因此针对合法用户，在提高合法用户权限的同时加大对其攻击行为的惩罚力度，实现更多的工作由合法用户自助完成，能有效提高企业期望收益。

（4）企业和用户间决策理解差异对技术配置会产生影响，而且并非对企业总是不利的。随着决策理解差异中参数的变化，企业需要相应地调整自身的策略去弥补存在的差异。

（5）虽然在具备惩罚机制情况下奖励机制能降低企业实际人工调查概率，但当企业奖励支出的净成本 $\theta_1>0$ 时，奖励机制会提高合法用户的实际攻击概率。

（6）从攻击的角度分析，当未攻击的合法用户所获奖励 θ_2 较高时，企业和用户间决策理解差异能降低合法用户的实际攻击概率，即当 θ_2 较高时决策理解差异对奖励具有积极作用；当未攻击的合法用户所获奖励 θ_2 较低时，企业和用户间决策理解差异会提高合法用户的实际攻击概率，即当 θ_2 较低时决策理解差异对奖励具有消极作用。从人工调查角度分析，企业和用户间决策理解差异提高了企业的人工调查概率，因此对奖励具有消极作用。此外，决策理解差异能增强奖励影响和作用，包括对企业人工调查的影响和对合法用户攻击的影响。

（7）企业期望成本随奖励支出净成本 θ_1 的增加而增加。当 $\theta_1>0$ 时，企业的期望成本随着企业奖励支出的净成本 θ_1 的增加而增加，因此企业的最优策略是不采用奖励机制；当 $\theta_1<0$ 时，企业因为奖励所支付的成本 θ 低于因为奖励获得的潜在收益 $f(\theta)$，即总体上企业的期望成本随着企业的净成本 θ_1 的提高而降低，因此当 $\theta_1<0$ 时，企业最优策略是采用奖励机制。因为当未攻击的合法用户所获奖励 θ_2 较高时企业的期望成本低于当 θ_2 较低时企业的期望成本，所以企业的最佳选择是让未攻击的合法用户获得较高的奖励 θ_2。

基于本章的研究结论，在企业合法用户的管理策略与技术组合运用上可得到以下主要管理启示：

（1）当 IDS 的检测率较低时，建议企业不要使用 IDS；当 IDS 的检测率较高时，建议企业使用 IDS，并对其进行配置。另外，建议企业对合法用户比例较高的用户群配置的最优 IDS 检测率应低于对非法用户比例较高的用户群配置的最优 IDS 检测率，对权限较高的合法用户可适当降低 IDS 的配置等级，即可以采用检测率较低的低成本的 IDS。

（2）随着合法用户权限的提高，企业人工调查概率和合法用户攻击概率都降低，且企业总体期望收益增加。因此，建议企业在提高合法用户权限的同时加大对相应攻击行为的惩罚力度，实现更多的工作由合法用户自助完成，这样能有效提高企业期望收益。

(3)因为企业和用户间决策理解差异对企业并非总是不利的,因此建议企业合理利用决策理解差异;另外与外部用户相比较,建议企业对合法用户除了设计惩罚机制以外,还应该适当采取奖励机制,如建议企业进行人工调查后提高对未攻击的合法用户的奖励。

(4)因为决策理解差异会提高企业的人工调查概率,所以当企业和用户间由于信息不对称和设备等问题而产生较大的决策理解差异时,建议企业适当降低对用户的人工调查概率,从而降低调查成本。

(5)由于企业和用户间的决策理解差异对企业的奖励机制具有消极作用,所以建议企业在制定奖励机制时采用相对透明的公开方式,尽量降低企业和用户间的信息不对称,让奖励发挥更大的作用。此外,虽然决策理解差异和较高的奖励相结合能有效降低用户的攻击概率,且较低的奖励不但不能起到积极作用,反而会提高用户的攻击概率,但企业在对未攻击的合法用户进行奖励时也要考虑企业因为奖励而支出的成本,并非越高越好,过高的奖励反而会提高企业总体期望成本。建议企业在制定奖励策略时要结合企业与用户间的信息不对称情况和企业的奖励支出与期望收益之间的关系。

第 7 章　考虑风险偏好的 IDS 和拟态式蜜罐配置策略

企业信息系统安全管理人员与用户间的博弈直接作用于企业信息系统安全技术选择和配置,博弈双方的风险偏好必然会影响其策略选择。本章分别以 IDS 和拟态式蜜罐为例,分析企业和用户的风险偏好对 IDS 和拟态式蜜罐的选择及优化配置策略的影响。首先,考虑企业和非法用户双方的风险偏好,构建模型分析 IDS 的配置策略。其次,考虑企业和非法用户双方的风险偏好,构建模型分析拟态式蜜罐的配置策略。

7.1　考虑企业和非法用户双方风险偏好的 IDS 配置策略

7.1.1　问题提出和模型构建

风险偏好是指企业或个人对待风险的态度。不同企业或个人对待风险的态度存在显著差异,即具有不同的风险偏好(张应语和李志祥,2009)。风险偏好可分为三种类型,即风险追求、风险中立和风险厌恶。风险追求者一般会主动追求风险,敢冒风险,在面对预期收益率相同时,偏好于选择高风险的资产,因为这会给他们带来更大的效用。风险厌恶者面对预期收益率相同时,偏好于选择低风险的资产;而对具有同样风险的资产,则选择具有高预期收益率的资产。风险中立者通常既不回避风险,也不主动追求风险,选择资产的唯一标准是预期收益的大小,而不管风险状况如何。Cavusoglu 等(2005)在信息系统安全防护中考虑了风险偏好(风险喜好),认为入侵者也有追求风险的偏好。在信息系统安全防护中至少涉及企业和用户两个主体,其中一方的风险偏好必然对另一方的决策产生影响,因此本章研究既涉及企业风险偏好,也考虑用户风险偏好。

企业的风险偏好取决于公司规模、公司类型、信息价值、对公司信誉重视的程度等多种因素。例如,大型电子商务公司一般厌恶风险,因为其整个网络信息系统一旦被非法行为用户成功入侵,可能导致企业运营瘫痪,直接影响其业务的开展和公司声誉，带来灾难性后果。在信息系统安全防御中大多数企业更趋于理性。因此，企业信息系统安全风险偏好一般只有风险中立和风险厌恶两种情况。

用户的风险偏好取决于其入侵动机。用户入侵的动机有追求刺激和恶意侵入两种。追求刺激一般表现为偷窥刺探，这种入侵动机的用户是风险中立者或风险厌恶者，不愿过于冒险。恶意侵入则表现为贪财图利，这种入侵动机的用户一般为获得利益会不顾风险，大多是风险追求者。

因为不同风险偏好的公司其人工调查成本不同，不同风险偏好的用户其攻击收益不同。企业的人工调查成本和用户的攻击收益直接影响信息系统安全技术的选择和配置策略。因此，信息系统安全技术配置策略同时受到企业和用户风险偏好的影响。之前对于企业信息系统安全技术的选择和配置策略的研究，均基于企业和用户都是风险中立的假设，但现实中企业和用户均具有风险偏好，他们的风险偏好均会影响企业信息系统安全技术的选择和配置，是企业信息系统安全技术配置中必须考虑的因素。

令 IDS 的检测率为 P_D，即非法用户攻击时 IDS 报警的概率；$1-P_D$ 为 IDS 的漏报率，即非法用户攻击时 IDS 未报警的概率；令 IDS 的误报率为 P_F，即非法用户未攻击时 IDS 报警的概率；$1-P_F$ 为非法用户未攻击时 IDS 也未报警的概率。假设 $P_D>P_F$（Cavusoglu et al.，2005）。

当企业配置 IDS 时，非法用户的策略为 $S^U\in\{H,NH\}$，其中 H 为非法用户攻击系统，NH 为非法用户不攻击系统；企业的策略为 $S^F\in\{(I,I),(I,NI),(NI,I),(NI,NI)\}$，其中 I 为进行人工调查，NI 为不进行人工调查。IDS 具有“报警”和“不报警”两种状态，则 S^F 集合每个小括号中第一个元素表示 IDS 报警时企业采取的行动，第二个元素表示 IDS 未报警时企业采取的行动。例如，(I,NI) 表示当 IDS 报警时企业进行人工调查，若 IDS 未报警则企业不进行人工调查。令 $\rho_1\in[0,1]$ 为 IDS 报警时企业进行人工调查的概率；$\rho_2\in[0,1]$ 为 IDS 未报警时企业进行人工调查的概率，且 $\rho_1\geqslant\rho_2$（Cavusoglu et al.，2005）。令非法用户的攻击概率为 $\psi\in[0,1]$。

若非法用户的攻击被检测到，非法用户受到的惩罚为 β。用 Ogut 等（2008）中相同的方法定义风险偏好，若非法用户的攻击未被检测出，非法用户将获得的收益函数为 μ^{r_1}，其中 μ 表示非法用户的期望利润，r_1 表示非法用户的风险偏好参数（$r_1>0$）。$r_1>1$ 表示非法用户为风险追求型；$r_1=1$ 表示非法用户为风险中立型；$r_1<1$ 表示非法用户为风险厌恶型。令 $\mu^{r_1}\leqslant\beta$，即非法用户的入侵一旦被检测出，无正收益。

企业每进行一次人工调查，其支出的成本函数为 c^{r_2}，其中 c 表示企业进行一次人工调查所花费的期望成本，r_2 表示企业的风险偏好参数（$r_2>0$）。$r_2>1$ 表示企业为风险厌恶型；$r_1=1$ 表示企业为风险中立型。对信息系统安全问题，假设企业的风险偏好包含风险厌恶和风险中立两种类型。如果非法用户攻击,但企业未进行人工调查,则企业将产生损失 d;如果非法用户的攻击行为被企业调查到,则企业的部分损失将被修复,设修复比例为 φ,即此时企业实际损失为 $d(1-\varphi)$,且 $0 \leqslant \varphi \leqslant 1$。令 $c \leqslant d\varphi$,确保企业人工调查成本不高于其调查所获收益。所有参数、决策变量和函数说明见表 7.1。

表 7.1　参数、变量和函数说明

项目		说明	项目		说明
参数	μ	非法用户攻击,但未被检测到时非法用户的期望收益	决策变量	ψ	非法用户的攻击概率
	β	非法用户的攻击行为被检测到时,非法用户所受惩罚		ρ_1	IDS 报警时企业进行人工调查的概率
	c	企业进行一次人工调查所花费的成本		ρ_2	IDS 未报警时企业进行人工调查的概率
	d	非法用户攻击,但未被检测到时企业的损失		P_D	非法用户攻击时,IDS 报警的概率
	r_1	非法用户的风险偏好参数($r_1>0$)		P_F	非法用户未攻击,但 IDS 报警的概率
	r_2	企业的风险偏好参数($r_2>0$)			
	φ	非法用户的攻击行为被检测到时,企业损失的修复比例			
函数	F	企业的期望成本			
	H	非法用户的期望收益			

IDS 报警和未报警的概率分别为式(7.1)和式(7.2):

$$P(\text{报警})=P_D\psi+P_F(1-\psi)=P_F+\psi(P_D-P_F) \tag{7.1}$$

$$P(\text{未报警})=(1-P_D)\psi+(1-P_F)(1-\psi)=1-P_F-\psi(P_D-P_F) \tag{7.2}$$

根据贝叶斯规则,当 IDS 报警和未报警时非法用户的攻击概率分别为式(7.3)和式(7.4):

$$\eta_1=P(\text{攻击}\mid\text{报警})=\frac{P(\text{报警}\mid\text{攻击})P(\text{攻击})}{P(\text{报警})}=\frac{\psi P_D}{P_F+\psi(P_D-P_F)} \tag{7.3}$$

$$\eta_2=P(\text{攻击}\mid\text{未报警})\frac{P(\text{未报警}\mid\text{攻击})P(\text{攻击})}{P(\text{未报警})}=\frac{\psi(1-P_D)}{1-P_F-\psi(P_D-P_F)} \tag{7.4}$$

模型的博弈树如图 7.1 所示,当 IDS 报警和未报警时企业的期望成本分别为式(7.5)和式(7.6):

$$F(\rho_1,\psi)=c^{r_2}\rho_1+\eta_1(d-d\varphi\rho_1) \tag{7.5}$$

$$F(\rho_2,\psi)=c^{r_2}\rho_2+\eta_2(d-d\varphi\rho_2) \tag{7.6}$$

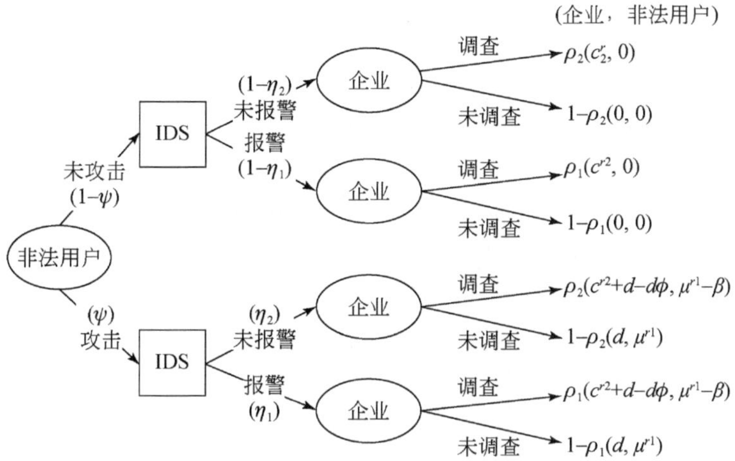

图 7.1　模型博弈树

因此,企业总体期望成本为

$$
\begin{aligned}
M(\rho_1,\rho_2,\psi) &= F(\rho_1,\psi)P(\text{报警})+F(\rho_2,\psi)P(\text{未报警})\\
&= [(c^{r_2}-\eta_1 d\varphi)\rho_1+\eta_1 d]P(\text{报警})+[(c^{r_2}-\eta_2 d\varphi)\rho_2+\eta_2 d]P(\text{未报警})
\end{aligned} \tag{7.7}
$$

同理,当 IDS 报警和未报警情况下,非法用户的期望成本分别如下:

$$
H(\rho_1,\psi)=\eta_1(\mu^{r_1}-\beta\rho_1) \tag{7.8}
$$

$$
H(\rho_2,\psi)=\eta_2(\mu^{r_1}-\beta\rho_2) \tag{7.9}
$$

因此,非法用户的总体期望成本为

$$
\begin{aligned}
H(\rho_1,\rho_2,\psi) &= H(\rho_1,\psi)P(\text{报警})+H(\rho_2,\psi)P(\text{未报警})\\
&= \psi\mu^{r_1}-\psi\beta(\rho_1 P_D+\rho_2(1-P_D))
\end{aligned} \tag{7.10}
$$

企业的目标在于选择适合的人工调查概率(ρ_1,ρ_2),实现其期望成本最小;而非法用户的目标在于选择适合的概率(ψ),实现自身收益最大化。因此,企业和非法用户的联合决策变量为(ρ_1,ρ_2,ψ)。

7.1.2　风险偏好对 IDS 配置策略的影响

通过逆序归纳法和最优化方法求解企业和非法用户间博弈下的纳什均衡。企业和非法用户之间存在博弈,且存在博弈的纳什均衡策略,即企业和非法用户达到均衡后企业和非法用户之间任何一方都不能通过单方面修改策略提高自身效益。

定理 7.1　考虑企业和非法用户风险偏好时,企业在配置 IDS 的情况下,与非法用户之间博弈的均衡解。

如果$\frac{\mu^{r_1}}{\beta}>P_D$，则$\rho_1^*=1,\rho_2^*=\frac{\mu^{r_1}-\beta P_D}{\beta(1-P_D)},\psi^*=\frac{c^{r_2}(1-P_F)}{c^{r_2}(P_D-P_F)+d\varphi(1-P_D)}$；

如果$\frac{\mu^{r_1}}{\beta}\leqslant P_D$，则$\rho_1^*=\frac{\mu^{r_1}}{\beta P_D},\rho_2^*=0,\psi^*=\frac{c^{r_2}P_F}{d\varphi P_D-c^{r_2}(P_D-P_F)}$。

定理 7.1 证明如下：

与 Cavusoglu 等(2005)中证明过程类似，有$\rho_1\geqslant\rho_2$，且ρ_1和ρ_2不可能同时为正且都小于 1。分别对企业期望成本求企业人工调查概率的偏导数，对非法用户期望收益求非法用户攻击概率的偏导数：

$$\frac{\partial F}{\partial\rho_1}=(c^{r_2}-\eta_1 d\varphi)P(\text{报警}) \tag{7.11}$$

$$\frac{\partial F}{\partial\rho_2}=(c^{r_2}-\eta_2 d\varphi)P(\text{未报警}) \tag{7.12}$$

$$\frac{\partial H}{\partial\psi}=\mu^{r_1}-\beta[\rho_1 P_D+\rho_2(1-P_D)] \tag{7.13}$$

若$\partial F/\partial\rho_1=0$和$\partial F/\partial\rho_2=0$不能同时成立，可以证明$\partial F/\partial\rho_1>\partial F/\partial\rho_2$。若能达到平衡点，则有$\partial F/\partial\rho_1>0,\partial F/\partial\rho_2=0$或者$\partial F/\partial\rho_1=0,\partial F/\partial\rho_2<0$两种情况。因此有两种平衡条件：$\rho_1=1,0<\rho_2<1$或$0<\rho_1<1,\rho_2=0$。

(1)如果($\rho_1=1,0<\rho_2<1,0<\psi<1$)是模型的一个均衡点，则非法用户期望收益关于$\psi$的一阶偏导数存在，企业的期望成本关于$\rho_2$的一阶偏导数也存在。假设$\rho_1=1$，令式(7.12)和式(7.13)都等于 0，可得

$$\rho_2^*=\frac{\mu^{r_1}-\beta P_D}{\beta(1-P_D)} \tag{7.14}$$

$$\psi^*=\frac{c^{r_2}(1-P_F)}{c^{r_2}(P_D-P_F)+d\varphi(1-P_D)} \tag{7.15}$$

(2)如果($0<\rho_1<1,\rho_2=0,0<\psi<1$)是模型的一个均衡点，则非法用户期望收益关于$\psi$的一阶偏导数存在，企业期望成本关于$\rho_1$的一阶偏导数也存在。假设$\rho_2=0$，令式(7.11)和式(7.13)都等于 0，可得

$$\rho_1^*=\frac{\mu^{r_1}}{\beta P_D} \tag{7.16}$$

$$\psi^*=\frac{c^{r_2}P_F}{d\varphi P_D-c^{r_2}(P_D-P_F)} \tag{7.17}$$

证毕。

对定理 7.1 的解释：一方面，因为较低的 IDS 检测率会导致较高的非法用户的攻击概率，所以当 IDS 检测率较低，即$\mu^{r_1}/\beta>P_D$时，企业除了调查所有被 IDS 报警的用户，还会对部分未被 IDS 报警的用户进行调查。另一方面，因为较高的 IDS 检

测率会导致较低的非法用户的攻击概率,所以当 IDS 检测率较高,即$-\mu^{r_1}/\beta<P_D$时,企业只调查部分被 IDS 报警的用户,对未被 IDS 报警的用户不进行调查。

为了分析企业和非法用户的风险偏好对 IDS 配置策略的影响,通过对定理 7.1 的分析,可得到两个推论如下。

推论 7.1 若$|\mu|<1$,当 IDS 检测率较低时($\mu^{r_1}/\beta>P_D$),有$\rho_2^*|_{r_1<1}>\rho_2^*|_{r_1=1}>\rho_2^*|_{r_1>1}$;而当 IDS 检测率较高时($\mu^{r_1}/\beta\leqslant P_D$),有$\rho_1^*|_{r_1<1}>\rho_1^*|_{r_1=1}>\rho_1^*|_{r_1>1}$。即当非法用户所获期望收益较低时($|\mu|<1$),企业对风险厌恶型非法用户的调查概率最高,对风险追求型非法用户的调查概率最低。当非法用户所获期望收益较高时($|\mu|>1$),结论相反,即企业对风险追求型非法用户的调查概率最高,对风险厌恶型非法用户的调查概率最低。

推论 7.2 当$|c|<1$时,$\psi^*|_{r_2>1}<\psi^*|_{r_2=1}$,即当企业单次人工调查成本较低时,非法用户的最优策略偏向于入侵风险中立型企业;当$|c|>1$时,$\psi^*|_{r_2>1}>\psi^*|_{r_2=1}$,即当企业单次人工调查成本较高时,非法用户的最优策略偏向于入侵风险厌恶型企业。

分析可得,公司的人工调查策略对于有真正入侵动机的非法用户更具有价值,对于未入侵的非法用户进行调查只会增加企业的总成本,对企业人力、财力和物力也是一种浪费。若$|\mu|<1$时,有$\mu^{r_1}|_{r_1<1}>\mu^{r_1}|_{r_1=1}>\mu^{r_1}|_{r_1>1}$,此时,风险追求型非法用户成功入侵系统后的期望收益最小,且风险追求型非法用户入侵系统的动机比风险厌恶型和风险中立型非法用户入侵系统的动机都要小,因此,这种情况下企业对风险厌恶型非法用户的检测更有意义。若$|\mu|<1$时,其解释类似。而企业对非法用户的威慑力决定着非法用户的入侵策略,若$|c|<1$时,$c^{r_2}|_{r_2>1}<c^{r_2}|_{r_2=1}$,即风险厌恶型企业单次人工调查成本较低,且风险厌恶型企业的人工调查比风险中立型企业的人工调查更具有优势。因此,风险厌恶型企业对非法用户的威慑力相对更高,非法用户的均衡策略倾向于入侵风险中立型企业。若$|c|>1$时,其解释和前面相类似。

7.1.3 仿真与分析

为了进一步分析企业和非法用户的风险偏好对 IDS 配置策略的影响,利用 MATLAB 对相关推论进行数值仿真分析如下。

1)数值仿真推论 7.1

令$P_D=0.7, P_F=0.3, \mu=20, \beta=400, d=40, \varphi=0.5, c\in[0,2]$,当$r_2=1$时定义为风险中立型企业,当$r_2=2$时定义为风险厌恶型企业。以$\psi^*$为纵坐标,$C$为横坐标,分别在企业调查成本较高和较低两种情况下,以较高 IDS 检测率为例说明非法

用户的最优入侵策略。非法用户入侵概率和企业单次人工调查成本之间的关系如图 7.2 所示。由图 7.2 可以看出,非法用户入侵概率随企业单次人工调查成本的提高而提高,但对于不同风险偏好类型的企业而言,非法用户的入侵策略是有区别的。当 $|c|<1$ 时,$\psi^*|_{r_2>1}<\psi^*|_{r_2=1}$,即当企业单次人工调查的期望成本较低时,非法用户倾向于入侵风险中立型企业;当 $|c|>1$ 时,$\psi^*|_{r_2>1}>\psi^*|_{r_2=1}$,即当企业单次人工调查的期望成本较高时,非法用户倾向于入侵风险厌恶型企业。

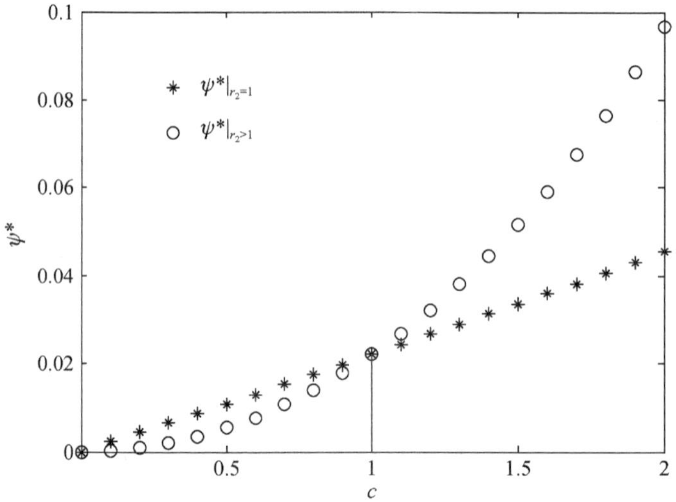

图 7.2　非法用户入侵概率和企业单次人工调查成本之间的关系

2)数值仿真推论 7.2

令 $P_D=0.7$,$P_F=0.3$,$\beta=400$,$d=40$,$\varphi=0.5$,$\mu\in[0,2]$,对风险厌恶型非法用户取 $r_1=0.5$,对风险中立型非法用户取 $r_1=1$,对风险追求型非法用户取 $r_1=2$。以 ρ_1^* 为纵坐标,μ 为横坐标,分别针对非法用户获得较高期望收益和较低期望收益两种情况,以较高 IDS 检测率为例说明企业的最优调查策略。企业人工调查概率和非法用户期望收益之间的关系如图 7.3 所示。由图 7.3 可以看出,企业人工调查概率随非法用户期望收益的提高而提高,但对于不同风险偏好类型的非法用户而言,企业的调查策略应有差异。若 $|\mu|<1$ 时,有 $\mu^{r_1}|_{r_1<1}>\mu^{r_1}|_{r_1=1}>\mu^{r_1}|_{r_1>1}$,即企业对风险厌恶型非法用户进行人工调查的概率最高,对风险追求型非法用户进行人工调查的概率最低,对风险中立型非法用户进行人工调查的概率介于两者之间。若 $|\mu|>1$ 时,有 $\mu^{r_1}|_{r_1<1}<\mu^{r_1}|_{r_1=1}<\mu^{r_1}|_{r_1>1}$,即企业对风险追求型非法用户进行人工调查的概率最高,对风险厌恶型非法用户进行人工调查的概率最低,对风险中立型非法用户进行人工调查的概率介于两者之间。

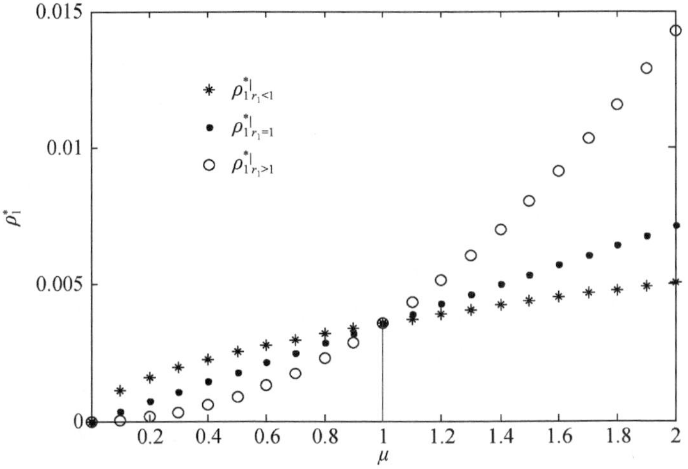

图 7.3　企业人工调查概率和非法用户期望收益之间的关系

7.2　考虑企业和非法用户双方风险偏好的拟态式蜜罐配置策略

拟态式蜜罐也是常用的信息系统安全技术之一。基于企业与非法用户间的博弈关系分析,考虑双方风险偏好,构建关于拟态式蜜罐的经济博弈模型,通过模型求解讨论考虑风险偏好时拟态式蜜罐的配置策略,分析风险偏好对拟态式蜜罐配置策略的影响,并通过数值仿真分析得出在信息系统安全管理中与风险偏好相关的结论。

7.2.1　模型构建

类似于第 5 章的模型假设,企业信息系统可分为真实服务(N)和蜜罐服务(H)两种类型,传递给非法用户的也有真实服务信号(n)和蜜罐信号(h)两种类型。假设蜜罐(H)的配置比例为 $\varepsilon\in[0,1]$,真实服务(N)的配置比例为 $1-\varepsilon$。根据第 5 章关于拟态式蜜罐最优配置策略的分析,即拟态式蜜罐诱骗策略中保护色和警戒色的作用相互冲突,对信息系统配置纯保护色或纯警戒色比同时配置两种策略更优。因此,本节只分析纯保护色(蜜罐被伪装成真实服务信号,即蜜罐)和纯警戒色(真实服务被伪装成蜜罐信号,即伪蜜罐)两种情形下企业和非法用户的风险偏好对对方决策的影响。假设若非法用户接收到真实服务信号(n),非法用户攻击

的概率为 $\psi_B \in [0,1]$，不攻击的概率为 $1-\psi_B$；若非法用户接收到蜜罐信号（h），非法用户攻击的概率为 $\psi_J \in [0,1]$，不攻击的概率为 $1-\psi_J$。

用 Ogut 等（2008）中相同的方法定义风险偏好，对真实服务和蜜罐服务，非法用户攻击的成本函数全为 b^{t_1}，其中 b 为非法用户的攻击成本，$t_1>0$ 为非法用户的风险参数（$t_1>1$ 代表风险厌恶型非法用户，$t_1=1$ 代表风险中立型非法用户，$t_1<1$ 代表风险追求型非法用户）；企业进行伪装的伪装成本全为 w^{t_2}，$t_2>0$ 为企业的风险参数（$t_2>1$ 代表风险厌恶型企业，$t_2=1$ 代表风险中立型企业）。

首先考虑蜜罐的情况，若非法用户攻击蜜罐，则其损失为 $\beta_1 a$（石乐义等，2012），即非法用户净收益为 $-\beta_1 a-b^{t_1}$。其中，a 为常量；β_1 为蜜罐诱骗因子，反映蜜罐对非法用户的诱骗程度，且 $\beta_1>0$。F 企业因为记录和分析非法用户的攻击过程，有利于学习和改进自身的防御策略，所以其收益为 $\beta_1 a$（若蜜罐被伪装成真实服务信号，则企业收益为 $\beta_1 a-w^{t_2}$）。设 $\beta_1 a>w^{t_2}$，即非法用户攻击蜜罐，企业有正收益；若未攻击，则非法用户收益全为 0，企业收益也为 0（若蜜罐被伪装成真实服务信号，则企业收益为 $-w^{t_2}$）。

其次考虑伪蜜罐的情况，若非法用户攻击伪蜜罐，企业收益为 $-\gamma a-w^{t_2}$，非法用户收益为 $\gamma a-\beta_2 a-b$（石乐义等，2009）。其中 γ 为攻击破坏因子，反映不同攻击的破坏程度，且 $\gamma \geqslant 1$，$a \gg b>0$；β_2 为伪蜜罐威慑因子，反映伪蜜罐对非法用户的威慑程度，且 $\gamma>\beta_2>0$，$\gamma a-\beta_2 a-b>0$。若非法用户在攻击伪蜜罐之前放弃攻击，则非法用户收益为 0，企业收益为 $\beta_2 a-w^{t_2}$（设 $\beta_2 a>w^{t_2}$，即伪蜜罐欺骗成功，企业有正收益）。

最后考虑真实服务的情况，若非法用户成功攻击真实服务，则非法用户收益为 $\gamma a-b$，企业收益为 $-\gamma a$；与伪蜜罐相类似，由于蜜罐中的保护色策略，若非法用户在攻击真实服务之前放弃攻击，则企业同样获得收益为 $\beta_2 a$。

7.2.2 风险偏好对拟态式蜜罐配置策略的影响

企业采用拟态式蜜罐的欺骗策略能获得的收益包括两类。第一类是蜜罐的诱骗收益（$2\beta_1 a$），包括蜜罐被伪装成真实服务信号（保护色）导致非法用户攻击蜜罐 $[\beta_1 a-w^{t_2}-(-w^{t_2})]$ 以及非法用户知晓伪蜜罐（警戒色）的存在从而攻击蜜罐（$\beta_1 a-0$）；第二类是蜜罐的威慑收益 $[2(\beta_2+\gamma)a]$，包括真实服务被伪装成蜜罐信号（警戒色）导致非法用户在攻击真实服务之前放弃攻击 $[\beta_2 a-w^{t_2}-(-\gamma a-w^{t_2})]$ 以及非法用户知晓蜜罐可能被伪装成真实服务信号（保护色）从而在攻击真实服务之前放弃攻击 $[\beta_2 a-(-\gamma a)]$。图 7.4 和图 7.5 分别在纯保护色和纯警戒色情况下给出了非法用户和企业在各种情况下的期望收益。

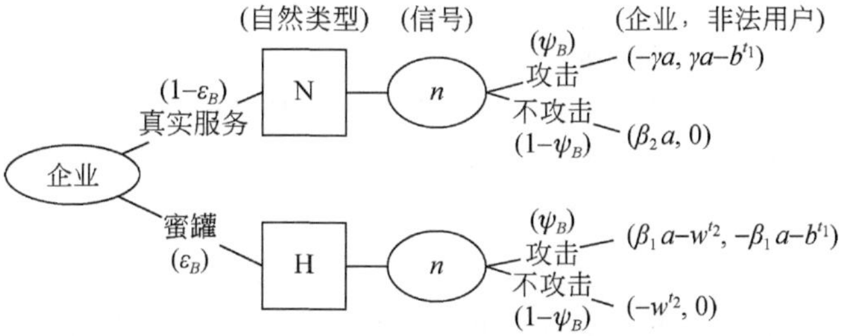

图 7.4　纯保护色模型博弈树

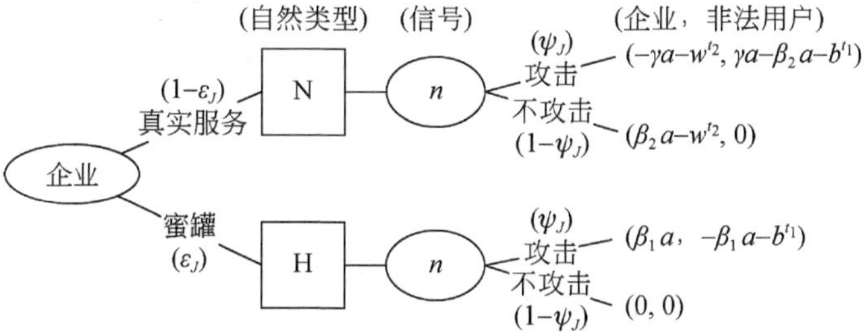

图 7.5　纯警戒色模型博弈树

根据图 7.4,企业期望收益为 $M_B(\varepsilon_B,\psi_B)=\beta_2 a-(\beta_2+\gamma)a\psi_B+[(\beta_1+\beta_2+\gamma)a\psi_B-w^{t_2}-\beta_2 a]\varepsilon_B$;访问者期望收益为 $A_B(\varepsilon_B,\psi_B)=[\gamma a-b^{t_1}-(\beta_1+\gamma)a\varepsilon_B]\psi_B$。分别对 $M_B(\varepsilon_B,\psi_B)$ 求 ε_B 的偏导数,对 $A_B(\varepsilon_B,\psi_B)$ 求 ψ_B 的偏导数,并令其都等于零,可得:

定理 7.2 纯保护色情况下,基于攻防双方博弈关系,考虑攻防双方风险偏好的拟态式蜜罐配置策略纳什均衡解为 $\varepsilon_B^*=\dfrac{\gamma a-b^{t_1}}{(\beta_1+\gamma)a}$,$\psi_B^*=\dfrac{\beta_2 a+w^{t_2}}{(\beta_1+\beta_2+\gamma)a}$。均衡时,企业期望收益为

$$M_B^*=M_B(\varepsilon_B^*,\psi_B^*)=\frac{\beta_1\beta_2 a-(\beta_2+\gamma)w^{t_2}}{\beta_1+\beta_2+\gamma} \tag{7.18}$$

根据图 7.5,同理可得:

定理 7.3 纯警戒色情况下,基于攻防双方博弈关系,考虑攻防双方风险偏好的拟态式蜜罐配置策略纳什均衡解为 $\varepsilon_J^*=\dfrac{\gamma a-\beta_2 a-b^{t_1}}{(\beta_1+\gamma-\beta_2)a}$,$\psi_J^*=\dfrac{\beta_2 a-w^{t_2}}{(\beta_1+\beta_2+\gamma)a}$。均衡时,企业期望收益为

$$M_J^*=M_J(\varepsilon_J^*,\psi_J^*)=\frac{\beta_1\beta_2 a-\beta_1 w^{t_2}}{\beta_1+\beta_2+\gamma} \tag{7.19}$$

根据定理 7.2 和定理 7.3,分别对不同风险偏好情况下均衡策略中最优蜜罐配

置比例进行比较,可得推论 7.3;分别对不同风险偏好情况下均衡策略中最优非法用户的攻击概率进行比较,可得推论 7.4。

推论 7.3 当非法用户的攻击成本很低,即 $0<b<1$ 时,有 $\varepsilon_B^*|_{t_1>1}>\varepsilon_B^*|_{t_1=1}>\varepsilon_B^*|_{t_1<1}$,$\varepsilon_J^*|_{t_1>1}>\varepsilon_J^*|_{t_1=1}>\varepsilon_J^*|_{t_1<1}$,也就是说在纯保护色和纯警戒色情况下,企业对风险厌恶型非法用户配置蜜罐的比例最高;当非法用户的攻击成本较高,即 $b>1$ 时,有 $\varepsilon_B^*|_{t_1>1}<\varepsilon_B^*|_{t_1=1}<\varepsilon_B^*|_{t_1<1}$,$\varepsilon_J^*|_{t_1>1}<\varepsilon_J^*|_{t_1=1}<\varepsilon_J^*|_{t_1<1}$,也就是在纯保护色和纯警戒色情况下,企业对风险追求型非法用户配置蜜罐的比例最高。

推论 7.4 当企业的伪装成本很低,即 $0<w<1$ 时,有 $\psi_B^*|_{t_2>1}<\psi_B^*|_{t_2=1}$,$\psi_J^*|_{t_2>1}>\psi_J^*|_{t_2=1}$,也就是在纯保护色(纯警戒色)情况下,非法用户最优策略是偏向于攻击风险中立型(风险厌恶型)企业;当企业的伪装成本较高,即 $w>1$ 时,有 $\psi_B^*|_{t_2>1}>\psi_B^*|_{t_2=1}$,$\psi_J^*|_{t_2>1}<\psi_J^*|_{t_2=1}$,也就是在纯保护色(纯警戒色)情况下,非法用户最优策略是偏向于攻击风险厌恶型(风险中立型)企业。

企业蜜罐配置策略取决于非法用户对企业的攻击概率。若 $0<b<1$,则 $b^{t_1}|_{t_1>1}<b|_{t_1=1}<b^{t_1}|_{t_1<1}$,即风险厌恶型非法用户的攻击成本最低,相对于风险中立型和风险追求型的非法用户而言,风险厌恶型非法用户的攻击概率最高,所以企业对风险厌恶型非法用户配置蜜罐的比例最高;同理解释 $b>1$ 的情形。非法用户的攻击策略取决于企业对非法用户的威慑程度。若 $0<w<1$,则 $w^{t_2}|_{t_2>1}<w^{t_2}|_{t_2=1}$,即风险厌恶型企业的伪装成本偏低,相对于风险中立型企业而言,风险厌恶型企业的迷惑性(威慑力)较大,所以,此时非法用户偏向于攻击风险中立型(风险厌恶型)企业;同理解释 $w>1$ 的情形。

7.2.3 仿真与分析

为深入分析非法用户和企业的风险偏好对拟态式蜜罐配置策略的影响,借助数学工具 MATLAB 进行数值仿真分析。

1)数值仿真推论 7.3

令 $a=10$,$\beta_2=0.8$,$\gamma=1.2$,$b\in[0,2]$。特殊地,取 $t_1=2$ 为风险厌恶型非法用户,$t_1=1$ 为风险中立型非法用户,$t_1=0.5$ 为风险追求型非法用户。b 为横坐标,企业的蜜罐配置比例 ε^*(包括 ε_B^* 和 ε_J^*)为纵坐标。其中在计算 ε_B^* 时,取 $\beta_1=2.5$,保证 $\beta_1>\beta_2+\gamma$;计算 ε_J^* 时,取 $\beta_1=1.5$,保证 $\beta_1<\beta_2+\gamma$。纯保护色和纯警戒色下非法用户的风险偏好对蜜罐最优配置比例的影响分别如图 7.6 和图 7.7 所示。

图 7.6 和图 7.7 说明,随着非法用户攻击成本提高,其攻击概率降低,企业可相应地降低蜜罐最优配置比例。在已知参数取值下,当 $b<1$ 时,$\varepsilon_B^*|_{t_1>1}>\varepsilon_B^*|_{t_1=1}>$

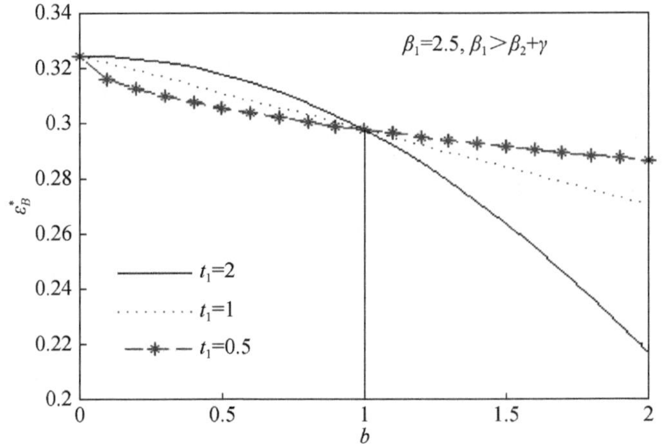

图 7.6　纯保护色下非法用户的风险偏好对蜜罐最优配置比例的影响

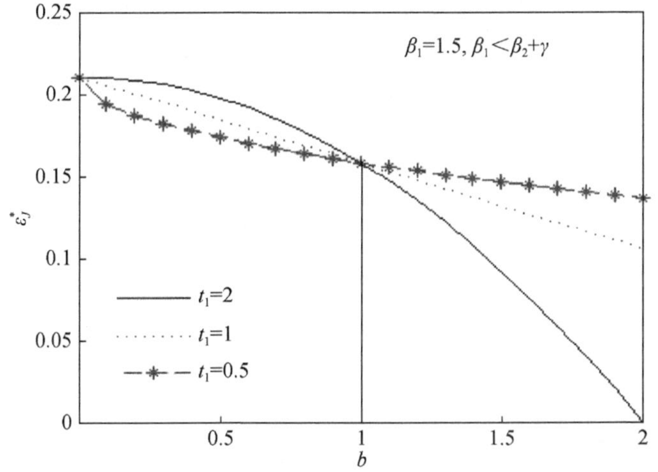

图 7.7　纯警戒色下非法用户的风险偏好对蜜罐最优配置比例的影响

$\varepsilon_B^*|_{t_1<1}$，$\varepsilon_J^*|_{t_1>1}>\varepsilon_J^*|_{t_1=1}>\varepsilon_J^*|_{t_1<1}$，即在非法用户攻击成本较低时，企业对风险厌恶型非法用户配置蜜罐的比例最高；当 $b>1$ 时，$\varepsilon_B^*|_{t_1>1}<\varepsilon_B^*|_{t_1=1}<\varepsilon_B^*|_{t_1<1}$，$\varepsilon_J^*|_{t_1>1}<\varepsilon_J^*|_{t_1=1}<\varepsilon_J^*|_{t_1<1}$，即在非法用户攻击成本较高时，企业对风险追求型非法用户配置蜜罐的比例最高。且当攻击成本较高时，风险厌恶型非法用户对企业的最优蜜罐配置策略影响最大。

2)数值仿真推论 7.4

令 $a=10,\beta_2=0.8,\gamma=1.2,w\in[0,3]$。特殊地,取 $t_2=2$ 为风险厌恶型企业,$t_2=1$为风险中立型企业。w 为横坐标,非法用户的攻击概率 ψ^*(包括 ψ_B^* 和 ψ_J^*)为纵坐标。其中在计算 ψ_B^* 时,取 $\beta_1=2.5$,保证 $\beta_1>\beta_2+\gamma$;计算 ψ_J^* 时,取 $\beta_1=1.5$,保证 $\beta_1<\beta_2+\gamma$。纯保护色和纯警戒色下企业的风险偏好对非法用户的最优攻击概率的影响分别如图 7.8 和图 7.9 所示。

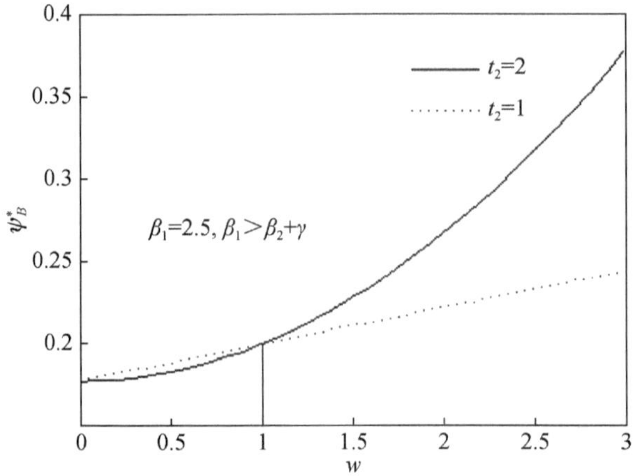

图 7.8　纯保护色下企业的风险偏好对非法用户的最优攻击概率的影响

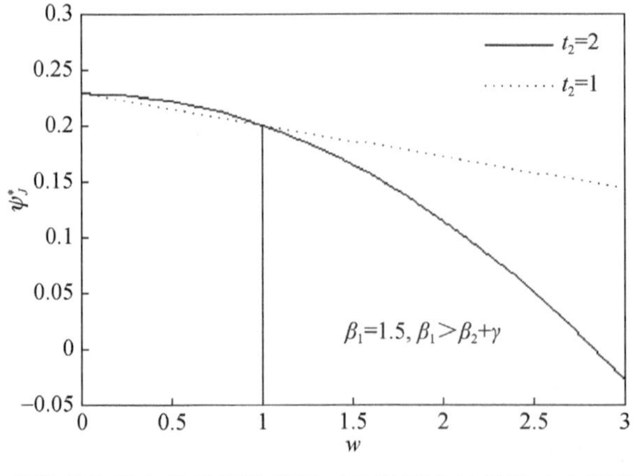

图 7.9　纯警戒色下企业的风险偏好对非法用户的最优攻击概率的影响

图 7.8 和图 7.9 说明,随着企业伪装成本的提高,企业伪装概率会降低,在纯

保护色机制(纯警戒色机制)下非法用户会相应地提高(降低)攻击概率。在已知参数取值下,当 $w<1$ 时,$\psi_B^* \mid_{t_2>1} < \psi_B^* \mid_{t_2=1}$,$\psi_J^* \mid_{t_2>1} > \psi_J^* \mid_{t_2=1}$,即在纯保护色(纯警戒色)情况下,当伪装成本很低时,非法用户最优策略是偏向于攻击风险中立型(风险厌恶型)的企业;当 $w>1$ 时,$\psi_B^* \mid_{t_2>1} > \psi_B^* \mid_{t_2=1}$,$\psi_J^* \mid_{t_2>1} < \psi_J^* \mid_{t_2=1}$,在纯保护色(纯警戒色)情况下,当伪装成本较高时,非法用户最优策略是偏向于攻击风险厌恶型(风险中立型)的企业。且当伪装成本较高时,风险厌恶型企业对非法用户的最优攻击策略影响最大。

7.3 主要结论和管理启示

风险偏好直接作用于决策者的决策,企业信息系统安全技术选择和配置中既需要考虑企业自身的风险偏好,还需要考虑非法用户的风险偏好。本章构建了企业和非法用户间的博弈模型,分别以 IDS 和拟态式蜜罐两种安全技术为例,讨论企业和非法用户的风险偏好对企业信息系统安全技术配置策略的影响。模型分析得到以下主要结论:

(1)当非法用户攻击成功后所获期望收益较低时,企业对风险厌恶型非法用户的调查概率最高,对风险追求型非法用户的调查概率最低;当非法用户攻击成功后所获期望收益较高时,企业对风险追求型非法用户的调查概率最高,对风险厌恶型非法用户的调查概率最低。

(2)当企业的人工调查成本较低时,非法用户偏向于入侵风险中立型企业;当企业的人工调查成本较高时,非法用户偏向于入侵风险厌恶型企业。

(3)通过博弈分析发现企业和非法用户的风险偏好对拟态式蜜罐配置策略具有重要影响。

(4)在非法用户攻击成本较低时,企业对风险厌恶型非法用户配置蜜罐的比例最高;在非法用户攻击成本较高时,企业对风险追求型非法用户配置蜜罐的比例最高。且当非法用户攻击成本较高时,风险厌恶型非法用户对企业的最优蜜罐配置策略影响很大。

(5)在纯保护色(纯警戒色)情况下,当伪装成本较低时,非法用户最优策略是偏向于攻击风险中立型(风险厌恶型)企业;在纯保护色(纯警戒色)情况下,当伪装成本较高时,非法用户最优策略是偏向于攻击风险厌恶型(风险中立型)企业,且风险厌恶型企业对非法用户的最优攻击策略影响很大。

基于本章的研究结论,在考虑企业和非法用户风险偏好情况下,企业信息系统安全技术配置主要有以下管理启示:

(1)企业和非法用户的风险偏好对对方的决策都有重要影响,所以可通过发布虚假信息等方式影响彼此对对方风险偏好的判断,从而提高自身期望收益。例如,当企业的调查成本较低时,可以通过发布信息等方式让非法用户认为企业是风险厌恶型,因为此种情况下非法用户倾向于攻击风险中立型企业,所以非法用户的最终决策是不入侵企业信息系统,从而企业总体被攻击的概率降低。

(2)企业可以通过分析 IDS、蜜罐和用户日志等方式对企业和非法用户进行风险评估,然后结合信息价值评估非法用户将获得的期望收益,从而最终制定更为合理的人工调查策略。

(3)当企业单次人工调查成本较低时,风险中立型企业更容易被入侵;当企业单次人工调查成本较高时,风险厌恶型企业更容易被入侵。因此,建议企业通过发布虚假信息等方式影响彼此对对方风险偏好的判断,提高自身期望收益。

(4)为了提高纯保护色机制的诱骗能力和纯警戒色机制的威慑能力,企业需要根据非法用户的风险偏好和攻击难度(攻击成本),调整企业的蜜罐配置比例。例如,当非法用户攻击成本较低(较高)时,风险厌恶型(风险追求型)非法用户的攻击概率高于风险追求型(风险厌恶型)和风险中立型非法用户的攻击概率。此时,通过提高蜜罐的配置比例可以诱骗更多非法用户攻击蜜罐,从而获取更多有价值的信息。

(5)为了提高拟态式蜜罐的欺骗和威慑效用,企业需要根据自身风险偏好和伪装成本可能给非法用户造成的影响(非法用户攻击概率的变化)调整企业自身的风险偏好或人工发布虚假信息干扰非法用户决策。例如,人为降低拟态式蜜罐对合法用户的影响可以降低非法用户的攻击概率。在纯保护色(纯警戒色)机制下,当企业的伪装成本较高时,企业可向外界发布一些信息使非法用户认为企业是风险厌恶型的,提高(降低)非法用户的攻击概率,最终帮助企业获取更多有价值的信息,降低被攻击所产生的损失。

第三部分

企业信息系统安全投资策略

第 8 章　考虑信息资产特点的企业信息系统安全投资策略

保障信息系统安全,不仅需要科学选择和配置信息系统安全技术,还要制定合适的信息系统安全投资策略。不同企业信息资产之间呈现多种关系,如相互独立、相互补充等。信息资产之间相互独立是比较常见的,此时,黑客成功攻击任一企业都能获取一定收益,被成功攻击的企业遭受相应的损失,而与其他企业没有关联。随着企业间合作程度的加深,信息资产之间呈现互补关系的企业越来越多,对这类企业,黑客只有对所有企业的信息系统都成功攻击后才能获得相应收益。因此,本章首先研究信息资产相互独立企业的信息系统安全投资策略,然后研究信息资产互补型企业的信息系统安全投资策略。

8.1　信息资产独立情境下的企业信息系统安全投资策略

本节首先给出企业信息资产相互独立的含义,明确这类企业信息系统安全投资策略研究的问题。其次构建黑客和两个信息资产相互独立的企业之间的博弈模型,其中企业决定信息系统安全投资水平和信息分享水平以最大化企业收益,黑客决定网络攻击水平以最大化黑客收益。最后通过求解和分析该博弈的均衡,得出企业信息系统外部互联程度、企业决策方式等因素对信息系统安全投资策略的影响。

8.1.1　问题提出和模型构建

对于多个企业,它们的信息资产之间可能没有任何关系,当成功攻击任意一个企业的信息系统后黑客都能获得一定收益,被成功攻击的企业遭受相应的损失,将这类企业称为信息资产相互独立的企业,如图 8.1 所示。例如,对于一家服饰企业的信息系统和一家家电企业的信息系统,它们的信息资产没有任何关系。换言之,在信息系统安全方面,两家企业的信息资产之间是相互独立的,在安全防御方面没有任何共同的关注点。尽管如此,企业可以通过共享安全信息以提升各自的信息系统安全水平。同时,黑客在选择攻击水平时也会对比两个企业的信息资产价值和安全水平等。所以,信息资产相互独立的企业之间也存在间接关系。

考虑信息资产相互独立的两个企业,这两个企业和黑客之间存在静态博弈关系。在企业和黑客的博弈模型中,企业决定信息系统安全投资水平和信息分享水平,以使其信息资产得到最好的保护;黑客决定其网络攻击信息系统的水平,以使其收益最大化。构建两个企业在以下四种决策方式下的博弈模型:两个企业分散决策安全投资水平和决策信息分享水平;两个企业集中决策安全投资水平但分散决策信息分享水平;两个企业分散决策安全投资水平但集中决策信息分享水平;两个企业集中决策安全投资水平和决策信息分享水平。通过均衡求解,分析企业的最优安全投资水平、信息分享水平和黑客的最优攻击水平随企业外部互联程度等因素的变化规律,研究不同决策方式对社会总效用的影响,进而得出对企业最有利的决策方式,指导企业制定合理的信息系统安全管理策略。

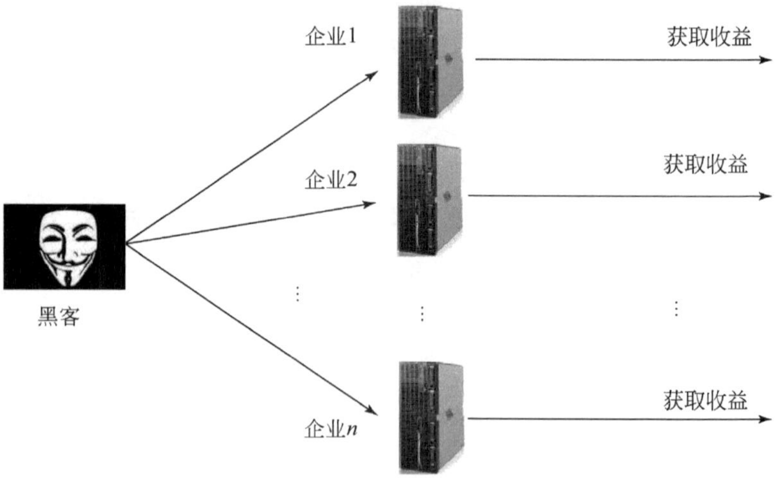

图 8.1　信息资产相互独立的企业间关系

1. 符号定义

假设企业 i 为保护信息系统免遭黑客入侵而投资 z_i,这些投资可以用来雇用网络安全专家,也可以用来购买安全技术和设备。假设企业 j 对企业 i 的信息分享水平为 s_j,则企业 i 有效的安全投资水平为 $z_i+\eta s_j$,其中参数 $\eta\in[0,1]$ 为信息共享效率,描述了两个企业信息系统技术环境的相似性和兼容性(Liu et al.,2011)。例如,当两个企业都用 Windows 操作系统时,γ 的取值相对高些;当两个企业分别用 Windows 和 Linux 操作系统时,γ 的取值相对低些。另外,假设黑客花费 c_i 的财力攻击企业 i 的信息系统,主要采用商业间谍、拒绝服务攻击等定向攻击方式。考虑到企业 i 的信息系统外部互联程度,可得如下总防御水平 z_i^a 和总攻击水平 c_i^a:

$$z_i^a = z_i + \eta s_j + \rho(z_j + \eta s_i), c_i^a = c_i + \rho c_j, i, j = 1, 2, i \neq j \tag{8.1}$$

其中,ρ 刻画了企业信息系统的外部互联性,也称为企业的外部性,其可正可负。为了保证 z_i^a 和 c_i^a 为正值,ρ 的取值范围应该被限制,在后面的讨论中,必要时 ρ 的取值范围将会被进一步限制。在正的外部互联性下,两个企业倾向于合作以便形成更有力的总防御,但同时该外部互联也方便和增强了黑客的网络入侵。在负的外部互联性下,则存在相反的影响。类似于相邻位置的火灾防御以及相连车站的安全检查,如果一个企业信息系统的安全水平较高,其互联企业信息系统被黑客攻击的概率可能变得较低,此时就呈现正的外部性,因为一个企业对黑客的威慑使得黑客不敢对其关联企业进行网络攻击。不过,黑客也有可能会因为一个企业信息系统安全水平过高而转向攻击其互联企业,此时就呈现负的外部性。事实上,从更宏观的角度看,不同国家之间的网络攻击事件也具有正的或者负的外部性,即随着一个国家信息安全事件的增加,另一个国家信息安全事件或者增加或者减少(Kim et al.,2012;Png et al.,2008)。不少学者已经注意到这种外部互联性对企业信息系统安全投资策略的影响(Zhuang et al.,2007;Zhuang,2010)。

2. 成功攻击概率

为了描述企业信息系统的安全特征,需要考虑三个重要因素,即信息系统的固有脆弱性 v_i、信息安全事件引起的企业损失 L_i 以及企业信息系统被黑客成功攻击的概率 $s(v_i, z_i^a, c_i^a)$。固有脆弱性 $v_i \in [0,1]$ 是指在没有增加任何防御措施的情况下信息系统被黑客成功攻击的概率。在现实中,企业的一些数据往往处于不被保护的状态,因而这些数据可以被黑客轻易地获取。当 $v_i = 0$ 时,企业信息系统是完全稳固的;当 $v_i = 1$ 时,企业信息系统是完全脆弱的。企业的损失可以是有形的,如数据被窃取对企业业务的影响和信息系统的修复成本等,也可以是无形的,如消费者信任、企业信誉以及竞争力等方面的损失。除了固有脆弱性 v_i,成功攻击概率 $s(v_i, z_i^a, c_i^a)$ 主要由 z_i^a 和 c_i^a 决定,成功攻击概率满足如下几条基本性质:

(1)$s(v_i, 0, 0) = v_i$,该性质与 v_i 的定义一致;

(2)$s(0, z_i^a, c_i^a) = 0$,即完全稳固的信息系统在增加任何总防御水平和总攻击水平下都不可能被黑客成功攻击;

(3)$\partial s(v_i, z_i^a, c_i^a)/\partial z_i^a, \partial^2 s(v_i, z_i^a, c_i^a)/\partial (c_i^a)^2 < 0, \partial s(v_i, z_i^a, c_i^a)/\partial c_i^a, \partial^2 s(v_i, z_i^a, c_i^a)/\partial (z_i^a)^2 > 0$。

即总防御水平能够降低黑客成功攻击概率,总攻击水平能够提高黑客成功攻击概率,并且总防御水平和总攻击水平都服从边际递减规律。

本章采用如下被广泛接受的成功攻击概率函数:

$$s(v_i, z_i^a, c_i^a) = v_i (\gamma c_i^a + 1)^{\varphi} (\alpha z_i^a + 1)^{-\beta}, \quad 0 < \varphi < 1, \beta > 1 \tag{8.2}$$

正参数 γ 和 α 越大,网络攻击和安全投资的效率就越高。此处,需要假设 v_i 充分小以保证在均衡处 $s(v_i,z_i^a,c_i^a)$ 介于 0 和 1 之间。成功攻击概率函数在决定企业信息系统安全投资中起着重要作用(Gordon and Loeb,2002;Hausken,2006;Johnson,2009;Ye,2004;Willemson,2006)。固有脆弱性是信息系统的一个重要特征,不少实证研究都围绕其对企业信息系统安全投资的影响展开(Kannan and Telang,2005;Telang and Wattal,2007;Tanaka et al.,2005;Arora et al.,2006;Cavusoglu et al.,2008)。该函数是 Cavusoglu 等(2008)在 Gordon 和 Loeb(2002)研究的基础上改进的,因此将其称为 G-C 成功攻击概率函数。

3. 期望收益

在不考虑信息系统安全投资、信息分享以及网络攻击的情况下,企业 i 的期望损失为 $v_iL_i=s(v_i,0,0)L_i$。考虑到企业 i 的总防御水平 z_i^a,成功攻击概率的减少量为 $s(v_i,0,0)-s(v_i,z_i^a,c_i^a)=v_i-s(v_i,z_i^a,c_i^a)$,该减少量也取决于黑客的总攻击水平 c_i^a。因此,企业 i 的净收益为 $[v_i-s(v_i,z_i^a,c_i^a)]L_i-z_i$。虽然信息分享能够有效降低企业信息系统的攻击成功概率,但也带来了泄露成本 $g_i(s_i,s_j)$(Gal-Or and Ghose,2005)。容易理解,企业分享较多的安全信息会带来较大的风险,这些风险可能源于企业产生的道德风险,或源于消费者信心和满意度、社会福利的降低等(Gal-Or and Ghose,2003;Pardo et al.,2006),用如下的成本函数表示:

$$g_i(s_i,s_j)=\kappa_1 s_i^2-\kappa_2 s_j^2-\kappa_3 s_i s_j,\ \kappa_1\geqslant\kappa_2+\kappa_3,\ i,j=1,2,\ i\neq j \tag{8.3}$$

其中,非负 κ_1、κ_2 和 κ_3 分别代表企业 j 信息分享的负面效应、企业 j 信息分享对企业 i 的正面效应以及两个企业信息相互分享的正面效应。信息分享泄露成本的具体形式可以有很多种,但需要满足三点基本性质:

(1)$\partial g_i/\partial s_i>0$ 且 $\partial g_i/\partial s_j<0$,即分享信息是有风险的但接收信息是有益的;

(2)$\partial^2 g_i/\partial s_i^2>0$ 且 $\partial^2 g_i/\partial s_j^2<0$,即信息分享以边际递增的效应增加泄露成本,这符合信息安全泄露风险的特征;

(3)$\partial^2 g_i/\partial s_i\partial s_j\leqslant 0$,即企业边际泄露成本随着另一企业信息分享程度的增加而减小。

因此,企业 i 的期望效用函数为

$$F_i=[v_i-s(v_i,z_i^a,c_i^a)]L_i-z_i-(\kappa_1 s_i^2-\kappa_2 s_j^2-\kappa_3 s_i s_j) \tag{8.4}$$

一般而言,企业信息系统所保护的信息资产对企业和黑客具有不同的价值。对企业而言,信息资产价值是通过合法的商业途径来实现的,但对黑客而言,则是通过未被授权的非法途径实现的。例如,对一家存储有顾客信用卡信息的企业而言,该信息资产的价值只有在顾客的支付活动中实现,而黑客则通过诈骗、身份窃取、黑市交易等形式实现该信息资产的价值(Bandyopadhyay et al.,2010)。假设黑

客成功攻击企业 i 的信息系统后能够获得价值 H_i，相应的期望收益即 $[s(v_i,z_i^a,c_i^a)-v_i]H_i$，其中 $s(v_i,z_i^a,c_i^a)-v_i=s(v_i,z_i^a,c_i^a)-s(v_i,0,0)$ 为黑客总攻击水平 c_i^a 带来的成功攻击概率增加量。因此，黑客的期望效用为

$$H=[s(v_1,z_1^a,c_1^a)-v_1]H_1+[s(v_2,z_2^a,c_2^a)-v_2]H_2-c_1-c_2 \tag{8.5}$$

显然，如果 $s(v_i,z_i^a,c_i^a)<v_i$，则 $v_i-s(v_i,z_i^a,c_i^a)$ 为由企业总防御水平而导致的成功攻击概率的减少量。此时，黑客通过发动网络攻击减少 $v_i-s(v_i,z_i^a,c_i^a)$，也即增加 $s(v_i,z_i^a,c_i^a)-v_i$。相反地，如果 $s(v_i,z_i^a,c_i^a)>v_i$，则 $s(v_i,z_i^a,c_i^a)-v_i$ 为由黑客总攻击水平而带来的成功攻击概率的增加量，企业 i 的总防御水平努力减少该增加量。因此，上面关于企业和黑客期望效用函数的定义是合理的。

8.1.2 均衡分析

假设两个企业分散决策安全投资水平以及信息分享水平，黑客决定对两个企业信息系统的网络攻击水平。

1. 信息分享

在博弈均衡处，两个企业的信息分享水平为

$$s_1=s_2=\max\{0,\rho\eta\ (2\kappa_1-\kappa_3)^{-1}\} \tag{8.6}$$

结论 8.1 当两个企业具有正外部性时，信息分享水平随外部互联程度线性增加；当两个企业具有负外部性时，不分享任何信息。信息分享水平在正外部性下随着其效率的增加而增加，但与企业安全投资效率以及企业信息系统的固有脆弱性无关。

当两个企业具有正外部性时，随着它们之间外部互联程度的增加，每个企业都有分享安全信息的强烈愿望，以便于在应对黑客时具有更强的总防御水平。然而，当两个企业具有负外部性时，没有一个企业愿意分享安全信息。另外，高的泄露风险不利于企业分享其信息。Hausken(2007)指出，企业信息分享随其安全投资效率的增大而减少。然而，这里得出企业信息分享与其安全投资效率无关。事实上，在 Hausken 提出的基于竞赛理论的框架下，安全投资效率对黑客的成功攻击概率没有影响，进而总是有利于企业得到更高的收益。随着安全投资效率的增加，每个企业为了在较低成本的基础上保持其总防御水平，自然把其重心由信息分享转移到安全投资。然而，不同于竞赛成功函数，在 G-C 成功攻击概率函数下，随着安全投资效率的增加，每个企业信息系统变得更难以被黑客成功攻击。因此，黑客为了获取一定的价值，必须对企业信息系统发动更强烈的网络攻击。为了保护信息系统，每个企业不必降低其信息分享程度。这样，就不难理解为什么企业信息分享与安

全投资的效率无关。

结论 8.1 指出,信息分享在正外部性下随着其效率的增加而增加,这一点可以通过图 8.2 说明。图 8.2 为国家计算机病毒应急处理中心给出的国内计算机病毒流行列表,其是在总结多个企业病毒报告后得出的,企业可以根据分享的安全事件信息做好积极防御措施。图 8.2 列出的多个安全软件企业在技术方面具有较高的相似性,即这些企业信息分享的效率都较高。可以发现,这些企业将自己的病毒报告进行分享的意愿都比较强烈。

病毒报告人名称	病毒报告人简称	代表产品
北京北信源自动化技术有限公司	Bxy	北信源杀毒专家
上海创源计算机信息安全有限公司	Cy	安全之星(SecuStar)
北京冠群金辰软件有限公司	Gqjc	kill
北京华深科技发展有限公司	Hs	F-Secure
上海金陵泰克信息科技发展股份有限公司	Jltk	VirusScan
北京江民新科技技术有限公司	Jm	KV 系列
北京金山软件有限公司	Js	金山毒霸.net
北京乐亿阳趋势经贸有限责任公司	Lyy	Pc-cillin
北京启明星辰信息技术有限公司	Qmxc	天阗安防
北京瑞星电脑科技开发有限责任公司	Rx	Rising
北京赛门铁克信息技术有限公司	Smtk	NAV
熊猫软件(中国)有限公司	Xm	熊猫卫士(Panda)
趋势网络科技(中国)有限公司	Qs	InterScan
国家计算机病毒应急处理中心	Yj	——
河南豫能信息技术有限公司	Yn	AV95

流行病毒名称	病毒报告人
W32.Navadid(圣诞节)	Cy, Gqjc, Jm, Rx, Xq, Xm
VBS/VBSWG.j@MM(库尔尼科娃)	Gqjc, Jm, Js, Rx, Xq
I-Worm.Badtrans	Gqjc, Lyy, Xq, Yj
I-Worm.Magistr(马吉斯)	Cy, Gqjc, Jm, Js, lyy, Rx, Xq, Yj
Happytime(欢乐时光)	Gqjc, Lyy, Yj
Hybris	Gqjc, Jm, Yj
I-Worm.MTX	Gqjc, Jm, Rx, Yj
Blebla.B(罗密欧与朱丽叶)	Gqjc, Lyy, Rx, Yj
Homepage	Jm
Sircam	Js, Rs, Yj
CodeRedII(红色代码II)	Bxy, Rs, Yj
klez(求职信)	Cy, Gqjc, Jm, Js, Rx, Smtk, Xm, Xq, Yj, Yn
Aliz	Gqjc, Js, Yj
I-Worm.Badtrans.b	Gqjc, Jm, Js, Rs, Xq, Yj

图 8.2 国内计算机病毒流行列表

资料来源:http://www.antivirus-china.org.cn/head/liebiao.htm

2. 总防御和总攻击

在接下来的讨论中,以企业 1 为例分析均衡,而企业 2 的均衡可以通过改变下标的方式得到。企业 1 的总攻击水平和总防御水平分别为

$$\begin{cases} c_1^a=\gamma^{-1}\{v_1L_1^{-\beta}H_1^{1+\beta}(\alpha\beta)^{-\beta}[\gamma\varphi(1+\rho)]^{1+\beta}\}^{\frac{1}{1+\beta-\varphi}}-\gamma^{-1} \\ z_1^a=\alpha^{-1}\{v_1L_1^{1-\varphi}H_1^{\varphi}(\alpha\beta)^{1-\varphi}[\gamma\varphi(1+\rho)]^{\varphi}\}^{\frac{1}{1+\beta-\varphi}}-\alpha^{-1} \end{cases} \tag{8.7}$$

结论 8.2 ①企业的总攻击水平和总防御水平随外部互联程度的增加而增加。②企业的总攻击水平随安全投资效率的增加而减少;企业的总防御水平随黑客网络攻击效率的增加而增加。③企业的总攻击水平随黑客收益的增加而增加,随企业损失的增加而减少;企业的总防御水平随黑客收益和企业损失的增加而增加。

在 G-C 成功攻击概率函数下,均衡分析发现,随着企业互联程度的增加,两个企业的总攻击水平和总防御水平都会增强。直观来讲,随着企业互联程度的增加,黑客估计到企业的总防御水平会增强,进而增加自己的总攻击水平。另外,企业互

联程度的增加也有助于提高黑客的总攻击水平。

从直观上似乎难以理解,在均衡处企业的总攻击水平随着安全投资效率的增加而降低,而总防御水平随着黑客网络攻击效率的增加而提高。事实上,随着安全投资效率的增加,每个企业自然会提高其安全投资水平,相应地,企业总防御水平也随之提高。但是,随着企业安全投资效率的提高,黑客却不必提高其网络攻击水平,表明黑客在与企业的博弈中不必过于激进。事实上,在企业和黑客策略交互中,黑客总是比企业有更大的优势(Anderson,2002)。在现实中,企业必须对其信息系统所有的漏洞进行修复,而黑客只需要发现一个漏洞即可入侵信息系统。这种现象在具有低概率漏洞的信息系统中较明显。这意味着在企业花费大量财力去寻找一个漏洞之前,黑客可能早已轻松地找到另一个漏洞。例如,如果一个企业的信息系统具有 10^6 个漏洞,每个漏洞的平均无故障时间(mean time between failure, MTBF)为 10^9 小时,当仅有一个漏洞被黑客发现,该信息系统就出现故障,所以该信息系统的 MTBF 为 10^3 小时,这意味着在黑客发现一个漏洞之前企业发现漏洞的希望很渺茫(Zhang,2011)。

由结论 8.2(iii)可知,企业的损失和黑客的收益对总攻击水平和总防御水平具有非对称的影响。具体而言,当企业的损失增加时,企业的总攻击水平降低而总防御水平提高。但当黑客的收益增加时,企业的总攻击水平和总防御水平都提高。换句话说,在和黑客进行策略交互时,企业往往处于不利地位,而黑客却处于有利地位。

3. 成功攻击概率

由式(8.7)得均衡处成功攻击概率为

$$s(v_1, z_1^a, c_1^a) = \{ v_1 L_1^{-\beta} H_1^{\varphi} (\alpha\beta)^{-\beta} [\gamma\varphi(1+\rho)]^{\varphi} \}^{\frac{1}{1+\beta-\varphi}} \tag{8.8}$$

结论 8.3 G-C 成功攻击概率随着企业信息系统的固有脆弱性、企业外部互联程度、黑客网络攻击效率和收益的增加而增加,随着安全投资效率以及企业损失的增加而减小。

当黑客的网络攻击效率或者黑客收益增加时,黑客将发动更猛烈的攻击,这意味着成功攻击概率随之增加。类似地,当企业安全投资效率或者企业损失增加时,企业将会增加安全投资,这意味着成功攻击概率随之减小。显然,当企业信息系统的固有脆弱性较高时,黑客能够更容易获取企业的信息资产,进而企业信息系统的成功攻击概率增加。根据定义,G-C 成功攻击概率函数随着总攻击水平的提高而增大,但随着总防御水平的提高而减小。由结论 8.2 可知,总攻击水平和总防御水平都随着企业外部互联程度的增加而提高。当效率参数相等时,总攻击水平对成功攻击概率的影响大于总防御水平对成功攻击概率的影响。综合起来考虑,G-C

成功攻击概率最终受总攻击水平影响更大,所以其最终随着企业互联程度的增加而增加。

以上结论分析表明:当企业外部互联程度或者信息分享效率增加,或者企业信息系统泄露成本减小时,每个企业都应该和对方分享更多的信息。企业应该意识到外部互联是一把双刃剑,其对总防御水平和总攻击水平都有利。企业应该注意到总攻击水平随着安全投资效率和企业收益的增加而降低,随着黑客收益的增大而提高。相反,随着网络攻击效率、黑客收益以及企业损失的增大,企业应当提高总防御水平。企业应该意识到黑客的成功攻击概率随着企业信息系统的固有脆弱性、企业外部互联程度、黑客网络攻击效率以及黑客收益的增加而增加,随着企业安全投资效率以及企业损失的增加而减小。

8.1.3 集中决策下的均衡分析

随着信息系统安全信息共享机构的建立,企业的安全投资以及信息分享可能被第三方统一决策。这一部分讨论当安全服务协调者或者集中决策企业安全投资水平,或者集中决策企业信息分享水平,或者集中决策企业安全投资水平和信息分享水平时企业的均衡策略。具体来讲,安全服务协调者的目标是最大化两个企业的社会总效用,即

$$F=[v_1-s(v_1,z_1^a,c_1^a)]L_1+[v_2-s(v_2,z_2^a,c_2^a)]L_2-z_1-z_2-g_1(s_1,s_2)-g_2(s_2,s_1) \tag{8.9}$$

和上面的讨论类似,这里主要关注均衡处企业的总攻击水平、总防御水平以及成功攻击概率。

1\. 集中决策企业安全投资下的均衡

当安全服务协调者集中决策企业安全投资水平时,表 8.1 总结了相应的均衡结果。

表 8.1 安全服务协调者集中决策企业安全投资水平下的均衡

变量	变量均衡表达式
信息分享水平	$s_1=s_2=\rho\eta[(1+\rho)(2\kappa_1-\kappa_3)]^{-1}$
总攻击水平	$c_1^a=\gamma^{-1}[v_1L_1^{-\beta}H_1^{1+\beta}(1+\rho)(\alpha\beta)^{-\beta}(\gamma\varphi)^{1+\beta}]^{\frac{1}{1+\beta-\varphi}}-\gamma^{-1}$
总防御水平	$z_1^a=\alpha^{-1}[v_1L_1^{1-\varphi}H_1^{\varphi}(1+\rho)(\alpha\beta)^{1-\varphi}(\gamma\varphi)^{\varphi}]^{\frac{1}{1+\beta-\varphi}}-\alpha^{-1}$
G-C 成功攻击概率	$s(v_1,z_1^a,c_1^a)=[v_1L_1^{-\beta}H_1^{\varphi}(1+\rho)^{\varphi-\beta}(\alpha\beta)^{-\beta}(\gamma\varphi)^{\varphi}]^{\frac{1}{1+\beta-\varphi}}$

结论 8.4 当安全服务协调者集中决策企业安全投资水平时,①企业信息共享水平不高于企业分散决策安全投资水平和信息分享水平时的均衡值;②当企业之间存在正(负)外部性时,企业的总攻击水平小于(大于)企业分散决策安全投资水平和信息分享水平时的均衡值,但企业的总防御水平大于(小于)企业分散决策安全投资水平和信息分享水平时的均衡值;③当企业之间存在正(负)外部性时,企业信息系统的成功攻击概率小于(大于)两企业分散决策安全投资水平和信息分享水平时的均衡值。

为了理解结论 8.4(i),需要了解社会总效用相对于企业安全投资水平的变化

$$\frac{\partial F}{\partial z_1}=\frac{\partial F_1}{\partial z_1}+\frac{\partial F_2}{\partial z_1}=\frac{\partial F_1}{\partial z_1}-\frac{\partial s(v_2,z_2^a,c_2^a)}{\partial z_1}L_2=\frac{\partial F_1}{\partial z_1}-\frac{\partial s(v_2,z_2^a,c_2^a)}{\partial z_2^a}\rho L_2 \tag{8.10}$$

所以,当企业外部互联性为正时,与企业分散决策安全投资水平和信息分享水平相比,当安全服务协调者集中决策安全投资水平时,安全投资水平的增加会带来更多的社会总效用。因此,为了保持一定的总防御水平,此时企业会提供更少的信息分享。此时,安全服务协调者集中决策安全投资水平将比企业分散决策安全投资水平更有效率。安全服务协调者集中决策安全投资水平下的总防御水平高于企业分散决策安全投资水平和信息分享水平的总防御水平。相应地,处于劣势的黑客将发动较弱的网络攻击。因此,当企业存在正外部性时,每个企业信息系统的成功攻击概率将减小。由于式(8.10)对任意合理的成功攻击概率函数都成立,所以,结论 8.4 具有一定的稳健性。

2. 集中决策信息分享下的均衡

当安全服务协调者集中决策企业信息分享水平时,其均衡见表 8.2。

表 8.2 当安全服务协调者仅仅控制信息分享下的均衡

变量	变量均衡表达式
信息分享	$s_1=s_2=\eta(1+\rho)[2(\kappa_1-\kappa_2-\kappa_3)]^{-1}$
总攻击水平	$c_1^a=\gamma^{-1}[v_1L_1^{-\beta}H_1^{1+\beta}(\alpha\beta)^{-\beta}[\gamma\varphi(1+\rho)]^{1+\beta}]^{\frac{1}{1+\beta-\varphi}}-\gamma^{-1}$
总防御水平	$z_1^a=\alpha^{-1}[v_1L_1^{1-\varphi}H_1^{\varphi}(\alpha\beta)^{1-\varphi}[\gamma\varphi(1+\rho)]^{\varphi}]^{\frac{1}{1+\beta-\varphi}}-\alpha^{-1}$
G-C 成功攻击概率	$s(v_1,z_1^a,c_1^a)=\{v_1L_1^{-\beta}H_1^{\varphi}(\alpha\beta)^{-\beta}[\gamma\varphi(1+\rho)]^{\varphi}\}^{\frac{1}{1+\beta-\varphi}}$

结论 8.5 当安全服务协调者集中决策企业信息分享水平时,①企业的信息分享水平高于当安全服务协调者仅集中决策安全投资水平时的信息分享水平,也高于企业分散决策安全投资水平和信息分享水平时的均衡值;②企业的总攻击水平和总防御水平以及成功攻击概率都等于当企业分散决策安全投资水平和信息分

享水平时的均衡值。

容易验证，

$$\frac{\partial F}{\partial s_1}=\frac{\partial F_1}{\partial s_1}+\frac{\partial F_2}{\partial s_1}=\frac{\partial F_1}{\partial s_1}-\frac{\partial s(v_2,z_2^a,c_2^a)}{\partial z_2^a}\eta L_2-\frac{\partial g_2(s_2,s_1)}{\partial s_1}>\frac{\partial F_1}{\partial s_1} \tag{8.11}$$

这意味着，当安全服务协调者集中决策企业信息分享水平时，相比安全服务协调者仅集中决策企业安全投资水平以及企业分散决策安全投资水平和信息分享水平两种方式，信息分享水平更有效。因此，不管企业之间具有正的外部性还是负的外部性，与后两种决策方式相比，当被集中决策时企业信息分享水平更高。尽管如此，与企业分散决策安全投资水平和信息分享水平相比，仅信息分享水平被集中决策时，每个企业的总防御水平和总攻击水平保持不变。这是由于黑客期望效用关于网络攻击水平的导数（即黑客关于网络攻击的边际期望效用）以及企业期望效用关于安全投资水平的导数（即企业关于安全投资的边际期望效用）在这两种决策方式下不变。结论 8.5 表明 Hausken（2007）的结果具有一定的稳健性。实际上，式（8.11）对所有合理的成功攻击概率和信息分享泄露成本都成立，所以结论 8.5 不会随着这些函数具体形式的改变而改变。

3. 集中决策安全投资和信息分享下的均衡

接下来讨论安全服务协调者集中决策安全投资水平和信息分享水平时的均衡，见表 8.3。

表 8.3　安全服务协调者集中决策安全投资水平和信息分享水平时的均衡

变量	变量均衡表达式
信息分享水平	$s_1=s_2=\eta[2(\kappa_1-\kappa_2-\kappa_3)]^{-1}$
总投资水平	$c_1^a=\gamma^{-1}[v_1L_1^{-\beta}H_1^{1+\beta}(1+\rho)(\alpha\beta)^{-\beta}(\gamma\varphi)^{1+\beta}]^{\frac{1}{1+\beta-\varphi}}-\gamma^{-1}$
总防御水平	$z_1^a=\alpha^{-1}[v_1L_1^{1-\varphi}H_1^{\varphi}(1+\rho)(\alpha\beta)^{1-\varphi}(\gamma\varphi)^{\varphi}]^{\frac{1}{1+\beta-\varphi}}-\alpha^{-1}$
G-C 成功攻击概率	$s(v_1,z_1^a,c_1^a)=[v_1L_1^{-\beta}H_1^{\varphi}(1+\rho)^{\varphi-\beta}(\alpha\beta)^{-\beta}(\gamma\varphi)^{\varphi}]^{\frac{1}{1+\beta-\varphi}}$

结论 8.6　当安全服务协调者集中决策安全投资水平和信息分享水平时，①企业的信息分享水平总是高于安全服务协调者仅集中决策安全投资水平时的均衡值，也高于企业分散决策安全投资水平和信息分享水平时的均衡值，但是高于安全服务协调者仅集中决策信息分享水平时的均衡值当且仅当企业存在负外部性。②企业的总攻击水平和总防御水平以及成功攻击概率等于安全服务协调者仅集中决策安全投资水平时的均衡值。

可以看出，当企业的安全投资水平和信息分享水平都被集中决策时，信息分享水平的均衡值不依赖于企业的外部性。类似于集中决策信息分享情况的讨论，同理可以解释为什么集中决策方式下，信息分享水平高于当安全服务协调者仅集中决策企业安全投资水平时的均衡值以及当企业分散决策安全投资水平和信息分享水平时的均衡值。由式(8.10)可知，当安全服务协调者仅集中决策信息分享水平时，关于安全投资的边际社会总效用高于这种完全集中决策方式下相应的关于安全投资边际社会总效用当且仅当两个企业的信息系统具有负的外部性。因此，在负的企业外部性下，企业仅集中决策信息分享水平时企业信息安全的投资比完全集中决策方式下的投资高，为保持一定的总防御水平，企业分享的安全信息就少。结论 8.6②表明当安全服务协调者集中决策企业安全投资水平时，安全服务协调者是否再集中决策企业信息分享水平对企业的总攻击水平和总防御水平没有影响。实际上，如果企业安全投资水平已经被集中决策，总攻击水平和总防御水平仅仅由社会总期望效用关于安全投资的导数以及黑客期望效用关于网络攻击的导数决定。然而，这两个导数都不随着信息分享水平的决策方式的改变而改变。换句话说，一旦企业安全投资水平的决策方式给定，总攻击水平和总防御水平即可确定。另外，结论 8.6②可以推广到一般形式的成功攻击概率函数和企业信息分享泄露函数。

8.1.4 社会总效用分析

1. 社会总效用对比

假设两个企业是对称的，即具有相同的固有脆弱性、企业损失以及黑客收益，即 $v_1=v_2=v, L_1=L_2=L, H_1=H_2=H$。因此，无论安全服务协调者是否介入，两个企业都具有相等的期望效用。此时，可以利用每个企业的期望效用衡量社会总效用。这种对称情况下，移去变量的下标，可以得到每个企业的期望效用：

$$F_s=[v-s(v,z^a,c^a)]L-[z^a/(1+\rho)-\eta s]-(\kappa_1-\kappa_2-\kappa_3)s^2 \tag{8.12}$$

其中 $z=z^a/(1+\rho)-\eta s$ 为每个企业的安全投资水平。

记 s_A 和 s_B 分别为不同的信息分享水平，则：

$$\eta s_A-(\kappa_1-\kappa_2-\kappa_3)s_A^2-[\eta s_B-(\kappa_1-\kappa_2-\kappa_3)s_B^2]=(s_A-s_B)[\eta-(\kappa_1-\kappa_2-\kappa_3)(s_A+s_B)]。$$

当企业外部互联程度满足 $\rho<(2\kappa_1-\kappa_3)/(4\kappa_1-2\kappa_2-3\kappa_3)(>0)$ 时，有

$$\begin{aligned}&\eta-(\kappa_1-\kappa_2-\kappa_3)\{\eta\rho/(2\kappa_1-\kappa_3)+\eta(1+\rho)/[2(\kappa_1-\kappa_2-\kappa_3)]\}\\&=\eta[(2\kappa_1-\kappa_3)-(4\kappa_1-2\kappa_2-3\kappa_3)\rho]/[2(2\kappa_1-\kappa_3)]>0\end{aligned} \tag{8.13}$$

和

$$\begin{aligned}&\eta-(\kappa_1-\kappa_2-\kappa_3)\{\rho\eta/[(1+\rho)(2\kappa_1-\kappa_3)]+\eta/[2(\kappa_1-\kappa_2-\kappa_3)]\}\\&=\eta[(2\kappa_1-\kappa_3)+(2\kappa_2+\kappa_3)\rho]/[2(1+\rho)(2\kappa_1-\kappa_3)]>0\end{aligned} \tag{8.14}$$

由结论 8.5 和结论 8.6 可得结论 8.7。

结论 8.7 ①如果企业已经分散决策安全投资水平，则当安全服务协调者集中决策企业信息分享水平时，社会总效用要大于企业分散决策信息分享水平时的社会总效用。②如果安全服务协调者已经集中决策企业的安全投资水平，那么当安全服务协调者集中决策信息分享水平时，社会总效用要大于企业分散决策信息分享水平时的社会总效用。

当企业已经分散决策安全投资水平，不管企业信息分享水平是分散决策还是集中决策，总攻击水平、总防御水平进而成功攻击概率都不会改变。当安全服务协调者集中决策信息分享水平时，虽然企业的泄露成本高于企业分散决策信息分享水平时的泄露成本，但是企业安全投资水平要高于企业分散决策信息分享水平时的安全投资水平。由于安全投资水平对社会总效用的影响程度比泄露成本的影响程度大，所以安全服务协调者控制信息分享水平时的社会总效用要大于企业分散决策信息分享水平时的社会总效用。类似可以分析结论 8.7②。

以上分析表明：如果企业分散决策安全投资水平，那么企业应该让安全服务协调者集中决策信息分享水平而不是自己去分散决策；如果安全服务协调者集中决策安全投资水平，那么企业应该让安全服务协调者集中决策信息分享水平而不是自己去分散决策。换言之，无论安全投资水平是被分散决策还是被集中决策，企业都应该集中决策信息分享水平。

2. 数量仿真

本小节借助数量仿真方法全面对比上述四种决策情形下的社会总效用。假设 $v=0.6$、$\gamma=20$、$\varphi=0.2$、$\alpha=0.2$、$\beta=1.5$、$L=50$、$H=20$、$\eta=0.95$、$\kappa_1=2.1$、$\kappa_2=0.5$、$\kappa_3=1$，图 8.3 给出了每个企业的期望效用随着企业外部互联程度的变化规律。

由图 8.3 可知，随着企业外部互联程度的变化，四种情形下社会总效用的对比较复杂。具体而言，虽然当安全服务协调者集中决策安全投资水平和信息分享水平时的社会总效用在企业互联程度的较大范围内达到最大值，但有时当安全服务协调者仅集中决策信息分享水平时具有最大的社会总效用。另外，在这种部分集中决策方式下的社会总效用也有可能小于当安全服务协调者仅集中决策安全投资水平时的社会总效用。

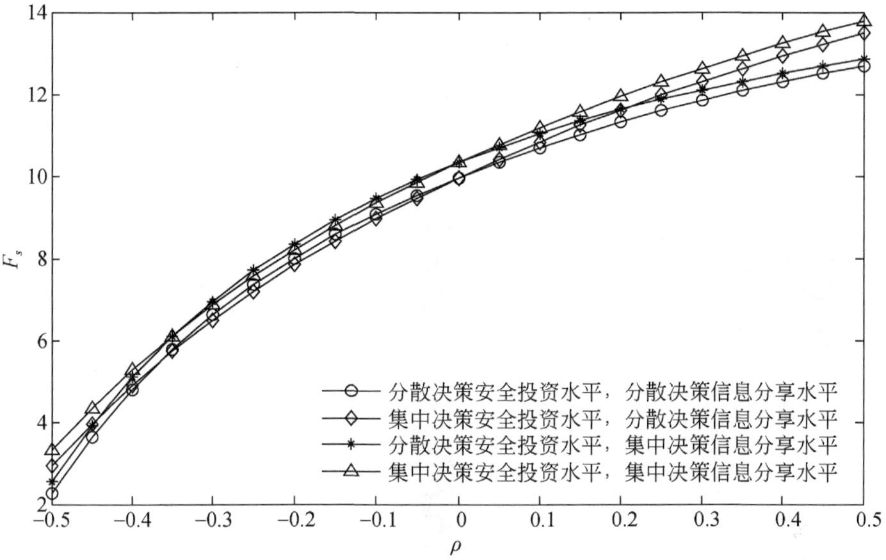

图 8.3　每个企业的期望效用随着企业外部互联程度的变化规律

8.2　信息资产互补情境下的企业信息系统安全投资策略

信息资产互补是企业间信息系统相互关联的一种方式，本节首先给出信息资产互补的概念，提出相应的信息系统安全投资策略研究问题，其次根据问题构建黑客和信息资产互补的企业之间的博弈模型，求解企业信息系统安全投资均衡策略，最后分析不同决策方式对企业信息系统安全投资策略的影响。

8.2.1　问题提出和模型构建

1. 问题提出

所谓多个企业信息资产互补，是指只有当黑客成功攻击所有企业的信息系统时黑客才能获取收益，企业才会遭受损失，如图 8.4 所示。当今社会，多个企业的信息资产具有互补关系的现象非常多见。例如，一项新产品的设计方案可能由几个独立的企业合作完成，其中由每个企业的局部方案都不能完全获悉这款新产品设计的具体情况。黑客只有将各个企业信息系统所存储的信息资产全部窃取之后，才能得到这项新产品完整的设计方案。此时，企业才会遭受损失。

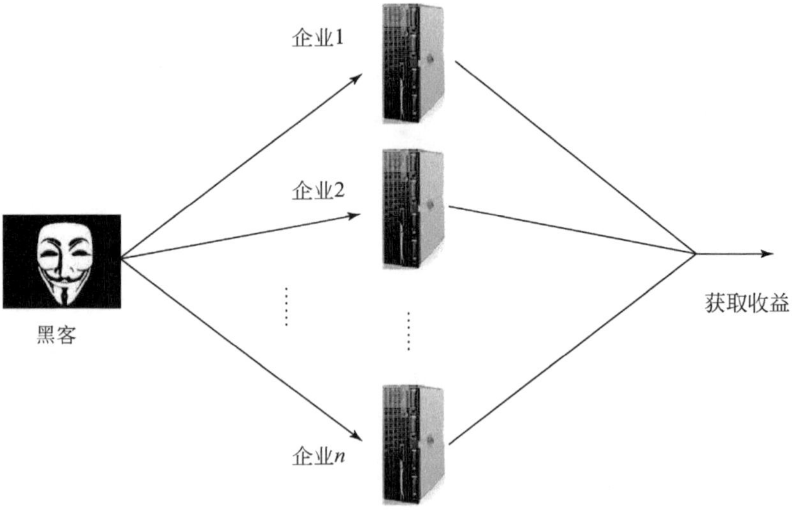

图 8.4　企业信息资产间的互补关系

考虑两个企业信息系统中的信息资产之间存在互补关系，建立两个企业和黑客之间的静态博弈模型。具体来说，企业决定信息系统安全投资水平和信息分享水平，以使其信息资产得到最好保护；黑客决定其网络攻击水平，以使其收益最大化。考虑两个企业分散决策安全投资水平和信息分享水平时的博弈，通过对该博弈的求解，分析企业的最优安全投资水平、信息分享水平和黑客的最优攻击水平随企业外部互联程度等因素如何变化。接着，分别针对三种决策方式，即两个企业集中决策安全投资水平但分散决策信息分享水平，两个企业分散决策安全投资水平但集中决策信息分享水平，两个企业集中决策安全投资水平和信息分享水平等，求解均衡，对比四种决策情形下社会总成本之间的差异，得出使得社会总成本最小的决策方式，为企业制定信息系统安全投资策略提供合理的指导。

2. 模型构建

1）参数定义

为保证所建立的模型具有可解性，不失一般性，只考虑两个互补企业，即企业 i 和企业 j。为应对黑客入侵保护信息系统，假设企业 i 对其信息系统投资 t_i 用来雇用网络安全专家，安装安全设备如防火墙、IDS、反病毒软件、VPN、内容过滤技术、访问控制系统等。假设企业 i 对企业 j 的安全信息分享水平为 s_i，则企业 i 的有效投资水平为 $t_i+\gamma s_j$，其中参数 $\gamma\in[0,1]$ 为信息分享效率，衡量了两个企业信息系统技术环境的相似性和兼容性。假设黑客攻击企业 i 的信息系统花费为 T_i，用来刻画网络攻击水平。该网络攻击通常包含两个阶段,即学习阶段和攻击阶段。在学习阶段,黑客搜集企业信息系统脆弱性方面的有关信息;在攻击阶段,黑客除了执行网络入侵之外,还需要进行一些消除攻击痕迹的活动(Cavusoglu et al.,2008)。本节主要考虑商业间谍、拒绝服务攻击等定向攻击情形。考虑到信息系统的外部互联以及信息分享等因素得到企业 i 具备的总防御水平 t_i^A 和遭受的总攻击水平 T_i^A:

$$t_i^A=t_i+\gamma s_j+\alpha(t_j+\gamma s_i),T_i^A=T_i+\alpha T_j,i,j=1,2,i\neq j \tag{8.15}$$

式中,t_i^A 中的第一项为企业 i 的有效投资水平,第二项为企业 j 的有效投资水平,企业 j 的有效投资水平通过企业信息系统外部互联影响企业 i 的总防御水平。其中,α 为企业信息系统外部互联参数,其可正可负。显然,α 的幅度应该被限制以保证 t_i^A 和 T_i^A 为正值。在后面的讨论中,如果有必要的话,α 的幅度将会被进一步限制。在正的外部互联性下,两个企业倾向于合作以便于形成更强的总防御能力,但由于该互联也方便了黑客的入侵,企业信息系统也不可避免地遭受黑客更强的总攻击。当互联参数 α 为负时,其对信息系统的总防御和黑客的总攻击具有相反的影响。

2)成功攻击概率

企业信息系统被黑客成功攻击的概率由其总防御水平以及总攻击水平决定,给定两个企业信息系统被黑客成功攻击的概率分别为 $P(t_i^A,T_i^A)$ 和 $P(t_j^A,T_j^A)$。假设$\frac{\partial P(t_i^A,T_i^A)}{\partial t_i^A},\frac{\partial^2 P(t_i^A,T_i^A)}{\partial (T_i^A)^2}<0,\frac{\partial^2 P(t_i^A,T_i^A)}{\partial (t_i^A)^2},\frac{\partial P(t_i^A,T_i^A)}{\partial T_i^A}>0$,即企业增加总防御水平能够降低信息系统被黑客成功攻击的概率,但具有边际递减规律;同样地,黑客提高总攻击水平能够增加信息系统被成功攻击的概率,但也具有边际递减规律。信息系统被黑客成功攻击的概率函数可以有很多种形式,但需要满足上面的基本性质,如 Gordon 和 Loeb(2002)就在多种成功攻击概率函数形式下讨论了企业 信息系统安全投资。竞赛成功函数被广泛应用于构建成功攻击函数(Clark and Riis,1998),该函数表示每个参与者为了获得奖励而分别付出一定的努力后成功的概率,最先被用于模拟竞赛、冲突以及寻租问题(Clark and Riis,1998;Leininger,1993)。这种函数常用于研究攻击者和防御者的博弈问题(Hausken,2007,2008;Hausken et al.,2009;Hausken and Bier,2011;Hausken and Zhuang,2011,2012)。为保证模型的可解性,本章采用竞赛成功函数描述信息系统被黑客成功攻击的概率,即

$$\begin{cases} P(t_i^A,T_i^A)=\dfrac{T_i^A}{t_i^A+T_i^A}=\dfrac{T_i+\alpha T_j}{t_i+\gamma s_j+\alpha(t_j+\gamma s_i)+T_i+\alpha T_j} \\ P(t_j^A,T_j^A)=\dfrac{T_j^A}{t_j^A+T_j^A}=\dfrac{T_j+\alpha T_i}{t_j+\gamma s_i+\alpha(t_i+\gamma s_j)+T_j+\alpha T_i} \end{cases} \tag{8.16}$$

3）收益函数

对于信息资产互补的企业，只有当两个企业信息系统都被黑客成功攻击时，黑客才能够获得收益，企业才会蒙受损失。因此，两个企业的成本函数分别为

$$\begin{cases} M_i=\dfrac{T_i+\alpha T_j}{t_i+\gamma s_j+\alpha(t_j+\gamma s_i)+T_i+\alpha T_j}\dfrac{T_j+\alpha T_i}{t_j+\gamma s_i+\alpha(t_i+\gamma s_j)+T_j+\alpha T_i}V+f_i t_i \\ M_j=\dfrac{T_i+\alpha T_j}{t_i+\gamma s_j+\alpha(t_j+\gamma s_i)+T_i+\alpha T_j}\dfrac{T_j+\alpha T_i}{t_j+\gamma s_i+\alpha(t_i+\gamma s_j)+T_j+\alpha T_i}V+f_j t_j \end{cases} \tag{8.17}$$

式中，第一项为两个企业的信息系统都被黑客成功攻击时产生的损失，V 衡量了相应的信息资产价值损失，f_i、$f_j>0$ 分别为企业 i 和企业 j 的信息系统单位安全投资成本，进而由 $1/f_i$、$1/f_j$ 衡量两个企业的安全投资效率。

当一个企业将其安全信息提供给其他企业分享时，出于安全风险的考虑，消费者对企业的信心和满意度下降。另外，被分享信息的企业也可能将这些信息恶意传播，进而产生道德风险。假设企业 i 由信息分享而导致如下的泄露成本（Hausken，2007）：

$$g_i(s_i,s_j)=\varphi_1 s_i^2-\varphi_2 s_j^2-\varphi_3 s_i s_j,\quad \varphi_1>\varphi_2+\varphi_3 \tag{8.18}$$

非负参数 φ_1、φ_2、φ_3 分别代表企业 i 信息分享的代价、企业 j 信息分享对企业 i 带来的信息分享风险减少以及两个企业相互信息分享对企业 i 信息分享风险的积极影响。因此，企业 i 和 j 的期望成本分别为

$$\begin{cases} F_i=\dfrac{T_i+\alpha T_j}{t_i+\gamma s_j+\alpha(t_j+\gamma s_i)+T_i+\alpha T_j}\dfrac{T_j+\alpha T_i}{t_j+\gamma s_i+\alpha(t_i+\gamma s_j)+T_j+\alpha T_i}V+f_i t_i+\varphi_1 s_i^2-\varphi_2 s_j^2-\varphi_3 s_i s_j \\ F_j=\dfrac{T_i+\alpha T_j}{t_i+\gamma s_j+\alpha(t_j+\gamma s_i)+T_i+\alpha T_j}\dfrac{T_j+\alpha T_i}{t_j+\gamma s_i+\alpha(t_i+\gamma s_j)+T_j+\alpha T_i}V+f_j t_j+\varphi_1 s_j^2-\varphi_2 s_i^2-\varphi_3 s_i s_j \end{cases} \tag{8.19}$$

相应地，黑客的期望收益为

$$H=\dfrac{T_i+\alpha T_j}{t_i+\gamma s_j+\alpha(t_j+\gamma s_i)+T_i+\alpha T_j}\dfrac{T_j+\alpha T_i}{t_j+\gamma s_i+\alpha(t_i+\gamma s_j)+T_j+\alpha T_i}V-h(T_i+T_j) \tag{8.20}$$

其中 $h>0$ 为黑客单位网络攻击成本，$1/h$ 衡量了网络攻击效率。黑客的期望收益实际上来自两个企业信息资产的损失，其未必等于 V，但是替换为另外一个参数并不影响结果分析。为了简化计算起见，这里假设黑客成功攻击两个企业后所获得的收益也为 V。

8.2.2 均衡分析

假设两个企业以最小化其期望成本为目标独立决定其安全投资水平和信息分享水平，同时黑客以最大化期望收益为目标决定对两个企业的网络攻击水平。

1. 信息分享

企业 i 的均衡信息分享水平为

$$s_i=\frac{\gamma(2\varphi_1 f_j+\varphi_3 f_i)}{4\varphi_1^2-\varphi_3^2} \tag{8.21}$$

企业 j 的均衡信息分享水平只需要交换下标即可得到。

结论 8.8 企业信息分享水平与信息系统外部互联程度无关,随着信息分享效率的增加而提高,随着两个企业单位安全投资成本的增加而线性提高,且随另一企业成本增加的速度更快。即

$$\frac{\partial s_i}{\partial \alpha}=0,\frac{\partial s_i}{\partial f_j}>\frac{\partial s_i}{\partial f_i}>0,\frac{\partial s_i}{\partial \gamma}>0,\frac{\partial^2 s_i}{\partial f_j^2}=\frac{\partial^2 s_i}{\partial f_i^2}=\frac{\partial^2 s_i}{\partial \gamma^2}=0。$$

对于信息资产互补的企业,企业信息分享水平与企业间信息系统的外部互联程度无关。然而,对于信息资产独立的企业而言,Hausken(2007)发现信息分享水平随着外部互联程度的增加而提高。对于信息资产独立的企业而言,随着信息系统外部互联程度的增加,企业之间信息共享是互惠的,可以为应对外部黑客网络攻击提供优势。然而,对于信息资产互补的企业,一个企业信息系统被黑客成功攻击与否不能直接影响企业的成本函数和黑客的收益函数,上述这种互惠作用不复存在。事实上,对于信息资产互补的企业而言,两个企业必须作为一个整体防御黑客入侵,每个企业需要关注所有企业信息系统的整体防御效果,企业决定信息分享水平时不考虑信息系统之间的互联程度。类似 Hausken(2007)的结果,信息资产互补企业的信息共享水平随着两个企业单位安全投资成本的增加而提高。然而不同于 Hausken(2007)的结果,对于信息资产互补的企业,信息分享水平随着自身单位安全投资成本增加而提高的速度要低于随着另一企业单位安全投资成本增加而提高的速度。

2. 信息系统安全投资

企业均衡信息系统安全投资水平和黑客均衡网络攻击水平分别为

$$\begin{cases} t_i=\dfrac{hV(1-\alpha)}{[h(1-\alpha)+f_i-\alpha f_j][h(1-\alpha)+f_j-\alpha f_i]}\left[\dfrac{f_j-\alpha f_i}{h(1-\alpha)+f_i-\alpha f_j}-\alpha\dfrac{f_i-\alpha f_j}{h(1-\alpha)+f_j-\alpha f_i}\right] \\ -\dfrac{\gamma^2(2\varphi_1 f_i+\varphi_3 f_j)}{4\varphi_1^2-\varphi_3^2} \\ T_i=\dfrac{V(f_i-\alpha f_j)(f_j-\alpha f_i)}{[h(1-\alpha)+f_i-\alpha f_j][h(1-\alpha)+f_j-\alpha f_i]}\left[\dfrac{1}{h(1-\alpha)+f_i-\alpha f_j}-\alpha\dfrac{1}{h(1-\alpha)+f_j-\alpha f_i}\right] \end{cases} \tag{8.22}$$

结论 8.9 企业信息系统单位安全投资成本越低,则该企业的安全投资水平、信息分享水平以及黑客攻击水平越高。即,若$f_i<f_j$,则$s_i>s_j$,$t_i>t_j$,$T_i>T_j$。

结论 8.9 表明,信息系统安全投资效率较高的企业不但安全投资较多,而且更愿意与对方分享安全信息。对于两个信息资产互补的企业,它们期望成本函数的期望损失部分(第一项)是相同的,对于安全投资效率高的企业,相同的安全投资和信息分享能够带来更低的期望成本。另外,由于黑客对两个企业的单位网络攻击成本是相同的,且黑客只有对每个企业成功攻击才能获得收益,考虑到安全投资效率高的企业安全投资较多,黑客对该企业的网络攻击也就越猛烈。

3. 总防御和总攻击

在均衡处,企业 i 的总防御水平和总攻击水平分别为

$$\begin{cases} t_i^A=\dfrac{Vh(1-\alpha)(1-\alpha^2)(f_j-\alpha f_i)}{[h(1-\alpha)+f_j-\alpha f_i][h(1-\alpha)+f_i-\alpha f_j]^2} \\ T_i^A=\dfrac{V(1-\alpha^2)(f_i-\alpha f_j)(f_j-\alpha f_i)}{[h(1-\alpha)+f_j-\alpha f_i][h(1-\alpha)+f_i-\alpha f_j]^2} \end{cases} \tag{8.23}$$

简单计算可得

$$\frac{\partial t_i^A}{\partial h}=\frac{V(1-\alpha)(1-\alpha^2)(f_j-\alpha f_i)\{-2(1-\alpha)^2h^2-(1-\alpha)(f_j-\alpha f_i)h+(f_i-\alpha f_j)(f_j-\alpha f_i)\}}{[h(1-\alpha)+f_j-\alpha f_i]^2[h(1-\alpha)+f_i-\alpha f_j]^3} \tag{8.24}$$

结论 8.10 当黑客的单位网络攻击成本较低时,企业的总防御水平随着该单位网络攻击成本的增加而增加;当黑客的单位网络攻击成本较高时,企业总防御水平随着该单位网络攻击成本的增加而减小。即,$\partial t_i^A/\partial h>0$ 当且仅当

$$h<\frac{\sqrt{(1-\alpha)^2(f_j-\alpha f_i)^2+8(1-\alpha)^2(f_i-\alpha f_j)(f_j-\alpha f_i)}-(1-\alpha)(f_j-\alpha f_i)}{4(1-\alpha)^2}。$$

一方面,当黑客的单位网络攻击成本较低时,黑客的网络攻击效率相对较高。此时随着黑客单位网络攻击成本增加,黑客的网络攻击效率变低,为了在与企业的博弈中保持一定的优势,理性的黑客会增加其网络攻击水平。相应地,信息系统被黑客成功攻击的概率会变大,理性的企业会随之增加安全投资以避免该概率变大,进而企业的总防御水平也随之增大。另一方面,当黑客的单位网络攻击成本较高时,黑客的网络攻击效率相对较低,此时黑客可能觉得增加大量投入会得不偿失,进而减少网络攻击,信息系统被成功攻击的概率也随之减小。出于对成本的考虑,理性的企业也会减少信息系统安全投资,进而降低其总防御水平。Hausken(2007)针对信息资产独立企业也得出了类似的结论,结论 8.10 表明,无论是信息资产独立企业还是信息资产互补企业,企业的总防御水平与黑客的单位攻击成本之间呈

倒 U 形关系。然而,对于这两种不同类型的企业,倒 U 形的变化速度以及阈值具有不同的特征。除了企业之间的外部互联程度之外,信息资产独立企业的这些特征只与该企业单位安全投资成本有关,而信息资产互补企业的这些特征不但与该企业单位安全投资成本有关,还与其信息资产互补的另一企业的单位安全投资成本有关,这些不同特征反映了两类企业利益关联方式的不同。

下面研究企业总防御水平随着自身与另一企业单位安全投资成本的变化情况。假设两个企业外部互联程度 α 的幅度比较小,简单计算可得

$$\frac{\partial t_i^A}{\partial f_i}=-\frac{Vh(1+\alpha)(1-\alpha)^2\{\alpha h(1-\alpha)[h(1-\alpha)+f_i-\alpha f_j]+2(f_j-\alpha f_i)[h(1-\alpha)+f_j-\alpha f_i]\}}{[h(1-\alpha)+f_j-\alpha f_i]^2[h(1-\alpha)+f_i-\alpha f_j]^3}<0 \tag{8.25}$$

$$\frac{\partial t_i^A}{\partial f_j}=\frac{Vh(1+\alpha)(1-\alpha)^2\{h(1-\alpha)[h(1-\alpha)+f_i-\alpha f_j]+2\alpha(f_j-\alpha f_i)[h(1-\alpha)+f_j-\alpha f_i]\}}{[h(1-\alpha)+f_j-\alpha f_i]^2[h(1-\alpha)+f_i-\alpha f_j]^3}>0 \tag{8.26}$$

结论 8.11 企业总防御水平随着其单位安全投资成本的增加而降低,但随着另一企业单位安全投资成本的增加而提高。

当企业单位安全投资成本增加时,出于成本的考虑,理性的企业自然会降低其安全投资水平,由于企业的总防御水平主要是由该企业安全投资决定,所以企业的总防御水平随之降低。当另一企业的单位安全投资成本增加时,该企业的安全投资水平降低,其总防御水平也随之降低,进而这一企业信息系统被黑客成功攻击的概率增大。由于企业的损失与另一企业信息系统被黑客成功攻击的概率直接相关,为了保护信息资产,企业会提高安全投资水平,进而提高企业的总防御水平。虽然 Hausken(2007)针对信息资产独立企业也得出了企业总防御水平随其单位安全投资成本递减的结论,但是该总防御水平与另一企业的单位安全投资水平无关。结论 8.11 表明,与信息资产独立企业不同,对于信息资产互补企业而言,企业的总防御水平会受另一企业安全投资效率影响。

接下来讨论两个企业单位安全投资成本的变化对企业 i 的总攻击水平的影响。由于

$$\frac{\partial T_i^A}{\partial f_i}=\frac{V(1-\alpha^2)}{[h(1-\alpha)+f_j-\alpha f_i]^2[h(1-\alpha)+f_i-\alpha f_j]^3}\{(f_j-\alpha f_i)[h(1-\alpha)-(f_i-\alpha f_j)]\times[h(1-\alpha)+f_j-\alpha f_i]-\alpha h(1-\alpha)(f_i-\alpha f_j)[h(1-\alpha)+f_i-\alpha f_j]\} \tag{8.27}$$

注意到企业的外部互联程度比较适中,当 $f_i<h$ 时,$\partial T_i^A/\partial f_i>0$,反之,$\partial T_i^A/\partial f_i<0$。同理可得

$$\frac{\partial T_i^A}{\partial f_j}=\frac{V(1-\alpha^2)}{[h(1-\alpha)+f_j-\alpha f_i]^2[h(1-\alpha)+f_i-\alpha f_j]^3}\{h(1-\alpha)(f_i-\alpha f_j)[h(1-\alpha)+f_i-\alpha f_j]$$

$$-\alpha(f_j-\alpha f_i)[h(1-\alpha)-(f_i-\alpha f_j)][h(1-\alpha)+f_j-\alpha f_i]\}>0 \tag{8.28}$$

结论 8.12 当企业 i 的单位安全投资成本较低时,黑客对其总攻击水平随着该单位成本的增加而提高;当企业 i 的单位安全投资成本较高时,黑客对其总攻击水平随着该单位成本的增加而降低。当企业 i 单位安全投资成本增加时,黑客对企业 i 的总攻击水平总是提高。

当企业 i 的单位安全投资成本较低时,其安全投资的效率较高。随着该单位成本的增加,处于劣势的企业为了保护其信息系统会提高其安全投资水平。相应地,其信息系统被黑客成功攻击的难度就增加,为了保持一定的成功攻击概率,黑客必须提高网络攻击水平,进而企业 i 遭受的总攻击水平提高。当企业 i 的单位安全投资成本较高时,其安全投资效率较低。随着该单位成本的增加,出于过高投资成本的考虑,企业会降低安全投资水平。相应地,其信息系统被黑客成功攻击的难度就减小,黑客降低网络攻击水平即可保持一定的成功攻击概率,所以企业 i 遭受的总攻击水平随之降低。对于信息资产独立企业而言,企业 i 遭受的总攻击水平与企业 i 的单位安全投资成本无关(Hausken,2007),但是对于信息资产互补企业而言,结论 8.12 表明,企业 i 遭受的总攻击水平随着企业 i 的单位安全投资成本的增加而提高。这是由于,此时企业 i 的总防御水平随着企业 j 的单位安全投资成本的增加而提高,黑客为了获取一定的成功攻击概率,必须提高网络攻击水平,从而使其总攻击水平提高。

下面讨论企业的外部互联程度对企业的总防御水平和总攻击水平的影响。由于

$$\begin{aligned}\frac{\partial t_i^A}{\partial\alpha}=&\frac{Vh(1-\alpha)}{[h(1-\alpha)+f_j-\alpha f_i]^2[h(1-\alpha)+f_i-\alpha f_j]^3}\{(1-\alpha^2)(f_j-\alpha f_i)\\&\times[(h+f_i)(h-h\alpha+f_i-\alpha f_j)+2(h+f_j)(h-h\alpha+f_j-\alpha f_i)]\\&-[(1+3\alpha)(f_j-\alpha f_i)+f_i(1-\alpha^2)][h(1-\alpha)+f_j-\alpha f_i][h(1-\alpha)+f_i-\alpha f_j]\}\end{aligned} \tag{8.29}$$

当企业外部互联程度 $\alpha\to0$ 时,式(8.29)的符号与

$$f_j[(h+f_i)^2+2(h+f_j)^2]-(f_j+f_i)(h+f_i)(h+f_j) \tag{8.30}$$

的符号相同。当 $f_j\to0$ 时,式(8.30)$\to -f_i(h+f_i)<0$,当 $f_j\to\infty$ 时,式(8.30)大于零。

同理可得

$$\begin{aligned}\frac{\partial T_i^A}{\partial\alpha}=&\frac{V}{[h(1-\alpha)+f_j-\alpha f_i]^2[h(1-\alpha)+f_i-\alpha f_j]^3}\{(1-\alpha^2)(f_i-\alpha f_j)(f_j-\alpha f_i)\\&\times[(h+f_i)(h-h\alpha+f_i-\alpha f_j)+2(h+f_j)(h-h\alpha+f_j-\alpha f_i)]\\&-[2\alpha(f_i-\alpha f_j)(f_j-\alpha f_i)+f_j(1-\alpha^2)(f_j-\alpha f_i)+f_i(1-\alpha^2)(f_i-\alpha f_j)]\\&\times[h(1-\alpha)+f_j-\alpha f_i][h(1-\alpha)+f_i-\alpha f_j]\}\end{aligned} \tag{8.31}$$

当企业外部互联程度 $\alpha\to0$ 时,式(8.31)的符号与

$$f_i f_j[(h+f_i)^2+2(h+f_j)^2]-(f_i^2+f_j^2)(h+f_j)(h+f_i) \qquad (8.32)$$

的符号相同。特别地，当 $h \to 0$ 时，式(8.32) $\to f_i f_j^3>0$；当 $h \to \infty$ 时，式(8.32)的符号与 $3-f_i/f_j-f_j/f_i$ 的符号相同。

结论 8.13 ①给定一个企业，当另一企业的单位投资成本较低时，该给定企业总防御水平随着企业外部互联程度的增加而降低；反之，该给定企业的总防御水平随着企业外部互联程度的增加而提升。②当黑客的单位攻击成本较低时，黑客的总攻击水平随着企业外部互联程度的增加而提升；当黑客的单位攻击成本较高时，黑客的总攻击水平随着企业外部互联程度的变化与两个企业单位投资成本的差异性有关：当该差异性较小时，即 $(3-\sqrt{5})/2<f_i/f_j<(3+\sqrt{5})/2$ 或者 $(3-\sqrt{5})/2<f_j/f_i<(3+\sqrt{5})/2$ 时，黑客的总攻击水平随着企业外部互联程度的增加而提升，否则，黑客的总攻击水平随着企业外部互联程度的增加而降低。

由于企业的信息安全损失与两个企业信息系统被黑客成功攻击的概率有关，对于一个特定企业而言，当与其信息资产互补的另一企业单位安全投资成本较低时，考虑到另一企业能够提供较高的安全投资水平，随着企业外部互联程度的增加，另一企业的正反馈作用越来越明显。考虑到成本，这个特定企业会降低安全投资水平，进而其总防御水平降低。当另一企业的单位投资成本较高时，该企业会降低其安全投资水平，随着企业外部互联程度的增加，该企业的负反馈作用越来越明显，这个特定企业将不得不提升安全投资水平，进而其总防御水平提升。与信息资产互补企业不同，Hausken(2007)指出，信息资产独立企业的总防御水平随着企业外部互联程度的变化与另一个企业的单位安全投资成本无关。

当黑客的单位网络攻击成本较低时，即网络攻击效率较高时，企业外部互联性的增加会导致企业总防御水平的提升，此时理性的黑客不会降低其网络攻击水平，所以黑客对每个企业的总攻击水平随着企业外部互联程度的增加而提升。当黑客的单位网络攻击成本较高时，黑客的总攻击水平随着企业外部互联程度的变化情况比较复杂，与两个企业单位安全投资成本的差异性有关。具体而言，当该差异性较小时，企业信息系统安全投资问题中的“搭便车”现象消失，每个企业将不得不提升信息系统安全投资水平，随着外部互联程度增加，企业总防御水平提升，为保持一定的成功攻击概率，黑客总攻击水平也提升。另外，当该差异性较大时，单位投资成本较低的企业安全投资较高，“搭便车”现象出现，单位投资成本较高的企业减小安全投资，进而企业总防御水平降低，黑客总攻击水平随之降低，随着外部互联程度增加，这一现象越来越明显。与结论 8.13②不同，Hausken(2007)指出，当黑客攻击信息资产独立企业时，其总攻击水平总是随着企业外部互联程度的增加而提升。

8.2.3 集中决策下的均衡分析

随着信息分享机构的快速发展,除了企业自行决定信息安全投资水平和信息分享水平之外,这些变量可能由第三方安全服务协调者干预。本节讨论当安全服务协调者影响企业决策时企业的最优安全投资水平和信息分享水平,安全服务协调者需要考虑两个企业的总成本,即其目标为最小化下面的社会总成本:

$$F_s=\frac{2(T_i+\alpha T_j)(T_j+\alpha T_i)}{[t_i+\gamma s_j+\alpha(t_j+\gamma s_i)+T_i+\alpha T_j][t_j+\gamma s_i+\alpha(t_i+\gamma s_j)+T_j+\alpha T_i]}V \\ +f_it_i+f_jt_j+(\varphi_1-\varphi_2)s_i^2+(\varphi_1-\varphi_2)s_j^2-2\varphi_3 s_i s_j \tag{8.33}$$

式(8.33)表示企业 i 和 j 的成本函数之和,其中第一项为两企业的期望损失之和,第二项和第三项分别为两企业的安全投资成本,最后三项为两企业信息分享泄露成本之和。

1. 均衡求解

表 8.4 总结了当两个企业分散决策安全投资水平和信息分享水平、两个企业分散决策安全投资水平而集中决策信息分享水平、两个企业集中决策安全投资水平而分散决策信息分享水平、两个企业集中决策安全投资水平和信息分享水平四种决策方式下的均衡。

由表 8.4 可以看出,在企业分散决策安全投资水平以及信息分享水平和企业分散决策安全投资水平而集中决策信息分享水平时,或者企业集中决策安全投资水平而分散决策信息分享水平和企业同时集中决策安全投资水平及信息分享水平时,企业的总防御水平和总攻击水平不变。

表 8.4 不同决策方式下企业信息系统安全投资策略

不同决策方式	变量均衡表达式
两个企业分散决策安全投资水平和信息分享水平	$s_i=\frac{\gamma(2\varphi_1 f_j+\varphi_3 f_i)}{4\varphi_1^2-\varphi_3^2}$
	$t_i^A=\frac{Vh(1-\alpha)(1-\alpha^2)(f_j-\alpha f_i)}{[h(1-\alpha)+f_j-\alpha f_i][h(1-\alpha)+f_i-\alpha f_j]^2}$
	$T_i^A=\frac{V(1-\alpha^2)(f_i-\alpha f_j)(f_j-\alpha f_i)}{[h(1-\alpha)+f_j-\alpha f_i][h(1-\alpha)+f_i-\alpha f_j]^2}$

续表

不同决策方式	变量均衡表达式
两个企业分散决策安全投资水平而集中决策信息分享水平	$s_i=\dfrac{\gamma[(\varphi_1-\varphi_2)f_j+\varphi_3 f_i]}{(\varphi_1-\varphi_2)^2-\varphi_3^2}$
	$t_i^A=\dfrac{Vh(1-\alpha)(1-\alpha^2)(f_j-\alpha f_i)}{[h(1-\alpha)+f_j-\alpha f_i][h(1-\alpha)+f_i-\alpha f_j]^2}$
	$T_i^A=\dfrac{V(1-\alpha^2)(f_i-\alpha f_j)(f_j-\alpha f_i)}{[h(1-\alpha)+f_j-\alpha f_i][h(1-\alpha)+f_i-\alpha f_j]^2}$
两个企业集中决策安全投资水平而分散决策信息分享水平	$s_i=\dfrac{\gamma(2\varphi_1 f_j+\varphi_3 f_i)}{2(4\varphi_1^2-\varphi_3^2)}$
	$t_i^A=\dfrac{4Vh(1-\alpha)(1-\alpha^2)(f_j-\alpha f_i)}{[2h(1-\alpha)+f_j-\alpha f_i][2h(1-\alpha)+f_i-\alpha f_j]^2}$
	$T_i^A=\dfrac{2V(1-\alpha^2)(f_i-\alpha f_j)(f_j-\alpha f_i)}{[2h(1-\alpha)+f_j-\alpha f_i][2h(1-\alpha)+f_i-\alpha f_j]^2}$
两个企业集中决策安全投资水平和信息分享水平	$s_i=\dfrac{\gamma[(\varphi_1-\varphi_2)f_j+\varphi_3 f_i]}{2[(\varphi_1-\varphi_2)^2-\varphi_3^2]}$
	$t_i^A=\dfrac{4Vh(1-\alpha)(1-\alpha^2)(f_j-\alpha f_i)}{[2h(1-\alpha)+f_j-\alpha f_i][2h(1-\alpha)+f_i-\alpha f_j]^2}$
	$T_i^A=\dfrac{2V(1-\alpha^2)(f_i-\alpha f_j)(f_j-\alpha f_i)}{[2h(1-\alpha)+f_j-\alpha f_i][2h(1-\alpha)+f_i-\alpha f_j]^2}$

2. 均衡对比

对于两个对称企业，即 $f_i=f_j=f$，可以得到对称均衡处的社会总成本为

$$F=\frac{(f+2h)f^2V}{(f+h)^3}-\frac{(\varphi_1+\varphi_2)f^2\gamma^2}{(2\varphi_1-\varphi_3)^2} \tag{8.34}$$

$$F_{\text{sh}}=\frac{(f+2h)f^2V}{(f+h)^3} \tag{8.35}$$

$$F_{\text{in}}=\frac{(f+6h)f^2V}{(f+2h)^3}-\frac{(3\varphi_1+\varphi_2-\varphi_3)\gamma^2f^2}{4(2\varphi_1-\varphi_3)^2} \tag{8.36}$$

$$F_{\text{in+sha}}=\frac{(f+6h)f^2V}{(f+2h)^3}-\frac{\gamma^2f^2}{4(\varphi_1-\varphi_2-\varphi_3)} \tag{8.37}$$

式中,F 表示企业安全投资水平和信息分享水平都被分散决策时的社会总成本;F_{sh} 表示仅企业信息分享水平被集中决策时的社会总成本;F_{in} 表示仅企业安全投资水平被集中决策时的社会总成本;$F_{\text{in+sha}}$ 表示企业安全投资水平和信息分享水平同时被集中决策时的社会总成本。

由

$$F_{\text{sh}}-F=\frac{(\varphi_1+\varphi_2)f^2\gamma^2}{(2\varphi_1-\varphi_3)^2}>0 \tag{8.38}$$

$$F_{\text{in+sha}}-F_{\text{in}}=-\frac{\gamma^2f^2\ (\varphi_1+\varphi_2)^2}{4\ (2\varphi_1-\varphi_3)^2(\varphi_1-\varphi_2-\varphi_3)}<0 \tag{8.39}$$

可得下面结论。

结论 8.14 ①如果两个企业分散决策安全投资水平,那么企业集中决策信息分享水平时的社会总成本要高于企业分散决策信息分享水平时的社会总成本;②如果两个企业集中决策安全投资水平,那么企业集中决策信息分享水平时的社会总成本要低于企业分散决策信息分享水平时的社会总成本。

结论 8.14 对于企业信息系统安全投资管理有着较强的现实意义。该结论指出,安全服务协调者的干预并不总能提高社会福利,安全服务协调者应该根据具体情况选择相应的策略。具体而言,一方面,如果企业已经选择了安全投资水平,那么安全服务协调者不应干涉企业信息分享水平,而应该鼓励企业自行选择信息分享水平。另一方面,如果安全服务协调者已经控制了企业安全投资水平,那么其应当进一步控制企业信息分享水平,而不应该鼓励企业自行决定信息分享水平。

8.3 主要结论和管理启示

企业在制定信息系统安全投资时,企业间信息资产的相互关系是需要考虑的因素之一,本章分别针对两个企业的信息资产独立和两个企业信息资产互补两种情况,讨论了企业的安全投资策略。通过研究企业信息系统安全投资水平、信息分享水平以及黑客网络攻击水平随企业信息系统的固有脆弱性和外部互联程度的变化规律,分析企业总防御水平和黑客总攻击水平随企业外部互联性的变化情况,讨论企业不同决策方式对安全投资策略选择的影响。研究主要结论有:

(1)企业安全信息分享水平与信息系统的固有脆弱性和企业的安全投资效率无关,在企业信息系统安全投资具有正外部性的情况下,企业间外部互联程度越强,信息分享水平越高,但在负外部性的情况下,企业间不会分享安全信息。事实上,在信用卡市场,无论是发达国家还是发展中国家,由于管理水平和软件设计的差别,其银行业信息系统的固有脆弱性可能有所不同。但是,在所有这些国家,银行业似乎都乐意分享其信用卡安全信息。

(2)企业信息分享水平与安全投资效率无关,黑客总攻击水平和企业总防御水平均随企业外部互联程度的增加而提升。当企业的损失增加时,企业总攻击水平降低而总防御水平提升。但当黑客的收益增加时,企业总攻击水平和总防御水平都提升。在和黑客进行策略交互时,企业往往处于不利地位,而黑客却处于有利地位。

(3)对于信息资产互补的企业,企业信息分享水平与企业间信息系统的外部互联程度无关,随信息分享效率的增加而提高,同时随两个企业单位安全投资成本的增加而线性提高。

(4)信息资产互补的企业彼此之间安全信息分享水平与企业外部互联程度无关,而信息资产独立企业安全信息分享水平随外部互联程度增加而提升;对于信息资产互补的两个企业,每个企业的总防御水平和总攻击水平都随着另一企业安全投资效率的增加而降低,但对于信息资产独立的两个企业,每个企业的总防御水平和总攻击水平与另一企业安全投资效率无关;当信息资产互补的企业分散决策安全投资水平时,集中决策信息分享水平比分散决策信息分享水平所产生的社会总成本更高,而当信息资产独立企业分散决策安全投资水平时,集中决策信息分享水平比分散决策信息分享水平产生的社会总成本更低。

基于本章研究结论,在企业间信息资产独立或互补情况下,关于企业信息系统安全投资策略的制定,可以得到以下管理启示:

(1)对于信息资产相互独立的企业,当企业外部互联程度或者信息分享效率增加,或者企业信息系统泄露成本减小时,每个企业都应该和对方分享更多的信息。企业应该意识到外部互联是一把双刃剑,其对总防御水平和总攻击水平都有利。企业应该注意到总攻击水平随着安全投资效率和企业收益的增加而降低,随着黑客收益的增大而提升。相反,随着网络攻击效率、黑客收益以及企业损失的增大,企业应当提高总防御水平。企业应该意识到黑客的成功攻击概率随着企业信息系统的固有脆弱性、企业外部互联程度、黑客网络攻击效率以及黑客收益的增加而增加,随着企业安全投资效率以及企业损失的增加而减小。

(2)对于信息资产相互独立的企业,如果企业分散决策安全投资水平,那么企业应该让安全服务协调者集中决策信息分享水平而不是自己去分散决策;如果安全服务协调者集中决策安全投资水平,那么企业应该让安全服务协调者集中决策信息分享水平而不是自己去分散决策。换言之,无论安全投资水平是被分散决策还是被集中决策,企业都应该集中决策信息分享水平。

(3)对于信息资产互补的企业,很多结论不同于信息资产独立企业的信息系统安全投资策略。例如,因为信息资产互补的企业彼此之间安全信息分享水平与企业外部互联程度无关,所以企业在进行信息分享时不用考虑企业的外部互连性;因为在信息资产互补的两个企业中,每个企业的总防御水平和总攻击水平都随着另一企业安全投资效率的增加而降低,所以企业在进行安全投资时需要结合互补的企业进行统筹安排;因为当信息资产互补的企业分散决策安全投资水平时,集中决策信息分享水平比分散决策信息分享水平所需的社会总成本高,所以建议企业自己分散决策信息分享水平而不让安全服务协调者集中决策。

(4)在信息资产互补的情况下,安全服务协调者的干预并不总能提高社会福利(减少社会成本),安全服务协调者应该根据具体情况选择相应的策略。一方面,如果企业已经选择了安全投资水平,那么安全服务协调者不应干涉企业信息分享水平,而应该鼓励企业自行选择信息分享水平。另一方面,如果安全服务协调者已经控制了企业安全投资水平,那么其应当进一步控制企业信息分享水平,而不应该鼓励企业自行决定信息分享水平。

第 9 章　考虑黑客特性的企业信息系统安全投资策略

企业信息系统安全投资的主要目的之一是应对黑客发动的网络攻击,保障信息系统安全。因此,企业信息系统安全投资策略与黑客的特性密切相关。黑客论坛和黑客网站的建立大大方便了黑客之间交流和传播网络攻击知识,使得企业信息系统安全面临着严峻的挑战。另外,黑客的两种典型的攻击方式(定向攻击和随机攻击)在很大程度上也影响企业信息系统安全投资策略。因此,本章分成两个部分分别研究黑客知识扩散情境下的信息系统安全投资策略和黑客不同攻击方式下的信息系统安全投资策略。

9.1　黑客知识扩散情境下的企业信息系统安全投资策略

考虑到黑客知识传播是一个动态过程,本节通过构建企业和黑客的微分博弈模型分析和求解企业信息系统安全投资策略。具体地,首先分析黑客的知识扩散过程,并建立三种类型的微分博弈,即企业在进行安全投资的同时黑客发动网络攻击、企业在黑客发动网络攻击之前进行安全投资,以及企业在黑客发动网络攻击之后进行安全投资。其次求解均衡,并比较三种博弈情形下的企业信息系统安全投资速率、黑客网络攻击速率、成功攻击概率速率、企业收益以及黑客收益。最后通过数值模拟分析黑客知识扩散的影响,为企业合理进行信息系统安全投资提供理论指导。

9.1.1　问题提出和模型构建

1. 问题提出

黑客论坛和黑客学习网站的建立给黑客知识扩散提供了很多便利。当少数攻击水平较高的黑客发现企业信息系统漏洞之后,这些黑客可以通过网络平台将企业的漏洞信息迅速扩散到整个黑客群体,提高黑客群体的整体知识水平。黑客扩散的知识可以是针对某个特定企业,如信息系统密码以及某个漏洞,也可以是一般性的通用攻击技巧,如逃脱企业安全软件探测的基本方法、对一些脚本分析的技巧以及对攻击工具的学习(Mookerjee et al.,2011)。计算机病毒和黑客攻击随时间连续扩散(Piqueira et al.,2008;Han and Tan,2010),与此类似,黑客知识扩散过程也是一个动态学习过程。此时,企业在进行信息系统安全投资时就需要考虑时间维度,而动态优化和微分博弈等理论和方法最适合对这类问题进行建模和分析(Gao et al.,2013b)。事实上,与静态博弈的均衡不同,微分博弈强调均衡解随时间变化的情况,广泛运用在技术创新(Cellini and Lambertini,2002,2005)、广告行为(Cellini and Lambertini,2003;Viscolani and Zaccour,2009)、反恐策略(Feichtinger and Novak,2008;Novak et al.,2010)以及其他领域(Dockner et al.,2000;He et al.,2011;Jørgensen and Zaccour,1999;Lambertini,2005;Martín- Herrán et al.,2006;Tapiero and Kogan,2008;Zhang et al.,2013)。在信息安全管理领域,这类建模方法也有应用(Bandyopadhyay et al.,2014;Mookerjee et al.,2011;Yue and Cakanyildirim,2007)。

黑客的知识扩散能够提升其知识水平。事实上,黑客的知识水平主要受三方面因素影响,即黑客的固有学习能力、黑客的网络攻击以及企业信息系统安全投资。即使在企业没有加强安全投资或者黑客没有加强网络攻击的情况下,黑客还可以通过分享和学习已有安全信息,提高其整体的学习能力和水平,这一过程与黑客的固有学习能力有关。另外,黑客的网络攻击有利于黑客知识扩散,原因在于黑客可以更多地了解企业信息系统的脆弱性以及发动网络攻击的工具。同时,企业信息系统安全投资能够抑制黑客知识扩散,如企业能够通过监控黑客网站控制脆弱性暴露程度,通过安全投资解决信息系统安全漏洞。

本节构建企业和黑客之间的微分博弈模型,其中企业动态决定信息系统安全投资速率以最大限度地保护企业信息系统,而黑客动态决定网络攻击速率以最大限度地窃取信息资产,并且黑客能够在黑客群体中随时间连续扩散知识。在此框架下,求解企业和黑客同时决策的同时博弈、企业先于黑客决策的顺序博弈、企业后于黑客决策的顺序博弈三种情形下的均衡,分析企业收益和企业信息系统安全投资速率、黑客收益、黑客网络攻击速率以及黑客成功攻击概率速率的变化规律,并研究黑客知识扩散对企业信息系统安全投资策略、企业收益及黑客收益的影响。

2. 模型构建

考虑一个微分博弈,在连续时间 $t \in [0, \infty)$,企业对信息系统进行安全投资的速率为 $z(t)$,以保护其信息资产不受入侵。另外,黑客的攻击花费速率为$c(t)$,以试图窃取企业信息系统上保存的信息资产，不妨称 $c(t)$ 为攻击速率。企业投资速率 $z(t)$ 主要用于雇用安全专家，购买防火墙、*IDS*、*VPN*、内容过滤器、接入控制系统等安全设备，黑客的攻击速率 $c(t)$ 主要用于入侵，包含搜集企业信息系统安全漏洞以及进行攻击和攻击后处理等。本模型主要考虑商业间谍和 DoS 等定向攻击。

如果企业信息系统被黑客成功攻击，那么企业的信息资产将遭受损失 L，黑客可以利用该信息资产通过黑市交易或者其他非法手段获得收益 G。当企业对其信息系统不增加任何安全投资并且黑客也不增加任何网络攻击时，企业信息系统免遭黑客成功攻击的概率速率记为 $\alpha\in(0,1)$。在企业信息系统安全投资速率 $z(t)$ 以及黑客攻击速率 $c(t)$ 的基础上，企业信息系统能够抵御黑客成功攻击的概率速率减少量为 $\Delta[z(t),c(t)]=\varepsilon z(t)^{-\beta}c(t)^{\varphi}$，其中 $0<\varphi<1<\beta$。容易看出，该函数在保证其随着企业安全投资规模的增加而减小及随着黑客网络攻击强度的增加而增大的同时，也保证企业安全投资以及黑客网络攻击都具有边际递减效应，该函数形式与 Cavusoglu 等（2008）给出的成功攻击函数形式类似。另外，假设参数 ε 足够小，以保证在均衡处 $\alpha-\Delta[z(t),c(t)]$ 有意义，即其数值介于 0 和 1 之间。由于企业信息系统被黑客成功攻击的概率速率为 $1-\alpha+\Delta[z(t),c(t)]$，其变量部分仅由 $\Delta[z(t),c(t)]$ 决定，所以为方便起见，本章不妨称 $\Delta[z(t),c(t)]$ 为企业信息系统成功攻击概率速率。企业和黑客在时间 t 的收益速率分别为

$$\begin{cases}F(t)=\{\alpha-\Delta[z(t),c(t)]\}L-z(t)\\H(t)=\{1-\alpha+\Delta[z(t),c(t)]\}G-c(t)\end{cases}\tag{9.1}$$

3. 黑客知识扩散机制

除了黑客自身学习能力之外，黑客为入侵企业信息系统的努力和企业为保护信息系统的努力也对黑客知识扩散过程发挥着重要作用。例如，黑客的花费越多，就越能够了解企业信息系统的漏洞，进而越能方便自己和其他黑客的学习。企业也能够通过增加投入以监视黑客网站的最新动向、改善信息系统。因此，假设黑客在其群体中的知识扩散水平 $y(t)$ 服从下面的动态过程：

$$\dot{y}(t)=ry(t)-fz(t)+hc(t),\quad y(0)=y_0>0\tag{9.2}$$

式中，$r>0$ 为黑客学习的自然增长率；$f>0$ 为企业安全投资对抑制黑客知识扩散的效率；$h>0$ 为黑客攻击速率对加速黑客知识扩散的效率；y_0 为黑客的初始知识水平。由式(9.2)得，黑客的知识扩散动态过程包含三项：第一项是黑客学习其知识水平的增长曲线，无论企业是否增加信息系统安全投资或者黑客是否增加网络攻击，这样的知识水平增长曲线都存在；第二项是企业安全投资对黑客知识扩散的抑制作用；第三项是黑客网络攻击对黑客知识扩散的促进作用。知识扩散模型既可

以是线性的,也可以是非线性的,如 Mookerjee 等(2011)研究了非线性黑客知识扩散过程模型,而 Bhimani 等(2010)提出了委托者和代理者的线性知识扩散过程模型。与 Mookerjee 等(2011)建立的模型不同,为了保证所建立的模型具有可解性以及后面分析的方便,本节采用一个简单的线性知识扩散过程模型。

4. 收益函数

黑客的知识扩散可以提高黑客的学习能力,因此对黑客有利而对企业不利。假设黑客知识扩散能够将黑客对信息系统成功攻击的概率函数变化速率由 $\Delta[z(t),c(t)]$ 提高到 $\Delta[z(t),c(t)]+ky(t)$,其中 $k>0$ 为黑客知识扩散的效率。同样,k 足够小,以确保 $\alpha-\Delta[z(t),c(t)]-ky(t)$ 介于 0 和 1 之间。假设企业和黑客的折扣率分别为 ρ_1 和 ρ_2,企业和黑客的收益分别为

$$\begin{cases} J_f = \int_0^{\infty} (\{\alpha - \Delta[z(t),c(t)] - ky(t)\} L - z(t)) \mathrm{e}^{-\rho_1 t} \mathrm{d}t \\ J_h = \int_0^{\infty} (\{1 - \alpha + \Delta[z(t),c(t)] + ky(t)\} G - c(t)) \mathrm{e}^{-\rho_2 t} \mathrm{d}t \end{cases} \tag{9.3}$$

企业和黑客所面临的问题是在黑客知识扩散动态方程(9.2)下分别选择信息系统安全投资速率 $z(t)$ 和网络攻击速率 $c(t)$,以最大化各自的收益。

当企业不增加信息系统安全投资且黑客不增加网络攻击时,可以得到黑客知识扩散曲线为 $y(t)=y_0\mathrm{e}^{rt}$。相应地,企业和黑客的收益分别为

$$J_f=\frac{\alpha L}{\rho_f}-\frac{ky_0L}{r-\rho_f}[\lim_{t\to\infty}\mathrm{e}^{(r-\rho_f)t}-1],J_h=\frac{(1-\alpha)G}{\rho_h}+\frac{ky_0G}{r-\rho_h}[\lim_{t\to\infty}\mathrm{e}^{(r-\rho_h)t}-1] \tag{9.4}$$

当 $\rho_i\leqslant r$ 时,企业和黑客收益必有其一趋向于无穷大,这不符合常识。所以在后面的讨论中,假设 $\rho_i>r$。

9.1.2 模型求解

下面根据所构建的模型,考虑企业和黑客在同时博弈、企业先动顺序博弈和黑客先动顺序博弈三种情形下的均衡。

1. 同时博弈

假设企业在进行信息系统安全投资的同时黑客发动网络攻击。本节只关注开环均衡,即在均衡处企业和黑客的策略相互最优。在后面的讨论中,为方便起见,在变量中移去时间符号 t。根据假设,可以得出企业和黑客的 Hamiltonian 系统分别为

$$\begin{cases} H_f = [\alpha - \Delta(z,c) - ky]L - z + \lambda(ry - fz + hc) \\ H_h = [1 - \alpha + \Delta(z,c) + ky]G - c + \mu(ry - fz + hc) \end{cases} \tag{9.5}$$

其中 λ 和 μ 分别为协态变量。企业和黑客收益的一阶条件分别为

$$\begin{cases} \dfrac{\partial H_f}{\partial z} = \varepsilon\beta c^{\varphi} z^{-\beta-1} L - 1 - \lambda f = 0 \Rightarrow c^{\varphi} z^{-\beta-1} = \dfrac{1+\lambda f}{\varepsilon\beta L} \\ \dfrac{\partial H_h}{\partial c} = \varepsilon\varphi c^{\varphi-1} z^{-\beta} G - 1 + \mu h = 0 \Rightarrow c^{\varphi-1} z^{-\beta} = \dfrac{1-\mu h}{\varepsilon\varphi G} \end{cases} \tag{9.6}$$

另外,协态变量满足下列方程:

$$\dot{\lambda} = \rho_1\lambda - \frac{\partial H_f}{\partial y} = (\rho_1 - r)\lambda + kL, \dot{\mu} = \rho_2\mu - \frac{\partial H_h}{\partial y} = (\rho_2 - r)\mu - kG \tag{9.7}$$

相应的横截条件为

$$\lim_{t\to\infty} e^{-\rho_1 t} y(t)\lambda(t) = 0, \lim_{t\to\infty} e^{-\rho_2 t} y(t)\mu(t) = 0 \tag{9.8}$$

根据式(9.8),可以得到协态变量的显式解:

$$\lambda(t) = \left(\lambda_0 + \frac{kL}{\rho_1 - r}\right)\exp[(\rho_1 - r)t] - \frac{kL}{\rho_1 - r} \text{或 } \lambda(t) = \lambda_0 = -\frac{kL}{\rho_1 - r} \tag{9.9}$$

$$\mu(t) = \left(\mu_0 - \frac{kG}{\rho_2 - r}\right)\exp[(\rho_2 - r)t] + \frac{kG}{\rho_2 - r} \text{或 } \mu(t) = \mu_0 = \frac{kG}{\rho_2 - r} \tag{9.10}$$

当时间变量趋向于无穷大时,上面的非常数解也趋向于无穷大,不能满足相应的横截条件。因此,本章只考虑常数解的协态变量。

结论 9.1 当企业和黑客同时采取策略时,企业的安全投资速率、黑客的攻击速率以及相应的成功攻击概率速率分别为

$$\begin{cases} c^* = \varepsilon^{\frac{1}{1-\varphi+\beta}} \left(\dfrac{\beta L}{1+\lambda f}\right)^{-\frac{\beta}{1-\varphi+\beta}} \left(\dfrac{\varphi G}{1-\mu h}\right)^{\frac{1+\beta}{1-\varphi+\beta}} \\ z^* = \varepsilon^{\frac{1}{1-\varphi+\beta}} \left(\dfrac{\beta L}{1+\lambda f}\right)^{\frac{1-\varphi}{1-\varphi+\beta}} \left(\dfrac{\varphi G}{1-\mu h}\right)^{\frac{\varphi}{1-\varphi+\beta}} \\ \Delta(z^*, c^*) = \varepsilon^{\frac{1}{1-\varphi+\beta}} \left(\dfrac{\beta L}{1+\lambda f}\right)^{-\frac{\beta}{1-\varphi+\beta}} \left(\dfrac{\varphi G}{1-\mu h}\right)^{\frac{\varphi}{1-\varphi+\beta}} \end{cases} \tag{9.11}$$

更进一步地,企业和黑客的收益分别为

$$\begin{cases} J_{f\_si} = -\dfrac{L}{\rho_1}\varepsilon^{\frac{1}{1-\varphi+\beta}} \left(\dfrac{\beta L}{1+\lambda f}\right)^{-\frac{\beta}{1-\varphi+\beta}} \left(\dfrac{\varphi G}{1-\mu h}\right)^{\frac{\varphi}{1-\varphi+\beta}} \left(1 + \beta - \dfrac{h\lambda}{L}\dfrac{\varphi G}{1-\mu h}\right) + \dfrac{L\alpha}{\rho_1} + \lambda y_0 \\ J_{h\_si} = \dfrac{G}{\rho_2}\varepsilon^{\frac{1}{1-\varphi+\beta}} \left(\dfrac{\beta L}{1+\lambda f}\right)^{-\frac{\beta}{1-\varphi+\beta}} \left(\dfrac{\varphi G}{1-\mu h}\right)^{\frac{\varphi}{1-\varphi+\beta}} \left(1 - \varphi - \dfrac{f\mu}{G}\dfrac{\beta L}{1+\lambda f}\right) + \dfrac{(1-\alpha)G}{\rho_2} + \mu y_0 \end{cases} \tag{9.12}$$

2. 企业先动顺序博弈

本小节考虑由企业和黑客参与的顺序博弈,其中企业作为领导者而黑客作为

追随者,即企业先决定其信息系统安全投资速率而后黑客选择其网络攻击速率。为了求得均衡,假设企业的安全投资速率是外生给定的,黑客的最优化问题可以描述为

$$J_h = \int_0^\infty \{[1 - \alpha + \Delta(z,c) + ky]G - c\} e^{-\rho_2 t} dt \quad \text{s. t. } \dot{y} = ry - fz + hc \tag{9.13}$$

相应的 Hamiltonian 系统为

$$H_h = [1-\alpha+\Delta(z,c)+ky]G-c+\mu(ry-fz+hc) \tag{9.14}$$

进而,一阶条件为

$$\frac{\partial H_h}{\partial c}=\varepsilon\varphi c^{\varphi-1}z^{-\beta}G-1+\mu h=0 \Rightarrow c^*(z)=\varepsilon^{\frac{1}{1-\varphi}}\left(\frac{\varphi G}{1-\mu h}\right)^{\frac{1}{1-\varphi}}z^{-\frac{\beta}{1-\varphi}} \tag{9.15}$$

所以,

$$\Delta(z,c^*(z))=\varepsilon^{\frac{1}{1-\varphi}}\left(\frac{\varphi G}{1-\mu h}\right)^{\frac{\varphi}{1-\varphi}}z^{-\frac{\beta}{1-\varphi}} \tag{9.16}$$

相应的协态变量满足:

$$\dot{\mu}=\rho_2\mu-\frac{\partial H_h}{\partial y}=(\rho_2-r)\mu-kG \tag{9.17}$$

作为领导者的企业,将以上面给出的黑客最优攻击速率和相应的协态变量方程为约束条件决定其最优安全投资速率。所以,企业的最优化问题可以描述为

$$J_f = \int_0^\infty \left\{\left[\alpha - \varepsilon^{\frac{1}{1-\varphi}}\left(\frac{\varphi G}{1 - \mu h}\right)^{\frac{\varphi}{1-\varphi}}z^{-\frac{\beta}{1-\varphi}} - ky\right]L - z\right\} e^{-\rho_1 t} dt \tag{9.18}$$

$$\text{s. t. } \dot{y}=ry-fz+h\varepsilon^{\frac{1}{1-\varphi}}\left(\frac{\varphi G}{1-\mu h}\right)^{\frac{1}{1-\varphi}}z^{-\frac{\beta}{1-\varphi}}, \dot{\mu}=(\rho_2-r)\mu-kG$$

进而,企业的 Hamiltonian 系统为

$$H_f=(\alpha-ky)L-\varepsilon^{\frac{1}{1-\varphi}}\left(\frac{\varphi G}{1-\mu h}\right)^{\frac{\varphi}{1-\varphi}}\left(L-\lambda h\frac{\varphi G}{1-\mu h}\right)z^{-\frac{\beta}{1-\varphi}}-z+\lambda(ry-fz)+\Theta[(\rho_2-r)\mu-kG] \tag{9.19}$$

相应地,一阶条件满足:

$$\frac{\partial H_f}{\partial z}=\frac{\beta}{1-\varphi}\varepsilon^{\frac{1}{1-\varphi}}\left(\frac{\varphi G}{1-\mu h}\right)^{\frac{\varphi}{1-\varphi}}\left(L-\lambda h\frac{\varphi G}{1-\mu h}\right)z^{-\frac{1-\varphi+\beta}{1-\varphi}}-1-\lambda f=0 \tag{9.20}$$

这样,企业的最优安全投资速率为

$$z_{fh}^*=\varepsilon^{\frac{1}{1-\varphi+\beta}}\left(\frac{\varphi G}{1-\mu h}\right)^{\frac{\varphi}{1-\varphi+\beta}}\left(\frac{\beta L}{1+\lambda f}\right)^{\frac{1-\varphi}{1-\varphi+\beta}}\left[\frac{1}{1-\varphi}\left(1-\frac{\lambda h}{L}\frac{\varphi G}{1-\mu h}\right)\right]^{\frac{1-\varphi}{1-\varphi+\beta}} \tag{9.21}$$

企业的协态方程满足:

$$\dot{\lambda}=\rho_1\lambda-\frac{\partial H_f}{\partial y}=(\rho_1-r)\lambda+kL \tag{9.22}$$

以及

$$\dot{\Theta}=\rho_1\Theta-\frac{\partial H_f}{\partial\mu}$$

$$=(\rho_1-\rho_2+r)\Theta+\frac{h}{(1-\mu h)}\left(\frac{\varepsilon\varphi G}{1-\mu h}\right)^{\frac{1}{1-\varphi}}\left[\frac{\varphi}{1-\varphi}\left(\frac{\varphi G}{1-\mu h}\right)^{-1}\left(L-\lambda h\frac{\varphi G}{1-\mu h}\right)-\lambda h\right]z^{-\frac{\beta}{1-\varphi}} \tag{9.23}$$

黑客的攻击速率以及成功攻击概率速率分别为

$$c_{fh}^*=\varepsilon^{\frac{1}{1-\varphi+\beta}}\left(\frac{\varphi G}{1-\mu h}\right)^{\frac{1+\beta}{1-\varphi+\beta}}\left(\frac{\beta L}{1+\lambda f}\right)^{-\frac{\beta}{1-\varphi+\beta}}\left[\frac{1}{1-\varphi}\left(1-\frac{\lambda h}{L}\frac{\varphi G}{1-\mu h}\right)\right]^{-\frac{\beta}{1-\varphi+\beta}} \tag{9.24}$$

$$\Delta(z_{fh}^*,c_{fh}^*)=\varepsilon^{\frac{1}{1-\varphi+\beta}}\left(\frac{\varphi G}{1-\mu h}\right)^{\frac{\varphi}{1-\varphi+\beta}}\left(\frac{\beta L}{1+\lambda f}\right)^{-\frac{\beta}{1-\varphi+\beta}}\left[\frac{1}{1-\varphi}\left(1-\frac{\lambda h}{L}\frac{\varphi G}{1-\mu h}\right)\right]^{-\frac{\beta}{1-\varphi+\beta}} \tag{9.25}$$

结论 9.2 在以企业为领导者、黑客为追随者的顺序博弈中,企业的安全投资速率、黑客的攻击速率以及成功攻击概率速率分别为

$$\begin{cases}z_{fh}^*=\varepsilon^{\frac{1}{1-\varphi+\beta}}\left(\frac{\varphi G}{1-\mu h}\right)^{\frac{\varphi}{1-\varphi+\beta}}\left(\frac{\beta L}{1+\lambda f}\right)^{\frac{1-\varphi}{1-\varphi+\beta}}\left[\frac{1}{1-\varphi}\left(1-\frac{\lambda h}{L}\frac{\varphi G}{1-\mu h}\right)\right]^{\frac{1-\varphi}{1-\varphi+\beta}}\\ c_{fh}^*=\varepsilon^{\frac{1}{1-\varphi+\beta}}\left(\frac{\varphi G}{1-\mu h}\right)^{\frac{1+\beta}{1-\varphi+\beta}}\left(\frac{\beta L}{1+\lambda f}\right)^{-\frac{\beta}{1-\varphi+\beta}}\left[\frac{1}{1-\varphi}\left(1-\frac{\lambda h}{L}\frac{\varphi G}{1-\mu h}\right)\right]^{-\frac{\beta}{1-\varphi+\beta}}\\ \Delta(z_{fh}^*,c_{fh}^*)=\varepsilon^{\frac{1}{1-\varphi+\beta}}\left(\frac{\varphi G}{1-\mu h}\right)^{\frac{\varphi}{1-\varphi+\beta}}\left(\frac{\beta L}{1+\lambda f}\right)^{-\frac{\beta}{1-\varphi+\beta}}\left[\frac{1}{1-\varphi}\left(1-\frac{\lambda h}{L}\frac{\varphi G}{1-\mu h}\right)\right]^{-\frac{\beta}{1-\varphi+\beta}}\end{cases} \tag{9.26}$$

企业和黑客的收益分别为

$$\begin{cases}J_{f\_fh}=-\frac{L(1-\varphi+\beta)\varepsilon^{\frac{1}{1-\varphi+\beta}}(1-\varphi)^{-\frac{1-\varphi}{1-\varphi+\beta}}}{\rho_1}\left(\frac{\varphi G}{1-\mu h}\right)^{\frac{\varphi}{1-\varphi+\beta}}\left(\frac{\beta L}{1+\lambda f}\right)^{-\frac{\beta}{1-\varphi+\beta}}\left(1-\frac{\lambda h}{L}\frac{\varphi G}{1-\mu h}\right)^{\frac{1-\varphi}{1-\varphi+\beta}}+\frac{L\alpha}{\rho_1}+\lambda y_0\\ J_{h\_fh}=\varepsilon^{\frac{1}{1-\varphi+\beta}}\left(\frac{\varphi G}{1-\mu h}\right)^{\frac{\varphi}{1-\varphi+\beta}}\left(\frac{\beta L}{1+\lambda f}\right)^{-\frac{\beta}{1-\varphi+\beta}}\left[\frac{1}{1-\varphi}\left(1-\frac{\lambda h}{L}\frac{\varphi G}{1-\mu h}\right)\right]^{-\frac{\beta}{1-\varphi+\beta}}\times\\ \quad\left[\frac{G(1-\varphi)}{\rho_2}-\frac{f\mu}{\rho_2}\frac{\beta L}{(1-\varphi)(1+\lambda f)}\left(1-\frac{\lambda h}{L}\frac{\varphi G}{1-\mu h}\right)\right]+\frac{(1-\alpha)G}{\rho_2}+\mu y_0\end{cases} \tag{9.27}$$

3. 黑客先动顺序博弈

接着讨论另一类顺序博弈,其中黑客作为领导者而企业作为追随者,即黑客决定网络攻击速率之后企业再决定安全投资速率。在黑客的攻击速率为外生给定的情况下,企业的最优化问题为

$$J_f=\int_0^\infty\{[\alpha-\Delta(z,c)-ky]L-z\}\,\mathrm{e}^{-\rho_1 t}\mathrm{d}t\ \text{s. t.}\ \dot{y}=ry-fz+hc \tag{9.28}$$

相应的 Hamiltonian 系统为

$$H_f=[\alpha-\Delta(z,c)-ky]L-z+\lambda(ry-fz+hc) \tag{9.29}$$

所以一阶条件为

$$\frac{\partial H_f}{\partial z}=\varepsilon\beta c^{\varphi}z^{-\beta-1}L-1-\lambda f=0 \tag{9.30}$$

进而最优安全投资速率满足：

$$z^*(c)=\varepsilon^{\frac{1}{1+\beta}}\left(\frac{\beta L}{1+\lambda f}\right)^{\frac{1}{1+\beta}}c^{\frac{\varphi}{1+\beta}} \tag{9.31}$$

因此成功攻击概率速率为

$$\Delta(z^*(c),c)=\varepsilon^{\frac{1}{1+\beta}}\left(\frac{\beta L}{1+\lambda f}\right)^{-\frac{\beta}{1+\beta}}c^{\frac{\varphi}{1+\beta}} \tag{9.32}$$

协态变量满足：

$$\dot{\lambda}=\rho_1\lambda-\frac{\partial H_f}{\partial y}=(\rho_1-r)\lambda+kL \tag{9.33}$$

黑客作为领导者将面临如下最优化问题：

$$J_h=\int_0^{\infty}\left\{\left[1-\alpha+\varepsilon^{\frac{1}{1+\beta}}\left(\frac{\beta L}{1+\lambda f}\right)^{-\frac{\beta}{1+\beta}}c^{\frac{\varphi}{1+\beta}}+ky\right]G-c\right\}\mathrm{e}^{-\rho_2 t}\mathrm{d}t \tag{9.34}$$

$$\text{s. t. } \dot{y}=ry-fz+hc,\ \dot{\lambda}=(\rho_1-r)\lambda+kL$$

所以，黑客的 Hamiltonian 系统为

$$H_h=(1-\alpha+ky)G+\varepsilon^{\frac{1}{1+\beta}}\left(\frac{\beta L}{1+\lambda f}\right)^{-\frac{\beta}{1+\beta}}\left[G-\mu f\left(\frac{\beta L}{1+\lambda f}\right)\right]c^{\frac{\varphi}{1+\beta}}-c+\mu(ry+hc)+\Phi[(\rho_1-r)\lambda+kL] \tag{9.35}$$

相应地，一阶条件为

$$\frac{\partial H_h}{\partial c}=\frac{\varphi}{1+\beta}\varepsilon^{\frac{1}{1+\beta}}\left(\frac{\beta L}{1+\lambda f}\right)^{-\frac{\beta}{1+\beta}}\left[G-\mu f\left(\frac{\beta L}{1+\lambda f}\right)\right]c^{-\frac{1-\varphi+\beta}{1+\beta}}-1+\mu h=0 \tag{9.36}$$

由此得到黑客的最优攻击速率为

$$c_{hf}^*=\varepsilon^{\frac{1}{1-\varphi+\beta}}\left(\frac{\beta L}{1+\lambda f}\right)^{-\frac{\beta}{1-\varphi+\beta}}\left(\frac{\varphi G}{1-\mu h}\right)^{\frac{1+\beta}{1-\varphi+\beta}}\left[\frac{1}{1+\beta}\left(1-\frac{\mu f}{G}\frac{\beta L}{1+\lambda f}\right)\right]^{\frac{1+\beta}{1-\varphi+\beta}} \tag{9.37}$$

进而，有

$$\begin{cases}z_{hf}^*=\varepsilon^{\frac{1}{1-\varphi+\beta}}\left(\frac{\beta L}{1+\lambda f}\right)^{\frac{1-\varphi}{1-\varphi+\beta}}\left(\frac{\varphi G}{1-\mu h}\right)^{\frac{\varphi}{1-\varphi+\beta}}\left[\frac{1}{1+\beta}\left(1-\frac{\mu f}{G}\frac{\beta L}{1+\lambda f}\right)\right]^{\frac{\varphi}{1-\varphi+\beta}}\\ \Delta(z_{hf}^*,c_{hf}^*)=\varepsilon^{\frac{1}{1-\varphi+\beta}}\left(\frac{\beta L}{1+\lambda f}\right)^{-\frac{\beta}{1-\varphi+\beta}}\left(\frac{\varphi G}{1-\mu h}\right)^{\frac{\varphi}{1-\varphi+\beta}}\left[\frac{1}{1+\beta}\left(1-\frac{\mu f}{G}\frac{\beta L}{1+\lambda f}\right)\right]^{\frac{\varphi}{1-\varphi+\beta}}\end{cases} \tag{9.38}$$

相应的协态变量满足：

$$\dot{\mu}=\rho_2\mu-\frac{\partial H_h}{\partial y}=(\rho_2-r)\mu-kG \tag{9.39}$$

$$\begin{aligned}\dot{\Phi}&=\rho_2\Phi-\frac{\partial H_h}{\partial \lambda}\\&=(\rho_2-\rho_1+r)\Phi-\varepsilon^{\frac{1}{1+\beta}}\frac{f}{1+\lambda f}\left(\frac{\beta L}{1+\lambda f}\right)^{-\frac{\beta}{1+\beta}}\left[\frac{\beta G}{1+\beta}+f\left(\frac{\beta L}{1+\lambda f}\right)\left(1-\frac{\mu\beta}{1+\beta}\right)\right]c^{\frac{\varphi}{1+\beta}}\end{aligned} \tag{9.40}$$

结论 9.3 在黑客作为领导者而企业作为追随者的顺序博弈中,企业的安全投资速率、黑客的攻击速率以及成功攻击概率速率分别为

$$\begin{cases}z_{hf}^*=\varepsilon^{\frac{1}{1-\varphi+\beta}}\left(\frac{\beta L}{1+\lambda f}\right)^{\frac{1-\varphi}{1-\varphi+\beta}}\left(\frac{\varphi G}{1-\mu h}\right)^{\frac{\varphi}{1-\varphi+\beta}}\left[\frac{1}{1+\beta}\left(1-\frac{\mu f}{G}\frac{\beta L}{1+\lambda f}\right)\right]^{\frac{\varphi}{1-\varphi+\beta}}\\ c_{hf}^*=\varepsilon^{\frac{1}{1-\varphi+\beta}}\left(\frac{\beta L}{1+\lambda f}\right)^{-\frac{\beta}{1-\varphi+\beta}}\left(\frac{\varphi G}{1-\mu h}\right)^{\frac{1+\beta}{1-\varphi+\beta}}\left[\frac{1}{1+\beta}\left(1-\frac{\mu f}{G}\frac{\beta L}{1+\lambda f}\right)\right]^{\frac{1+\beta}{1-\varphi+\beta}}\\ \Delta(z_{hf}^*,c_{hf}^*)=\varepsilon^{\frac{1}{1-\varphi+\beta}}\left(\frac{\beta L}{1+\lambda f}\right)^{-\frac{\beta}{1-\varphi+\beta}}\left(\frac{\varphi G}{1-\mu h}\right)^{\frac{\varphi}{1-\varphi+\beta}}\left[\frac{1}{1+\beta}\left(1-\frac{\mu f}{G}\frac{\beta L}{1+\lambda f}\right)\right]^{\frac{\varphi}{1-\varphi+\beta}}\end{cases} \tag{9.41}$$

同时,企业和黑客的收益分别为

$$\begin{cases}J_{f\_hf}=-\frac{1}{\rho_1}\varepsilon^{\frac{1}{1-\varphi+\beta}}\left(\frac{\beta L}{1+\lambda f}\right)^{-\frac{\beta}{1-\varphi+\beta}}\left(\frac{\varphi G}{1-\mu h}\right)^{\frac{\varphi}{1-\varphi+\beta}}\left[\frac{1}{1+\beta}\left(1-\frac{\mu f}{G}\frac{\beta L}{1+\lambda f}\right)\right]^{\frac{\varphi}{1-\varphi+\beta}}\times\\ \qquad\left[L(1+\beta)-\frac{h\lambda\varphi G}{(1+\beta)(1-\mu h)}\left(1-\frac{\mu f}{G}\frac{\beta L}{1+\lambda f}\right)\right]+\frac{L\alpha}{\rho_1}+\lambda y_0\\ J_{h\_hf}=\frac{(1-\varphi+\beta)(1-h\mu)}{\varphi\rho_2}\varepsilon^{\frac{1}{1-\varphi+\beta}}\left(\frac{\beta L}{1+\lambda f}\right)^{-\frac{\beta}{1-\varphi+\beta}}\left(\frac{\varphi G}{1-\mu h}\right)^{\frac{1+\beta}{1-\varphi+\beta}}\left[\frac{1}{1+\beta}\left(1-\frac{\mu f}{G}\frac{\beta L}{1+\lambda f}\right)\right]^{\frac{1+\beta}{1-\varphi+\beta}}\\ \qquad+\frac{(1-\alpha)G}{\rho_2}+\mu y_0\end{cases} \tag{9.42}$$

9.1.3 三种博弈情形下的策略和收益比较

1. 企业和黑客的策略比较

对比上面三种博弈方式下企业安全投资速率、黑客攻击速率及成功攻击概率速率可得如下结论。

结论 9.4 ①考虑企业和黑客的同时博弈以及企业先于黑客行动的顺序博弈,企业在同时博弈下的安全投资速率低于在该顺序博弈下的安全投资速率,黑客

在同时博弈下的攻击速率高于该顺序博弈下的攻击速率，同时博弈下的成功攻击概率速率高于该顺序博弈下的成功攻击概率速率，即 $z_{fh}^{*}>z^{*}$，$c_{fh}^{*}<c^{*}$，$\Delta(z_{fh}^{*},c_{fh}^{*})<\Delta(z^{*},c^{*})$。②考虑企业和黑客的同时博弈以及企业后于黑客行动的顺序博弈，企业在同时博弈下的安全投资速率高于在该顺序博弈下的安全投资速率，黑客在同时博弈下的攻击速率也高于在该顺序博弈下的攻击速率，同时博弈下的成功攻击概率速率高于该顺序博弈下的成功攻击概率速率，即 $z_{hf}^{*}<z^{*}$，$c_{hf}^{*}<c^{*}$，$\Delta(z_{hf}^{*},c_{hf}^{*})<\Delta(z^{*},c^{*})$。结论 9.4①表明，和同时博弈相比，企业充当领导者的顺序博弈时，企业信息系统安全投资速率较高而黑客攻击速率较低。事实上，企业为了保护自己的信息资产，必须修补信息系统中所有漏洞，而黑客只要发现一个漏洞就能入侵企业信息系统窃取信息资产。换句话说，在企业与黑客的对抗中，黑客似乎总占优势。当企业首先采取行动时，作为追随者的黑客能够观察到企业的安全投资速率，因此为了能够威慑到黑客，企业必须花费大量财力。另外，由于黑客能够看到企业的策略，与同时博弈相比，黑客通常也不会投入更多去入侵企业的信息系统。类似地，可以解释结论 9.4②。

2. 企业和黑客的收益比较

通过比较企业和黑客的收益可得结论 9.5。

结论 9.5 ①对黑客而言，在同时博弈中，其收益高于企业充当领导者的顺序博弈下的收益但低于企业充当追随者的顺序博弈下的收益，即 $J_{h\_fh}<J_{h\_si}<J_{h\_hf}$。②对企业而言，企业充当领导者的收益高于同时博弈的收益但低于充当追随者的博弈下的收益，即 $J_{f\_si}<J_{f\_fh}<J_{f\_hf}$。③无论企业或者黑客，都在黑客充当领导者的顺序博弈中获取最高收益。

结论 9.5①表明，与充当追随者或者和同时博弈相比，黑客在充当领导者时获得较高收益。更进一步地，与充当追随者相比，黑客与企业同时行动时获得较高收益。另外，与充当领导者或者和黑客同时行动相比，企业在充当追随者时具有较高收益。然而，不同于黑客，企业更愿意充当领导者而不愿和黑客同时行动。结论 9.5③与现实中很多企业不愿意进行信息安全投资直到发生安全事件的实际情况相吻合。事实上，为了能够威慑到黑客，企业必须制定更好的访问控制策略和复杂的密码协议、购买先进的防火墙和 IDS 设备并进行完美的代码设计等，而这些需要庞大的资金预算。相反，黑客只需发现一个漏洞，企业信息系统就有可能被入侵。因此，企业似乎总是不情愿事先威慑黑客。

3. 数量仿真

本小节通过几个数值仿真示例说明上面均衡对比结果。假设 $\rho_1=\rho_2=0.98$，

$\alpha=0.95$，$\beta=2$，$k=\varepsilon=0.2$，$\varphi=0.7$，$L=100$，$G=90$，$\gamma_0=0.001$。首先假设 $f=h=0.001$，研究黑客知识扩散速度 r 对企业安全投资速率、黑客攻击速率、成功攻击概率速率、企业收益和黑客收益的影响，如图 9.1 所示。

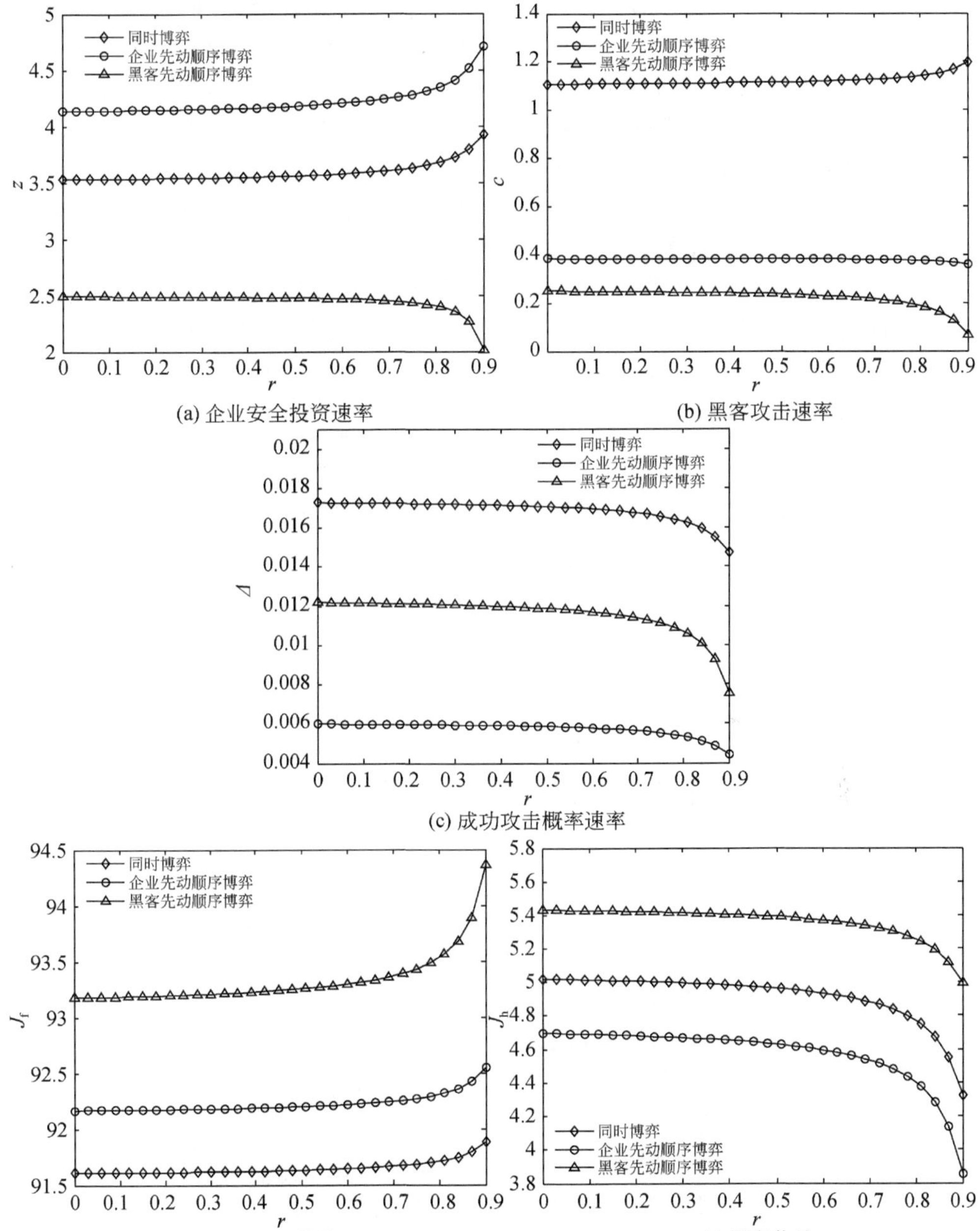

(a) 企业安全投资速率　(b) 黑客攻击速率　(c) 成功攻击概率速率　(d) 企业收益　(e) 黑客收益

图 9.1　黑客知识扩散速度的影响

可以看出,图 9.1 和结论 9.4 的结果是一致的。此外,随着黑客知识扩散速度的增加,企业安全投资速率可能增加也可能减少,因此,黑客知识扩散未必总是对黑客有利,这一结果已经被 Mookerjee 等(2011)指出,尽管他们讨论的是信息安全技术配置问题。这一现象在成功攻击概率速率中也得以体现,其随着黑客知识扩散速度的增加而减小。图 9.1(d)和图 9.1(e)表明,无论企业或者黑客都在以黑客充当领导者的顺序博弈中获取最高收益,并且黑客知识扩散对企业收益有利但对黑客收益有害。注意到随着黑客知识扩散速度的增加,黑客可能高估其积极影响进而降低其努力程度,这可能是这一反常现象发生的部分原因。

接下来讨论安全投资速率阻止黑客知识扩散的效率对企业安全投资速率、黑客攻击速率、成功攻击概率速率、企业收益和黑客收益的影响。如图 9.2 所示,其中 $r=0.5$, $h=0.001$。不难看出,企业收益随着该安全投资速率效率的增加而增加,而黑客收益随着安全投资速率效率的增加而减小,这些结果可以通过结论 9.1、结论 9.2 和结论 9.3 直接证明。同时,由图 9.2 可以看出,黑客攻击速率以及成功攻

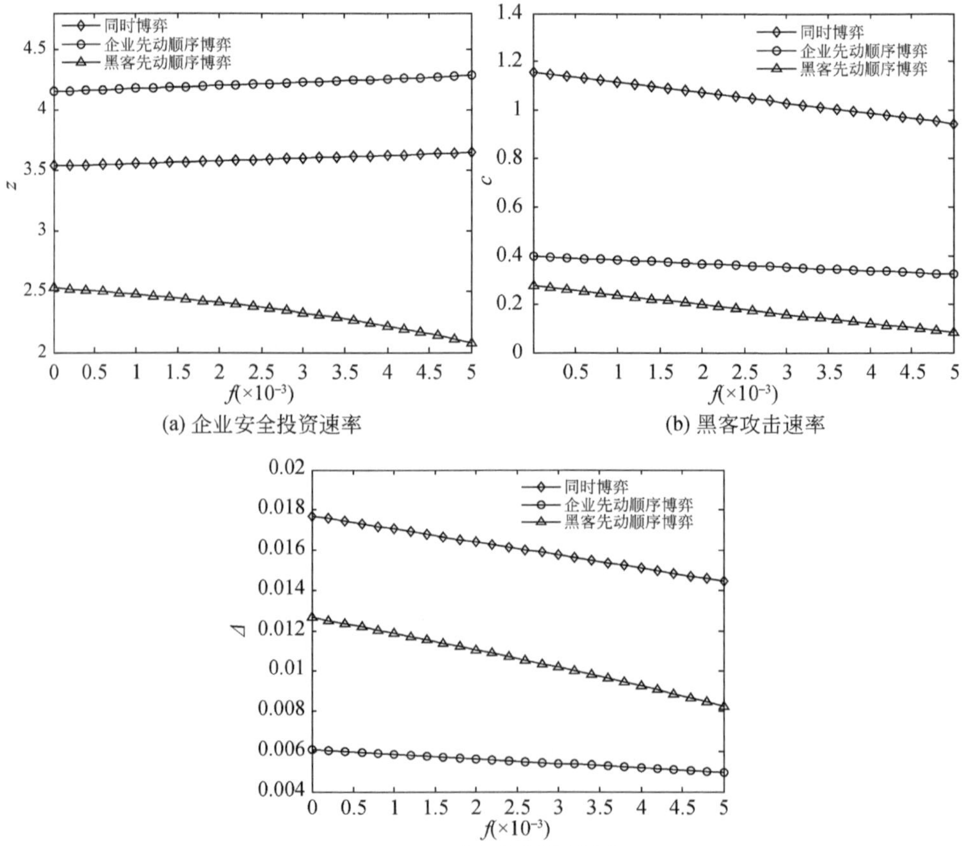

(a) 企业安全投资速率　　(b) 黑客攻击速率

(c) 成功攻击概率速率

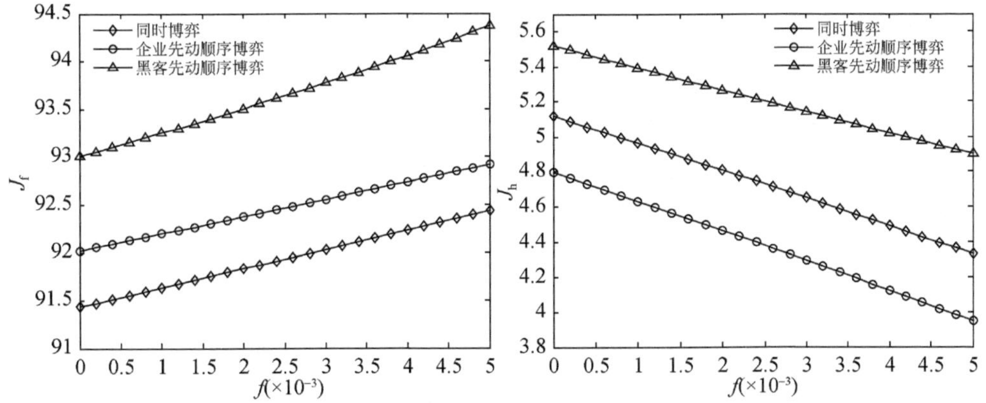

(d) 企业收益 (e) 黑客收益

图 9.2 安全投资效率的影响

击概率速率都随着安全投资速率效率的增加而减小。面对较高的安全投资速率效率,由于黑客的攻击不能有效地提高其知识扩散水平,理性的黑客将不愿意做大量努力。虽然较高的安全投资速率效率可以有效地帮助企业抑制黑客的知识扩散,但由图 9.2 可以看出企业安全投资速率有时随着该效率的增加而增加,有时随着该效率的增加而减小。当安全投资速率随着该效率的增加而减小时,由图 9.2(b)可知,黑客发动最弱的网络攻击速率,且攻击速率随着该效率增加而迅速减小,这时即使安全投资速率效率增加,理性的企业只需要较小的安全投资速率就能够很好地保护其信息系统。

图 9.3 给出了黑客攻击速率促进黑客知识扩散的效率对企业安全投资速率、黑客攻击速率、成功攻击概率速率、企业收益和黑客收益的影响,其中 $r=0.5$,$h=$

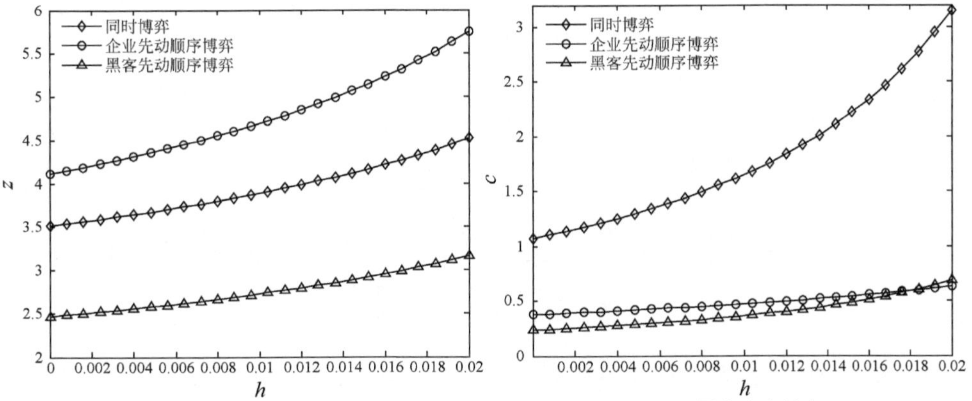

(a) 企业安全投资速率 (b) 黑客攻击速率

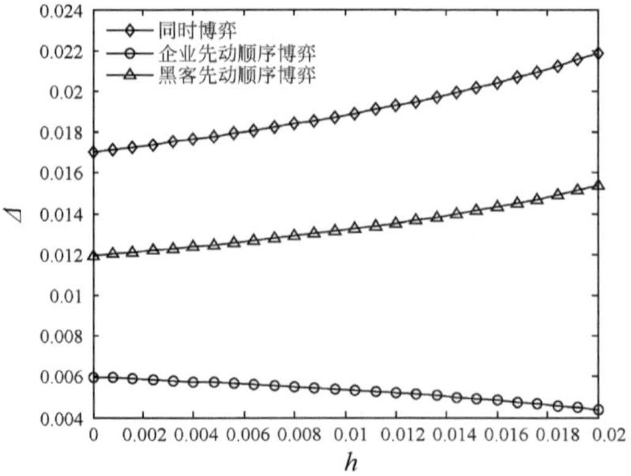

(c) 成功攻击概率速率

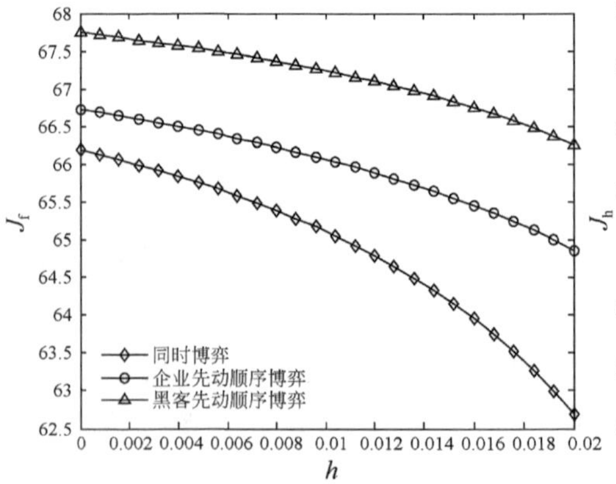

(d) 企业收益

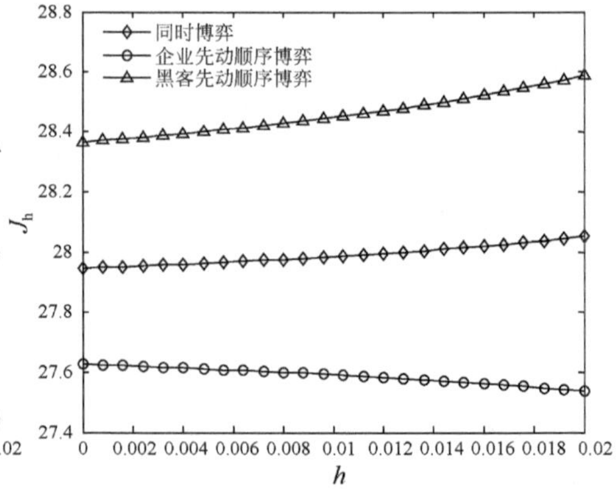

(e) 黑客收益

图 9.3　黑客攻击效率的影响

0.001。类似地,可以看出,较高的黑客攻击速率效率可能使得企业信息系统被成功攻击的概率速率增加,企业收益总是随着该效率的增加而减小。值得一提的是,黑客收益有时会随其努力速率效率的增加而减小。这种情况下,随着黑客攻击速率效率增加,虽然黑客攻击速率增加,但是企业安全投资速率也在增加,且其增加的速度更快,所以导致成功攻击概率速率减小。

9.2　黑客不同攻击方式下的企业信息系统安全投资策略

一般来说,黑客有两种典型的攻击方式,即定向攻击和随机攻击,黑客的不同攻击方式在很大程度上影响企业的安全投资策略。本节考虑两个信息资产价值不同的竞争性企业,当黑客进行不同类型的网络攻击时,这两个企业被黑客攻击的程度不一样,进而企业的安全投资策略也存在差异。具体来讲,本节构建黑客在不同攻击方式下两个竞争性企业和黑客之间的博弈模型,其中企业决定安全投资水平,黑客决定网络攻击水平,讨论不同攻击方式下企业的信息系统安全投资策略。通过求解均衡,讨论和对比黑客不同攻击方式下企业的信息系统安全策略。

9.2.1 问题提出和模型构建

虽然从技术层面看,黑客的网络攻击方式可以分为很多种,如木马攻击、漏洞攻击、拒绝服务攻击、IP 地址欺骗攻击、密码攻击、应用层攻击、网络监听攻击、后门程序攻击、信息炸弹攻击等。其中,有的攻击是非破坏性的,这些攻击一般是为了扰乱信息系统的正常运行,如拒绝服务攻击、信息炸弹攻击;而有的攻击是破坏性的,这些攻击以入侵企业信息系统、窃取系统的保密数据、破坏系统的信息资产为目的。在信息安全经济学中,为了便于研究,通常将黑客攻击方式划分为两类,即定向攻击和随机攻击。在定向攻击方式下,黑客通常根据收益最大化原则对不同的用户、企业或者组织施加不同强度的攻击,如拒绝服务攻击和间谍软件。在随机攻击下,黑客往往忽视这些攻击目标的差异性,随机分配其攻击资源(可理解为无差别攻击),如钓鱼式攻击、病毒、蠕虫和邮件攻击等。图 9.4 给出了两种攻击方式的原理。

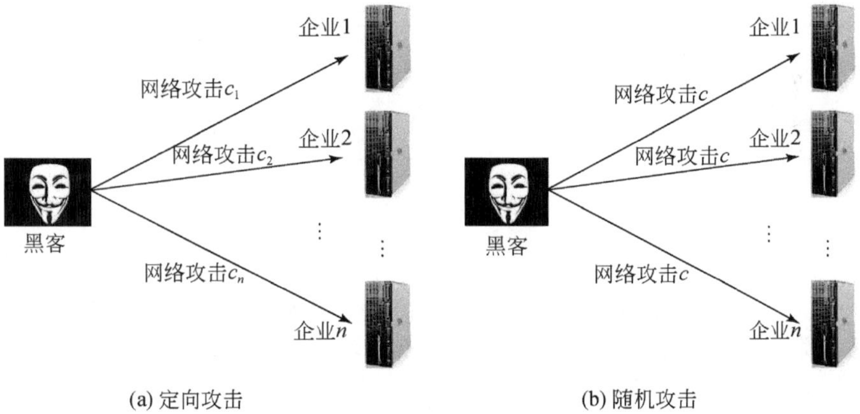

图 9.4　黑客的两种攻击方式

在两个企业存在竞争关系的情形下,构建两个企业和黑客之间的博弈模型,企业决定信息系统安全投资水平,黑客分别在定向攻击方式和随机攻击方式下决定网络攻击水平。通过求解和分析均衡,研究黑客不同攻击方式下企业的安全投资水平、黑客的网络攻击水平、成功攻击概率以及企业和黑客的收益。

假设企业 i 为保护信息系统的信息资产而投资 z_i，黑客为窃取或者破坏这些信息发动的网络攻击水平为 c_i。企业 i 的信息系统被黑客成功攻击概率 P_i 随着企业安全投资水平 z_i 的增加而减小，随着黑客网络攻击水平 c_i 的提高而增加，假设企业的安全投资和黑客的网络攻击都具有边际效用递减规律，则企业 i 的信息系统被黑客成功攻击的概率可以表示为 $P_i=kc_i^{\varphi}z_i^{-\beta}$，其中 $0<\varphi<1$，$\beta>1$。此外，正数 k 要足够小，以确保在均衡处，该概率值介于 0 和 1 之间。假设企业 i 的信息系统所具有的信息资产价值为 V_i，如对于一个信用卡公司，这些信息资产即其用户的账号和密码等个人信息。不考虑两个企业之间的相互影响，假设企业 i 被黑客成功攻击后企业所剩余的信息资产价值为 F_i。如果两个企业信息系统安全水平不一致，一个企业的信息系统被黑客成功攻击后，其剩余的消费者会转移一部分顾客到另一没有被黑客成功攻击的企业，假设这一现象导致企业信息资产转移幅度为 Δ，如表 9.1 所示。

表 9.1　不同情形下的企业收益

项目	企业 i 和企业 j 都没有被成功攻击	企业 i 没有被成功攻击，企业 j 被成功攻击	企业 i 和企业 j 都被成功攻击	企业 i 被成功攻击，企业 j 没有被成功攻击
概率	$(1-P_i)(1-P_j)$	$(1-P_i)P_j$	P_iP_j	$P_i(1-P_j)$
企业 i 收益	V_i	$V_i+\Delta$	F_i	$F_i-\Delta$
企业 j 收益	V_j	$F_j-\Delta$	F_j	$V_j+\Delta$

根据上面的假设，企业 i 的期望收益为

$$\begin{aligned}\pi_i &=(1-P_i)(1-P_j)V_i+(1-P_i)P_j(V_i+\Delta)+P_iP_jF_i+P_i(1-P_j)(F_i-\Delta)-z_i\\&=(1-P_i)(V_i-F_i+\Delta)-(1-P_j)\Delta-z_i+F_i\\&=(1-kc_i^{\varphi}z_i^{-\beta})(V_i-F_i+\Delta)-(1-kc_j^{\varphi}z_j^{-\beta})\Delta-z_i+F_i\end{aligned} \tag{9.43}$$

因此，当企业的信息系统安全性能比其竞争对手高时，企业会从其竞争对手那里获取一部分信息资产；反之，当企业的信息系统安全性能比其竞争对手低时，企业的一部分信息资产会流向其竞争对手那里。类似地，企业 j 的期望收益为

$$\pi_j=(1-kc_j^{\varphi}z_j^{-\beta})(V_j-F_j+\Delta)-(1-kc_i^{\varphi}z_i^{-\beta})\Delta-z_j+F_j \tag{9.44}$$

考虑到黑客对企业信息系统的网络攻击，黑客的收益为

$$H=P_ia(V_i-F_i)+P_ja(V_j-F_j)-c_i-c_j=kc_i^{\varphi}z_i^{-\beta}a(V_i-F_i)+kc_j^{\varphi}z_j^{-\beta}a(V_j-F_j)-c_i-c_j \tag{9.45}$$

其中 a 刻画了黑客成功攻击企业信息系统通过黑市等非法渠道变卖信息资产后信

息资产的价值转化率。

9.2.2 均衡策略对比

当黑客发动定向攻击时，黑客会根据企业信息系统的价值以及安全投资水平等决定对两个企业的网络攻击水平，这类攻击方式下企业的信息系统安全投资水平为

$$\begin{cases} z_{i\_t}^* = k^{\frac{1}{1-\varphi+\beta}} (\varphi a)^{\frac{\varphi}{1-\varphi+\beta}} \beta^{\frac{1-\varphi}{1-\varphi+\beta}} (V_i - F_i)^{\frac{\varphi}{1-\varphi+\beta}} (V_i - F_i + \Delta)^{\frac{1-\varphi}{1-\varphi+\beta}} \\ z_{j\_t}^* = k^{\frac{1}{1-\varphi+\beta}} (\varphi a)^{\frac{\varphi}{1-\varphi+\beta}} \beta^{\frac{1-\varphi}{1-\varphi+\beta}} (V_j - F_j)^{\frac{\varphi}{1-\varphi+\beta}} (V_j - F_j + \Delta)^{\frac{1-\varphi}{1-\varphi+\beta}} \end{cases} \tag{9.46}$$

黑客的网络攻击水平为

$$\begin{cases} c_{i\_t}^* = k^{\frac{1}{1-\varphi+\beta}} [\varphi a (V_i - F_i)]^{\frac{1+\beta}{1-\varphi+\beta}} [\beta (V_i - F_i + \Delta)]^{-\frac{\beta}{1-\varphi+\beta}} \\ c_{j\_t}^* = k^{\frac{1}{1-\varphi+\beta}} [\varphi a (V_j - F_j)]^{\frac{1+\beta}{1-\varphi+\beta}} [\beta (V_j - F_j + \Delta)]^{-\frac{\beta}{1-\varphi+\beta}} \end{cases} \tag{9.47}$$

进而，两个企业信息系统被黑客成功攻击的概率分别为

$$\begin{cases} P_{i\_t}^* = k^{\frac{1}{1-\varphi+\beta}} [\varphi a (V_i - F_i)]^{\frac{\varphi}{1-\varphi+\beta}} [\beta (V_i - F_i + \Delta)]^{-\frac{\beta}{1-\varphi+\beta}} \\ P_{j\_t}^* = k^{\frac{1}{1-\varphi+\beta}} [\varphi a (V_j - F_j)]^{\frac{\varphi}{1-\varphi+\beta}} [\beta (V_j - F_j + \Delta)]^{-\frac{\beta}{1-\varphi+\beta}} \end{cases} \tag{9.48}$$

下面讨论当黑客发动随机攻击时企业的信息系统安全投资策略。当黑客发动随机攻击时，黑客不会根据企业的信息资产价值大小和安全投资水平高低分配其网络攻击强度，而是随机地对不同企业信息系统发动网络攻击。不妨假设黑客对不同企业发动相等强度的网络攻击。通过修改上面的模型，可以得到在黑客随机攻击下企业的期望收益：

$$\begin{cases} \pi_i = (1 - kc^{\varphi} z_i^{-\beta})(V_i - F_i + \Delta) - (1 - kc^{\varphi} z_j^{-\beta})\Delta - z_i + F_i \\ \pi_j = (1 - kc^{\varphi} z_j^{-\beta})(V_j - F_j + \Delta) - (1 - kc^{\varphi} z_i^{-\beta})\Delta - z_j + F_j \end{cases} \tag{9.49}$$

其中 c 为黑客对任一企业所发动的网络攻击水平。黑客的期望收益为

$$H = kc^{\varphi} z_i^{-\beta} a(V_i - F_i) + kc^{\varphi} z_j^{-\beta} a(V_j - F_j) - 2c \tag{9.50}$$

在均衡处，企业的信息系统安全投资水平为

$$\begin{cases} z_{i\_m}^* = k^{\frac{1}{1-\varphi+\beta}} \beta^{\frac{1-\varphi}{1-\varphi+\beta}} (\varphi a)^{\frac{\varphi}{1-\varphi+\beta}} (V_i - F_i + \Delta)^{\frac{1-\varphi}{1-\varphi+\beta}} \left[\frac{V_i - F_i}{2} + \left(\frac{V_i - F_i + \Delta}{V_j - F_j + \Delta} \right)^{\frac{\beta}{1+\beta}} \frac{V_j - F_j}{2} \right]^{\frac{\varphi}{1-\varphi+\beta}} \\ z_{j\_m}^* = k^{\frac{1}{1-\varphi+\beta}} \beta^{\frac{1-\varphi}{1-\varphi+\beta}} (\varphi a)^{\frac{\varphi}{1-\varphi+\beta}} (V_j - F_j + \Delta)^{\frac{1-\varphi}{1-\varphi+\beta}} \left[\frac{V_j - F_j}{2} + \left(\frac{V_j - F_j + \Delta}{V_i - F_i + \Delta} \right)^{\frac{\beta}{1+\beta}} \frac{V_i - F_i}{2} \right]^{\frac{\varphi}{1-\varphi+\beta}} \end{cases} \tag{9.51}$$

黑客的网络攻击水平为

$$c_m^* = k^{\frac{1}{1-\varphi+\beta}} \beta^{-\frac{\beta}{1-\varphi+\beta}} \left\{ \varphi a \left[(V_i - F_i + \Delta)^{-\frac{\beta}{1+\beta}} \frac{V_i - F_i}{2} + (V_j - F_j + \Delta)^{-\frac{\beta}{1+\beta}} \frac{V_j - F_j}{2} \right] \right\}^{\frac{1+\beta}{1-\varphi+\beta}} \tag{9.52}$$

黑客成功攻击企业信息系统的概率为

$$\begin{cases} P_{i\_m}^* = k^{\frac{1}{1-\varphi+\beta}} \beta^{-\frac{\beta}{1-\varphi+\beta}} (V_i - F_i + \Delta)^{-\frac{\beta}{1+\beta}} \left\{ \varphi a \left[(V_i - F_i + \Delta)^{-\frac{\beta}{1+\beta}} \frac{V_i - F_i}{2} + (V_j - F_j + \Delta)^{-\frac{\beta}{1+\beta}} \frac{V_j - F_j}{2} \right] \right\}^{\frac{\varphi}{1-\varphi+\beta}} \\ P_{j\_m}^* = k^{\frac{1}{1-\varphi+\beta}} \beta^{-\frac{\beta}{1-\varphi+\beta}} (V_j - F_j + \Delta)^{-\frac{\beta}{1+\beta}} \left\{ \varphi a \left[(V_i - F_i + \Delta)^{-\frac{\beta}{1+\beta}} \frac{V_i - F_i}{2} + (V_j - F_j + \Delta)^{-\frac{\beta}{1+\beta}} \frac{V_j - F_j}{2} \right] \right\}^{\frac{\varphi}{1-\varphi+\beta}} \end{cases} \tag{9.53}$$

下面主要对比在黑客的不同攻击方式下企业的信息系统安全投资水平、黑客的网络攻击水平以及企业信息系统被黑客成功攻击的概率。不失一般性，假设 $V_i - F_i > V_j - F_j$，这意味着企业 i 对黑客具有更大的吸引力。

结论 9.6 $c_{j\_t}^* < c_m^* < c_{i\_t}^*, z_{i\_t}^* > z_{i\_m}^*, z_{j\_t}^* < z_{j\_m}^*, P_{i\_t}^* > P_{i\_m}^*, P_{j\_t}^* < P_{j\_m}^*$。

结论 9.6 表明，黑客发动随机攻击时，其网络攻击水平要大于黑客发动定向攻击时对具有低吸引力的企业信息系统的攻击水平，但小于对具有高吸引力的企业信息系统的攻击水平。在黑客发动定向攻击时，由于攻击具有高吸引力的信息系统能够带来更高的收益，所以与发动随机攻击相比，黑客对具有高吸引力的信息系统会发动强度较高的网络攻击，而对低吸引力的信息系统发动强度较低的网络攻击。黑客发动定向攻击时，具有高吸引力的企业信息系统安全投资水平要高于黑客发动随机攻击下该企业的安全投资水平；相反，黑客发动定向攻击时，具有低吸引力的企业信息系统安全投资水平要低于黑客发动随机攻击下该企业的安全投资水平。

具有较高吸引力的企业信息系统在黑客定向攻击下被成功攻击的概率要高于黑客随机攻击下被成功攻击的概率，但具有较低吸引力的企业信息系统在黑客定向攻击下被成功攻击的概率要低于黑客随机攻击下被成功攻击的概率。对于具有高吸引力的企业信息系统而言，虽然在黑客定向攻击下的企业信息系统安全投资水平和黑客网络攻击水平都比在黑客随机攻击下的企业安全投资水平和网络攻击水平高，但是黑客的网络攻击变化幅度的影响要大于企业安全投资变化幅度的影响。所以，企业信息系统被黑客成功攻击的概率主要是由黑客发动的网络攻击决定的，此时黑客定向攻击下企业信息系统被成功攻击的概率就高于黑客随机攻击下的概率。对于具有较低吸引力企业的信息系统安全投资策略可做类似分析。

结论 9.7 $\pi_{i\_t}^* < \pi_{i\_m}^*, \pi_{j\_t}^* > \pi_{j\_m}^*$。

结论 9.7 表明，具有较高吸引力的企业在黑客随机攻击下得到的期望收益比在黑客定向攻击下的期望收益高，而具有较低吸引力的企业在黑客随机攻击下得到的期望收益比在黑客定向攻击下的期望收益低。所以，具有较高吸引力的企业更偏好黑客发动随机攻击而非定向攻击，具有较低吸引力的企业更偏好黑客发动定向攻击而非随机攻击。这一结论与一般的常识相吻合，由于理性的黑客在定向攻击时通常会重点关注信息资产回报较高的企业而不太在意信息资产回报较低的企业。这样一来，与黑客随机攻击相比，在黑客的定向攻击下具有较高吸引力的企业便会有较多的信息资产损失而具有较低吸引力的企业只会有较少的信息资产损失。

结论 9.8 $H_t^* > H_m^*$。

结论 9.8 表明，无论企业间竞争程度如何，黑客通过采取定向攻击得到的期望收益总是不低于通过采取随机攻击得到的期望收益。值得注意的是，当两个企业对黑客而言具有相等的吸引力时，黑客通过采用定向攻击和随机攻击得到的期望收益是相等的。事实上，相比于随机攻击，定向攻击对黑客的知识水平要求更高，这种攻击方式要求黑客能够根据企业的信息资产价值等具体状况合理分配其网络攻击资源。而黑客发动随机攻击却相对比较容易，不需要很高的知识水平，也不需要辨识攻击目标的差异性。所以，黑客发动定向攻击具有一定的针对性，而黑客发动随机攻击则带有一定的盲目性。这些特征也解释了黑客为什么在定向攻击下能够获得较高的期望收益。

9.3 主要结论和管理启示

黑客自身的特性是企业信息系统安全投资策略制定中必须考虑的要素之一。本章分别考虑黑客知识扩散情境和黑客的攻击方式对企业信息系统安全投资策略的影响。本章模型分析和研究主要有以下结论：

(1)黑客知识扩散情况下，企业和黑客不同博弈方式下，企业的安全投资速率、黑客的攻击速率、企业和黑客的收益等均存在差别。

(2)通过分析和对比不同博弈方式下的信息系统安全投资策略可以发现，企业在充当领导者角色的顺序博弈中安全投资速率最高；黑客在与企业的同时博弈中的网络攻击速率最低；企业和黑客都在黑客充当领导者而企业充当追随者的顺序博弈中获利最高。

(3)随着黑客知识扩散速度的增加，企业安全投资速率可能增加也可能减少，黑客的成功攻击概率速率也随着黑客知识扩散速度的增加而减小，因此，黑客知识扩散未必总是对黑客有利。同时，无论企业或者黑客都在黑客充当领导者的顺序博弈中获取最高收益，并且黑客知识扩散有时对企业收益有利但对黑客收益有害。

(4)黑客攻击企业信息系统的信息资产回报影响企业安全投资水平和黑客网络攻击水平，黑客采取定向攻击策略总是比采取随机攻击策略得到更高的收益，这些结果不依赖于企业间的竞争程度。

(5)具有较高吸引力的企业在黑客随机攻击下得到的期望收益比在黑客定向攻击下的期望收益高,而具有较低吸引力的企业在黑客随机攻击下得到的期望收益比在黑客定向攻击下的期望收益低。此外,黑客采用定向攻击策略总是比采用随机攻击策略获得的收益高。

基于本章的研究结论,在考虑黑客的知识扩散和黑客的攻击方式下,企业制定信息系统安全投资策略时有以下几个方面的管理启示:

(1)虽然企业一般更愿意充当领导者而不愿和黑客同时行动或者不愿意当追随者,但是由于企业和黑客都是在黑客充当领导者、企业充当追随者的顺序博弈中获得最高的收益,所以企业在和黑客博弈中需要多尝试采用追随者策略。

(2)由于黑客知识扩散并不总会提高黑客收益,也不总会降低企业收益,企业可以合理利用黑客的知识扩散来提高企业自身的收益。例如,当黑客高估知识扩散的影响进而降低其努力程度时,建议企业帮助黑客进行知识扩散;当黑客的知识扩散有助于黑客的成功攻击概率速率提高时,企业则需要采取措施抑制黑客的知识扩散。

(3)具有较高吸引力的企业采取相应伪装策略引诱黑客发动随机攻击;具有较低吸引力的企业采取相应伪装策略引诱黑客发动定向攻击。

(4)由于无论企业间竞争程度如何,黑客通过采取定向攻击得到的期望收益总是不低于通过采取随机攻击得到的期望收益。所以,具有较高吸引力的企业还可以发布虚假信息,提高黑客定向攻击的成本。

第 10 章 考虑竞争方式和安全需求的企业信息系统安全投资策略

大量案例表明企业间竞争对企业信息系统安全投资策略有直接影响。例如，如果企业信息系统安全性不好，声誉不佳，消费者就会担心其信息安全得不到保障，进而有可能会转向信息系统安全性更好的企业，这会直接影响企业的竞争力。除了企业间竞争方式对企业信息系统安全投资策略产生影响以外，企业的安全需求也对信息系统安全投资策略产生影响。本章首先讨论竞争企业在面对黑客网络攻击时的信息系统安全投资策略。特别地，强调在价格竞争机制和产量竞争机制下企业信息系统安全投资策略的选择。然后，考虑不同企业信息系统安全需求不同，研究企业安全等级约束下的信息系统安全投资策略。

10.1 同类产品价格竞争和产量竞争下的企业信息系统安全投资策略

10.1.1 问题提出和模型构建

在不少行业，企业信息系统的安全性会直接影响其竞争力。因此，应从增强竞争力的视角分析企业信息系统安全投资策略。例如，电子支付信息系统如果遭遇黑客网络攻击，企业的用户信息有被泄露的风险。出于信息安全方面的考虑，信息系统安全水平低的企业的消费者（用户）可能会转向信息系统安全水平高的企业。这样，企业将面临消费者流失的风险。从这个意义上讲，信息系统安全投资可以理解为一类特殊的需求创新。正如产品创新和工艺创新（Qiu，1997；Symeonidis，2003），市场结构也影响企业这类特殊的需求创新。

对于同类产品，企业间竞争主要涉及产品价格竞争和产量竞争。因此，面对黑客的网络攻击，企业在价格竞争机制和产量竞争机制下如何选择合适的信息系统安全投资策略显得更为重要。本节考虑两个竞争企业，构造一个两阶段博弈模型：第一阶段企业决定安全投资水平和信息分享水平，黑客决定网络攻击水平；第二阶段企业决定价格或者产量。通过求解均衡，讨论不同市场结构下企业的安全投资水平、信息分享水平以及黑客的网络攻击水平等如何变化。

考虑两个竞争企业，它们生产两种具有替代性的产品或者服务。对于每个企业，其消费者需求不但受两个企业产品的价格影响，还受它们的信息系统安全水平影响。信息系统安全水平可以用信息系统被破坏的概率衡量，该概率受企业的信息系统安全投资水平、信息分享水平以及黑客的网络攻击水平影响。假设企业的消费者需求函数为

$$q_i=\alpha_i-p_i+\gamma p_j, i,j=1,2, i\neq j \tag{10.1}$$

其中，$\gamma\in[0,1)$表示两种产品的替代率，γ越大说明两个企业的产品越相似，企业间竞争程度越强，p_i、p_j表示企业i企业j的产品价格。$\alpha_i=\alpha+D_i$，参数α代表当两个企业不遭受任何黑客网络攻击，进而也不进行任何安全投资和信息分享时的消费者需求，变量D_i代表两个企业信息系统安全水平对企业i的消费者需求的影响。进一步地，假设D_i满足表10.1（Cezar et al.,2009）。

表 10.1　两个企业信息系统安全水平对消费者需求的影响

项目	企业i的信息系统被成功攻击，企业j的信息系统没被成功攻击	企业i和企业j的信息系统都被成功攻击	企业i和企业j的信息系统都没被成功攻击	企业i的信息系统没被成功攻击，企业j的信息系统被成功攻击
D_i	$-\Delta$	$-\Delta$	0	$\rho\Delta$
D_j	$\rho\Delta$	$-\Delta$	0	$-\Delta$

如果企业i的信息系统被成功攻击，那么消费者出于信息安全考虑会不愿意购买其生产的产品或者提供的服务，假设此时企业i的消费者需求减少了Δ。在这种情况下，作为企业i的对手，如果企业j的信息系统不被成功攻击，那么一部分企业i的消费者将会觉得企业j的信息系统比较安全，进而愿意与企业j进行交易，假设这部分消费者与企业i消费者损失的比率为ρ，$\rho\in[0,1]$，不妨称ρ为需求转移率，这一参数也在一定程度上反映了企业间竞争程度。当两个企业同时被黑客成功攻击，假设它们的消费者需求都减少Δ。

假设企业i的信息系统没有被黑客成功攻击的概率为$P_i(z_i,T_i)$，其依赖于企业i的安全投资水平z_i和黑客的网络攻击水平T_i。自然地，提高安全投资水平z_i和降低网络攻击水平T_i都能提高概率$P_i(z_i,T_i)$，进一步假设两者对该概率具有边际递减的效用，即

$$\partial P_i(z_i,T_i)/\partial z_i,\partial^2 P_i(z_i,T_i)/\partial T_i^2>0,\partial P_i(z_i,T_i)/\partial T_i,\partial^2 P_i(z_i,T_i)/\partial z_i^2<0$$

假设企业j对企业i的信息分享水平为s_j，则$P_i(z_i,T_i)$应该修正为$P_i(z_i+\eta s_j,T_i)$，其中$\eta\in[0,1]$为信息分享的效率。为了简化问题，采用如下简单的竞赛成功

函数来刻画该概率(Hausken,2007),即

$$P_i(z_i+\eta s_j,T_i)=\frac{z_i+\eta s_j}{z_i+\eta s_j+T_i} \tag{10.2}$$

信息分享对每个企业都是有风险的,即存在信息泄露成本。假设企业 i 的信息泄露成本为

$$g_i(s_i,s_j)=\varphi_1 s_i^2-\varphi_2 s_j^2-\varphi_3 s_i s_j,\varphi_1>\varphi_2+\varphi_3 \tag{10.3}$$

其中,非负 φ_1、φ_2 和 φ_3 描述了企业 i 的信息分享风险,企业 j 的信息分享对企业 i 的影响,以及两个企业相互分享信息对企业 i 的影响(Hausken,2007)。

假设两个企业进行两阶段非合作博弈。具体来说,在第一阶段,两个企业分别独立地选择安全投资水平以及信息分享水平,两个黑客分别选择对两个企业的网络攻击水平。在第二阶段,根据第一阶段的决策,两个企业知道了信息系统受到成功破坏的概率后进行经典的伯川德(Bertrand)竞争(价格竞争)或者古诺(Cournot)竞争(产量竞争)。

10.1.2 Bertrand 竞争

通过逆向归纳法求解均衡。不失一般性,假设企业的生产成本为零,则企业 i 在第二阶段的收益函数为

$$\pi_i=p_i(\alpha_i-p_i+\gamma p_j)-z_i-g_i(s_i,s_j),i,j=1,2,i\neq j \tag{10.4}$$

当企业 i 参与 Bertrand 竞争时,会选择下面的均衡价格

$$p_i^B=\frac{2\alpha_i+\gamma\alpha_j}{4-\gamma^2} \tag{10.5}$$

相应的均衡收益为

$$\pi_i^B=\frac{(2\alpha_i+\gamma\alpha_j)^2}{(4-\gamma^2)^2}-z_i-g_i(s_i,s_j) \tag{10.6}$$

由于

$$E[D_i]=\Delta[(1+\rho)P_i-(1+\rho P_iP_j)],E[D_i^2]=\Delta^2[1-\rho^2P_iP_j-(1-\rho^2)P_i] \tag{10.7}$$

$$E[D_iD_j]=\Delta^2[1-(1+\rho)(P_i+P_j)+(1+2\rho)P_iP_j] \tag{10.8}$$

企业 i 的期望收益为

$$E[\pi_i^B]=\frac{1}{(4-\gamma^2)^2}E[(2\alpha+\gamma\alpha+2D_i+\gamma D_j)^2]-z_i-g_i(s_i,s_j) \tag{10.9}$$

企业 i 将在第一阶段选择安全投资水平 z_i 和信息分享水平 s_i 以最大化式(10.9)的期望收益。在这一阶段,假设两个黑客的目标是分别通过选择网络攻击水平 T_i 和 T_j 以最小化企业的期望效用,即黑客 i 的目的是最小化:

$$H_i^B=\frac{1}{(4-\gamma^2)^2}E[(2\alpha+\gamma\alpha+2D_i+\gamma D_j)^2]+T_i \tag{10.10}$$

式(10.10)暗含了企业信息系统被入侵后的损失等于黑客的收益，当黑客在黑市交易中信息资产的转化率较高时，这一假设是合理的。此外，在式(10.10)中引入信息资产转化率也不会改变本节的结果，所以这里不考虑该转化率。不难得到在对称均衡处，即当 $s_i=s_j=s^B, z_i=z_j=z^B, T_i=T_j=T^B$ 时，

$$\begin{cases}T^B=\dfrac{\Delta(2+\gamma)\{2\alpha[4+\rho(2-\gamma)]-\Delta[4-\rho^2(2-\gamma)]\}}{8(4-\gamma^2)^2}\\ z^B=T^B-\eta s^B\\ s^B=\dfrac{\eta}{(2\varphi_1-\varphi_3)}\dfrac{2\alpha[2\gamma-\rho(2-\gamma)]-\Delta[2\gamma+\rho^2(2-\gamma)]}{2\alpha[4+\rho(2-\gamma)]-\Delta[4-\rho^2(2-\gamma)]}\end{cases} \tag{10.11}$$

相应地，每个企业的均衡价格和均衡产量分别为

$$p^B=q^B=\frac{4\alpha-2\Delta+\Delta\rho}{4(2-\gamma)} \tag{10.12}$$

更进一步地，每个企业的均衡期望收益为

$$E[\pi^B]=\frac{1}{4(4-\gamma^2)^2}[2\alpha(2+\gamma)^2(2\alpha-2\Delta+\Delta\rho)+\Delta^2(4+\gamma^2)(2+\rho^2)+4\Delta^2\gamma(1-2\rho)]-z^B-(\varphi_1-\varphi_2-\varphi_3)(s^B)2 \tag{10.13}$$

黑客的均衡期望目标函数为

$$E[H^B]=\frac{1}{4(4-\gamma^2)^2}[2\alpha(2+\gamma)^2(2\alpha-2\Delta+\Delta\rho)+\Delta^2(4+\gamma^2)(2+\rho^2)+4\Delta^2\gamma(1-2\rho)]+T^B \tag{10.14}$$

期望消费者剩余为

$$E[CS^B]=\frac{1}{4(1-\gamma^2)(4-\gamma^2)^2}\{2\alpha(1+\gamma)(2+\gamma)^2[2\alpha-\Delta(2-\rho)]+\Delta^2(4+5\gamma^2)(2+\rho^2)+\gamma\Delta^2(8+\gamma^2)(1-2\rho)\} \tag{10.15}$$

期望社会福利为

$$E[SW^B]=E[CS^B]+2E[\pi^B] \tag{10.16}$$

10.1.3 Cournot 竞争

由式(10.1)可得企业 i 的价格为

$$p_i=\frac{\alpha_i+\gamma\alpha_j-q_i-\gamma q_j}{1-\gamma^2}, i,j=1,2, i\neq j \tag{10.17}$$

相应地，企业 i 的收益为

$$\pi_i = \frac{(\alpha_i+\gamma\alpha_j-q_i-\gamma q_j)q_i}{1-\gamma^2}-z_i-g_i(s_i,s_j) \tag{10.18}$$

在第二阶段，为了最大化该收益，企业 i 选择产量为

$$q_i^C = \frac{(2-\gamma^2)\alpha_i+\gamma\alpha_j}{4-\gamma^2} \tag{10.19}$$

所以在第二阶段的均衡收益为

$$\pi_i^C = \frac{[(2-\gamma^2)\alpha_i+\gamma\alpha_j]^2}{(1-\gamma^2)(4-\gamma^2)^2}-z_i-g_i(s_i,s_j) \tag{10.20}$$

其期望值为

$$E[\pi_i^C] = \frac{1}{(1-\gamma^2)(4-\gamma^2)^2}E\{[(2+\gamma-\gamma^2)\alpha+(2-\gamma^2)D_i+\gamma D_j]^2\}-z_i-g_i(s_i,s_j) \tag{10.21}$$

同时，黑客 i 最小化期望目标函数，具体为

$$H_i^C = \frac{1}{(1-\gamma^2)(4-\gamma^2)^2}E\{[(2+\gamma-\gamma^2)\alpha+(2-\gamma^2)D_i+\gamma D_j]^2\}+T_i \tag{10.22}$$

在均衡处，企业的安全投资水平、信息分享水平以及黑客网络攻击水平为

$$\begin{cases} s^C = \dfrac{\eta}{(2\varphi_1-\varphi_3)} \dfrac{2\alpha[2\gamma-\rho(2-\gamma-\gamma^2)]-\Delta[2\gamma+\rho^2(2-\gamma-\gamma^2)]}{2\alpha[2(2-\gamma^2)+\rho(2-\gamma-\gamma^2)]-\Delta[2(2-\gamma^2)-\rho^2(2-\gamma-\gamma^2)]} \\ z^C = T^C-\eta s^C \\ T^C = \dfrac{\Delta(2+\gamma-\gamma^2)\{2\alpha[2(2-\gamma^2)+\rho(2-\gamma-\gamma^2)]-\Delta[2(2-\gamma^2)-\rho^2(2-\gamma-\gamma^2)]\}}{8(1-\gamma^2)(4-\gamma^2)^2} \end{cases} \tag{10.23}$$

相应地，在均衡处每个企业的价格和产量分别为

$$p^C = \frac{4\alpha-2\Delta+\Delta\rho}{4(1-\gamma)(2+\gamma)},\quad q^C = \frac{(2+\gamma-\gamma^2)(4\alpha-2\Delta+\Delta\rho)}{4(4-\gamma^2)} \tag{10.24}$$

每个企业的期望收益为

$$\begin{aligned} E[\pi^C] = & \frac{1}{4(1-\gamma^2)(4-\gamma^2)^2}\{2\alpha(2+\gamma-\gamma^2)^2[2\alpha-\Delta(2-\rho)] \\ & +\Delta^2(2+\rho^2)(4+\gamma^4-3\gamma^2)+2\gamma\Delta^2(2-\gamma^2)(1-2\rho)\}-z^C-(\varphi_1-\varphi_2-\varphi_3)(s^C)^2 \end{aligned} \tag{10.25}$$

黑客的期望目标函数为

$$\begin{aligned} E[H^C] = & \frac{1}{4(1-\gamma^2)(4-\gamma^2)^2}\{2\alpha(2+\gamma-\gamma^2)^2[2\alpha-\Delta(2-\rho)] \\ & +\Delta^2(2+\rho^2)(4+\gamma^4-3\gamma^2)+2\gamma\Delta^2(2-\gamma^2)(1-2\rho)\}+T^C \end{aligned} \tag{10.26}$$

期望消费者剩余为

$$E[CS^C]=\frac{1}{4(1-\gamma^2)(4-\gamma^2)^2}\{2\alpha(1+\gamma)(2+\gamma-\gamma^2)^2[2\alpha-\Delta(2-\rho)]$$
$$+\Delta^2(4+\gamma^2-\gamma^4)(2+\rho^2)+\gamma\Delta^2(8-5\gamma^2+\gamma^4)(1-2\rho)\} \tag{10.27}$$

期望社会福利为

$$E[SW^C]=E[CS^C]+2E[\pi^C] \tag{10.28}$$

10.1.4 两种竞争方式的对比

首先比较两种竞争方式下均衡处的企业信息分享水平、黑客网络攻击水平、市场价格、产量以及期望消费者剩余。由

$$\Delta(2-\rho^2)-2\alpha(2+\rho)<\alpha(2-\rho^2)-2\alpha(2+\rho)=-\alpha(\rho^2+2\rho+2)<0 \tag{10.29}$$

得

$$s^B-s^C=\frac{\eta}{(2\varphi_1-\varphi_3)}\left\{\frac{2\alpha[2\gamma-\rho(2-\gamma)]-\Delta[2\gamma+\rho^2(2-\gamma)]}{2\alpha[4+\rho(2-\gamma)]-\Delta[4-\rho^2(2-\gamma)]}\right.$$
$$\left.-\frac{2\alpha[2\gamma-\rho(2-\gamma)]-\Delta[2\gamma+\rho^2(2-\gamma)]+[2\alpha\rho+\Delta\rho^2]\gamma^2}{2\alpha[4+\rho(2-\gamma)]-\Delta[4-\rho^2(2-\gamma)]+[\Delta(2-\rho^2)-2\alpha(2+\rho)]\gamma^2}\right\}<0 \tag{10.30}$$

同时，

$$T^B-T^C=\frac{\Delta}{8(1-\gamma^2)(4-\gamma^2)^2}\{(2+\gamma)(1-\gamma^2)\{2\alpha[4+\rho(2-\gamma)]-\Delta[4-\rho^2(2-\gamma)]\}$$
$$-(2+\gamma-\gamma^2)\{2\alpha[4+\rho(2-\gamma)]-\Delta[4-\rho^2(2-\gamma)]-[2\alpha(2+\rho)-\Delta(2-\rho^2)]\gamma^2\}\}$$
$$=-\frac{\Delta\gamma^3(1+\gamma)}{4(1-\gamma^2)(4-\gamma^2)^2}(2\alpha-\Delta)<0 \tag{10.31}$$

结论 10.1 与 Bertrand 竞争相比，Cournot 竞争下企业信息分享水平和黑客网络攻击水平更高。另外，在任何竞争方式下，企业信息分享水平和黑客攻击水平都随着需求转移率的增加而降低。

不论是安全投资或者信息分享，都对企业信息系统的安全性起着积极的作用。Vives(1985)以及 Singh 和 Vives(1984)研究发现，对于任意初始消费者需求，企业参与 Cournot 竞争总比参与 Bertrand 竞争得到更高的收益。因此，在 Cournot 竞争下提高市场需求总是比在 Bertrand 竞争下更有效。相应地，当企业参与 Cournot 竞争时，黑客为了能够入侵企业信息系统，也会发动更猛烈的网络攻击。

显然，当企业信息分享水平提高时，其对手的信息系统就会更加安全。这样，企业的消费者就会转移到其对手那里，进而对自己不利。特别地，如果需求转移率

增大,这种不利影响变得更严重。因此,无论在哪种竞争方式下,随着需求转移率的增加,企业越来越不愿意和对手分享安全信息。

简单计算可得

$$p^B-p^C=-\frac{\gamma^2(4\alpha-2\Delta+\Delta\rho)}{4(1-\gamma)(2-\gamma)(2+\gamma)}<0 \tag{10.32}$$

$$q^B-q^C=\frac{\gamma^2(4\alpha-2\Delta+\Delta\rho)}{4(4-\gamma^2)}>0 \tag{10.33}$$

结论 10.2 与 Bertrand 竞争相比,Cournot 竞争下企业价格更高,产量更低。但是在任意一种竞争方式下,企业的价格和产量都随着需求转移率的增加而增加。

通过构建一个两阶段质量投资模型,Symeonidis(2003)得出当企业的竞争强度较大时,Cournot 竞争下的价格总是高于 Bertrand 竞争下的价格,而 Cournot 竞争下的产量总是低于 Bertrand 竞争下的产量。某种程度上,本节模型刻画了一个两阶段需求投资问题。结论 10.2 表明,无论企业竞争的强度有多大,上面关于价格和产量的对比结果总是成立的。由于在均值意义上需求转移率的增大能够增加企业的消费者需求,所以企业的产量随着需求转移率的增加而增加。由于价格一般会随着产量的增加而减少,所以似乎难以理解为什么价格会随着需求转移率的增加而增加。事实上,在均值意义上,信息系统受破坏而导致的消费者需求的变化对价格的影响要大于产量对价格的影响。这样,就不难理解为什么企业产量随着需求转移率的增加而增加。

结论 10.3 与 Cournot 竞争相比,Bertrand 竞争下期望消费者剩余更高。此外,在任何竞争方式下,期望消费者剩余总随着需求转移率的增加而增加。

Symeonidis(2003)指出,只有当企业的竞争强度较大时,Bertrand 竞争下消费者剩余才比 Cournot 竞争下高。结论 10.3 表明,在信息系统安全投资模型中,无论企业竞争强度如何,这一结果总是成立的。在任何竞争方式下,期望消费者剩余总是随着需求转移率的增加而增加。根本原因在于,由结论 10.2 所述,随着需求转移率的增加,两种竞争方式下的企业产量也随之增加。

在两种竞争方式下,很难对企业信息系统安全投资水平、期望收益以及期望社会福利进行解析对比,所以借助数量仿真进行对比。假设 $\alpha=10$, $\Delta=1$, $\eta=0.5$, $\varphi_1=0.3$, $\varphi_2=\varphi_3=0.1$,企业在这两种竞争方式下的均衡安全投资水平如图 10.1 所示。

观察 10.1 Cournot 竞争下的企业信息系统安全投资水平要比 Bertrand 竞争下高。另外,在任何竞争方式下,企业信息系统安全投资水平都随着需求转移率的增加而增加。

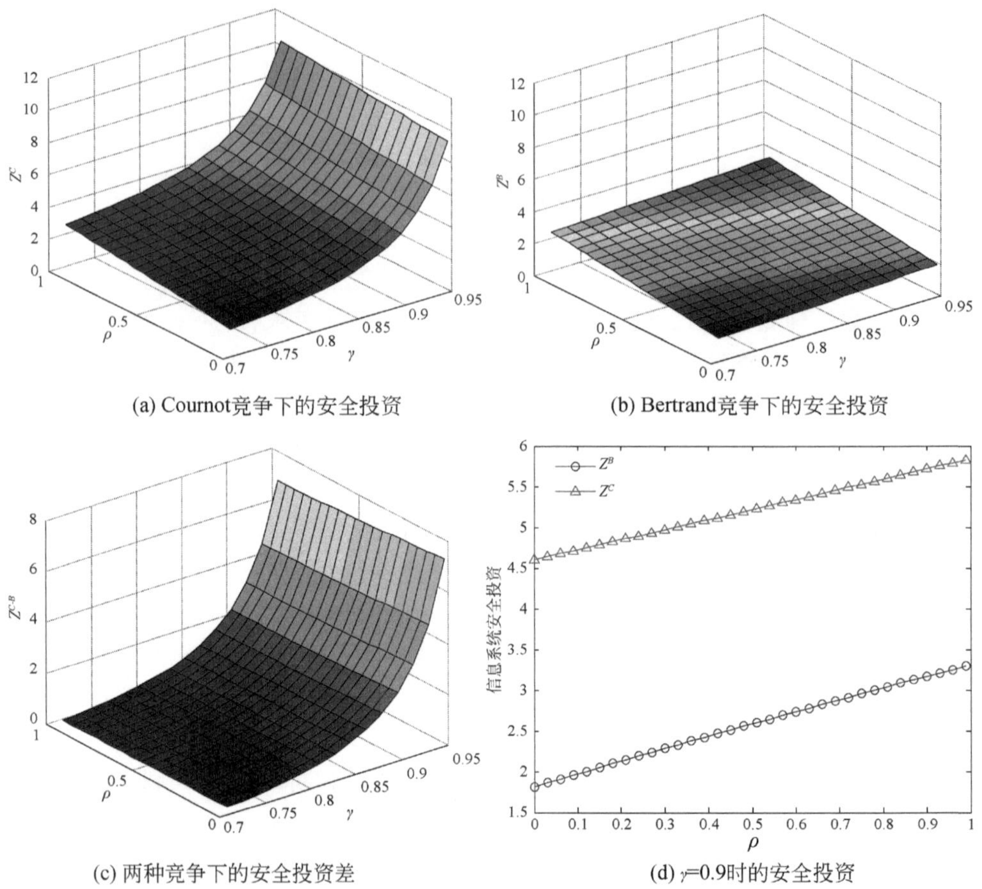

图 10.1　两种竞争方式下每个企业的均衡安全投资水平①

由于 Cournot 竞争下信息系统安全投资的效率更高，更能提高企业期望收益，所以企业安全投资水平也就更高。通过一个两阶段成本减少投资模型，Sacco 和 Schmutzler(2011)得出企业最优投资和企业竞争强度呈现倒 U 形关系。然而，图 10.1 表明，企业安全投资总是随着企业竞争强度的增加而增加。另外，由图 10.1 知，随着需求转移率增加，企业安全投资水平也提高。事实上，需求转移率越高，企业信息系统安全风险也越高。为了控制信息系统安全风险，企业自然会提高其安全投资水平。图 10.2 给出两种竞争方式下每个企业的期望收益。

① 在本图以及本节后面的图中，为保证均衡处信息分享水平，安全投资水平以及黑客网络攻击水平为正值，需对 γ 的取值范围进行限制。

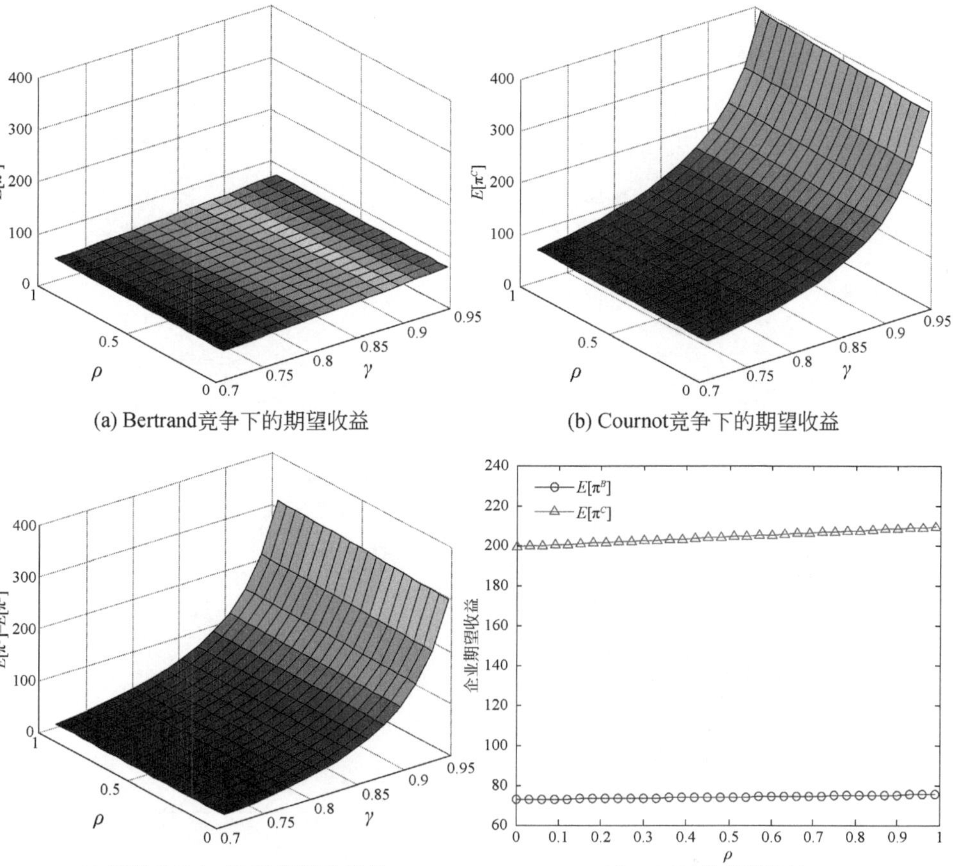

(a) Bertrand竞争下的期望收益　(b) Cournot竞争下的期望收益

(c) 两种竞争方式下的期望收益差　(d) γ=0.9时的期望收益

图 10.2　两种竞争方式下每个企业的期望收益

观察 10.2　Cournot 竞争下企业的期望收益总高于 Bertrand 竞争下的期望收益。另外,在任何竞争方式下,企业的期望收益都随着需求转移率的增加而增加。

Vives(1985)以及 Singh 和 Vives(1984)表明,当企业仅仅选择产量或者价格竞争时,企业在前者的收益总是高于在后者的收益。观察 10.2 表明,这一结果对于企业信息系统安全投资问题仍然成立。原因在于,企业信息系统安全投资水平和信息分享水平在 Cournot 竞争下较高。在这两种竞争方式下,尽管较高的需求转移率可能带来较高的消费者需求损失,但实际上却对每个企业的期望收益有利。究其原因,当需求转移率较高时,每个企业的信息分享水平降低,进而泄露成本减小,此外,黑客的攻击水平也降低。最后,图 10.3 给出了两种竞争方式下的期望社会福利。

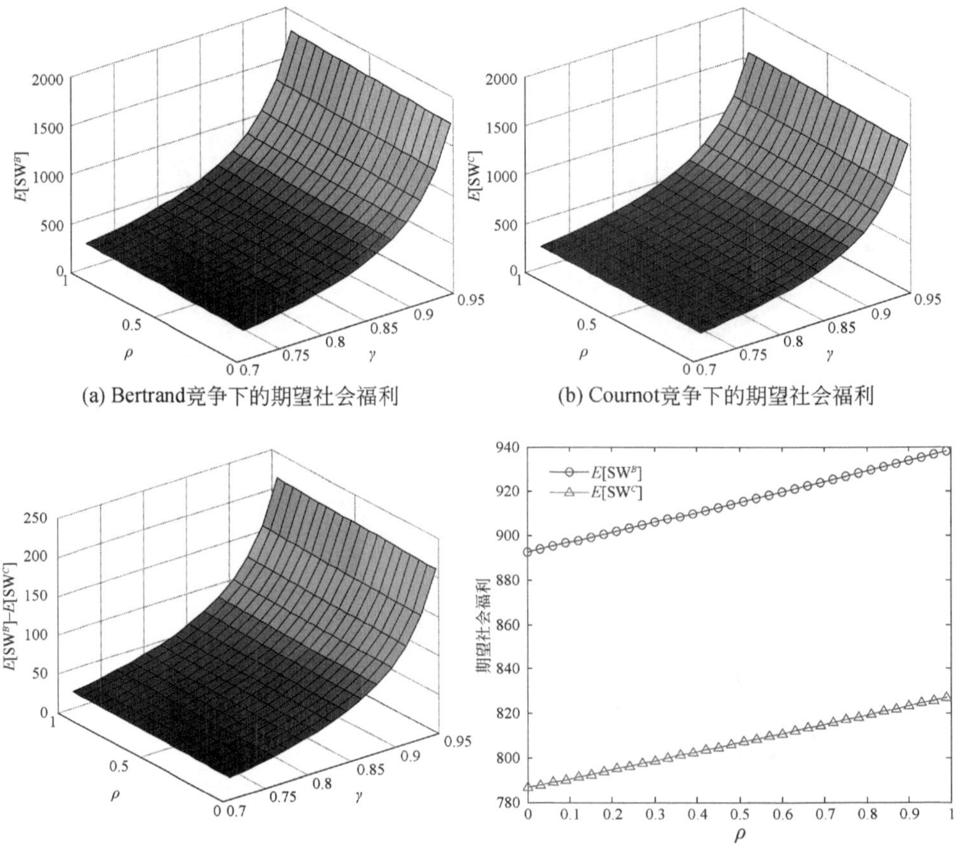

(a) Bertrand竞争下的期望社会福利　　(b) Cournot竞争下的期望社会福利

(c) 两种竞争方式下的期望社会福利差　　(d) γ=0.9时的期望社会福利

图 10.3　两种竞争下的期望社会福利

观察 10.3　Bertrand 竞争下的期望社会福利大于 Cournot 竞争下的期望社会福利。另外,在任何竞争方式下,期望社会福利总是随着需求转移率的增加而增加。

期望社会福利为两个企业的期望收益和期望消费者剩余之和。在 Bertrand 竞争下,虽然企业的期望收益较低,但是期望社会福利较高。这是由于,在 Bertrand 竞争下期望消费者剩余较高,且期望社会福利主要是由期望消费者剩余决定的。观察 10.3 进一步表明,较高的需求转移率对整个社会有利。

10.2 多寡头差异性产品市场企业信息系统安全投资策略

10.2.1 问题提出和模型构建

10.1 节假设黑客是策略型的,即黑客可以根据企业的行为决定网络攻击水平。本节分析在不考虑黑客策略但考虑黑客知识扩散的情形下信息系统安全投资速率随市场结构的变化。值得注意的是,每个企业的信息系统安全投资对其自身而言都是一把双刃剑。具体来说,一方面,每个企业的信息系统安全投资都具有公共产品性质。这是因为,一个企业的信息系统安全投资可以抑制黑客的知识扩散,黑客可能对所有企业发动网络攻击,所以该企业的安全投资可以降低所有企业的信息系统安全风险。另一方面,某企业信息系统安全投资可以提升其安全性能,出于对该企业安全性优势的考虑,其他竞争性企业的消费者可能会更愿意和该企业进行业务往来,进而危害了其他竞争性企业。

本节考虑生产差异性产品的多寡头动态市场,其中企业安全投资速率在影响企业消费者需求的同时也影响黑客的知识扩散。由此构建一个简单的微分博弈模型,假设企业选择安全投资速率和价格速率(或者产量速率)以最大化各自的长期收益。通过求解均衡,分析不同竞争方式下企业安全投资策略以及黑客知识扩散的变化规律。

考虑包含 n 个企业的动态多寡头博弈,每个企业的参与时间都是连续的,即 $t\in[0,\infty)$。假设 $p_i(t)$ 和 $q_i(t)$ 分别为企业 i 在时刻 t 的价格速率和产量速率,假设企业 i 具有下面瞬时的消费者需求函数:

$$q_i(t)=\frac{A_0+A_i(t)-Y(t)}{1+\gamma(n-1)}-\frac{p_i(t)[1+\gamma(n-2)]}{(1-\gamma)[1+\gamma(n-1)]}+\frac{\gamma\sum\limits_{k=1,k\neq i}^{n}p_k(t)}{(1-\gamma)[1+\gamma(n-1)]}\tag{10.34}$$

事实上,该消费者需求函数是在 Cellini 等(2008)的消费者需求函数基础上修改得到的。具体来说,参数 $\gamma\in[0,1)$ 刻画了企业产品替代率,当 $\gamma\to0$ 时,企业生产的产品是异质的,当 $\gamma\to1$ 时,企业生产的产品几乎是同质的。针对 Cellini 等的消费者需求函数,只对上式右边的第一项进行了修改,其中包含参数 A_0、变量 $A_i(t)$ 和 $Y(t)$。参数 A_0 是企业 i 的消费者需求初始值;正如 Gal-Or 和 Ghose(2005)所述,基于不同企业信息系统安全投资速率的高低,企业 i 的消费者需求可能增加也可能减少,利用变量 $A_i(t)$ 刻画其可能的消费者需求变化,其动态方程满足:

$$\frac{\mathrm{d}A_i(t)}{\mathrm{d}t} = z_i(t) - \omega \sum_{k=1,k\neq i}^{n} z_k(t) - \delta A_i(t) \tag{10.35}$$

其中 $z_i(t)$ 为企业 i 的信息系统安全投资速率。参数 ω 刻画了当企业 i 的竞争者增加安全投资速率时企业 i 消费者需求的转移系数。有理由认为,当企业 i 的竞争者进行更多的信息系统安全投资时,企业 i 将损失部分消费者。参数 ω 描述了这种消费者需求的负外部性,假设 $0<\omega<1/(n-1)$,以保证当每个企业的信息系统安全投资速率比其竞争者的安全投资速率更高时,其消费者需求增加。参数 $\delta \in (0,1)$ 为折旧系数。变量 $Y(t)$ 描述了黑客在其群体中的知识扩散水平,其动态方程满足:

$$\frac{\mathrm{d}Y(t)}{\mathrm{d}t} = \varepsilon Y(t) - \eta \sum_{k=1}^{n} z_k(t) \tag{10.36}$$

其中,参数 $\varepsilon>0$ 描述了即使在没有信息系统安全投资时也存在的黑客知识扩散自然增加率。容易看出,当企业没有进行安全投资时,黑客知识扩散服从指数曲线。信息系统安全投资速率能够抑制黑客的知识扩散速度,这里用参数 $\eta>0$ 刻画所有企业安全投资速率的总和抑制黑客知识扩散的效率。

假设企业信息系统安全投资速率的成本为 $(v/2)[z_i(t)]^2$,其中 $v>0$ 刻画了成本系数,具有边际递减的效用。所以 Bertrand 竞争下企业 i 的瞬时收益为

$$\pi_i(t) = \left\{\frac{A_0 + A_i(t) - Y(t)}{1+\gamma(n-1)} - \frac{p_i(t)[1+\gamma(n-2)]}{(1-\gamma)[1+\gamma(n-1)]} + \frac{\gamma \sum_{k=1,k\neq i}^{n} p_k(t)}{(1-\gamma)[1+\gamma(n-1)]}\right\} p_i(t) - \frac{v}{2}[z_i(t)]^2 \tag{10.37}$$

为了讨论方便,不失一般性,此处以及下面的讨论中都忽略了企业的生产成本。

企业 i 面对的问题梳理如下:价格速率和安全投资速率为控制变量,消费者需求以及黑客知识扩散为状态变量,在状态变量动态规律的约束下,企业根据如下的收益函数决定其控制变量

$$\max_{p_i(t),z_i(t)} \Pi_i = \int_0^{\infty} \mathrm{e}^{-\rho t} \pi_i(t)\,\mathrm{d}t \tag{10.38}$$

其中,参数 $\rho>0$ 为企业的折扣率。式(10.38)表示企业同时选择价格速率和信息系统安全投资速率使得企业的长期利润最大化。假设折扣率大于黑客知识的自然增长率,即 $\rho>\varepsilon$,否则当企业规模较大时,企业的稳态均衡没有经济意义。

10.2.2 均衡求解

企业 i 的 Hamiltonian 函数为

$$
\begin{aligned}
H_i(t) = & \left\{\frac{A_0 + A_i(t) - Y(t)}{1+\gamma(n-1)} - \frac{p_i(t)[1+\gamma(n-2)]}{(1-\gamma)[1+\gamma(n-1)]} + \frac{\gamma \sum_{k=1,k\neq i}^{n} p_k(t)}{(1-\gamma)[1+\gamma(n-1)]}\right\} \\
& p_i(t) - \frac{v}{2}[z_i(t)]^2 \\
& + \lambda_{ii}(t)\left[z_i(t) - \omega \sum_{k=1,k\neq i}^{n} z_k(t) - \delta A_i(t)\right] + \theta_i(t)\left[\varepsilon Y(t) - \eta \sum_{k=1}^{n} z_k(t)\right] \\
& + \sum_{j=1,j\neq i}^{n} \lambda_{ij}(t)\left[z_j(t) - \omega \sum_{h=1,h\neq j}^{n} z_h(t) - \delta A_j(t)\right]
\end{aligned}
\tag{10.39}
$$

其中 $\lambda_{ij}(t)=e^{\rho t}\mu_{ij}(t)$，$\theta_i(t)=e^{\rho t}\mu_i(t)$分别为关于 $A_j(t)$和 $Y(t)$的协态变量。

这里仍关注上述微分博弈的开环纳什均衡，一阶条件为

$$
\frac{\partial H_i(t)}{\partial p_i(t)} = \frac{A_0 + A_i(t) - Y(t)}{1+\gamma(n-1)} - \frac{2p_i(t)[1+\gamma(n-2)]}{(1-\gamma)[1+\gamma(n-1)]} + \frac{\gamma \sum_{k=1,k\neq i}^{n} p_k(t)}{(1-\gamma)[1+\gamma(n-1)]}
\tag{10.40}
$$

$$
\frac{\partial H_i(t)}{\partial z_i(t)} = \lambda_{ii}(t) - v z_i(t) - \omega \sum_{k=1,k\neq i}^{n} \lambda_{ik}(t) - \eta\theta_i(t)
\tag{10.41}
$$

$$
\frac{\partial \lambda_{ii}(t)}{\partial t} = \rho\lambda_{ii}(t) - \frac{\partial H_i(t)}{\partial A_i(t)} = \lambda_{ii}(t)(\rho+\delta) - \frac{p_i(t)}{1+\gamma(n-1)}
\tag{10.42}
$$

$$
\frac{\partial \lambda_{ij}(t)}{\partial t} = \rho\lambda_{ij}(t) - \frac{\partial H_i(t)}{\partial A_j(t)} = \lambda_{ij}(t)(\rho+\delta)
\tag{10.43}
$$

$$
\frac{\partial \theta_i(t)}{\partial t} = \rho\theta_i(t) - \frac{\partial H_i(t)}{\partial Y(t)} = \theta_i(t)(\rho-\varepsilon) + \frac{p_i(t)}{1+\gamma(n-1)}
\tag{10.44}
$$

与 Mookerjee 等(2011)的研究方法类似，这里只关注稳态均衡，其可以通过假设

$$
\frac{\partial H_i(t)}{\partial p_i(t)} = \frac{\partial H_i(t)}{\partial z_i(t)} = \frac{\partial \lambda_{ii}(t)}{\partial t} = \frac{\partial \lambda_{ij}(t)}{\partial t} = \frac{\partial \theta_i(t)}{\partial t} = \frac{\mathrm{d}A_i(t)}{\mathrm{d}t} = \frac{\mathrm{d}Y(t)}{\mathrm{d}t} = 0
$$

得到。因此，

$$
z_B^* = \frac{\varepsilon\delta A_0(1-\gamma)}{\frac{v\varepsilon\delta(\rho+\delta)(\rho-\varepsilon)[2+(n-3)\gamma][1+\gamma(n-1)]}{\rho-\varepsilon+\eta(\rho+\delta)} + n\delta\eta(1-\gamma) - \varepsilon(1-\gamma)[1-\omega(n-1)]}
\tag{10.45}
$$

$$
A_B^* = \frac{\varepsilon A_0(1-\gamma)[1-\omega(n-1)]}{\frac{v\varepsilon\delta(\rho+\delta)(\rho-\varepsilon)[2+(n-3)\gamma][1+\gamma(n-1)]}{\rho-\varepsilon+\eta(\rho+\delta)} + n\delta\eta(1-\gamma) - \varepsilon(1-\gamma)[1-\omega(n-1)]}
\tag{10.46}
$$

$$Y_B^* = \frac{n\eta\delta A_0(1-\gamma)}{\frac{v\varepsilon\delta(\rho+\delta)(\rho-\varepsilon)[2+(n-3)\gamma][1+\gamma(n-1)]}{\rho-\varepsilon+\eta(\rho+\delta)}+n\delta\eta(1-\gamma)-\varepsilon(1-\gamma)[1-\omega(n-1)]} \tag{10.47}$$

容易验证 z_B^* ,A_B^* 以及 Y_B^* 取正值当且仅当信息系统安全投资成本系数满足 $v>v_B$,其中

$$v_B = \frac{(1-\gamma)[\rho-\varepsilon+\eta(\rho+\delta)]\{\varepsilon[1-\omega(n-1)]-n\delta\eta\}}{\varepsilon\delta(\rho+\delta)(\rho-\varepsilon)[2+(n-3)\gamma][1+\gamma(n-1)]} \tag{10.48}$$

由于当企业规模变大时,即 $n>\varepsilon(1+\omega)/(\delta\eta+\varepsilon\omega)$ 时,v_B 为负,所以上述约束条件是相当弱的。

由式(10.45)知,信息系统安全投资速率稳态均衡随着消费者需求转移系数的增加而减小,即$\partial z_B^*/\partial\omega<0$。容易理解,较高的消费者需求转移系数意味着在市场竞争下信息系统安全投资速率对需求市场份额贡献的效率变低,因此,在这种情况下企业不愿意进行信息系统安全投资。

由于

$$\frac{v\delta(\rho+\delta)(\rho-\varepsilon)[2+(n-3)\gamma][1+\gamma(n-1)]}{\rho-\varepsilon+\eta(\rho+\delta)}+\frac{n\delta\eta(1-\gamma)}{\varepsilon} \tag{10.49}$$

随着 ε 递减,信息系统安全投资速率稳态均衡随着黑客知识扩散增长率的增加而增加,即$\partial z_B^*/\partial\varepsilon>0$。当 ε 减小时,每个企业信息系统安全投资速率对黑客知识扩散的抑制作用增强,所以能够有效地提升消费者需求,企业只需投入较少的安全投资即可保证其消费者不至于过度流失。另外,当 ε 增大时,企业安全投资速率对黑客知识扩散的抑制作用减弱,企业为了保证一定数量的消费者,就必须增加信息系统安全投资速率。简单计算可知,企业安全投资速率抑制黑客知识扩散的效率对企业信息系统安全投资速率稳态均衡解的影响如下。

结论 10.4 在 Bertrand 竞争下,$\partial z_B^*/\partial\eta>0$($\partial z_B^*/\partial\eta<0$)当且仅当 $\eta<\eta_B^*$($\eta>\eta_B^*$),其中

$$\eta_B^* = \sqrt{\frac{v\varepsilon(\rho-\varepsilon)[2+(n-3)\gamma][1+(n-1)\gamma]}{n(1-\gamma)}}-\frac{\rho-\varepsilon}{\rho+\delta} \tag{10.50}$$

直观来看,η 越大,企业越能有效地通过安全投资速率抑制黑客知识扩散,因此企业信息系统安全投资速率稳态均衡应该总是随着 η 的增加而增加,但这一直觉与结论 10.4 不是很吻合。为了理解结论 10.4,需要回顾前面所提到的安全投资速率的另一个目的,即通过竞争机制获取一定的消费者需求市场份额。当 η 较小,即 $\eta<\eta_B^*$ 时,对于给定的增长率 ε,黑客的知识扩散增长迅速,因此,企业的首要目的是考虑通过增加信息系统安全投资速率以减小黑客知识扩散的负面影响,此时企业安全投资速率随着其抑制黑客知识扩散的效率的增加而增加。当 η 较大时,

企业信息系统安全投资速率能够有效地抑制黑客知识扩散,从而使得黑客知识扩散的速度相对较慢,此外,出于对信息系统安全投资速率所引起的消费者市场负面过度竞争以及安全投资速率成本的考虑,企业会降低其安全投资速率。

下面考虑在 Cournot 竞争下企业的信息系统安全投资速率稳态均衡,由式(10.34)可得,企业 i 的逆需求函数具有如下形式:

$$p_i(t)=A_0-Y(t)+\frac{A_i(t)+\gamma\sum_{k=1,k\neq i}^{n}A_k(t)}{1+(n-1)\gamma}-q_i(t)-\gamma\sum_{k=1,k\neq i}^{n}q_k(t) \tag{10.51}$$

类似地,可以求解如下稳态均衡:

$$z_C^*=\frac{\varepsilon\delta A_0}{\dfrac{v\varepsilon\delta(\rho+\delta)(\rho-\varepsilon)[1+\gamma(n-1)][2+(n-1)\gamma]}{\rho-\varepsilon+\eta(\rho+\delta)[1+\gamma(n-1)]}+n\delta\eta-\varepsilon[1-\omega(n-1)]} \tag{10.52}$$

$$A_C^*=\frac{\varepsilon A_0[1-\omega(n-1)]}{\dfrac{v\varepsilon\delta(\rho+\delta)(\rho-\varepsilon)[1+\gamma(n-1)][2+(n-1)\gamma]}{\rho-\varepsilon+\eta(\rho+\delta)[1+\gamma(n-1)]}+n\delta\eta-\varepsilon[1-\omega(n-1)]} \tag{10.53}$$

$$Y_C^*=\frac{n\delta\eta A_0}{\dfrac{v\varepsilon\delta(\rho+\delta)(\rho-\varepsilon)[1+\gamma(n-1)][2+(n-1)\gamma]}{\rho-\varepsilon+\eta(\rho+\delta)[1+\gamma(n-1)]}+n\delta\eta-\varepsilon[1-\omega(n-1)]} \tag{10.54}$$

在 Cournot 竞争下,可以得到与结论 10.4 类似的结果。

结论 10.5 在 Cournot 竞争下,$\partial z_C^*/\partial\eta>0$($\partial z_C^*/\partial\eta<0$)当且仅当 $\eta<\eta_C^*$($\eta>\eta_C^*$),其中

$$\eta_C^*=\sqrt{\frac{v\varepsilon(\rho-\varepsilon)[2+(n-1)\gamma]}{n}}-\frac{\rho-\varepsilon}{(\rho+\delta)[1+(n-1)\gamma]} \tag{10.55}$$

根据结论 10.4 的分析,不难理解结论 10.5。事实上,两个结论都强调了企业信息系统安全投资速率的两方面特性:通过竞争获取消费者需求市场份额的特性和抑制黑客知识扩散的公共产品特性。

10.2.3 均衡对比

当企业规模 n 趋向无穷大时,$\eta_B^*\to\infty$ 且 $\eta_C^*\to\sqrt{v\varepsilon\gamma(\rho-\varepsilon)}$,可以得到下面的结论。

结论 10.6 对于规模较大的多寡头市场,有 $\eta_B^*>\eta_C^*$。

无论在 Bertrand 竞争下还是在 Cournot 竞争下,企业信息系统安全投资速率稳态均衡解关于其抑制黑客知识扩散的效率均呈现倒 U 形曲线。尽管如此,在 Bertrand 竞争下曲线的拐点通常要大于 Cournot 竞争下曲线的拐点。结论 10.6 表明,企业参与 Bertrand 竞争时,黑客知识扩散作用比企业参与 Cournot 竞争时的作用明显。

注意到当 n 大于

$$\frac{\sqrt{[\gamma(\rho-\varepsilon)-\eta\gamma(\rho+\delta)]^2+4\eta(\rho+\delta)[\gamma(\rho-\varepsilon)+\eta(1-\gamma)(\rho+\delta)]}-\gamma(\rho-\varepsilon)+\eta\gamma(\rho+\delta)}{2\eta\gamma(\rho+\delta)}$$

$-\frac{1-\gamma}{\gamma}$时,有

$$\frac{2+(n-3)\gamma}{\rho-\varepsilon+\eta(\rho+\delta)}>\frac{(1-\gamma)[2+(n-1)\gamma]}{\rho-\varepsilon+\eta(\rho+\delta)[1+(n-1)\gamma]} \tag{10.56}$$

可以得到下面的结论。

结论 10.7 对于规模较大的多寡头市场,有 $z_B^*<z_C^*$。

当企业规模增加时,式(10.56)左边的阶数 $O(n)$,右端则趋向于常数$(1-\gamma)/[\eta(\rho+\delta)]$。因此,当 n 较大时 $z_B^*<z_C^*$。这是因为,Cournot 竞争比 Bertrand 竞争更有效(Singh and Vives,1984)。换句话说,如果增加同样的消费者需求,企业参与 Cournot 竞争时得到的收益要比参与 Bertrand 竞争时得到的高。另外,可以看出,在 Cournot 竞争下黑客知识扩散稳态值比 Bertrand 竞争下大,这从另一个角度解释了为什么在 Cournot 竞争下企业需要投入更高的信息系统安全投资速率。

10.3 企业安全等级约束下的信息系统安全投资策略

除了企业间不同的竞争方式对其信息系统安全投资策略可能产生影响以外,企业的安全需求也对信息系统安全投资策略产生重要影响。

10.3.1 问题提出和均衡分析

不同类型企业的信息资产价值是不同的,企业可以设置信息系统安全等级,更好地保护信息资产。一般而言,信息资产价值越大、敏感性越高,其安全等级要求就越高,反之则越低。企业的信息系统安全等级要求不同,则信息系统安全投资也不同。当信息系统安全等级较高时,企业需要较高的安全投资水平,反之,企业的安全投资水平可以适当降低。所以,企业信息系统安全等级对安全投资策略有着显著影响。

Hui 等(2012)将信息系统安全等级定义为企业安全投资水平的最低要求。本章所描述的信息系统安全水平不但依赖于企业的安全投资水平,还依赖于黑客的网络攻击水平,因此不同于他们的定义方式,这里利用成功攻击概率刻画安全等级。本节在 9.2 节的基础上进一步讨论,分析企业安全等级约束对企业信息系统安全投资策略的影响。

假设企业 i 和企业 j 的信息系统安全等级分别为 P_{i_MR} 和 P_{j_MR},企业 i 和企业 j 在进行安全投资时分别需要满足约束条件 $P_i \leqslant P_{i\_\mathrm{MR}}$ 和 $P_j \leqslant P_{j\_\mathrm{MR}}$。明显地,如果 P_{i_MR} 和 P_{j_MR} 越小,那么两个企业的安全等级要求也就越高。

首先分析定向攻击下企业和黑客的均衡策略。考虑信息系统安全等级之后,企业 i 面临的优化问题为

$$\max_{z_i} \pi_i = (1-kc_i^{\varphi} z_i^{-\beta})(V_i - F_i - \Delta) - (1-kc_j^{\varphi} z_j^{-\beta})\Delta - z_i + F_i$$

$$\text{s.t. } P_i = kc_i^{\varphi} z_i^{-\beta} \leqslant P_{i\_\mathrm{MR}}$$

以及企业 j 面临的优化问题为

$$\max_{z_j} \pi_j = (1-kc_j^{\varphi} z_j^{-\beta})(V_j - F_j - \Delta) - (1-kc_i^{\varphi} z_i^{-\beta})\Delta - z_j + F_j$$

$$\text{s.t. } P_j = kc_j^{\varphi} z_j^{-\beta} \leqslant P_{j\_\mathrm{MR}}$$

结论 10.8 当黑客发动定向攻击时,考虑到企业信息系统安全等级,企业和黑客的均衡策略分别为

(1) 如果 $P_{i\_\mathrm{MR}} \geqslant P_{i\_t}^*$ 且 $P_{j\_\mathrm{MR}} \geqslant P_{j\_t}^*$,企业和黑客的均衡策略不变,仍分别由式(9.46)和式(9.47)给出;

(2) 如果 $P_{i\_\mathrm{MR}} \geqslant P_{i\_t}^*$ 且 $P_{j\_\mathrm{MR}} < P_{j\_t}^*$,与企业 i 相关的均衡策略不变,与企业 j 相关的均衡策略为

$$\hat{z}_{j\_t}^* = k^{\frac{1}{\beta}} [\varphi a(V_j - F_j)]^{\frac{\varphi}{\beta}} P_{j\_\mathrm{MR}}^{-\frac{1-\varphi}{\beta}}, \hat{c}_{j\_t}^* = \varphi a(V_j - F_j) P_{j\_\mathrm{MR}}, \hat{P}_{j\_t}^* = P_{j\_\mathrm{MR}} \tag{10.57}$$

(3) 如果 $P_{i\_\mathrm{MR}} < P_{i\_t}^*$ 且 $P_{j\_\mathrm{MR}} \geqslant P_{j\_t}^*$,与企业 j 相关的均衡策略不变,与企业 i 相关的均衡策略为

$$\hat{z}_{i\_t}^* = k^{\frac{1}{\beta}} [\varphi a(V_i - F_i)]^{\frac{\varphi}{\beta}} P_{i\_\mathrm{MR}}^{-\frac{1-\varphi}{\beta}}, \hat{c}_{i\_t}^* = \varphi a(V_i - F_i) P_{i\_\mathrm{MR}}, \hat{P}_{i\_t}^* = P_{i\_\mathrm{MR}} \tag{10.58}$$

(4) 如果 $P_{i\_\mathrm{MR}} < P_{i\_t}^*$ 且 $P_{j\_\mathrm{MR}} < P_{j\_t}^*$,与企业 i 和企业 j 相关的均衡策略分别由式(10.57)和式(10.58)给出。

为了方便下面结果的陈述,设定如下方程

$$\beta k\,(0.5\varphi ka)^{\frac{\varphi}{1-\varphi}} [z_i^{-\beta}(V_i - F_i) + z_j^{-\beta}(V_j - F_j)]^{\frac{\varphi}{1-\varphi}} z_i^{-\beta-1}(V_i - F_i + \Delta) - 1 = 0 \tag{10.59}$$

$$k\,(0.5\varphi ka)^{\frac{\varphi}{1-\varphi}} [z_i^{-\beta}(V_i - F_i) + z_j^{-\beta}(V_j - F_j)]^{\frac{\varphi}{1-\varphi}} z_i^{-\beta} = P_{i\_\mathrm{MR}} \tag{10.60}$$

$$\beta k\,(0.5\varphi ka)^{\frac{\varphi}{1-\varphi}} [z_i^{-\beta}(V_i - F_i) + z_j^{-\beta}(V_j - F_j)]^{\frac{\varphi}{1-\varphi}} z_j^{-\beta-1}(V_j - F_j + \Delta) - 1 = 0 \tag{10.61}$$

$$k\,(0.5\varphi ka)^{\frac{\varphi}{1-\varphi}} [z_i^{-\beta}(V_i - F_i) + z_j^{-\beta}(V_j - F_j)]^{\frac{\varphi}{1-\varphi}} z_j^{-\beta} = P_{j\_\mathrm{MR}}。 \tag{10.62}$$

结论 10.9 当黑客对企业发动随机攻击时,考虑到企业信息系统安全等级,企业和黑客的均衡策略分别为

(1)如果 $P_{i\_MR} \geqslant P_{i\_m}^*$ 且 $P_{j\_MR} \geqslant P_{j\_m}^*$,企业和黑客的均衡策略不变,仍由式(10.51)和式(10.52)给出;

(2)如果 $P_{i\_MR} \geqslant P_{i\_m}^*$ 且 $P_{j\_MR} < P_{j\_m}^*$,企业 i 和企业 j 的均衡策略满足式(10.59)和式(10.62);

(3)如果 $P_{i\_MR} < P_{i\_m}^*$ 且 $P_{j\_MR} \geqslant P_{j\_m}^*$,企业 i 和企业 j 的均衡策略满足式(10.60)和式(10.61);

(4)如果 $P_{i\_MR} < P_{i\_m}^*$ 且 $P_{j\_MR} < P_{j\_m}^*$,企业 i 和企业 j 的均衡策略满足式(10.60)和式(10.62),即

$$\begin{cases} \hat{z}_{i\_m} = k^{\frac{1}{\beta}}(0.5\varphi a)^{\frac{\varphi}{\beta}}[P_{i\_MR}(V_i - F_i) + P_{j\_MR}(V_j - F_j)]^{\frac{\varphi}{\beta}} P_{i\_MR}^{-\frac{1}{\beta}} \\ \hat{z}_{j\_m} = k^{\frac{1}{\beta}}(0.5\varphi a)^{\frac{\varphi}{\beta}}[P_{i\_MR}(V_i - F_i) + P_{j\_MR}(V_j - F_j)]^{\frac{\varphi}{\beta}} P_{j\_MR}^{-\frac{1}{\beta}} \end{cases} \tag{10.63}$$

10.3.2 外生的信息系统安全等级

企业的信息系统安全等级可能被第三方强制设置,本节讨论这种外生的安全等级产生的影响。为了说明问题,不失一般性,这里只考虑一种简单的情形,即两个企业的安全等级要求都比较高,即

$$P_{i\_MR} \leqslant \min(P_{i\_t}^*, P_{i\_m}^*), P_{j\_MR} \leqslant \min(P_{j\_t}^*, P_{j\_m}^*)。$$

结论 10.10 当 $P_{i\_MR} \leqslant \min(P_{i\_t}^*, P_{i\_m}^*)$ 且 $P_{j\_MR} \leqslant \min(P_{j\_t}^*, P_{j\_m}^*)$ 时,

$$\hat{z}_{i\_t}^* < \hat{z}_{i\_m}, \hat{z}_{j\_t}^* > \hat{z}_{j\_m}, \hat{c}_{i\_t}^* < \hat{c}_m^* < \hat{c}_{j\_t}^*, \hat{\pi}_{i\_t}^* > \hat{\pi}_{i\_m}^*, \hat{\pi}_{j\_t}^* < \hat{\pi}_{j\_m}^*$$

当且仅当 $(V_i - F_i)P_{i\_MR} < (V_j - F_j)P_{j\_MR}$。同时,$\hat{H}_t^* = \hat{H}_m^*$。

结论 10.10 表明,信息系统安全等级影响两种黑客攻击方式下企业和黑客策略的对比结果。特别地,如果对于较大吸引力的企业施加较严格的安全等级,那么考虑到该企业会大量增加安全投资以满足安全等级的要求,黑客将会理性地将其网络攻击重心由较大吸引力企业逐渐转向较小吸引力企业。换句话说,黑客在发动网络攻击时,会在企业的信息资产回报和安全等级要求两方面折中。由此,结论 10.10 中的其他结果也变得容易理解。由于当企业的安全等级要求较高时,黑客成功攻击概率等于企业的安全等级,企业在两种黑客攻击方式下的收益对比将取决于企业的安全投资水平的高低。有趣的是,此时黑客在两种攻击方式下的期望收益是相等的。究其原因,黑客在两种攻击方式下的收益对比取决于其对两个企业的网络攻击强度之和。由于在这两种攻击方式下黑客对两个企业的网络攻击之和不变,所以黑客的收益也不会变化。

10.3.3 内生的信息系统安全等级

出于对自身信息系统信息资产的保护,企业也可能自主决定其安全等级水平。本小节讨论当企业可以自行决定信息系统安全等级时企业的最优安全投资策略。首先假设黑客发动定向攻击。此时,如果 $P_{i\_MR}<P_{i\_t}^{*}$,则称企业 i 的信息系统具有"高"的安全等级;如果 $P_{i\_MR}\geqslant P_{i\_t}^{*}$,则称企业 i 的信息系统具有"低"的安全等级。同理可以定义企业 j 的信息系统安全等级。结果表明,两个企业的最优策略可能是都设置"高"的安全等级,也可能是都设置"低"的安全等级,企业设置不同级别的安全等级将取决于企业间的竞争程度。

结论 10.11 当黑客发动定向攻击时,如果企业间竞争程度满足

$$\Delta>\max\left\{\frac{k^{\frac{1}{\beta}}[\varphi a(V_i-F_i)]^{\frac{\varphi}{\beta}}}{P_{i\_t}^{*}-P_{i\_MR}}\left[P_{i\_MR}^{-\frac{1-\varphi}{\beta}}-(P_{i\_t}^{*})^{-\frac{1-\varphi}{\beta}}\right]-(V_i-F_i),\right.$$
$$\left.\frac{k^{\frac{1}{\beta}}[\varphi a(V_j-F_j)]^{\frac{\varphi}{\beta}}}{P_{j\_t}^{*}-P_{j\_MR}}\left[P_{j\_MR}^{-\frac{1-\varphi}{\beta}}-(P_{j\_t}^{*})^{-\frac{1-\varphi}{\beta}}\right]-(V_j-F_j)\right\} \tag{10.64}$$

则两个企业将选择"高"的安全等级;如果企业间竞争程度满足

$$\Delta<\min\left\{\frac{k^{\frac{1}{\beta}}[\varphi a(V_i-F_i)]^{\frac{\varphi}{\beta}}}{P_{i\_t}^{*}-P_{i\_MR}}\left[P_{i\_MR}^{-\frac{1-\varphi}{\beta}}-(P_{i\_t}^{*})^{-\frac{1-\varphi}{\beta}}\right]-(V_i-F_i),\right.$$
$$\left.\frac{k^{\frac{1}{\beta}}[\varphi a(V_j-F_j)]^{\frac{\varphi}{\beta}}}{P_{j\_t}^{*}-P_{j\_MR}}\left[P_{j\_MR}^{-\frac{1-\varphi}{\beta}}-(P_{j\_t}^{*})^{-\frac{1-\varphi}{\beta}}\right]-(V_j-F_j)\right\} \tag{10.65}$$

则两个企业将选择"低"的安全等级,其中 $P_{i\_MR}<P_{i\_t}^{*}$,$P_{j\_MR}<P_{j\_t}^{*}$。更进一步地,两企业选择"高"安全等级时的最优安全等级分别为

$$P_{i\_MR}^{op}=(1-\varphi)^{\frac{\beta}{1-\varphi+\beta}}P_{i\_t}^{*},\quad P_{j\_MR}^{op}=(1-\varphi)^{\frac{\beta}{1-\varphi+\beta}}P_{j\_t}^{*} \tag{10.66}$$

结论 10.11 表明在黑客的定向攻击下,如果企业之间的竞争强度较大,企业将设置"高"的安全等级;如果企业之间的竞争强度较小,企业将设置"低"的安全等级。事实上,当企业竞争强度较小时,企业信息系统安全投资主要是为了应对黑客的网络攻击;当企业竞争强度较大时,企业信息系统安全投资不但要应对黑客的网络攻击,还要应对竞争企业可能将其消费者转移的风险。所以,当企业的竞争强度较大时,企业将设置"高"的安全等级应对两种风险,有效地保护信息资产。当黑客发动随机攻击时可以得到类似的结果,限于篇幅,此处省略。

10.4 主要结论和管理启示

企业信息系统安全投资的目的是提高信息系统的安全性,进而在市场竞争中

保持优势。企业在不同的竞争方式下,信息安全投资对企业竞争的结果影响也不同。研究不同竞争方式下的企业信息安全投资,可以有效指导企业在不同的市场环境下制定有效的投资策略。此外,信息安全等级是信息安全管理中一个重要的考虑因素,研究信息安全等级对信息安全投资的影响可以帮助企业更深入地理解信息安全投资策略。本章分别考虑不同竞争方式和不同信息系统安全等级设置情况下,企业信息系统的安全投资策略。构建模型分析得到以下主要结论:

(1)同类产品价格竞争和产量竞争情况下,每个企业决定其信息系统安全投资水平和信息分享水平,黑客决定网络攻击水平,模型分析发现:与 Bertrand 竞争相比,在 Cournot 竞争下企业信息分享水平和黑客网络攻击水平较高,企业的价格较高,产量较低,消费者剩余和社会福利的期望值较低。

(2)竞争环境下信息系统安全投资带来的需求转移率是衡量信息安全投资竞争外部性的重要指标。本章发现,在同类产品价格竞争和产量竞争情况下,企业信息分享水平和黑客攻击水平在任何竞争方式下都随着需求转移率的增加而降低,企业信息系统安全投资水平随着需求转移率的增加而提高。

(3)在多寡头差异性产品竞争情况下,通过建立 Bertrand 竞争和 Cournot 竞争下的微分博弈模型,模型分析发现:无论企业参与 Bertrand 竞争还是 Cournot 竞争,随着安全投资速率抑制黑客知识扩散效率的增加,企业信息系统安全投资速率先增加后减小,即服从倒 U 形曲线规律。此外,相比而言,由于 Cournot 竞争更有效,企业同样的信息系统安全投资速率将获取更高收益,所以企业在这种竞争模式下的安全投资速率更高。

(4)在考虑到信息系统安全等级的情况下,构建模型研究发现:当企业信息系统安全等级要求较高时,黑客将不得不在企业信息资产回报和信息系统安全等级两个方面做出合理的折中。特别地,如果对于较大吸引力的企业施加较严格的安全等级,黑客将会将其网络攻击重心由较大吸引力企业逐渐转向较小吸引力企业。有趣的是,黑客在两种攻击方式下的期望收益相等。

(5)此外,当企业之间的竞争程度较弱时,企业会选择较低的安全等级;当企业之间的竞争程度较强时,企业会选择较高的安全等级。换言之,企业之间的竞争强度带动了信息系统安全等级的提升。事实上,当企业之间的竞争强度较小时,企业信息系统安全投资主要是为了应对黑客的网络攻击,此时只需要设置"低"安全等级;当企业之间的竞争强度较大时,企业信息系统安全投资要应对黑客的网络攻击和消费者转移的风险,需要设置"高"的安全等级应对两种风险。

基于本章不同竞争情境和企业安全等级需求情况下信息系统安全投资策略研究的结论,可得以下主要管理启示:

(1)进行价格竞争时,企业需要降低信息安全投资水平和信息分享水平,但是企业的期望收益也较低。此时黑客会降低网络攻击水平,对消费者和整个社会都有利。所以,从企业自身利益出发,在考虑信息安全环境下,企业更倾向于进行产量竞争而非价格竞争,政府和消费者协会应当采取一定的措施,激励企业采取价格方式进行竞争。

(2)企业信息分享水平和黑客攻击水平都随着需求转移率的增加而降低,企业信息系统安全投资水平随着需求转移率的增加而提升。因此,随着信息安全带来的需求转移压力增大,企业应当增加信息安全投资,降低信息分享水平。

(3)在不考虑黑客策略情况下,Cournot 竞争相对 Bertrand 竞争更有效。因为企业同样的信息系统安全投资速率将获取更高收益,所以建议企业在 Cournot 竞争模式下的安全投资速率应高于 Bertrand 竞争模式下的安全投资速率。

(4)企业之间的竞争强度带动了信息系统安全等级的提升。因此,为了满足企业的安全需求,当企业之间的竞争程度较弱时,建议企业选择较低的安全等级;当企业之间的竞争程度较强时,建议企业选择较高的安全等级。

参考文献

陈志雨 . 2005. 计算机信息安全技术应用[M]. 北京:电子工业出版社 .

崔竞松,郭迟,陈龙,等 . 2014. 创建软件定义网络中的进程级纵深防御体系结构[J]. 软件学报,25(10):2251-2265.

方玲 . 2016. 企业信息系统安全技术选择与配置优化策略研究[D]. 南京:东南大学博士学位论文.

方玲,仲伟俊,梅姝娥 . 2015a. 多入侵检测系统与人工调查组合的安全技术管理策略[J]. 东南大学学报(自然科学版),45(4):811-816.

方玲,仲伟俊,梅姝娥 . 2015b. 脆弱性水平对信息系统安全技术策略影响研究[J]. 大连理工大学学报,55(3):332-338.

方玲,仲伟俊,梅姝娥 . 2016. 安全等级对信息系统安全技术策略的影响研究——以防火墙和IDS 技术组合为例[J]. 系统工程理论与实践,36(5):1231-1238.

方玲,仲伟俊,梅姝娥 . 2019. 企业信息系统安全技术策略选择:自主防御还是外包[J]. 管理工程学报:205-213.

冯登国,赵险峰 . 2014. 信息安全技术概论(第 2 版)[M]. 北京:电子工业出版社 .

顾建强,梅姝娥,仲伟俊 . 2016. 信息安全外包激励契约设计[J]. 系统工程理论与实践,36(2):392-399.

胡志昂,范红 . 2010. 信息系统等级保护安全建设技术方案设计实现与应用[M]. 北京:电子工业出版社 .

肯尼斯 C. 劳顿,简 P. 劳顿 . 2018. 管理信息系统(原书第 15 版)[M]. 黄丽华,俞东慧译 . 北京:机械工业出版社 .

雷雪 . 2010. 学术 Wiki 平台的权限管理研究[J]. 情报科学,(7):1069-1072.

李天目,仲伟俊,梅姝娥 . 2008. 入侵防御系统管理和配置的检查博弈分析[J]. 系统工程学报,23(5):589-595.

林国恩,李建彬 . 2010. 信息系统安全[M]. 北京:电子工业出版社 .

刘青 . 2008. 电力企业人力资源管理信息系统分析与有效开发[J]. 数字化用户,24(33):158.

罗云 . 2010. 安全经济学[M]. 北京:化学工业出版社 .

沈昌祥,陈兴蜀 . 2014. 基于可信计算构建纵深防御的信息安全保障体系[J]. 四川大学学报(工程科学版),46(1):1-7.

石乐义,贾春福,吕述望 . 2009. 服务跳变抗 DoS 机制的博弈理论分析[J]. 电子与信息学报,31(1):228-232.

石乐义,姜蓝蓝,贾春福,等 . 2012. 蜜罐诱骗防御机理的博弈理论分析[J]. 电子与信息学报,34(6):1420-1424.

唐成华 . 2012. 信息安全工程与管理[M]. 西安:西安电子科技大学出版社 .

王斌君,吉增瑞 . 2009. 信息安全技术体系研究[J]. 计算机应用,29(6):59-62.

王祯学,周安民,方勇,等 . 2011. 信息系统安全风险估计与控制理论[M]. 北京:科学出版社 .

徐国爱,陈秀波,郭燕慧 . 2011. 信息安全管理[M] 北京:北京邮电大学出版社 .

张基温.2017. 信息系统安全教程(第3版)[M]. 北京:清华大学出版社.

张剑,罗小兵,万里冰.2013. 信息安全技术[M]. 成都:电子科技大学出版社.

张应语,李志祥.2009. 基于管理风险偏好量表的管理风险偏好实证研究——以大型国有企业管理人员为例[J]. 中国软科学,(4):175-154.

赵柳榕.2014. 信息系统安全技术组合运用策略和模型及优化方法研究[D]. 南京:东南大学博士学位论文.

赵柳榕,刘健楠,朱晓峰.2019. 竞争企业的信息安全策略选择:自主防御或外包[J]. 情报理论与实践,42(12):94.

赵柳榕,梅姝娥,仲伟俊.2011. 基于博弈论的防火墙、入侵检测系统和漏洞扫描技术的最优配置[J]. 东南大学学报(英文版),27(2):144-147.

赵柳榕,梅姝娥,仲伟俊.2014a. 基于风险偏好的两种信息安全技术配置策略[J]. 系统工程学报,29(3):324-333.

赵柳榕,梅姝娥,仲伟俊.2014b. 虚拟专用网和入侵检测系统最优配置策略的博弈分析[J]. 管理工程学报,28(4):187-192.

周黎,李长青,李弘.2008. 面向信息系统的管理[M]. 北京:经济科学出版社.

诸葛建伟,唐勇,韩心慧,等.2013. 蜜罐技术研究与应用进展[J]. 软件学报,24(04):825-842.

Alpcan T,Başar T. 2010. Network Security:A Decision and Game-Theoretic Approach[M]. Cambridge:Cambridge University Press.

Anderson R. 2002. Security in open versus closed systems- the dance of Boltzmann,Coase and Moore[R]. England:Cambridge University.

Arora A, Nandkumar A, Telang R. 2006. Does information security attack frequency increase with vulnerability disclosure? -an empirical analysis[J]. Information Systems Frontiers,8(5):350-362.

Ashoor A S,Gore S. 2011. Difference between intrusion detection system(IDS) and intrusion prevention system (IPS) [C]//International Conference on Network Security and Applications. Berlin,Heidelberg:Springer.

Bandyopadhyay T, Jacob V, Raghunathan S. 2010. Information security in networked supply chains: impact of network vulnerability and supply chain integration on incentives to invest[J]. Information Technology and Management,11(1):7-23.

Bandyopadhyay T,Liu D,Mookerjee V S,et al. 2014. Dynamic competition in IT security:a differential games approach[J]. Information Systems Frontiers. 16(4):643-661.

Benjamin V,Chen H. 2012. Securing cyberspace:identifying key actors in hacker communities[C]. IEEE International Conference on Intelligence and Security Informatics,24-29.

Bhimani A,Hausken K,Ncube M. 2010. Agent takeover risk of principal in outsourcing relationships[J]. Global Business & Economics Review,12(4):329-340.

Büyükkarabacak B, Valev N. 2012. Credit information sharing and banking crises: an empirical investigation[J]. Journal of Macroeconomics,34(3):788-800.

Cai C,Mei S,Zhong W J. 2018. Configuration of intrusion prevention systems based on a legal user:the case for using intrusion prevention systems instead of intrusion detection systems[J]. Information

Technology and Management,19(68):1-17.

Carroll T E,Grosu D. 2011. A game theoretic investigation of deception in network security[J]. Security and Communication Networks,4(10):1162-1172.

Cavusoglu H,Raghunathan S. 2004. Configuration of detection software:A comparison of decision and game theory approaches[J]. Decision Analysis,1(3):131-148.

Cavusoglu H,Mishra B,Raghunathan S. 2005. The value of intrusion detection systems in information technology security architecture[J]. Information Systems Research,16(1):28-46.

Cavusoglu H,Raghunathan S,Yue W T. 2008. Decision-theoretic and game-theoretic approaches to IT security investment[J]. Journal of Management Information Systems,25(2):281-304.

Cavusoglu H,Raghunathan S,Cavusoglu H. 2009. Configuration of and interaction between information security technologies:The case of firewalls and intrusion detection systems[J]. Information Systems Research,20(2):198-217.

Cellini R,Lambertini L. 2002. A differential game approach to investment in product differentiation[J]. Journal of Economic Dynamics and Control,27(1):51-62.

Cellini R,Lambertini L. 2003. Advertising in a differential oligopoly game[J]. Journal of Optimization Theory and Applications,116(1):61-81.

Cellini R,Lambertini L. 2005. R&D incentives and market structure:dynamic analysis[J]. Journal of Optimization Theory and Applications,126(1):85-96.

Cellini R, Lambertini L, Mantovani A. 2008. Persuasive advertising under Bertrand competition: a differential game[J]. Operations Research Letters,36(3):381-384.

Cezar A,Cavusoglu H,Raghunathan H. 2009. Competition,speculative risks,and IT security outsourcing[C]. Eighth Workshop on the Economics of Information Security.

Clark D J, Riis C. 1998. Contest success functions: an extension [J]. Economic Theory, 11 (1): 201-204.

Corona I,Giacinto G,Roli F. 2013. Adversarial attacks against intrusion detection systems:Taxonomy, solutions and open issues[J]. Information Sciences,239:201-225.

Dockner E, Jorgensen S, Long N V, et al. 2000. Differential Games in Economics and Management Science [M]. Cambridge:Cambridge University Press.

Doreen L K, John L. 2001. Observations on the effects of defense in depth on adversary behavior in cyber warfare[C]. Workshop on Information Assurance and Security. 187-194.

Feichtinger G,Novak A J. 2008. Terror and counterterror operations:differential game with cyclical Nash solution[J]. Journal of Optimization Theory and Applications,139(3):541-556.

Gal-Or E,Ghose A. 2003. The economic consequences of sharing security information[C]. Proceedings of the Second Workshop on Economics and Information Security,University of Maryland.

Gal-Or E,Ghose A. 2004. The economic consequences of sharing security information[M]// Economics of information security. Boston:Springer,MA.

Gal-Or E, Ghose A. 2005. The economic incentives for sharing security information [J]. Information Systems Research,16(2):186-208.

Gani A. 2012. Improving exposure of intrusion deception system through implementation of hybrid honeypot[J]. The International Arab Journal of Information Technology, 9(5): 436-444.

Gao X, Zhong W J, Mei S E. 2013a. A game-theory approach to configuration of detection software with decision errors[J]. Reliability Engineering & System Safety, 119: 35-43.

Gao X, Zhong W, Mei S. 2013b. Information security investment when hackers disseminate knowledge[J]. Decision Analysis, 10(4): 352-368.

Gordon L A, Loeb M P. 2002. The economics of information security investment[J]. ACM Transactions on Information and System Security(TISSEC), 5(4): 438-457.

Hahm J H, Lee S. 2011. Economic effects of positive credit information sharing: the case of Korea[J]. Applied Economics, 43(30): 4879-4890.

Hamer H P, Finlayson M. 2015. The rights and responsibilities of citizenship for service users: some terms and conditions apply[J]. Journal of Psychiatric and Mental Health Nursing, 22(9): 698-705.

Han X, Tan Q. 2010. Dynamical behavior of computer virus on Internet[J]. Applied Mathematics and Computation, 217(6): 2520-2526.

Harrison J V. 2005. Enhancing network security by preventing user- initiated malware execution[J]. Information Technology: Coding and Computing. ITCC, 2: 597-602.

Hausken K. 2006. Returns to information security investment: the effect of alternative information security breach functions on optimal investment and sensitivity to vulnerability[J]. Information Systems Frontiers, 8(5): 338-349.

Hausken K. 2007. Information sharing among firms and cyber attacks[J]. Journal of Accounting and Public Policy, 26(6): 639-688.

Hausken K. 2008. Whether to attack a terrorist's resource stock today or tomorrow[J]. Games and Economic Behavior, 64(2): 548-564.

Hausken K, Bier V M, Zhuang J. 2009. Defending against terrorism, natural disaster, and all hazards[C]// Bier V M, Azaiez M N. Game Theoretic Risk Analysis of Security Threats. New York: Springer.

Hausken K, Bier V M. 2011. Defending against multiple different attackers[J]. European Journal of Operational Research, 211(2): 370-384.

Hausken K, Zhuang J. 2011. Governments' and terrorists' defense and attack in a t- period game[J]. Decision Analysis, 8(1): 46-70.

Hausken K, Zhuang J. 2012. The timing and deterrence of terrorist attacks due to exogenous dynamics[J]. Journal of the Operational Research Society, 63(6): 726-735.

He X, Krishnamoorthy A, Prasad A, et al. 2011. Retail competition and cooperative advertising[J]. Operations Research Letters, 39(1): 11-16.

Holden G. 2004. Guide to Firewalls and Network Security[M]. Boston: Course Technology.

Huang C D, Hu Q, Behara R S. 2008. An economic analysis of the optimal information security investment in the case of a risk- averse firm[J]. International Journal of Production Economics, 114(2): 793-804.

Hui K L, Hui W, Yue W T. 2012. Information security outsourcing with system interdependency and mandatory security requirement[J]. Journal of Management Information Systems,29(3):117-155.

Jie W,Liu Y. 2012. Design and implementation of intrusion detection system based on honeypot[J]. Application Research of Computers,2:72.

Johnson M E. 2009. Productivity space of information security in an extension of the Gordon-Loeb's investment model[C]. Managing Information Risk and the Economics of Security.

Jørgensen S,Zaccour G. 1999. Price subsidies and guaranteed buys of a new technology[J]. European Journal of Operational Research,114(2):338-345.

Kallberg J G,Udell G F. 2003. The value of private sector business credit information sharing: the US case[J]. Journal of Banking & Finance,27(3):449-469.

Kannan K,Telang R. 2005. Market for software vulnerabilities? think again[J]. Management Science, 51(5):726-740.

Kenkre P S, Pai A, Colaco L. 2015. Real time intrusion detection and prevention system[C]// Proceedings of the 3rd International Conference on Frontiers of Intelligent Computing: Theory and Applications(FICTA)2014. Cham: Springer.

Khansa L, Liginlal D. 2011. Predicting stock market returns from malicious attacks: a comparative analysis of vector autoregression and time-delayed neural networks[J]. Decision Support Systems, 51(4):745-759.

Kim S H,Wang Q,Ulrich J B. 2012. A comparative study of cyberattacks[J]. Communications of the ACM,55(3):66-73.

Kumar R L,Park S,Subramaniam C. 2008. Understanding the value of countermeasure portfolios in information systems security[J]. Journal of Management Information Systems,25(2):241-280.

Lambertini L. 2005. Stackelberg leadership in a dynamic duopoly with stochastic capital accumulation[J]. Journal of Evolutionary Economics,15(4):443-465.

Leininger W. 1993. More efficient rent-seeking: a Münchhausen solution[J]. Public Choice,75(1): 43-62.

Liu D,Ji Y,Mookerjee V. 2011. Knowledge sharing and investment decisions in information security[J]. Decision Support Systems,52(1):95-107.

Mansoori M,Zakaria O,Gani A. 2012. Improving exposure of intrusion deception system through implementation of hybrid honeypot[J]. The International Arab Journal of Information Technology,9(5): 436-444.

Martín-Herrán G,Cartigny P,Motte E,et al. 2006. Deforestation and foreign transfers: a Stackelberg differential game approach[J]. Computers & Operations Research,33(2):386-400.

Michael E W,Herbert J M. 2015. 信息安全原理[M]. 王晓海译. 北京:清华大学出版社.

Mookerjee V, Mookerjee R, Bensoussan A, et al. 2011. When hackers talk: managing information security under variable attack rates and knowledge dissemination[J]. Information Systems Research, 22(3):606-623.

Nguyen K C, Alpcan T, Başar T. 2010. Security games with decision and observation errors[C]// American Control Conference(ACC),IEEE. 510-515.

Novak A J, Feichtinger G, Leitmann G. 2010. A differential game related to terrorism: Nash and Stackelberg strategies[J]. Journal of Optimization Theory and Applications, 144(3): 533-555.

Nze Ossima A D, Daurès J P, Bessaoud F, et al. 2015. The generalized Lehmann ROC curves: Lehmann family of ROC surfaces[J]. Journal of Statistical Computation and Simulation, 85(3): 596-607.

Ogut H, Cavusoglu H, Raghunathan S. 2008. Intrusion-detection policies for IT security breaches[J]. INFORMS Journal on Computing, 20(1): 112-123.

O'Hanlon J C, Herberstein M E, Holwell G I. 2014. Habitat selection in a deceptive predator: maximizing resource availability and signal efficacy[J]. Behavioral Ecology, 26(1): 194-199.

Pardo T A, Cresswell A M. Thompson F, et al. 2006. Knowledge sharing in cross-boundary information system development in the public sector[J]. Information Technology and Management, 7(4): 293-313.

Paul R, Michael I, Steven H. 2005. Generating Policies for Defense in Depth[C]. Proceedings of the 21st Annual Computer Security Applications Conference table of contents.

Piqueira J R C, de Vasconcelos A A, Gabriel C E C J, et al. 2008. Dynamic models for computer viruses[J]. Computers & Security, 27(7-8): 355-359.

Png I P L, Wang C Y, Wang Q H. 2008. The deterrent and displacement effects of information security enforcement: international evidence[J]. Journal of Management Information Systems, 25(2): 125-144.

Pratt J W. 1964. Risk aversion in the small and in the large[J]. Foundation of Insurance Economics, 83-98.

Punithavathani D S, Sujatha K, Jain J M. 2015. Surveillance of anomaly and misuse in critical networks to counter insider threats using computational intelligence[J]. Cluster Computing, 18(1): 435-451.

Qassim Q, Patel A, Mohd-Zin A. 2014. Strategy to reduce false alarms in intrusion detection and prevention systems[J]. International Arab Journal of Information Technology(IAJIT), 11(5).

Qiu L D. 1997. On the dynamic efficiency of Bertrand and Cournot equilibria[J]. Journal of Economic Theory, 75(1): 213-229.

Sacco D, Schmutzler A. 2011. Is there a U-shaped relation between competition and investment? [J]. International Journal of Industrial Organization, 29(1): 65-73.

Shannon C E. 1948. A mathematical theory of communication[J]. Bell System Technical Journal, 27(3): 379-423.

Singh N, Vives X. 1984. Price and quantity competition in a differentiated duopoly[J]. The RAND Journal of Economics, 15(4): 546-554.

Symeonidis G. 2003. Comparing Cournot and Bertrand equilibria in a differentiated duopoly with product R&D[J]. International Journal of Industrial Organization, 21(1): 39-55.

Tanaka H, Matsuura K, Sudoh O. 2005. Vulnerability and information security investment: an empirical analysis of e-local government in Japan[J]. Journal of Accounting and Public Policy, 24(1): 37-59.

Tapiero C S, Kogan K. 2008. Sustainable infrastructure investment with labor-only production[J]. International Journal of Production Economics, 113(2): 876-886.

Telang R, Wattal S. 2007. An empirical analysis of the impact of software vulnerability announcements on firm stock price[J]. IEEE Transactions on Software Engineering, 33(8): 544-557.

Vargas I R J, Kleinschmidt J H. 2015. Capture and analysis of malicious traffic in VoIP environments using a low interaction honeypot[J]. IEEE Latin America Transactions, 13(3): 777-783.

Viscolani B, Zaccour G. 2009. Advertising strategies in a differential game with negative competitor's interference[J]. Journal of Optimization Theory and Applications, 140(1): 153-170.

Vives X. 1985. On the efficiency of Bertrand and Cournot equilibria with product differentiation[J]. Journal of Economic Theory, 36(1): 166-175.

Wang Q H, Yue W T, Hui K L. 2012. Do hacker forums contribute to security attacks? [C]. E-Life: Web-Enabled Convergence of Commerce, Work, and Social Life Lecture Notes in Business Information Processing.

Willemson J. 2006. On the Gordon & Loeb Model for Information Security Investment[C]. Workshop on the Economics of Information Security.

Ye R. 2004. An economic model of Information Security Investment[D]. Hong Kong: Department of Information and System Management, Hong Kong University of Science and Technology.

Yu W B, Chang Y I, Park E. 2014. A modified area under the ROC curve and its application to marker selection and classification[J]. Journal of the Korean Statistical Society, 43(2): 161-175.

Yue W T, Cakanyildirim M. 2007. Intrusion prevention in information systems: Reactive and proactive responses[J]. Journal of Management Information Systems, 24(1): 329-353.

Zhang R. 2011. The role of information sharing in trade credit distribution: evidence from Thailand[J]. Asian-Pacific Economic Literature, 25(1): 133-149.

Zhang H. 2014. Intrusion prevention system based real-time network application flow monitoring method, involves performing application flow monitoring process in real-time by adopting visual policy, and determining application flow rate. China: CN104052738-A. 17 September.

Zhang J, Gou Q, Liang L, et al. 2013. Supply chain coordination through cooperative advertising with reference price effect[J]. Omega, 41(2): 345-353.

Zhao L R, Mei S E, Zhong W J. 2015. An economic analysis of the interaction between firewall, ids and vulnerability scan[J]. Economic Computation & Economic Cybernetics Studies & Research, 49(4): 323-340.

Zhuang J, Bier V M, Gupta A. 2007. Subsidies in interdependent security with heterogeneous discount rates[J]. The Engineering Economist, 52(1): 1-19.

Zhuang J. 2010. Impacts of subsidized security on stability and total social costs of equilibrium solutions in an n-player game with errors[J]. The Engineering Economist, 55(2): 131-149.

附录 A　第 4 章相关结论证明

结论 3.1 证明：与 Cavusoglu 和 RaghunathanIt(2004)中的结论 3 相类似，有 $\rho_1 \geqslant \rho_3 \geqslant \rho_2$，且 ρ_1 和 ρ_2 不可能同时处于 0 到 1 之间。同理，类似 ρ_3 和 ρ_2 不可能同时处于 0 到 1 之间，ρ_1 和 ρ_3 也不可能同时处于 0 到 1 之间。下面的最优化过程很明显：

$$\frac{\partial M}{\partial \rho_1}=(c-\eta_S d)P(\text{S-alarm}) \tag{A.1}$$

$$\frac{\partial M}{\partial \rho_2}=(c-\eta_n d)P(\text{no-alarm}) \tag{A.2}$$

$$\frac{\partial M}{\partial \rho_3}=[c-\omega(1-\eta_D)]P(\text{D-alarm}) \tag{A.3}$$

$$\frac{\partial H}{\partial \psi}=(\mu-\beta\rho_1)(P_D-P_D^F)+(\mu-\beta\rho_2)(1-P_D)+f(1-\rho_3)P_F^F-\beta\rho_3 P_D^F \tag{A.4}$$

求解混合均衡策略如下：

(1)如果 $\rho_1=\rho_3=1$，$0<\rho_2<1$ 和 $1<\psi<1$ 能达到一个均衡，则均衡点处可求解关于 ψ 和 ρ_2 的一阶偏导数。已知 $\rho_1=\rho_3=1$，令式(A.2)和式(A.4)都等于 0 可获得

$$\rho_2^*=\frac{\mu(1-P_D^F)-\beta P_D}{\beta(1-P_D)} \tag{A.5}$$

$$\psi_{\text{IPS}}^*=\frac{c(1-P_F)}{c(P_D-P_F)+d(1-P_D)} \tag{A.6}$$

因为 $0<\rho_2<1$ 且 $1<\psi<1$，所以有 $\mu(1-P_D^F)>\beta P_D$ 且 $1>c/d>0$。

(2)如果 $0<\rho_1<1$，$\rho_2=\rho_3=0$ 和 $1<\psi<1$ 能达到一个均衡，则均衡点处可求解关于 ψ 和 ρ_1 的一阶偏导数。令式(A.1)和式(A.4)都等于 0，并替代 $\rho_2=0$ 可得到

$$\rho_1^*=\frac{fP_F^F+\mu(1-P_D^F)}{\beta(P_D-P_D^F)} \tag{A.7}$$

$$\psi_{\text{IPS}}^*=\frac{c(P_F-P_F^F)}{d(P_D-P_D^F)-c[(P_D-P_D^F)-(P_F-P_F^F)]} \tag{A.8}$$

因为 $0<\rho_1<1$ 且 $1<\psi<1$，所以有 $\mu(1-P_D^F)\leqslant\beta(P_D-P_D^F)-fP_F^F$ 且 $1>c/d>0$。

(3)如果 $\rho_1=1$，$\rho_2=0$，$0<\rho_3<1$ 和 $1<\psi<1$ 能达到一个均衡，则均衡点处可求解关于 ψ 和 ρ_3 的一阶偏导数。令式(A.3)和式(A.4)都等于 0 且 $\rho_1=1$，$\rho_2=0$，有

$$\rho_3^* = \frac{fP_F^F + \mu(1-P_D) - (\beta-\mu)(P_D - P_D^F)}{fP_F^F + \beta P_D^F} \quad \text{(A. 9)}$$

$$\psi_{\text{IPS}}^* = \frac{(\omega-c)P_F^F}{(\omega-c)P_F^F + cP_D^F} \quad \text{(A. 10)}$$

由于 $0<\rho_3<1$ 且 $1<\psi<1$，所以有 $\beta P_D \geqslant \mu(1-P_D^F) > \beta(P_D - P_D^F) - fP_F^F$ 和 $\omega > c$。

证毕。

结论 3. 3 证明：下面的结论从调查概率、检出概率和攻击概率三个方面对 IPS 和 IDS 进行了比较分析。

1. 调查概率

当 IPS 产生危险警报（S-alarm）和 IDS 产生警报时企业的人工调查概率如下：

当 $\mu > \beta P_D$ 时，即 $P_D < \frac{\mu}{\beta}$ 时，有 $\rho_{1\_\text{IPS}} = \rho_{1\_\text{IDS}} = 1$。

当 $\mu(1-P_D^F) \leqslant \beta(P_D - P_D^F) - fP_F^F$ 时，即 $dP_D \geqslant \frac{\mu(1-P_D^F) + fP_F^F + \beta P_D^F}{\beta}$ 时，有 $\rho_{1\_\text{IPS}}^* = \frac{fP_F^F + \mu(1-P_D^F)}{\beta(P_D - P_D^F)}$，$\rho_{1\_\text{IDS}}^* = \frac{\mu}{\beta P_D}$。

当 $\frac{\mu(1-P_D^F) + fP_F^F + \beta P_D^F}{\beta} > P_D \geqslant \frac{\mu}{\beta}$ 时，有 $\rho_{1\_\text{IPS}}^* = 1$，$\rho_{1\_\text{IDS}}^* = \frac{\mu}{\beta P_D}$。

当 IPS 和 IDS 都未报警时企业的人工调查概率如下：

当 $P_D < \frac{\mu(1-P_D^F)}{\beta}$ 时，有 $\rho_{2\_\text{IPS}} = \frac{\mu(1-P_D^F) - \beta P_D}{\beta(1-P_D)}$，$\rho_{2\_\text{IDS}} = \frac{\mu - \beta P_D}{\beta(1-P_D)}$。

当 $P_D \geqslant \frac{\mu(1-P_D^F) + fP_F^F + \beta P_D^F}{\beta}$ 时，有 $\rho_{2\_\text{IPS}}^* = \rho_{2\_\text{IDS}}^* = 0$。

当 $\frac{\mu(1-P_D^F) + fP_F^F + \beta P_D^F}{\beta} > P_D \geqslant \frac{\mu}{\beta}$ 时，有 $\rho_{2\_\text{IPS}}^* = 0$，$\rho_{2\_\text{IDS}}^* = \frac{\mu}{\beta P_D}$。

当 $\frac{\mu(1-P_D^F)}{\beta} \leqslant P_D < \frac{\mu}{\beta}$ 时，有 $\rho_{2\_\text{IPS}}^* = 0$，$\rho_{2\_\text{IDS}}^* = \frac{\mu - \beta P_D}{\beta(1-P_D)}$。

因此，对于 IPS 和 IDS 在调查概率方面的比较结果是：

当 $P_D < \frac{\mu(1-P_D^F) + fP_F^F + \beta P_D^F}{\beta}$ 时，$\rho_{2\_\text{IPS}}^* < \rho_{2\_\text{IDS}}^*$；

当 $P_D \geqslant \frac{\mu(1-P_D^F) + fP_F^F + \beta P_D^F}{\beta}$ 时，$\rho_{2\_\text{IPS}} = \rho_{2\_\text{IDS}}$；

当 $P_D > \frac{\mu}{\beta}$ 时，$\rho_{1\_\text{IPS}} > \rho_{1\_\text{IDS}}$；当 $P_D < \frac{\mu}{\beta}$ 时 $\rho_{1\_\text{IPS}} = \rho_{1\_\text{IDS}}$。

2. 检出概率

配置 IPS 时企业的检出概率为 $\rho_{\text{de\_IPS}}^{*}=\rho_{1}^{*}(P_{D}-P_{D}^{F})+\rho_{2}^{*}(1-P_{D})+\rho_{3}^{*}P_{D}^{F}$，配置 IDS 时企业的检出概率为 $\rho_{\text{de\_IDS}}^{*}=\rho_{1}^{*}P_{D}+\rho_{2}^{*}(1-P_{D})=\mu/\beta$。因此，对于 IPS 和 IDS 在检出概率方面的比较结果是

当 $P_{D}<\dfrac{\mu(1-P_{D}^{F})}{\beta}$ 时，有 $\rho_{\text{de\_IPS}}^{*}=\dfrac{\mu(1-P_{D}^{F})}{\beta}$，$\rho_{\text{de\_IDS}}^{*}>\rho_{\text{de\_IPS}}^{*}$；

当 $P_{D}\geqslant\dfrac{\mu(1-P_{D}^{F})+fP_{F}^{F}+\beta P_{D}^{F}}{\beta}$ 时，有 $\rho_{\text{de\_IPS}}^{*}=\dfrac{\mu(1-P_{D}^{F})+fP_{F}^{F}}{\beta}$，$\rho_{\text{de\_IDS}}^{*}>\rho_{\text{de\_IPS}}^{*}$；

当 $\dfrac{\mu(1-P_{D}^{F})}{\beta}\leqslant P_{D}<\dfrac{\mu(1-P_{D}^{F})+fP_{F}^{F}+\beta P_{D}^{F}}{\beta}$ 时，有 $\rho_{\text{de\_IPS}}^{*}=\dfrac{\mu(1-P_{D}^{F})+fP_{F}^{F}+\beta P_{D}^{F}}{fP_{F}^{F}+\beta P_{D}^{F}}$，$\rho_{\text{de\_IDS}}^{*}>\rho_{\text{de\_IPS}}^{*}$。

3. 攻击概率

当 $P_{D}<\dfrac{\mu(1-P_{D}^{F})}{\beta}$ 时，有 $\psi_{\text{IPS}}^{*}=\psi_{\text{IDS}}^{*}=\dfrac{c(1-P_{F})}{c(P_{D}-P_{F})+d(1-P_{D})}$；

当 $P_{D}\geqslant\dfrac{\mu(1-P_{D}^{F})+fP_{F}^{F}+\beta P_{D}^{F}}{\beta}$ 时，$\dfrac{\partial\psi_{\text{IPS}}^{*}}{\partial P_{D}^{F}}>0$，有 $\psi_{\text{IPS}}^{*}\geqslant\psi_{\text{IDS}}^{*}$；

当 $\dfrac{\mu(1-P_{D}^{F})+fP_{F}^{F}+\beta P_{D}^{F}}{\beta}>P_{D}\geqslant\dfrac{\mu(1-P_{D}^{F})}{\beta}$ 时，因为 $\psi_{\text{IPS}}^{*}=\dfrac{(\omega-c)P_{F}^{F}}{(\omega-c)P_{F}^{F}+cP_{D}^{F}}\xrightarrow{P_{F}^{F}\to 0}0$，所以 $\psi_{\text{IPS}}^{*}<\psi_{\text{IDS}}^{*}$。

证毕。

附录 B 第 5 章相关结论证明

定理 4.1 的证明：

$$\frac{\partial F_{S+\mathrm{IDS}}(\rho_{S+\mathrm{IDS\_1}},\rho_{S+\mathrm{IDS\_2}},\psi_{S+\mathrm{IDS}})}{\partial\psi_{S+\mathrm{IDS}}}=\gamma a-a-b-d(\rho_{S+\mathrm{IDS\_1}}P_D-\rho_{S+\mathrm{IDS\_2}}(1-P_D)) \quad (\mathrm{B.1})$$

$$\frac{\partial M_{报警}(\rho_{S+\mathrm{IDS\_1}},\psi_{S+\mathrm{IDS}})}{\partial\rho_{S+\mathrm{IDS\_1}}}=(\gamma aP_D-c(P_D-P_F))-cP_F \quad (\mathrm{B.2})$$

$$\frac{\partial M_{未报警}(\rho_{S+\mathrm{IDS\_1}},\psi_{S+\mathrm{IDS}})}{\partial\rho_{S+\mathrm{IDS\_2}}}=(\gamma a(1-P_D)+c(P_D-P_F))-c(1-P_F) \quad (\mathrm{B.3})$$

若$\frac{\partial M_{报警}(\rho_{S+\mathrm{IDS_1}},\psi_{S+\mathrm{IDS}})}{\partial\rho_{S+\mathrm{IDS_1}}}=0$ 与$\frac{\partial M_{未报警}(\rho_{S+\mathrm{IDS_1}},\psi_{S+\mathrm{IDS}})}{\partial\rho_{S+\mathrm{IDS_2}}}=0$ 不能同时满足，可证$\frac{\partial M_{报警}(\rho_{S+\mathrm{IDS_1}},\psi_{S+\mathrm{IDS}})}{\partial\rho_{S+\mathrm{IDS_1}}}<\frac{\partial M_{未报警}(\rho_{S+\mathrm{IDS_1}},\psi_{S+\mathrm{IDS}})}{\partial\rho_{S+\mathrm{IDS_2}}}$，则平衡点出有$\frac{\partial M_{报警}(\rho_{S+\mathrm{IDS_1}},\psi_{S+\mathrm{IDS}})}{\partial\rho_{S+\mathrm{IDS_1}}}<0$，$\frac{\partial M_{未报警}(\rho_{S+\mathrm{IDS\_1}},\psi_{S+\mathrm{IDS}})}{\partial\rho_{S+\mathrm{IDS\_2}}}=0$；或者$\frac{\partial M_{报警}(\rho_{S+\mathrm{IDS_1}},\psi_{S+\mathrm{IDS}})}{\partial\rho_{S+\mathrm{IDS_1}}}=0$，$\frac{\partial M_{未报警}(\rho_{S+\mathrm{IDS\_1}},\psi_{S+\mathrm{IDS}})}{\partial\rho_{S+\mathrm{IDS\_2}}}>0$。因此问题转化为以下两种情况：

$\rho_{S+\mathrm{IDS\_1}}=1,0<\rho_{S+\mathrm{IDS\_2}}<1$ 和 $0<\rho_{S+\mathrm{IDS\_1}}<1,\rho_{S+\mathrm{IDS\_2}}=0$。

当 $\rho_{S+\mathrm{IDS\_1}}=1,0<\rho_{S+\mathrm{IDS\_2}}<1$ 时，令式(B.1)和式(B.3)都等于0，式(B.2)大于0，可得：

当 $\frac{\gamma a-a-b}{d}>P_D$ 时，$\rho^*_{S+\mathrm{IDS\_1}}=1$，$\rho^*_{S+\mathrm{IDS\_2}}=\frac{\gamma a-a-b-dP_D}{d(1-P_D)}$，$\psi^*_{S+\mathrm{IDS}}=\frac{c(1-P_F)}{\gamma a(1-P_D)+c(P_D-P_F)}$；同理可得：当$\frac{\gamma a-a-b}{d}\leqslant P_D$ 时，$\rho^*_{S+\mathrm{IDS\_1}}=\frac{(\gamma a-a-b)}{dP_D}$，$\rho^*_{S+\mathrm{IDS\_2}}=0$，$\psi^*_{S+\mathrm{IDS}}=\frac{cP_F}{\gamma aP_D-c(P_D-P_F)}$。

证毕。

定理 4.5 的证明：

$$\frac{\partial M(\varepsilon,\psi_1,\psi_2)}{\partial\varepsilon}=(\beta_1+\beta_2+\gamma)a((1-q)\psi_1+q\psi_2)-\beta_2 a-(1-2q)w \quad (\mathrm{B.4})$$

$$\frac{\partial A(\varepsilon,\psi_1,\psi_2)}{\partial\psi_1}=(\gamma a-b-\varepsilon(\beta_1+\gamma)a)(1-q) \quad (\mathrm{B.5})$$

$$\frac{\partial A(\varepsilon,\psi_1,\psi_2)}{\partial\psi_2}=(\gamma a-\beta_2 a-b-\varepsilon(\beta_1+\gamma-\beta_2)a)q \tag{B.6}$$

若$\frac{\partial A(\varepsilon,\psi_1,\psi_2)}{\partial\psi_1}=0$与$\frac{\partial A(\varepsilon,\psi_1,\psi_2)}{\partial\psi_2}=0$不能同时满足，可证$\frac{\partial A(\varepsilon,\psi_1,\psi_2)}{\partial\psi_1}>\frac{\partial A(\varepsilon,\psi_1,\psi_2)}{\partial\psi_2}$，则平衡点处有$\frac{\partial A(\varepsilon,\psi_1,\psi_2)}{\partial\psi_1}>0$，$\frac{\partial A(\varepsilon,\psi_1,\psi_2)}{\partial\psi_2}=0$或$\frac{\partial A(\varepsilon,\psi_1,\psi_2)}{\partial\psi_1}=0$，$\frac{\partial A(\varepsilon,\psi_1,\psi_2)}{\partial\psi_2}<0$。因此问题转化为以下两种情况：$\psi_1=1,0<\psi_2<1$和$0<\psi_1<1,\psi_2=0$。

当$\psi_1=1,0<\psi_2<1$时，令式(B.4)和式(B.6)都等于0，公式(B.5)大于0，可得：

当$q>\frac{(\beta_1 a-w)p+\gamma a}{(\beta_2+\gamma)a-w}$或$p<\frac{[(\beta_2+\gamma)a-w]q-\gamma a}{\beta_1 a-w}$时，

$$\varepsilon^*=\frac{q(\gamma a-\beta_2 a-b)}{(1-p)(\beta_1 a+b)+q(\gamma a-\beta_2 a-b)},\psi_1^*=1,\psi_2^*=\frac{[(\beta_2+\gamma)a-w]q-(\beta_1 a-w)p-\gamma a}{(\beta_2+\gamma)aq+\beta_1(1-p)a};$$

同理可得：当$q\leqslant\frac{(\beta_1 a-w)p+\gamma a}{(\beta_2+\gamma)a-w}$或？$p\geqslant\frac{[(\beta_2+\gamma)a-w]q-\gamma a}{\beta_1 a-w}$时，

$$\varepsilon^*=\frac{(1-q)(\gamma a-b)}{(1-q)(\gamma a-b)+p(\beta_1 a+b)},\psi_1^*=\frac{\beta_2 a+(p-q)w}{\beta_1 ap+(\beta_2+\gamma)a(1-q)},\psi_2^*=0。$$

证毕。

附录 C　第 6 章相关结论证明

定理 5.1 证明：

$$\frac{\partial U_L(\rho_{L\_1},\rho_{L\_2},\psi_L)}{\partial\psi_L}=(\lambda+1)[\mu-\beta\rho_{L\_1}P_D-\beta\rho_{L\_2}(1-P_D)]-\lambda a \tag{C.1}$$

$$\frac{\partial M_A(\rho_{L\_1},\psi_L)}{\partial\rho_{L\_1}}=\psi_L[(\lambda+1)dP_D-c(P_D-P_F)]-cP_F. \tag{C.2}$$

$$\frac{\partial M_{NA}(\rho_{L\_2},\psi_L)}{\partial\rho_{L\_2}}=\psi_L[(\lambda+1)d(1-P_D)-c(P_D-P_F)]-c(1-P_F) \tag{C.3}$$

若$\frac{\partial M_A(\rho_{L_1},\psi_L)}{\partial\rho_{L_1}}=0$与$\frac{\partial M_{NA}(\rho_{L_2},\psi_L)}{\partial\rho_{L_2}}=0$不能同时满足，可证$\frac{\partial M_A(\rho_{L_1},\psi_L)}{\partial\rho_{L_1}}>\frac{\partial M_{NA}(\rho_{L_2},\psi_L)}{\partial\rho_{L_2}}$，则平衡点处有$\frac{\partial M_A(\rho_{L_1},\psi_L)}{\partial\rho_{L_1}}>0$，$\frac{\partial M_{NA}(\rho_{L\_2},\psi_L)}{\partial\rho_{L\_2}}=0$；或者$\frac{\partial M_A(\rho_{L_1},\psi_L)}{\partial\rho_{L_1}}=0$，$\frac{\partial M_{NA}(\rho_{L\_2},\psi_L)}{\partial\rho_{L\_2}}<0$。因此问题转化为以下两种情况：

$\rho_{L\_1}=1, 0<\rho_{L\_2}<1$ 和 $0<\rho_{L\_1}<1, \rho_{L\_2}=0$。

当 $\rho_{L\_1}=1, 0<\rho_{L\_2}<1$ 时，令式(C.1)和式(C.3)都等于0得出驻点值，式(C.2)大于0，通过对企业和合法用户的期望收益在驻点和驻点两侧的值进行大小关系比较可得：

当 $P_D\leqslant\frac{(\lambda+1)\mu-\lambda a}{(\lambda+1)\beta}$ 时，

$$\rho_{L\_1}^*=1,\rho_{L\_2}^*=\frac{(\lambda+1)(\mu-\beta P_D)-\lambda a}{(\lambda+1)\beta(1-P_D)},\psi_L^*=\frac{c(1-P_F)}{(\lambda+1)d(1-P_D)+c(P_D-P_F)}.$$

当 $0<\rho_{L\_1}<1, \rho_{L\_2}=0$ 时，同理可得：

当 $P_D>\frac{(\lambda+1)\mu-\lambda a}{(\lambda+1)\beta}$ 时，

$$\rho_{L\_1}^*=\frac{(\lambda+1)\mu-\lambda a}{(\lambda+1)\beta P_D},\rho_{L\_2}^*=0,\psi_L^*=\frac{cP_F}{(\lambda+1)dP_D-c(P_D-P_F)}.$$

证毕。

结论 5.4 证明：与 Cavusoglu 等(2005)中证明过程相类似，有 $\rho_1\geqslant\rho_2$，且 ρ_1 和 ρ_2 不可能同时为正且都小于 1。最优配置的证明过程如下：

$$\frac{\partial M}{\partial \rho_1}=[c+\theta_1-\eta_1(\theta_1+d\varphi)](1-\alpha-\gamma)P(\text{signal}) \tag{C.4}$$

$$\frac{\partial M}{\partial \rho_2}=[c+\theta_1-\eta_2(\theta_1+d\varphi)](1-\alpha-\gamma)P(\text{no-signal}) \tag{C.5}$$

$$\frac{\partial H}{\partial \psi}=(1-\varepsilon-\delta)[\mu-(\theta_2P_F+\beta P_D)\rho_{1\text{de}}+(\theta_2P_F+\beta P_D-\beta-\theta_2)\rho_{2\text{de}}] \tag{C.6}$$

求解最优均衡策略:

(1)如果($\rho_1=1,0<\rho_2<1,1<\psi<1$)是一个均衡点,则关于 ψ 和 ρ_2 的一阶偏导数是存在的。假设 $\rho_1=1$,令式(C.5)和式(C.6)都等于 0 可得

$$\rho_2^*=\frac{1}{1-\alpha-\gamma}\left[\frac{\mu-(1-\alpha)(\theta_2P_F+\beta P_D)}{\beta(1-P_D)+\theta_2(1-P_F)}-\gamma\right] \tag{C.7}$$

$$\psi^*=\frac{1}{1-\varepsilon-\delta}\left[\frac{(c+\theta_1)(1-P_F)}{(c+\theta_1)(P_D-P_F)+(\theta_1+d\varphi)(1-P_D)}-\delta\right] \tag{C.8}$$

(2)如果($0<\rho_1<1,\rho_2=0,1<\psi<1$)是一个均衡点,则关于 ψ 和 ρ_1 的一阶偏导数是存在的。假设 $\rho_2=0$,令式(C.4)和式(C.6)都等于 0 可得

$$\rho_1^*=\frac{1}{1-\alpha-\gamma}\left[\frac{\mu-(\theta_2+\beta)\gamma}{\beta P_D+\theta_2P_F}\right] \tag{C.9}$$

$$\psi^*=\frac{1}{1-\varepsilon-\delta}\left[\frac{(c+\theta_1)P_F}{(\theta_1+d\varphi)P_D-(c+\theta_1)(P_D-P_F)}-\delta\right] \tag{C.10}$$

证毕。

附录 D　第 8 章 8.1 节相关结论证明

D.1 当企业自行决定安全投资水平和信息分享水平时的均衡

企业 1、企业 2 以及黑客的期望效用分别为

$$\begin{cases}F_1=[v_1-s(v_1,z_1^a,c_1^a)]L_1-\kappa_1 s_1^2+\kappa_2 s_2^2+\kappa_3 s_1 s_2-z_1\\F_2=[v_2-s(v_2,z_2^a,c_2^a)]L_2-\kappa_1 s_2^2+\kappa_2 s_1^2+\kappa_3 s_1 s_2-z_2\\H=[s(v_1,z_1^a,c_1^a)-v_1]H_1+[s(v_2,z_2^a,c_2^a)-v_2]H_2-c_1-c_2\end{cases}$$

其中 $s(v_i,z_i^a,c_i^a)=v_i(\gamma c_i^a+1)^{\varphi}(\alpha z_i^a+1)^{-\beta}$，$c_i^a=c_i+\rho c_j$，$z_i^a=z_i+\eta s_j+\rho(z_j+\eta s_i)$。对企业 i 的期望效用函数 F_i 关于安全投资水平 z_i 求导数，并令其等于 0 得

$$\begin{cases}\dfrac{\partial F_1}{\partial z_1}=\dfrac{\alpha\beta v_1 L_1(\gamma c_1^a+1)^{\varphi}}{(\alpha z_1^a+1)^{1+\beta}}-1=0\\\dfrac{\partial F_2}{\partial z_2}=\dfrac{\alpha\beta v_2 L_2(\gamma c_2^a+1)^{\varphi}}{(\alpha z_2^a+1)^{1+\beta}}-1=0\end{cases}\tag{D.1}$$

对企业 i 的期望效用函数 F_i 关于信息分享水平 s_i 求导数，并令其等于 0 得

$$\begin{cases}\dfrac{\partial F_1}{\partial s_1}=\dfrac{\alpha\beta v_1 L_1\rho\eta(\gamma c_1^a+1)^{\varphi}}{(\alpha z_1^a+1)^{1+\beta}}-2\kappa_1 s_1+\kappa_3 s_2=0\\\dfrac{\partial F_2}{\partial s_2}=\dfrac{\alpha\beta v_2 L_2\rho\eta(\gamma c_2^a+1)^{\varphi}}{(\alpha z_2^a+1)^{1+\beta}}-2\kappa_1 s_2+\kappa_3 s_1=0\end{cases}\tag{D.2}$$

对黑客的期望效用函数 H 关于网络攻击水平 c_1 和 c_2 分别求导数，并令其等于 0 得

$$\begin{cases}\dfrac{\partial H}{\partial c_1}=\dfrac{\gamma\varphi v_1 H_1(1+\gamma c_1^a)^{\varphi-1}}{(1+\alpha z_1^a)^{\beta}}+\dfrac{\rho\gamma\varphi v_2 H_2(1+\gamma c_2^a)^{\varphi-1}}{(1+\alpha z_2^a)^{\beta}}-1=0\\\dfrac{\partial H}{\partial c_2}=\dfrac{\gamma\varphi v_2 H_2(1+\gamma c_2^a)^{\varphi-1}}{(1+\alpha z_2^a)^{\beta}}+\dfrac{\rho\gamma\varphi v_1 H_1(1+\gamma c_1^a)^{\varphi-1}}{(1+\alpha z_1^a)^{\beta}}-1=0\end{cases}\tag{D.3}$$

将式(D.1)代入式(D.2)得

$$s_1=s_2=\rho\eta(2\kappa_1-\kappa_3)^{-1}\tag{D.4}$$

由式(D.3)得

$$\gamma\varphi v_1 H_1 (\gamma c_1^a+1)^{\varphi-1}(\alpha z_1^a+1)^{-\beta}=\gamma\varphi v_2, H_2 (\gamma c_2^a+1)^{\varphi-1}(\alpha z_2^a+1)^{-\beta}=(1+\rho)^{-1} \tag{D.5}$$

结合式(D.1)和式(D.5)得

$$\begin{cases}\gamma c_1^a+1=\{v_1 L_1^{-\beta} H_1^{1+\beta}(\alpha\beta)^{-\beta}[\gamma\varphi(1+\rho)]^{1+\beta}\}^{\frac{1}{1+\beta-\varphi}}\\ \gamma c_2^a+1=\{v_2 L_2^{-\beta} H_2^{1+\beta}(\alpha\beta)^{-\beta}[\gamma\varphi(1+\rho)]^{1+\beta}\}^{\frac{1}{1+\beta-\varphi}}\\ \alpha z_1^a+1=\{v_1 L_1^{1-\varphi} H_1^{\varphi}(\alpha\beta)^{1-\varphi}[\gamma\varphi(1+\rho)]^{\varphi}\}^{\frac{1}{1+\beta-\varphi}}\\ \alpha z_2^a+1=\{v_2 L_2^{1-\varphi} H_2^{\varphi}(\alpha\beta)^{1-\varphi}[\gamma\varphi(1+\rho)]^{\varphi}\}^{\frac{1}{1+\beta-\varphi}}\end{cases} \tag{D.6}$$

由式(D.5)和式(D.6)得黑客对企业 1 和企业 2 的网络攻击水平分别为

$$\begin{cases}c_1=\dfrac{\{(\alpha\beta)^{-\beta}[\gamma\varphi(1+\rho)]^{1+\beta}\}^{\frac{1}{1+\beta-\varphi}}[(v_1L_1^{-\beta}H_1^{1+\beta})^{\frac{1}{1+\beta-\varphi}}-\rho(v_2L_2^{-\beta}H_2^{1+\beta})^{\frac{1}{1+\beta-\varphi}}]}{\gamma(1-\rho^2)}-\dfrac{1}{\gamma(1+\rho)}\\ c_2=\dfrac{\{(\alpha\beta)^{-\beta}[\gamma\varphi(1+\rho)]^{1+\beta}\}^{\frac{1}{1+\beta-\varphi}}[(v_2L_2^{-\beta}H_2^{1+\beta})^{\frac{1}{1+\beta-\varphi}}-\rho(v_1L_1^{-\beta}H_1^{1+\beta})^{\frac{1}{1+\beta-\varphi}}]}{\gamma(1-\rho^2)}-\dfrac{1}{\gamma(1+\rho)}\end{cases} \tag{D.7}$$

企业 1 和企业 2 的安全投资水平分别为

$$\begin{cases}z_1=\dfrac{\{(\alpha\beta)^{1-\varphi}[\gamma\varphi(1+\rho)]^{\varphi}\}^{\frac{1}{1+\beta-\varphi}}[(v_1L_1^{1-\varphi}H_1^{\varphi})^{\frac{1}{1+\beta-\varphi}}-\rho(v_2L_2^{1-\varphi}H_2^{\varphi})^{\frac{1}{1+\beta-\varphi}}]}{\alpha(1-\rho^2)}-\dfrac{1}{\alpha(1+\rho)}-\eta s_2\\ z_2=\dfrac{\{(\alpha\beta)^{1-\varphi}[\gamma\varphi(1+\rho)]^{\varphi}\}^{\frac{1}{1+\beta-\varphi}}[(v_2L_2^{1-\varphi}H_2^{\varphi})^{\frac{1}{1+\beta-\varphi}}-\rho(v_1L_1^{1-\varphi}H_1^{\varphi})^{\frac{1}{1+\beta-\varphi}}]}{\alpha(1-\rho^2)}-\dfrac{1}{\alpha(1+\rho)}-\eta s_1\end{cases} \tag{D.8}$$

下面验证当$(s_1,s_2,c_1,c_2,z_1,z_2)$由式(D.4)、式(D.7)和式(D.8)给出时，二阶条件成立。利用式(D.1)和式(D.2)得，对适当的ρ

$$\begin{cases}\dfrac{\partial^2F_1}{\partial z_1^2}=-\dfrac{\alpha(1+\beta)}{1+\alpha z_1^a}<0,\dfrac{\partial^2F_1}{\partial z_1\partial s_1}=-\dfrac{\alpha\rho\eta(1+\beta)}{1+\alpha z_1^a}\\ \dfrac{\partial^2F_1}{\partial s_1^2}=-\dfrac{\alpha\rho\eta(1+\beta)(2\kappa_1s_1-\kappa_3s_2)}{1+\alpha z_1^a}-2\kappa_1<0\end{cases}$$

进而

$$\frac{\partial^2F_1}{\partial z_1^2}\frac{\partial^2F_1}{\partial s_1^2}-\left(\frac{\partial^2F_1}{\partial z_1\partial s_1}\right)^2=\frac{\alpha^2(1+\beta)^2[\rho\eta(2\kappa_1s_1-\kappa_3s_2)-\rho^2\eta^2]}{(\alpha z_1^a+1)^2}+\frac{2\kappa_1\alpha(1+\beta)}{\alpha z_1^a+1}>0$$

类似地，可以验证$\dfrac{\partial^2F_2}{\partial z_2^2}\dfrac{\partial^2F_2}{\partial s_2^2}-\left(\dfrac{\partial^2F_2}{\partial z_2\partial s_2}\right)^2>0$。

根据式(D.5)得，对适当的ρ有

$$
\begin{cases}
\dfrac{\partial^2 H}{\partial c_1^2}=\gamma(\varphi-1)(1+\rho)^{-1}[(\gamma c_1^a+1)^{-1}+\rho^2(\gamma c_2^a+1)^{-1}]\leqslant 0\\
\dfrac{\partial^2 H}{\partial c_2^2}=\gamma(\varphi-1)(1+\rho)^{-1}[(\gamma c_2^a+1)^{-1}+\rho^2(\gamma c_1^a+1)^{-1}]\leqslant 0\\
\dfrac{\partial H^2}{\partial c_1\partial c_2}=\gamma\rho(\varphi-1)(1+\rho)^{-1}[(\gamma c_1^a+1)^{-1}+(\gamma c_2^a+1)^{-1}]
\end{cases}
$$

进而

$$
\frac{\partial^2 H\partial^2 H}{\partial c_1^2\ \partial c_2^2}-\left(\frac{\partial H^2}{\partial c_1\partial c_2}\right)^2=\frac{\gamma^2(\varphi-1)^2(1+\rho^4-2\rho^2)}{(\gamma c_1^a+1)(\gamma c_2^a+1)(1+\rho)^2}>0
$$

因此得证。

D.2 当安全服务协调者仅控制企业安全投资水平时的均衡

当安全服务协调者仅控制两企业的安全投资水平 z_1 和 z_2 时，式(D.2)和式(D.3)仍然成立，而式(D.1)变为

$$
\begin{cases}
\dfrac{\partial F}{\partial z_1}=\dfrac{\alpha\beta v_1 L_1(\gamma c_1^a+1)^{\varphi}}{(\alpha z_1^a+1)^{1+\beta}}+\dfrac{\rho\alpha\beta v_2 L_2(\gamma c_2^a+1)^{\varphi}}{(\alpha z_2^a+1)^{1+\beta}}-1=0\\
\dfrac{\partial F}{\partial z_2}=\dfrac{\rho\alpha\beta v_1 L_1(\gamma c_1^a+1)^{\varphi}}{(\alpha z_1^a+1)^{1+\beta}}+\dfrac{\alpha\beta v_2 L_2(\gamma c_2^a+1)^{\varphi}}{(\alpha z_2^a+1)^{1+\beta}}-1=0
\end{cases}
$$

这隐含着

$$
\frac{\alpha\beta v_1 L_1(\gamma c_1^a+1)^{\varphi}}{(\alpha z_1^a+1)^{1+\beta}}=\frac{\alpha\beta v_2 L_2(\gamma c_2^a+1)^{\varphi}}{(\alpha z_2^a+1)^{1+\beta}}=\frac{1}{1+\rho} \tag{D.9}
$$

将式(D.9)代入式(D.2)得

$$
s_1=s_2=\frac{\rho\eta}{(1+\rho)(2\kappa_1-\kappa_3)}
$$

联立式(D.9)和式(D.5)得

$$
\begin{cases}
1+\gamma c_1^a=[v_1 L_1^{-\beta}H_1^{1+\beta}(1+\rho)(\alpha\beta)^{-\beta}(\gamma\varphi)^{1+\beta}]^{\frac{1}{1+\beta-\varphi}}\\
1+\gamma c_2^a=[{}^{v}_{2}(1+\rho)({}^{\alpha}\beta)-\beta({}^{\gamma}\varphi)1+\beta]\dfrac{1}{1+\beta-\varphi}\\
1+\alpha z_1^a=[{}^{v}_{1}(1+\rho)({}^{\alpha}\beta)1-\varphi({}^{\gamma}\varphi)\varphi]\dfrac{1}{1+\beta-\varphi}\\
1+\alpha z_2^a=[{}^{v}_{2}(1+\rho)({}^{\alpha}\beta)1-\varphi({}^{\gamma}\varphi)\varphi]\dfrac{1}{1+\beta-\varphi}
\end{cases} \tag{D.10}
$$

因此,黑客对企业 1 和企业 2 的网络攻击水平分别为

$$\begin{cases} c_1 = \dfrac{\left[(1+\rho)(\alpha\beta)^{-\beta}(\gamma\varphi)^{1+\beta}\right]^{\frac{1}{1+\beta-\varphi}}\left[(v_1L_1^{-\beta}H_1^{1+\beta})^{\frac{1}{1+\beta-\varphi}}-\rho\,(v_2L_2^{-\beta}H_2^{1+\beta})^{\frac{1}{1+\beta-\varphi}}\right]}{\gamma(1-\rho^2)}-\dfrac{1}{\gamma(1+\rho)} \\ c_2 = \dfrac{\left[(1+\rho)(\alpha\beta)^{-\beta}(\gamma\varphi)^{1+\beta}\right]^{\frac{1}{1+\beta-\varphi}}\left[(v_2L_2^{-\beta}H_2^{1+\beta})^{\frac{1}{1+\beta-\varphi}}-\rho\,(v_1L_1^{-\beta}H_1^{1+\beta})^{\frac{1}{1+\beta-\varphi}}\right]}{\gamma(1-\rho^2)}-\dfrac{1}{\gamma(1+\rho)} \end{cases} \tag{D.11}$$

企业 1 和企业 2 的安全投资水平分别为

$$\begin{cases} z_1 = \dfrac{\left[(1+\rho)(\alpha\beta)^{-\beta}(\gamma\varphi)^{1+\beta}\right]^{\frac{1}{1+\beta-\varphi}}\left[(v_1L_1^{1-\varphi}H_1^{\varphi})^{\frac{1}{1+\beta-\varphi}}-\rho\,(v_2L_2^{1-\varphi}H_2^{\varphi})^{\frac{1}{1+\beta-\varphi}}\right]}{\alpha(1-\rho^2)}-\dfrac{1}{\alpha(1+\rho)}-\eta s_2 \\ z_2 = \dfrac{\left[(1+\rho)(\alpha\beta)^{-\beta}(\gamma\varphi)^{1+\beta}\right]^{\frac{1}{1+\beta-\varphi}}\left[(v_2L_2^{1-\varphi}H_2^{\varphi})^{\frac{1}{1+\beta-\varphi}}-\rho\,(v_1L_1^{1-\varphi}H_1^{\varphi})^{\frac{1}{1+\beta-\varphi}}\right]}{\alpha(1-\rho^2)}-\dfrac{1}{\alpha(1+\rho)}-\eta s_1 \end{cases} \tag{D.12}$$

下面验证二阶条件成立。容易得到,$\partial^2 F_1/\partial s_1^2<0$,$\partial^2 F_2/\partial s_2^2<0$。注意到式(D. 9),对于适当的 ρ 有

$$\begin{cases} \dfrac{\partial^2 F}{\partial z_1^2}=-\alpha(1+\beta)(1+\rho)^{-1}\left[(\alpha z_1^a+1)^{-1}+\rho^2\,(\alpha z_2^a+1)^{-1}\right]<0 \\ \dfrac{\partial^2 F}{\partial z_2^2}=-\alpha(1+\beta)(1+\rho)^{-1}\left[(\alpha z_2^a+1)^{-1}+\rho^2\,(\alpha z_1^a+1)^{-1}\right]<0 \\ \dfrac{\partial^2 F}{\partial z_1\partial z_2}=-\alpha\rho(1+\beta)(1+\rho)^{-1}\left[(\alpha z_1^a+1)^{-1}+(\alpha z_2^a+1)^{-1}\right] \end{cases} \tag{D.13}$$

因此,

$$\frac{\partial^2 F\partial^2 F}{\partial z_1^2\ \partial z_2^2}-\left(\frac{\partial^2 F}{\partial z_1\partial z_2}\right)^2=\frac{\alpha^2\,(1+\beta)^2\,(1-\rho)^2}{(\alpha z_1^a+1)(\alpha z_2^a+1)}>0$$

类似地,可以验证$\dfrac{\partial^2 H\partial^2 H}{\partial c_1^2\ \partial c_2^2}-\left(\dfrac{\partial H^2}{\partial c_1\partial c_2}\right)^2>0$ 也成立。

D. 3 当安全服务协调者仅控制企业信息分享水平时的均衡

当安全服务协调者仅控制两企业信息分享水平 s_1 和 s_2 时,式(D. 1)和式(D. 3)仍然成立,而式(D. 2)变为

$$\begin{cases}\dfrac{\partial F}{\partial s_1}=\dfrac{\rho\alpha\beta v_1 L_1\eta\ (\gamma c_1^a+1)^{\varphi}}{(\alpha z_1^a+1)^{1+\beta}}+\dfrac{\alpha\beta v_2 L_2\eta\ (\gamma c_2^a+1)^{\varphi}}{(\alpha z_2^a+1)^{1+\beta}}-2(\kappa_1-\kappa_2)s_1+2\kappa_3 s_2=0\\ \dfrac{\partial F}{\partial s_2}=\dfrac{\alpha\beta v_1 L_1\eta\ (\gamma c_1^a+1)^{\varphi}}{(\alpha z_1^a+1)^{1+\beta}}+\dfrac{\rho\alpha\beta v_2 L_2\eta\ (\gamma c_2^a+1)^{\varphi}}{(\alpha z_2^a+1)^{1+\beta}}-2(\kappa_1-\kappa_2)s_2+2\kappa_3 s_1=0\end{cases} \tag{D.14}$$

将式(D. 1)代入式(D. 14)得

$$s_1=s_2=\frac{\eta(1+\rho)}{2(\kappa_1-\kappa_2-\kappa_3)} \tag{D.15}$$

注意到企业的总防御水平 z_1^a、z_2^a 和黑客的总攻击水平 c_1^a、c_2^a 是由式(D. 1)和式(D. 3)推导得到，因此企业的总防御水平和黑客的总攻击水平也不变。进而，企业的安全投资水平和黑客的网络攻击水平也不变，分别由式(D. 7)和式(D. 8)确定，但是其中的信息分享水平 s_1 和 s_2 需要替换为式(D. 15)。

下面验证二阶条件成立。由式(D. 1)可知，对于适当的 ρ 有

$$\begin{cases}\dfrac{\partial^2 F}{\partial s_1^2}=-\alpha\eta^2(1+\beta)[\rho^2\ (\alpha z_1^a+1)^{-1}+(\alpha z_2^a+1)^{-1}]-2(\kappa_1-\kappa_2)<0\\ \dfrac{\partial^2 F}{\partial s_2^2}=-\alpha\eta^2(1+\beta)[(\alpha z_1^a+1)^{-1}+\rho^2\ (\alpha z_2^a+1)^{-1}]-2(\kappa_1-\kappa_2)<0\\ \dfrac{\partial^2 F}{\partial s_1\partial s_2}=2\kappa_3-\alpha\rho\eta^2(1+\beta)[(\alpha z_1^a+1)^{-1}+(\alpha z_2^a+1)^{-1}]\end{cases} \tag{D.16}$$

因此，

$$\frac{\partial^2 F\partial^2 F}{\partial s_1^2\ \partial s_2^2}-\left(\frac{\partial^2 F}{\partial s_1\partial s_2}\right)^2=2\alpha\eta^2(1+\beta)[(\kappa_1-\kappa_2)(1+\rho^2)+2\kappa_3\rho][(^{\alpha}+1)-1+(^{\alpha}+1)-1]$$

$$+\alpha^2\eta^4(^1+\beta)2(^1-\rho^2)2(^{\alpha}+1)-1(^{\alpha}+1)-1+4[(_1^{\kappa}-\kappa_2)2-\kappa_3^2]>0$$

明显地，$\partial^2 F_1/\partial z_1^2<0$，$\partial^2 F_2/\partial z_2^2<0$。类似地，可以验证$\dfrac{\partial^2 H\partial^2 H}{\partial c_1^2\ \partial c_2^2}-\left(\dfrac{\partial H^2}{\partial c_1\partial c_2}\right)^2>0$。

D. 4　当安全服务协调者同时控制企业安全投资水平和信息共享水平时的均衡

当安全服务协调者同时控制企业的安全投资水平和信息共享水平时，式(D. 9)，式(D. 14)和式(D. 5)仍然成立。将式(D. 9)代入式(D. 14)得

$$s_1=s_2=\frac{\eta}{2(\kappa_1-\kappa_2-\kappa_3)} \tag{D.17}$$

由于企业的总防御水平 z_1^a、z_2^a 和黑客的总攻击水平 c_1^a、c_2^a 是由式(D.9)和式(D.5)推导得到,因此总防御水平和总攻击水平也不变。进而,企业的安全投资水平和黑客的网络攻击水平也不变,即分别由式(D.11)和式(D.12)确定,但是其中的信息分享水平 s_1 和 s_2 需要替换为式(D.17)。

下面验证二阶条件成立。容易得到$\frac{\partial^2 H}{\partial c_1^2}\frac{\partial^2 H}{\partial c_2^2}-\left(\frac{\partial H^2}{\partial c_1 \partial c_2}\right)^2>0$。因此,只需要证明如下对称矩阵是负定的:

$$
\boldsymbol{J}(\boldsymbol{\rho})=\begin{pmatrix}
\partial^2 F/\partial z_1^2 & \partial^2 F/\partial z_1 \partial z_2 & \partial^2 F/\partial z_1 \partial s_1 & \partial^2 F/\partial z_1 \partial s_2 \\
\partial^2 F/\partial z_2 \partial z_1 & \partial^2 F/\partial z_2^2 & \partial^2 F/\partial z_2 \partial s_1 & \partial^2 F/\partial z_2 \partial s_2 \\
\partial^2 F/\partial s_1 \partial z_1 & \partial^2 F/\partial s_1 \partial z_2 & \partial^2 F/\partial s_1^2 & \partial^2 F/\partial s_1 \partial s_2 \\
\partial^2 F/\partial s_2 \partial z_1 & \partial^2 F/\partial s_2 \partial z_2 & \partial^2 F/\partial s_2 \partial s_1 & \partial^2 F/\partial s_2^2
\end{pmatrix}
$$

其中,

$$
\begin{cases}
\dfrac{\partial^2 F}{\partial z_1 \partial s_1}=-\alpha\rho\eta(1+\beta)(1+\rho)^{-1}[(\alpha z_1^a+1)^{-1}+(\alpha z_2^a+1)^{-1}] \\
\dfrac{\partial^2 F}{\partial z_1 \partial s_2}=-\alpha\eta(1+\beta)(1+\rho)^{-1}[(\alpha z_1^a+1)^{-1}+\rho^2(\alpha z_2^a+1)^{-1}] \\
\dfrac{\partial^2 F}{\partial z_2 \partial s_1}=-\alpha\eta(1+\beta)(1+\rho)^{-1}[\rho^2(\alpha z_1^a+1)^{-1}+(\alpha z_2^a+1)^{-1}] \\
\dfrac{\partial^2 F}{\partial z_2 \partial s_2}=-\rho\alpha\eta(1+\beta)[(\alpha z_1^a+1)^{-1}+(\alpha z_2^a+1)^{-1}]
\end{cases}
$$

其他的偏导数由式(A.13)和式(A.16)给出。交换 $J(0)$ 的第二列和第四列,再并交换第二行和第四行得

$$
\hat{\boldsymbol{J}}(\boldsymbol{0})=\begin{pmatrix} \boldsymbol{A} & \boldsymbol{O}_{2\times2} \\ \boldsymbol{O}_{2\times2} & \boldsymbol{B} \end{pmatrix}
$$

其中 $\boldsymbol{O}_{2\times2}$ 为零矩阵,

$$
\boldsymbol{A}=\frac{\alpha(1+\beta)}{1+\alpha z_1^a}\begin{pmatrix} -1 & -\eta \\ -\eta & -1 \end{pmatrix}
$$

$$
\boldsymbol{B}=\begin{pmatrix}
-\dfrac{\alpha\eta^2(1+\beta)}{1+\alpha z_2^a}-2(\kappa_1-\kappa_2) & 2\kappa_3 \\
2\kappa_3 & -\dfrac{\alpha\eta^2(1+\beta)}{1+\alpha z_1^a}-2(\kappa_1-\kappa_2)
\end{pmatrix}
$$

显然,$\boldsymbol{A}$ 具有两个负的特征值。由于

$$\det\boldsymbol{B}=\left[\frac{\alpha\eta^2(1+\beta)}{1+\alpha z_2^a}+2(\kappa_1-\kappa_2)\right]\left[\frac{\alpha\eta^2(1+\beta)}{1+\alpha z_1^a}+2(\kappa_1-\kappa_2)\right]-4\kappa_3^2$$

$$>4[(\kappa_1-\kappa_2)2-\kappa_3^2]\geqslant 0$$

$tr(\boldsymbol{B})<0$,矩阵 $\boldsymbol{B}$ 也有两个负的特征值。因此,$\hat{\boldsymbol{J}}(\boldsymbol{0})$ 的特征值都是负的。注意到 $\boldsymbol{J}(\boldsymbol{0})$ 和 $\hat{\boldsymbol{J}}(\boldsymbol{0})$ 有相同的特征值,$\boldsymbol{J}(\boldsymbol{0})$ 是负定的。根据 $\boldsymbol{J}(\boldsymbol{\rho})$ 关于 ρ 的连续性,当 ρ 较小时,$\boldsymbol{J}(\boldsymbol{\rho})$ 也是负定的,即对于任意非零向量 $\boldsymbol{X}$,$\boldsymbol{X}^T\boldsymbol{J}(\boldsymbol{0})\boldsymbol{X}>0\Rightarrow\boldsymbol{X}^T\boldsymbol{J}(\boldsymbol{\rho})\boldsymbol{X}>0$。

附录 E　第 8 章 8.2 节相关结论证明

E.1　当企业自行决定安全投资水平和信息分享水平时的均衡

对企业 $i(j)$ 的成本函数 $F_i(F_j)$ 关于 $t_i(t_j)$ 求导数，并令其等于 0 得到，

$$\begin{cases}\dfrac{\partial F_i}{\partial t_i}=f_i-\dfrac{T_i+\alpha T_j}{[t_i+\gamma s_j+\alpha(t_j+\gamma s_i)+T_i+\alpha T_j]^2}\dfrac{T_j+\alpha T_i}{t_j+\gamma s_i+\alpha(t_i+\gamma s_j)+T_j+\alpha T_i}V\\ \qquad -\dfrac{T_i+\alpha T_j}{t_i+\gamma s_j+\alpha(t_j+\gamma s_i)+T_i+\alpha T_j}\dfrac{\alpha(T_j+\alpha T_i)}{[t_j+\gamma s_i+\alpha(t_i+\gamma s_j)+T_j+\alpha T_i]^2}V=0\\ \dfrac{\partial F_j}{\partial t_j}=f_j-\dfrac{T_j+\alpha T_i}{[t_j+\gamma s_i+\alpha(t_i+\gamma s_j)+T_j+\alpha T_i]^2}\dfrac{T_i+\alpha T_j}{t_i+\gamma s_j+\alpha(t_j+\gamma s_i)+T_i+\alpha T_j}V\\ \qquad -\dfrac{T_j+\alpha T_i}{t_j+\gamma s_i+\alpha(t_i+\gamma s_j)+T_j+\alpha T_i}\dfrac{\alpha(T_i+\alpha T_j)}{[t_i+\gamma s_j+\alpha(t_j+\gamma s_i)+T_i+\alpha T_j]^2}V=0\end{cases}\tag{E.1}$$

对企业 $i(j)$ 的成本函数 $F_i(F_j)$ 关于 $s_i(s_j)$ 求导数，并令其等于 0 得到，

$$\begin{cases}\dfrac{\partial F_i}{\partial s_i}=2\varphi_1 s_i-\varphi_3 s_j-\dfrac{\alpha\gamma(T_i+\alpha T_j)}{[t_i+\gamma s_j+\alpha(t_j+\gamma s_i)+T_i+\alpha T_j]^2}\dfrac{T_j+\alpha T_i}{t_j+\gamma s_i+\alpha(t_i+\gamma s_j)+T_j+\alpha T_i}V\\ \qquad -\dfrac{T_i+\alpha T_j}{t_i+\gamma s_j+\alpha(t_j+\gamma s_i)+T_i+\alpha T_j}\dfrac{\gamma(T_j+\alpha T_i)}{[t_j+\gamma s_i+\alpha(t_i+\gamma s_j)+T_j+\alpha T_i]^2}V=0\\ \dfrac{\partial F_j}{\partial s_j}=2\varphi_1 s_j-\varphi_3 s_i-\dfrac{\alpha\gamma(T_j+\alpha T_i)}{[t_j+\gamma s_i+\alpha(t_i+\gamma s_j)+T_j+\alpha T_i]^2}\dfrac{T_i+\alpha T_j}{t_i+\gamma s_j+\alpha(t_j+\gamma s_i)+T_i+\alpha T_j}V\\ \qquad -\dfrac{T_j+\alpha T_i}{t_j+\gamma s_i+\alpha(t_i+\gamma s_j)+T_j+\alpha T_i}\dfrac{\gamma(T_i+\alpha T_j)}{[t_i+\gamma s_j+\alpha(t_j+\gamma s_i)+T_i+\alpha T_j]^2}V=0\end{cases}\tag{E.2}$$

对黑客收益 H 分别关于 T_i 和 T_j 求导数，并令其等于 0 得到，

$$\begin{cases}\dfrac{\partial H}{\partial T_i}=\dfrac{t_i+\gamma s_j+\alpha(t_j+\gamma s_i)}{[t_i+\gamma s_j+\alpha(t_j+\gamma s_i)+T_i+\alpha T_j]^2}\dfrac{T_j+\alpha T_i}{t_j+\gamma s_i+\alpha(t_i+\gamma s_j)+T_j+\alpha T_i}V \\ \quad+\dfrac{T_i+\alpha T_j}{t_i+\gamma s_j+\alpha(t_j+\gamma s_i)+T_i+\alpha T_j}\dfrac{\alpha[t_j+\gamma s_i+\alpha(t_i+\gamma s_j)]}{[t_j+\gamma s_i+\alpha(t_i+\gamma s_j)+T_j+\alpha T_i]^2}V-h=0 \\ \dfrac{\partial H}{\partial T_j}=\dfrac{t_j+\gamma s_i+\alpha(t_i+\gamma s_j)}{[t_j+\gamma s_i+\alpha(t_i+\gamma s_j)+T_j+\alpha T_i]^2}\dfrac{T_i+\alpha T_j}{t_i+\gamma s_j+\alpha(t_j+\gamma s_i)+T_i+\alpha T_j}V \\ \quad+\dfrac{T_j+\alpha T_i}{t_j+\gamma s_i+\alpha(t_i+\gamma s_j)+T_j+\alpha T_i}\dfrac{\alpha[t_i+\gamma s_j+\alpha(t_j+\gamma s_i)]}{[t_i+\gamma s_j+\alpha(t_j+\gamma s_i)+T_i+\alpha T_j]^2}V-h=0\end{cases} \tag{E. 3}$$

记 $A=t_i+\gamma s_j+\alpha(t_j+\gamma s_i)$，$B=T_i+\alpha T_j$，$C=t_j+\gamma s_i+\alpha(t_i+\gamma s_j)$，$D=T_j+\alpha T_i$，则式（E. 1）简化为

$$\begin{cases}\dfrac{BD}{(A+B)^2(C+D)}+\dfrac{\alpha BD}{(A+B)(C+D)^2}=\dfrac{f_i}{V} \\ \dfrac{\alpha BD}{(A+B)^2(C+D)}+\dfrac{BD}{(A+B)(C+D)^2}=\dfrac{f_j}{V}\end{cases} \tag{E. 4}$$

式（E. 2）简化为

$$\begin{cases}2\varphi_1 s_i-\varphi_3 s_j-\gamma V\left[\dfrac{\alpha BD}{(A+B)^2(C+D)}+\dfrac{BD}{(A+B)(C+D)^2}\right]=0 \\ 2\varphi_1 s_j-\varphi_3 s_i-\gamma V\left[\dfrac{BD}{(A+B)^2(C+D)}+\dfrac{\alpha BD}{(A+B)(C+D)^2}\right]=0\end{cases} \tag{E. 5}$$

式（E. 3）简化为

$$\begin{cases}\dfrac{AD}{(A+B)^2(C+D)}+\dfrac{\alpha BC}{(A+B)(C+D)^2}=\dfrac{h}{V} \\ \dfrac{\alpha AD}{(A+B)^2(C+D)}+\dfrac{BC}{(A+B)(C+D)^2}=\dfrac{h}{V}\end{cases} \tag{E. 6}$$

将式（E. 4）代入式（E. 5）得

$$s_i=\frac{\gamma(2\varphi_1 f_j+\varphi_3 f_i)}{4\varphi_1^2-\varphi_3^2},\ s_j=\frac{\gamma(2\varphi_1 f_i+\varphi_3 f_j)}{4\varphi_1^2-\varphi_3^2}$$

由式（E. 4）得

$$\frac{BD}{(A+B)^2(C+D)}=\frac{f_i-\alpha f_j}{V(1-\alpha^2)},\ \frac{BD}{(A+B)(C+D)^2}=\frac{f_j-\alpha f_i}{V(1-\alpha^2)} \tag{E. 7}$$

由式（E. 6）得

$$\frac{AD}{(A+B)^2(C+D)}=\frac{h}{V(1+\alpha)},\ \frac{BC}{(A+B)(C+D)^2}=\frac{h}{V(1+\alpha)} \tag{E. 8}$$

联立式（E. 7）和式（E. 8）得

$$A=\frac{h(1-\alpha)}{f_i-\alpha f_j}B,\ C=\frac{h(1-\alpha)}{f_j-\alpha f_i}D$$

将其代入式(E.4)得

$$\begin{cases} B=\dfrac{V(1+\alpha)(1-\alpha)(f_i-\alpha f_j)(f_j-\alpha f_i)}{[h(1-\alpha)+f_j-\alpha f_i][h(1-\alpha)+f_i-\alpha f_j]^2} \\ D=\dfrac{V(1+\alpha)(1-\alpha)(f_i-\alpha f_j)(f_j-\alpha f_i)}{[h(1-\alpha)+f_i-\alpha f_j][h(1-\alpha)+f_j-\alpha f_i]^2} \end{cases}$$

进而,

$$\begin{cases} A=\dfrac{Vh(1+\alpha)(1-\alpha)^2(f_j-\alpha f_i)}{[h(1-\alpha)+f_j-\alpha f_i][h(1-\alpha)+f_i-\alpha f_j]^2} \\ C=\dfrac{Vh(1+\alpha)(1-\alpha)^2(f_i-\alpha f_j)}{[h(1-\alpha)+f_i-\alpha f_j][h(1-\alpha)+f_j-\alpha f_i]^2} \end{cases}$$

因此,

$$\begin{cases} T_i=\dfrac{V(f_i-\alpha f_j)(f_j-\alpha f_i)}{[h(1-\alpha)+f_i-\alpha f_j][h(1-\alpha)+f_j-\alpha f_i]}\left[\dfrac{1}{h(1-\alpha)+f_i-\alpha f_j}-\dfrac{\alpha}{h(1-\alpha)+f_j-\alpha f_i}\right] \\ T_j=\dfrac{V(f_i-\alpha f_j)(f_j-\alpha f_i)}{[h(1-\alpha)+f_i-\alpha f_j][h(1-\alpha)+f_j-\alpha f_i]}\left[\dfrac{1}{h(1-\alpha)+f_j-\alpha f_i}-\dfrac{\alpha}{h(1-\alpha)+f_i-\alpha f_j}\right] \end{cases}$$

再根据,

$$t_i+\alpha t_j=A-\gamma(s_j+\alpha s_i),\alpha t_i+t_j=C-\gamma(s_i+\alpha s_j)$$

可得

$$\begin{cases} t_i=\dfrac{Vh(1-\alpha)}{[h(1-\alpha)+f_i-\alpha f_j][h(1-\alpha)+f_j-\alpha f_i]}\left[\dfrac{f_j-\alpha f_i}{h(1-\alpha)+f_i-\alpha f_j}-\dfrac{\alpha(f_i-\alpha f_j)}{h(1-\alpha)+f_j-\alpha f_i}\right] \\ \qquad -\dfrac{\gamma^2(2\varphi_1 f_i+\varphi_3 f_j)}{4\varphi_1^2-\varphi_3^2} \\ t_j=\dfrac{Vh(1-\alpha)}{[h(1-\alpha)+f_i-\alpha f_j][h(1-\alpha)+f_j-\alpha f_i]}\left[\dfrac{f_i-\alpha f_j}{h(1-\alpha)+f_j-\alpha f_i}-\dfrac{\alpha(f_j-\alpha f_i)}{h(1-\alpha)+f_i-\alpha f_j}\right] \\ \qquad -\dfrac{\gamma^2(2\varphi_1 f_j+\varphi_3 f_i)}{4\varphi_1^2-\varphi_3^2} \end{cases}$$

E.2 安全服务协调者干预下的均衡

(1)当安全服务协调者控制两企业的安全投资水平 t_i,t_j 时,式(E.4)变为

$$\begin{cases} \dfrac{BD}{(A+B)^2(C+D)}+\dfrac{\alpha BD}{(A+B)(C+D)^2}=\dfrac{f_i}{2V} \\ \dfrac{\alpha BD}{(A+B)^2(C+D)}+\dfrac{BD}{(A+B)(C+D)^2}=\dfrac{f_j}{2V} \end{cases}$$

而式(E.5)和式(E.6)仍然成立。因此,相应的均衡可以通过将 f_i,f_j 分别替换为 $f_i/2$,$f_j/2$ 得到。

(2)当安全服务协调者控制两企业的信息分享水平 s_i,s_j 时,式(E.5)变为

$$\begin{cases}(\varphi_1-\varphi_2)s_i-\varphi_3 s_j-\gamma V\left[\dfrac{\alpha BD}{(A+B)^2(C+D)}+\dfrac{BD}{(A+B)(C+D)^2}\right]=0\\(\varphi_1-\varphi_2)s_j-\varphi_3 s_i-\gamma V\left[\dfrac{BD}{(A+B)^2(C+D)}+\dfrac{\alpha BD}{(A+B)(C+D)^2}\right]=0\end{cases}$$

而式(E.4)和式(E.6)仍然成立,所以,相应的均衡只需要将 φ_1 替换为 $(\varphi_1-\varphi_2)/2$ 即可。

(3)当安全服务协调者控制两企业的安全投资水平 t_i,t_j 和信息分享水平 s_i,s_j 时,相应的均衡可以通过将 f_i,f_j 和 φ_1 分别替换为 $f_i/2$,$f_j/2$ 和 $(\varphi_1-\varphi_2)/2$ 得到。

附录 F　第 9 章 9.1 节相关结论证明

F.1　一个引理

引理 9.1 对于常数均衡 c^0 和 z^0,企业和黑客的收益分别为

$$\begin{cases} J_f=\dfrac{L\alpha}{\rho_1}+\lambda y_0-\dfrac{(1+f\lambda)z^0}{\rho_1}+\dfrac{h\lambda c^0}{\rho_1}-\dfrac{L\Delta(z^0,c^0)}{\rho_1} \\ J_h=\dfrac{(1-\alpha)G}{\rho_2}+\mu y_0-\dfrac{f\mu z^0}{\rho_2}-\dfrac{(1-h\mu)c^0}{\rho_2}+\dfrac{G\Delta(z^0,c^0)}{\rho_2} \end{cases}$$

证明:由于 c^0 和 z^0 是常数,成功攻击概率比率 $\Delta(z^0,c^0)=\varepsilon(z^0)^{-\beta}(c^0)^{\varphi}$ 也是常数。此时,由状态方程 $\dot{y}(t)=ry(t)-fz^0+hc^0$ 可以显式地求解出

$$y(t)=\left(y_0-\frac{fz^0-hc^0}{r}\right)e^{rt}+\frac{fz^0-hc^0}{r}$$

所以

$$\int_0^{\infty}y(t)e^{-\rho t}dt=\frac{\rho y_0-fz^0+hc^0}{\rho(\rho-r)}$$

因此,可以得到

$$\begin{aligned} J_f &= \int_0^{\infty}[(\alpha-\Delta(z^0,c^0)-ky)L-z^0]e^{-\rho_1 t}dt \\ &= \frac{L}{\rho_1}[\alpha-\Delta(z^0,c^0)]-\frac{kL}{\rho_1(\rho_1-r)}(\rho_1 y_0-fz^0+hc^0)-\frac{z^0}{\rho_1} \\ &= \frac{L\alpha}{\rho_1}-\frac{kLy_0}{\rho_1-r}-\frac{z^0}{\rho_1}\left(1-\frac{kfL}{\rho_1-r}\right)-\frac{khLc^0}{\rho_1(\rho_1-r)}-\frac{L}{\rho_1}\Delta(z^0,c^0) \\ &= \frac{L\alpha}{\rho_1}+\lambda y_0-\frac{(1+f\lambda)z^0}{\rho_1}+\frac{h\lambda c^0}{\rho_1}-\frac{L\Delta(z^0,c^0)}{\rho_1} \end{aligned}$$

以及

$$
\begin{aligned}
J_h &= \int_0^{\infty} [(1-\alpha+\Delta(z^0,c^0)+ky)G-c^0]\mathrm{e}^{-\rho_2 t}\mathrm{d}t \\
&= \frac{1}{\rho_2}[1-\alpha+\Delta(z^0,c^0)]G-\frac{c^0}{\rho_2}+kG\frac{\rho_2 y_0-fz^0+hc^0}{\rho_2(\rho_2-r)} \\
&= \frac{G\Delta(z^0,c^0)}{\rho_2}+\frac{(1-\alpha)G}{\rho_2}+\frac{kGy_0}{\rho_2-r}-\frac{kfGz^0}{\rho_2(\rho_2-r)}-\frac{c^0}{\rho_2}\left(1-\frac{khG}{\rho_2-r}\right) \\
&= \frac{G}{\rho_2}\Delta(z^0,c^0)+\frac{(1-\alpha)G}{\rho_2}+\mu y_0-\frac{f\mu z^0}{\rho_2}-\frac{1-h\mu}{\rho_2}c^0
\end{aligned}
$$

F.2 结论 9.1 的证明

由于协态变量 λ 和 μ 是常数，均衡也是常数。由引理 5.1 可得

$$
\begin{aligned}
J_{f\_si} &= -\frac{1}{\rho_1}(1+f\lambda)\varepsilon^{\frac{1}{1-\varphi+\beta}}\left(\frac{\beta L}{1+\lambda f}\right)^{\frac{1-\varphi}{1-\varphi+\beta}}\left(\frac{\varphi G}{1-\mu h}\right)^{\frac{\varphi}{1-\varphi+\beta}}+\frac{h\lambda}{\rho_1}\varepsilon^{\frac{1}{1-\varphi+\beta}}\left(\frac{\beta L}{1+\lambda f}\right)^{-\frac{\beta}{1-\varphi+\beta}}\left(\frac{\varphi G}{1-\mu h}\right)^{\frac{1+\beta}{1-\varphi+\beta}} \\
&\quad -\frac{L}{\rho_1}\varepsilon^{\frac{1}{1-\varphi+\beta}}\left(\frac{\beta L}{1+\lambda f}\right)^{-\frac{\beta}{1-\varphi+\beta}}\left(\frac{\varphi G}{1-\mu h}\right)^{\frac{\varphi}{1-\varphi+\beta}}+\frac{L\alpha}{\rho_1}+\lambda y_0 \\
&= -\frac{1}{\rho_1}(1+f\lambda)\varepsilon^{\frac{1}{1-\varphi+\beta}}\left(\frac{\beta L}{1+\lambda f}\right)^{\frac{1-\varphi}{1-\varphi+\beta}}\left(\frac{\varphi G}{1-\mu h}\right)^{\frac{\varphi}{1-\varphi+\beta}}+\frac{L\alpha}{\rho_1}+\lambda y_0 \\
&\quad -\frac{1}{\rho_1}\left(L-h\lambda\frac{\varphi G}{1-\mu h}\right)\varepsilon^{\frac{1}{1-\varphi+\beta}}\left(\frac{\beta L}{1+\lambda f}\right)^{-\frac{\beta}{1-\varphi+\beta}}\left(\frac{\varphi G}{1-\mu h}\right)^{\frac{\varphi}{1-\varphi+\beta}} \\
&= -\frac{L}{\rho_1}\varepsilon^{\frac{1}{1-\varphi+\beta}}\left(\frac{\beta L}{1+\lambda f}\right)^{-\frac{\beta}{1-\varphi+\beta}}\left(\frac{\varphi G}{1-\mu h}\right)^{\frac{\varphi}{1-\varphi+\beta}}\left(1+\beta-\frac{h\lambda}{L}\frac{\varphi G}{1-\mu h}\right)+\frac{L\alpha}{\rho_1}+\lambda y_0
\end{aligned}
$$

以及

$$
\begin{aligned}
J_{h\_si} &= -\frac{f\mu}{\rho_2}\varepsilon^{\frac{1}{1-\varphi+\beta}}\left(\frac{\beta L}{1+\lambda f}\right)^{\frac{1-\varphi}{1-\varphi+\beta}}\left(\frac{\varphi G}{1-\mu h}\right)^{\frac{\varphi}{1-\varphi+\beta}}-\frac{1-h\mu}{\rho_2}\varepsilon^{\frac{1}{1-\varphi+\beta}}\left(\frac{\beta L}{1+\lambda f}\right)^{-\frac{\beta}{1-\varphi+\beta}}\left(\frac{\varphi G}{1-\mu h}\right)^{\frac{1+\beta}{1-\varphi+\beta}} \\
&\quad +\frac{G}{\rho_2}\varepsilon^{\frac{1}{1-\varphi+\beta}}\left(\frac{\beta L}{1+\lambda f}\right)^{-\frac{\beta}{1-\varphi+\beta}}\left(\frac{\varphi G}{1-\mu h}\right)^{\frac{\varphi}{1-\varphi+\beta}}+\frac{(1-\alpha)G}{\rho_2}+\mu y_0 \\
&= -\frac{f\mu}{\rho_2}\varepsilon^{\frac{1}{1-\varphi+\beta}}\left(\frac{\beta L}{1+\lambda f}\right)^{\frac{1-\varphi}{1-\varphi+\beta}}\left(\frac{\varphi G}{1-\mu h}\right)^{\frac{\varphi}{1-\varphi+\beta}}+\frac{G(1-\varphi)}{\rho_2}\varepsilon^{\frac{1}{1-\varphi+\beta}}\left(\frac{\beta L}{1+\lambda f}\right)^{-\frac{\beta}{1-\varphi+\beta}}\left(\frac{\varphi G}{1-\mu h}\right)^{\frac{\varphi}{1-\varphi+\beta}} \\
&\quad +\frac{(1-\alpha)G}{\rho_2}+\mu y_0 \\
&= \frac{G}{\rho_2}\varepsilon^{\frac{1}{1-\varphi+\beta}}\left(\frac{\beta L}{1+\lambda f}\right)^{-\frac{\beta}{1-\varphi+\beta}}\left(\frac{\varphi G}{1-\mu h}\right)^{\frac{\varphi}{1-\varphi+\beta}}\left(1-\varphi-\frac{f\mu}{G}\frac{\beta L}{1+\lambda f}\right)+\frac{(1-\alpha)G}{\rho_2}+\mu y_0
\end{aligned}
$$

F.3 结论 9.2 的证明

同理可知均衡为常数。由引理 5.1 得

$$
\begin{aligned}
J_{f\_fh}=&\frac{h\lambda}{\rho_1}\varepsilon^{\frac{1}{1-\varphi+\beta}}\left(\frac{\varphi G}{1-\mu h}\right)^{\frac{1+\beta}{1-\varphi+\beta}}\left[\frac{\beta}{(1-\varphi)(1+\lambda f)}\left(L-\lambda h\frac{\varphi G}{1-\mu h}\right)\right]^{-\frac{\beta}{1-\varphi+\beta}}\\
&-\frac{1}{\rho_1}(1+f\lambda)\varepsilon^{\frac{1}{1-\varphi+\beta}}\left(\frac{\varphi G}{1-\mu h}\right)^{\frac{\varphi}{1-\varphi+\beta}}\left[\frac{\beta}{(1-\varphi)(1+\lambda f)}\left(L-\lambda h\frac{\varphi G}{1-\mu h}\right)\right]^{\frac{1-\varphi}{1-\varphi+\beta}}\\
&-\frac{L}{\rho_1}\varepsilon^{\frac{1}{1-\varphi+\beta}}\left(\frac{\varphi G}{1-\mu h}\right)^{\frac{\varphi}{1-\varphi+\beta}}\left[\frac{\beta}{(1-\varphi)(1+\lambda f)}\left(L-\lambda h\frac{\varphi G}{1-\mu h}\right)\right]^{-\frac{\beta}{1-\varphi+\beta}}+\frac{L\alpha}{\rho_1}+\lambda y_0\\
=&\frac{L\alpha}{\rho_1}+\lambda y_0-\frac{1+f\lambda}{\rho_1}\varepsilon^{\frac{1}{1-\varphi+\beta}}\left(\frac{\varphi G}{1-\mu h}\right)^{\frac{\varphi}{1-\varphi+\beta}}\left[\frac{\beta}{(1-\varphi)(1+\lambda f)}\left(L-\lambda h\frac{\varphi G}{1-\mu h}\right)\right]^{\frac{1-\varphi}{1-\varphi+\beta}}\\
&-\frac{1}{\rho_1}\left(L-\lambda h\frac{\varphi G}{1-\mu h}\right)\varepsilon^{\frac{1}{1-\varphi+\beta}}\left(\frac{\varphi G}{1-\mu h}\right)^{\frac{\varphi}{1-\varphi+\beta}}\left[\frac{\beta}{(1-\varphi)(1+\lambda f)}\left(L-\lambda h\frac{\varphi G}{1-\mu h}\right)\right]^{-\frac{\beta}{1-\varphi+\beta}}\\
=&\frac{L\alpha}{\rho_1}+\lambda y_0-\varepsilon^{\frac{1}{1-\varphi+\beta}}\frac{(1-\varphi+\beta)L}{\rho_1(1-\varphi)}\left(\frac{\varphi G}{1-\mu h}\right)^{\frac{\varphi}{1-\varphi+\beta}}\left[\frac{\beta L}{(1-\varphi)(1+\lambda f)}\left(1-\frac{\lambda h}{L}\frac{\varphi G}{1-\mu h}\right)\right]^{-\frac{\beta}{1-\varphi+\beta}}\left(1-\frac{\lambda h}{L}\frac{\varphi G}{1-\mu h}\right)\\
=&\frac{L\alpha}{\rho_1}+\lambda y_0-\frac{L(1-\varphi+\beta)\varepsilon^{\frac{1}{1-\varphi+\beta}}(1-\varphi)^{-\frac{1-\varphi}{1-\varphi+\beta}}}{\rho_1}\left(\frac{\varphi G}{1-\mu h}\right)^{\frac{\varphi}{1-\varphi+\beta}}\left(\frac{\beta L}{1+\lambda f}\right)^{-\frac{\beta}{1-\varphi+\beta}}\left(1-\frac{\lambda h}{L}\frac{\varphi G}{1-\mu h}\right)^{\frac{1-\varphi}{1-\varphi+\beta}}
\end{aligned}
$$

以及

$$
\begin{aligned}
J_{h\_fh}=&\frac{G}{\rho_2}\varepsilon^{\frac{1}{1-\varphi+\beta}}\left(\frac{\varphi G}{1-\mu h}\right)^{\frac{\varphi}{1-\varphi+\beta}}\left[\frac{\beta}{(1-\varphi)(1+\lambda f)}\left(L-\lambda h\frac{\varphi G}{1-\mu h}\right)\right]^{-\frac{\beta}{1-\varphi+\beta}}\\
&-\frac{1-h\mu}{\rho_2}\varepsilon^{\frac{1}{1-\varphi+\beta}}\left(\frac{\varphi G}{1-\mu h}\right)^{\frac{1+\beta}{1-\varphi+\beta}}\left[\frac{\beta}{(1-\varphi)(1+\lambda f)}\left(L-\lambda h\frac{\varphi G}{1-\mu h}\right)\right]^{-\frac{\beta}{1-\varphi+\beta}}\\
&-\frac{f\mu}{\rho_2}\varepsilon^{\frac{1}{1-\varphi+\beta}}\left(\frac{\varphi G}{1-\mu h}\right)^{\frac{\varphi}{1-\varphi+\beta}}\left[\frac{\beta}{(1-\varphi)(1+\lambda f)}\left(L-\lambda h\frac{\varphi G}{1-\mu h}\right)\right]^{\frac{1-\varphi}{1-\varphi+\beta}}+\frac{(1-\alpha)G}{\rho_2}+\mu y_0\\
=&\frac{G(1-\varphi)}{\rho_2}\varepsilon^{\frac{1}{1-\varphi+\beta}}\left(\frac{\varphi G}{1-\mu h}\right)^{\frac{\varphi}{1-\varphi+\beta}}\left[\frac{\beta}{(1-\varphi)(1+\lambda f)}\left(L-\lambda h\frac{\varphi G}{1-\mu h}\right)\right]^{-\frac{\beta}{1-\varphi+\beta}}\\
&-\frac{f\mu}{\rho_2}\varepsilon^{\frac{1}{1-\varphi+\beta}}\left(\frac{\varphi G}{1-\mu h}\right)^{\frac{\varphi}{1-\varphi+\beta}}\left[\frac{\beta}{(1-\varphi)(1+\lambda f)}\left(L-\lambda h\frac{\varphi G}{1-\mu h}\right)\right]^{\frac{1-\varphi}{1-\varphi+\beta}}+\frac{(1-\alpha)G}{\rho_2}+\mu y_0
\end{aligned}
$$

$$=\varepsilon^{\frac{1}{1-\varphi+\beta}}\left(\frac{\varphi G}{1-\mu h}\right)^{\frac{\varphi}{1-\varphi+\beta}}\left[\frac{\beta L}{(1+\lambda f)(1-\varphi)}\left(1-\frac{\lambda h}{L}\frac{\varphi G}{1-\mu h}\right)\right]^{-\frac{\beta}{1-\varphi+\beta}}$$
$$\times\left[\frac{G(1-\varphi)}{\rho_2}-\frac{f\mu}{\rho_2}\frac{\beta L}{(1-\varphi)(1+\lambda f)}\left(1-\frac{\lambda h}{L}\frac{\varphi G}{1-\mu h}\right)\right]+\frac{(1-\alpha)G}{\rho_2}+\mu y_0$$

F.4 结论 9.3 的证明

同理可知均衡为常数。由引理 9.1 得

$$J_{f\_hf}=\frac{h\lambda}{\rho_1}\varepsilon^{\frac{1}{1-\varphi+\beta}}\left(\frac{\beta L}{1+\lambda f}\right)^{-\frac{\beta}{1-\varphi+\beta}}\left[\frac{\varphi}{(1+\beta)(1-\mu h)}\left(G-\mu f\frac{\beta L}{1+\lambda f}\right)\right]^{\frac{1+\beta}{1-\varphi+\beta}}$$
$$-\frac{1}{\rho_1}(1+f\lambda)\varepsilon^{\frac{1}{1-\varphi+\beta}}\left(\frac{\beta L}{1+\lambda f}\right)^{\frac{1-\varphi}{1-\varphi+\beta}}\left[\frac{\varphi}{(1+\beta)(1-\mu h)}\left(G-\mu f\frac{\beta L}{1+\lambda f}\right)\right]^{\frac{\varphi}{1-\varphi+\beta}}$$
$$-\frac{L}{\rho_1}\varepsilon^{\frac{1}{1-\varphi+\beta}}\left(\frac{\beta L}{1+\lambda f}\right)^{-\frac{\beta}{1-\varphi+\beta}}\left[\frac{\varphi}{(1+\beta)(1-\mu h)}\left(G-\mu f\frac{\beta L}{1+\lambda f}\right)\right]^{\frac{\varphi}{1-\varphi+\beta}}+\frac{L\alpha}{\rho_1}+\lambda y_0$$
$$=\frac{h\lambda}{\rho_1}\varepsilon^{\frac{1}{1-\varphi+\beta}}\left(\frac{\beta L}{1+\lambda f}\right)^{-\frac{\beta}{1-\varphi+\beta}}\left[\frac{\varphi}{(1+\beta)(1-\mu h)}\left(G-\mu f\frac{\beta L}{1+\lambda f}\right)\right]^{\frac{1+\beta}{1-\varphi+\beta}}$$
$$-\frac{L(1+\beta)}{\rho_1}\varepsilon^{\frac{1}{1-\varphi+\beta}}\left(\frac{\beta L}{1+\lambda f}\right)^{-\frac{\beta}{1-\varphi+\beta}}\left[\frac{\varphi}{(1+\beta)(1-\mu h)}\left(G-\mu f\frac{\beta L}{1+\lambda f}\right)\right]^{\frac{\varphi}{1-\varphi+\beta}}+\frac{L\alpha}{\rho_1}+\lambda y_0$$
$$=-\frac{1}{\rho_1}\varepsilon^{\frac{1}{1-\varphi+\beta}}\left(\frac{\beta L}{1+\lambda f}\right)^{-\frac{\beta}{1-\varphi+\beta}}\left[\frac{\varphi G}{(1+\beta)(1-\mu h)}\left(1-\frac{\mu f}{G}\frac{\beta L}{1+\lambda f}\right)\right]^{\frac{\varphi}{1-\varphi+\beta}}$$
$$\times\left[L(1+\beta)-\frac{h\lambda\varphi G}{(1+\beta)(1-\mu h)}\left(1-\frac{\mu f}{G}\frac{\beta L}{1+\lambda f}\right)\right]+\frac{L\alpha}{\rho_1}+\lambda y_0$$

以及

$$J_{h\_hf}=\frac{G}{\rho_2}\varepsilon^{\frac{1}{1-\varphi+\beta}}\left(\frac{\beta L}{1+\lambda f}\right)^{-\frac{\beta}{1-\varphi+\beta}}\left[\frac{\varphi}{(1+\beta)(1-\mu h)}\left(G-\mu f\frac{\beta L}{1+\lambda f}\right)\right]^{\frac{\varphi}{1-\varphi+\beta}}+\frac{(1-\alpha)G}{\rho_2}$$
$$-\frac{1-h\mu}{\rho_2}\varepsilon^{\frac{1}{1-\varphi+\beta}}\left(\frac{\beta L}{1+\lambda f}\right)^{-\frac{\beta}{1-\varphi+\beta}}\left[\frac{\varphi}{(1+\beta)(1-\mu h)}\left(G-\mu f\frac{\beta L}{1+\lambda f}\right)\right]^{\frac{1+\beta}{1-\varphi+\beta}}+\mu y_0$$
$$-\frac{f\mu}{\rho_2}\varepsilon^{\frac{1}{1-\varphi+\beta}}\left(\frac{\beta L}{1+\lambda f}\right)^{\frac{1-\varphi}{1-\varphi+\beta}}\left[\frac{\varphi}{(1+\beta)(1-\mu h)}\left(G-\mu f\frac{\beta L}{1+\lambda f}\right)\right]^{\frac{\varphi}{1-\varphi+\beta}}$$
$$=\frac{(1+\beta)(1-\mu h)}{\varphi\rho_2}\varepsilon^{\frac{1}{1-\varphi+\beta}}\left(\frac{\beta L}{1+\lambda f}\right)^{-\frac{\beta}{1-\varphi+\beta}}\left[\frac{\varphi}{(1+\beta)(1-\mu h)}\left(G-\mu f\frac{\beta L}{1+\lambda f}\right)\right]^{\frac{1+\beta}{1-\varphi+\beta}}+\mu y_0$$
$$-\frac{1-h\mu}{\rho_2}\varepsilon^{\frac{1}{1-\varphi+\beta}}\left(\frac{\beta L}{1+\lambda f}\right)^{-\frac{\beta}{1-\varphi+\beta}}\left[\frac{\varphi}{(1+\beta)(1-\mu h)}\left(G-\mu f\frac{\beta L}{1+\lambda f}\right)\right]^{\frac{1+\beta}{1-\varphi+\beta}}+\frac{(1-\alpha)G}{\rho_2}$$

$$=\frac{(1-\varphi+\beta)(1-h\mu)}{\varphi\rho_2}\varepsilon^{\frac{1}{1-\varphi+\beta}}\left(\frac{\beta L}{1+\lambda f}\right)^{-\frac{\beta}{1-\varphi+\beta}}\left[\frac{\varphi G}{(1-\mu h)(1+\beta)}\left(1-\frac{\mu f}{G}\frac{\beta L}{1+\lambda f}\right)\right]^{\frac{1+\beta}{1-\varphi+\beta}}+\frac{(1-\alpha)G}{\rho_2}+\mu y_0$$

F. 5 结论 9. 4 的证明

由结论 9. 1 和结论 9. 2 得

$$\begin{cases}\dfrac{z_{fh}^*}{z^*}=\left[\dfrac{1}{1-\varphi}\left(1-\dfrac{\lambda h}{L}\dfrac{\varphi G}{1-\mu h}\right)\right]^{\frac{1-\varphi}{1-\varphi+\beta}}\\ \dfrac{c_{fh}^*}{c^*}=\left[\dfrac{1}{1-\varphi}\left(1-\dfrac{\lambda h}{L}\dfrac{\varphi G}{1-\mu h}\right)\right]^{-\frac{\beta}{1-\varphi+\beta}}\\ \dfrac{\Delta(z_{fh}^*,c_{fh}^*)}{\Delta(z^*,c^*)}=\left[\dfrac{1}{1-\varphi}\left(1-\dfrac{\lambda h}{L}\dfrac{\varphi G}{1-\mu h}\right)\right]^{-\frac{\beta}{1-\varphi+\beta}}\end{cases}$$

注意到 $\lambda<0<\mu$,因此

$$\frac{1}{1-\varphi}\left(1-\frac{\lambda h}{L}\frac{\varphi G}{1-\mu h}\right)>1$$

即结论 9. 4①成立。

同理,由结论 9. 1 和结论 9. 3 可得

$$\begin{cases}\dfrac{z_{hf}^*}{z^*}=\left[\dfrac{1}{1+\beta}\left(1-\dfrac{\mu f}{G}\dfrac{\beta L}{1+\lambda f}\right)\right]^{\frac{\varphi}{1-\varphi+\beta}}\\ \dfrac{c_{hf}^*}{c^*}=\left[\dfrac{1}{1+\beta}\left(1-\dfrac{\mu f}{G}\dfrac{\beta L}{1+\lambda f}\right)\right]^{\frac{1+\beta}{1-\varphi+\beta}}\\ \dfrac{\Delta(z_{hf}^*,c_{hf}^*)}{\Delta(z^*,c^*)}=\left[\dfrac{1}{1+\beta}\left(1-\dfrac{\mu f}{G}\dfrac{\beta L}{1+\lambda f}\right)\right]^{\frac{\varphi}{1-\varphi+\beta}}\end{cases}$$

注意到 $\frac{1}{1+\beta}\left(1-\frac{\mu f}{G}\frac{\beta L}{1+\lambda f}\right)<1$,结论 9. 4②可证。

F. 6 结论 9. 5 的证明

由结论 9. 1 和结论 9. 2 知,$J_{h\_fh}<J_{h\_si}$ 当且仅当

$$\left[\frac{1}{1-\varphi}\left(1-\frac{\lambda h}{L}\frac{\varphi G}{1-\mu h}\right)\right]^{-\frac{\beta}{1-\varphi+\beta}}\left[1-\varphi-\frac{f\mu}{G}\frac{\beta L}{(1-\varphi)(1+\lambda f)}\left(1-\frac{\lambda h}{L}\frac{\varphi G}{1-\mu h}\right)\right]<1-\varphi-\frac{f\mu}{G}\frac{\beta L}{1+\lambda f}$$

即

$$\frac{1-\varphi-\dfrac{f\mu}{G}\dfrac{\beta L}{(1+\lambda f)(1-\varphi)}\left(1-\dfrac{\lambda h}{L}\dfrac{\varphi G}{1-\mu h}\right)}{1-\varphi-\dfrac{f\mu}{G}\dfrac{\beta L}{1+\lambda f}}<\left[\frac{1}{1-\varphi}\left(1-\frac{\lambda h}{L}\frac{\varphi G}{1-\mu h}\right)\right]^{\frac{\beta}{1-\varphi+\beta}}$$

由于

$$\frac{1}{1-\varphi}\left(1-\frac{\lambda h}{L}\frac{\varphi G}{1-\mu h}\right)>1,\frac{1-\varphi-\dfrac{f\mu}{G}\dfrac{\beta L}{(1+\lambda f)(1-\varphi)}\left(1-\dfrac{\lambda h}{L}\dfrac{\varphi G}{1-\mu h}\right)}{1-\varphi-\dfrac{f\mu}{G}\dfrac{\beta L}{1+\lambda f}}<1$$

显然有 $J_{h\_fh}<J_{h\_si}$。

由结论 9.1 和结论 9.3 得，$J_{h\_hf}>J_{h\_si}$ 当且仅当

$$\frac{(1-\varphi+\beta)(1-h\mu)}{\varphi}\left(\frac{\varphi G}{1-\mu h}\right)^{\frac{1+\beta}{1-\varphi+\beta}}\left[\frac{1}{1+\beta}\left(1-\frac{\mu f}{G}\frac{\beta L}{1+\lambda f}\right)\right]^{\frac{1+\beta}{1-\varphi+\beta}}$$
$$>G\left(\frac{\varphi G}{1-\mu h}\right)^{\frac{\varphi}{1-\varphi+\beta}}\left(1-\varphi-\frac{f\mu}{G}\frac{\beta L}{1+\lambda f}\right)$$

即

$$\left[\frac{1}{1+\beta}\left(1-\frac{\mu f}{G}\frac{\beta L}{1+\lambda f}\right)\right]^{\frac{1+\beta}{1-\varphi+\beta}}>\frac{1}{1-\varphi+\beta}\left(1-\varphi-\frac{f\mu}{G}\frac{\beta L}{1+\lambda f}\right)$$

根据 k 的连续性，该关系成立的条件为

$$\left(\frac{1}{1+\beta}\right)^{\frac{1+\beta}{1-\varphi+\beta}}>\frac{1-\varphi}{1-\varphi+\beta}$$

即

$$\Lambda(\varphi)=(1-\varphi+\beta)\ln(1-\varphi)-(1-\varphi+\beta)\ln(1-\varphi+\beta)+(1+\beta)\ln(1+\beta)<0$$

其中 $\ln(x)$ 为 x 的自然对数。简单计算得，

$$\Lambda'(\varphi)=\ln\left(1+\frac{\beta}{1-\varphi}\right)-\frac{\beta}{1-\varphi}\triangleq\ln(1+K)-K$$

其中 $K=\dfrac{\beta}{1-\varphi}\in(1,\infty)$。函数 $\ln(1+K)-K$ 关于 K 的导数为 $-\dfrac{K}{1+K}<0$，所以 $\Lambda'(\varphi)=\ln(1+K)-K<\ln(2)-1<0$，进而 $\Lambda(\varphi)<\Lambda(0)=0$。

由结论 5.1 和结论 5.2 知，$J_{f\_fh}>J_{f\_si}$ 当且仅当

$$\left(1+\beta-\frac{\lambda h}{L}\frac{\varphi G}{1-\mu h}\right)>(1-\varphi+\beta)(1-\varphi)^{-\frac{1-\varphi}{1-\varphi+\beta}}\left(1-\frac{\lambda h}{L}\frac{\varphi G}{1-\mu h}\right)^{\frac{1-\varphi}{1-\varphi+\beta}}$$

即

$$\frac{1}{1+\beta-\varphi}\left(1+\beta-\frac{\lambda h}{L}\frac{\varphi G}{1-\mu h}\right)>\left[\frac{1}{1-\varphi}\left(1-\frac{\lambda h}{L}\frac{\varphi G}{1-\mu h}\right)\right]^{\frac{1-\varphi}{1-\varphi+\beta}}$$

根据 k 的连续性，上式成立的条件为

$$\frac{1+\beta}{1+\beta-\varphi}>\left(\frac{1}{1-\varphi}\right)^{\frac{1-\varphi}{1-\varphi+\beta}}$$

即

$$(1-\varphi+\beta)\ln(1+\beta)-(1-\varphi+\beta)\ln(1-\varphi+\beta)+(1-\varphi)\ln(1-\varphi):=\Phi(\varphi)>0$$

简单的计算可得

$$\Phi'(\varphi)=\ln\frac{1-\varphi+\beta}{(1-\varphi)(1+\beta)}>0$$

所以 $\Phi(\varphi)>\Phi(0)=0$。

由结论 9.2 和结论 9.3 得，$J_{f\_hf}>J_{f\_fh}$ 当且仅当

$$(1-\varphi+\beta)(^{1}-\varphi)^{-\frac{1-\varphi}{1-\varphi+\beta}}\left(1-\frac{\lambda h}{L}\frac{\varphi G}{1-\mu h}\right)^{\frac{1-\varphi}{1-\varphi+\beta}}>$$

$$\left[\frac{1}{1+\beta}\left(1-\frac{\mu f}{G}\frac{\beta L}{1+\lambda f}\right)\right]^{\frac{\varphi}{1-\varphi+\beta}}\left[(1+\beta)-\frac{h\lambda\varphi G}{(1+\beta)L(1-\mu h)}\left(1-\frac{\mu f}{G}\frac{\beta L}{1+\lambda f}\right)\right]$$

由其关于 k 的连续性可知，该式成立的条件为

$$\Omega=(1-\varphi+\beta)(1-\varphi)^{-\frac{1-\varphi}{1-\varphi+\beta}}-(1+\beta)^{\frac{1-2\varphi+\beta}{1-\varphi+\beta}}>0$$

即

$$\Theta(\beta)=(1-\varphi+\beta)\ln(1-\varphi+\beta)-(\beta-\varphi)\ln(1+\beta)-(1-\varphi)\ln[(1-\varphi)(1+\beta)]>0$$

对 $\Theta(\beta)$ 求导数得

$$\Theta'(\beta)=\ln\frac{1-\varphi+\beta}{1+\beta}+\frac{2\varphi}{1+\beta}=\ln\left(1-\frac{\varphi}{1+\beta}\right)+\frac{2\varphi}{1+\beta}:=\ln(1-\Delta)+2\Delta$$

其中 $\Delta=\frac{\varphi}{1+\beta}\in\left(0,\frac{1}{2}\right)$。

由于 $\ln(1-\Delta)+2\Delta$ 关于 Δ 的导数为 $\frac{1-2\Delta}{1-\Delta}>0$，所以 $\Theta'(\beta)=\ln(1-\Delta)+2\Delta>0$。

进而

$$\Theta(\beta)>\Theta(1)=(2-\varphi)\ln(2-\varphi)-(1-\varphi)\ln[4(1-\varphi)]:=\Omega(\varphi)$$

因为 $\Omega'(\varphi)=\ln\frac{4(1-\varphi)}{2-\varphi}$。当 $\varphi\in\left(0,\frac{2}{3}\right)$ 时，$\Omega'(\varphi)>0$；当 $\varphi\in\left(\frac{2}{3},1\right)$ 时，$\Omega'(\varphi)<0$。所以 $\Theta(\beta)>\Omega(\varphi)>\min[\Omega(0),\Omega(1)]=0$。

附录 G　第 9 章 9.2 节相关结论证明

G.1　两个引理

引理 G.1 当黑客定向攻击时,均衡为

$$
\begin{cases}
z_{i\_t}^* = k^{\frac{1}{1-\varphi+\beta}}(\varphi a)^{\frac{\varphi}{1-\varphi+\beta}}\beta^{\frac{1-\varphi}{1-\varphi+\beta}}(V_i-F_i)^{\frac{\varphi}{1-\varphi+\beta}}(V_i-F_i+\Delta)^{\frac{1-\varphi}{1-\varphi+\beta}} \\
z_{j\_t}^* = k^{\frac{1}{1-\varphi+\beta}}(\varphi a)^{\frac{\varphi}{1-\varphi+\beta}}\beta^{\frac{1-\varphi}{1-\varphi+\beta}}(V_j-F_j)^{\frac{\varphi}{1-\varphi+\beta}}(V_j-F_j+\Delta)^{\frac{1-\varphi}{1-\varphi+\beta}} \\
c_{i\_t}^* = k^{\frac{1}{1-\varphi+\beta}}[\varphi a(V_i-F_i)]^{\frac{1+\beta}{1-\varphi+\beta}}[\beta(V_i-F_i+\Delta)]^{-\frac{\beta}{1-\varphi+\beta}} \\
c_{j\_t}^* = k^{\frac{1}{1-\varphi+\beta}}[\varphi a(V_j-F_j)]^{\frac{1+\beta}{1-\varphi+\beta}}[\beta(V_j-F_j+\Delta)]^{-\frac{\beta}{1-\varphi+\beta}}
\end{cases}
$$

证明:对 $\pi_i(\pi_j)$ 关于 $z_i(z_j)$ 求导数,并令其等于 0 得到,

$$
\begin{cases}
\dfrac{\partial \pi_i}{\partial z_i} = \beta k c_i^{\varphi} z_i^{-\beta-1}(V_i-F_i+\Delta)-1=0 \\
\dfrac{\partial \pi_j}{\partial z_j} = \beta k c_j^{\varphi} z_j^{-\beta-1}(V_j-F_j+\Delta)-1=0
\end{cases}
\tag{G.1}
$$

对 H 分别关于 c_i 和 c_j 求导数,并令其等于 0 得到,

$$
\begin{cases}
\dfrac{\partial H}{\partial c_i} = \varphi k c_i^{\varphi-1} z_i^{-\beta} a(V_i-F_i)-1=0 \\
\dfrac{\partial H}{\partial c_j} = \varphi k c_j^{\varphi-1} z_j^{-\beta} a(V_j-F_j)-1=0
\end{cases}
\tag{G.2}
$$

联立式(G.1)和式(G.2)可得均衡。此外,容易验证在均衡处相应的二阶条件成立。

引理 E.2 当黑客随机攻击,均衡为

$$
\begin{cases}
z_{i\_m}^* = k^{\frac{1}{1-\varphi+\beta}}\beta^{\frac{1-\varphi}{1-\varphi+\beta}}(\varphi a)^{\frac{\varphi}{1-\varphi+\beta}}(V_i-F_i+\Delta)^{\frac{1-\varphi}{1-\varphi+\beta}}\left[\dfrac{V_i-F_i}{2}+\dfrac{V_j-F_j}{2}\left(\dfrac{V_i-F_i+\Delta}{V_j-F_j+\Delta}\right)^{\frac{\beta}{1+\beta}}\right]^{\frac{\varphi}{1-\varphi+\beta}} \\
z_{j\_m}^* = k^{\frac{1}{1-\varphi+\beta}}\beta^{\frac{1-\varphi}{1-\varphi+\beta}}(^{\varphi}a)\dfrac{\varphi}{1-\varphi+\beta}(^{V}_{j}-F_j+\Delta)\dfrac{1-\varphi}{1-\varphi+\beta}\left[\dfrac{V_j-F_j}{2}+\dfrac{V_i-F_i}{2}\left(\dfrac{V_j-F_j+\Delta}{V_i-F_i+\Delta}\right)^{\frac{\beta}{1+\beta}}\right]^{\frac{\varphi}{1-\varphi+\beta}} \\
c_m^* = k^{\frac{1}{1-\varphi+\beta}}\beta^{-\frac{\beta}{1-\varphi+\beta}}\left\{\varphi a\left[\dfrac{V_i-F_i}{2}(V_i-F_i+\Delta)^{-\frac{\beta}{1+\beta}}+\dfrac{V_j-F_j}{2}(V_j-F_j+\Delta)^{-\frac{\beta}{1+\beta}}\right]\right\}^{\frac{1+\beta}{1-\varphi+\beta}}
\end{cases}
$$

证明：对 $\pi_i(\pi_j)$ 关于 $z_i(z_j)$ 求导数，并令其等于 0 得到，

$$\begin{cases}\dfrac{\partial \pi_i}{\partial z_i}=\beta k c^{\varphi} z_i^{-\beta-1}(V_i-F_i+\Delta)-1=0\\ \dfrac{\partial \pi_j}{\partial z_j}=\beta k c^{\varphi} z_j^{-\beta-1}(V_j-F_j+\Delta)-1=0\end{cases} \tag{G.3}$$

对 H 分别关于 c_i 和 c_j 求导数，并令其等于 0 得到，

$$\frac{\partial H}{\partial c}=\varphi k a c^{\varphi-1}\left[z_i^{-\beta}(V_i-F_i)+z_j^{-\beta}(V_j-F_j)\right]-2=0 \tag{G.4}$$

由式(G.3)可得

$$z_i=\left[\beta k(V_i-F_i+\Delta)\right]^{\frac{1}{1+\beta}}c^{\frac{\varphi}{1+\beta}},z_j=\left[\beta k(V_j-F_j+\Delta)\right]^{\frac{1}{1+\beta}}c^{\frac{\varphi}{1+\beta}} \tag{G.5}$$

结合式(G.4)和式(G.5)可得均衡。

G.2 结论 9.6 的证明

由引理 G.1 可得

$$\begin{cases}\dfrac{c_{i\_t}^*}{c_m^*}=\left[\dfrac{1}{2}+\left(\dfrac{V_i-F_i+\Delta}{V_j-F_j+\Delta}\right)^{\frac{\beta}{1+\beta}}\dfrac{V_j-F_j}{2(V_i-F_i)}\right]^{-\frac{1+\beta}{1-\varphi+\beta}}\\ \dfrac{c_{j\_t}^*}{c_m^*}=\left[\dfrac{1}{2}+\left(\dfrac{V_j-F_j+\Delta}{V_i-F_i+\Delta}\right)^{\frac{\beta}{1+\beta}}\dfrac{V_i-F_i}{2(V_j-F_j)}\right]^{-\frac{1+\beta}{1-\varphi+\beta}}\end{cases}$$

注意到 $\dfrac{V_i-F_i+\Delta}{V_j-F_j+\Delta}$ 随着 Δ 单调递减以及 $\dfrac{V_j-F_j+\Delta}{V_i-F_i+\Delta}$ 随着 Δ 单调递增，

$$\begin{cases}\dfrac{c_{i\_t}^*}{c_m^*}>\left[\dfrac{1}{2}+\left(\dfrac{V_i-F_i}{V_j-F_j}\right)^{\frac{\beta}{1+\beta}}\dfrac{V_j-F_j}{2(V_i-F_i)}\right]^{-\frac{1+\beta}{1-\varphi+\beta}}=\left[\dfrac{1}{2}+\dfrac{1}{2}\left(\dfrac{V_i-F_i}{V_j-F_j}\right)^{-\frac{1}{1+\beta}}\right]^{-\frac{1+\beta}{1-\varphi+\beta}}>1\\ \dfrac{c_{j\_t}^*}{c_m^*}<\left[\dfrac{1}{2}+\left(\dfrac{V_j-F_j}{V_i-F_i}\right)^{\frac{\beta}{1+\beta}}\dfrac{V_i-F_i}{2(V_j-F_j)}\right]^{-\frac{1+\beta}{1-\varphi+\beta}}=\left[\dfrac{1}{2}+\dfrac{1}{2}\left(\dfrac{V_j-F_j}{V_i-F_i}\right)^{-\frac{1}{1+\beta}}\right]^{-\frac{1+\beta}{1-\varphi+\beta}}<1\end{cases}$$

所以 $c_{j\_t}^*<c_m^*<c_{i\_t}^*$。

因为

$$\operatorname{sgn}(z_{i\_t}^*-z_{i\_m}^*)=\operatorname{sgn}\left\{(V_i-F_i)^{\frac{\varphi}{1-\varphi+\beta}}-\left[\frac{V_i-F_i}{2}+\frac{V_j-F_j}{2}\left(\frac{V_i-F_i+\Delta}{V_j-F_j+\Delta}\right)^{\frac{\beta}{1+\beta}}\right]^{\frac{\varphi}{1-\varphi+\beta}}\right\}$$

而

$$V_i-F_i>\frac{V_i-F_i}{2}+\frac{V_j-F_j}{2}\left(\frac{V_i-F_i+\Delta}{V_j-F_j+\Delta}\right)^{\frac{\beta}{1+\beta}}\Leftrightarrow\left(\frac{V_i-F_i+\Delta}{V_j-F_j+\Delta}\right)^{\frac{\beta}{1+\beta}}\frac{V_j-F_j}{V_i-F_i}<1$$

因为 $\left(\dfrac{V_i-F_i+\Delta}{V_j-F_j+\Delta}\right)^{\frac{\beta}{1+\beta}}\dfrac{V_j-F_j}{V_i-F_i}<1$，所以，$z_{i\_t}^*>z_{i\_m}^*$。

类似地,可以得到

$$\operatorname{sgn}(z_{j\_t}^{*}-z_{j\_m}^{*})=\operatorname{sgn}\left\{(V_j-F_j)^{\frac{\varphi}{1-\varphi+\beta}}-\left[\frac{V_j-F_j}{2}+\left(\frac{V_j-F_j-\Delta}{V_i-F_i-\Delta}\right)^{\frac{\beta}{1+\beta}}\frac{V_j-F_j}{2}\right]^{\frac{\varphi}{1-\varphi+\beta}}\right\}$$

所以 $z_{j\_t}^{*}<z_{j\_m}^{*}$。

由于

$$\begin{cases}\dfrac{P_{i\_t}^{*}}{P_{i\_m}^{*}}=\left[\dfrac{1}{2}+\left(\dfrac{V_i-F_i-\Delta}{V_j-F_j-\Delta}\right)^{\frac{\beta}{1+\beta}}\dfrac{V_j-F_j}{2(V_i-F_i)}\right]^{-\frac{\varphi}{1-\varphi+\beta}}\\ \dfrac{P_{j\_t}^{*}}{P_{j\_m}^{*}}=\left[\dfrac{1}{2}+\left(\dfrac{V_j-F_j-\Delta}{V_i-F_i-\Delta}\right)^{\frac{\beta}{1+\beta}}\dfrac{V_i-F_i}{2(V_j-F_j)}\right]^{-\frac{\varphi}{1-\varphi+\beta}}\end{cases}$$

所以 $P_{i\_t}^{*}>P_{i\_m}^{*}$ 并且 $P_{j\_t}^{*}<P_{j\_m}^{*}$。

G.3 结论 9.7 的证明

企业 i 在黑客定向攻击和随机攻击下的期望收益之差为

$$\begin{aligned}&\pi_{i\_t}^{*}-\pi_{i\_m}^{*}\\&=(1-P_{i\_t}^{*})(V_i-F_i+\Delta)-(1-P_{j\_t}^{*})\Delta-z_{i\_t}^{*}-(1-P_{i\_m}^{*})(V_i-F_i+\Delta)+(1-P_{j\_m}^{*})\Delta+z_{i\_m}^{*}\\&=(P_{i\_m}^{*}-P_{i\_t}^{*})(V_i-F_i+\Delta)+(P_{j\_t}^{*}-P_{j\_m}^{*})\Delta+z_{i\_m}^{*}-z_{i\_t}^{*}\end{aligned}$$

由结论 7.1 知,$P_{i\_t}^{*}>P_{i\_m}^{*}$,$P_{j\_t}^{*}<P_{j\_m}^{*}$ 并且 $z_{i\_t}^{*}>z_{i\_m}^{*}$,所以 $\pi_{i\_t}^{*}<\pi_{i\_m}^{*}$。

类似地,企业 j 在黑客定向攻击和随机攻击下的期望收益之差为

$$\pi_{j\_t}^{*}-\pi_{j\_m}^{*}=(P_{j\_m}^{*}-P_{j\_t}^{*})(V_j-F_j+\Delta)+(P_{i\_t}^{*}-P_{i\_m}^{*})\Delta+z_{j\_m}^{*}-z_{j\_t}^{*}$$

由结论 9.6 知,$P_{j\_t}^{*}<P_{j\_m}^{*}$,$P_{i\_t}^{*}>P_{i\_m}^{*}$ 并且 $z_{j\_t}^{*}<z_{j\_m}^{*}$,所以 $\pi_{j\_t}^{*}>\pi_{j\_m}^{*}$。

G.4 结论 9.8 的证明

记 $\omega=(V_i-F_i)(V_i-F_i+\Delta)^{-\frac{\beta}{1+\beta}}$,$\nu=(V_j-F_j)(V_j-F_j+\Delta)^{-\frac{\beta}{1+\beta}}$。由于

$$\frac{a(V_i-F_i)(P_{i\_t}^{*}-P_{i\_m}^{*})}{k^{\frac{1}{1-\varphi+\beta}}\varphi^{\frac{\varphi}{1-\varphi+\beta}}a^{\frac{1+\beta}{1-\varphi+\beta}}\beta^{-\frac{\beta}{1-\varphi+\beta}}}=(V_i-F_i)^{\frac{1+\beta}{1-\varphi+\beta}}(V_i-F_i+\Delta)^{-\frac{\beta}{1-\varphi+\beta}}-\omega\left(\frac{\omega}{2}+\frac{\nu}{2}\right)^{\frac{\varphi}{1-\varphi+\beta}}$$

因此

$$\frac{a(V_i-F_i)(P_{i\_t}^{*}-P_{i\_m}^{*})+a(V_j-F_j)(P_{j\_t}^{*}-P_{j\_m}^{*})}{k^{\frac{1}{1-\varphi+\beta}}\varphi^{\frac{\varphi}{1-\varphi+\beta}}a^{\frac{1+\beta}{1-\varphi+\beta}}\beta^{-\frac{\beta}{1-\varphi+\beta}}}$$

$$=(V_i-F_i)\frac{1+\beta}{1-\varphi+\beta}(V_i-F_i+\Delta)-\frac{\beta}{1-\varphi+\beta}+(V_j-F_j)\frac{1+\beta}{1-\varphi+\beta}(V_j-F_j+\Delta)-\frac{\beta}{1-\varphi+\beta}-2\left(\frac{\omega}{2}+\frac{\nu}{2}\right)^{\frac{1+\beta}{1-\varphi+\beta}}$$

同时,

$$\frac{c_m^*-c_{i\_t}^*}{k^{\frac{1}{1-\varphi+\beta}}\varphi^{\frac{1+\beta}{1-\varphi+\beta}}a^{\frac{1+\beta}{1-\varphi+\beta}}\beta^{-\frac{\beta}{1-\varphi+\beta}}}=\left(\frac{\omega}{2}+\frac{\nu}{2}\right)^{\frac{1+\beta}{1-\varphi+\beta}}-(V_i-F_i)^{\frac{1+\beta}{1-\varphi+\beta}}(V_i-F_i+\Delta)^{-\frac{\beta}{1-\varphi+\beta}}$$

进而,

$$\frac{c_m^*-c_{i\_t}^*+c_m^*-c_{i\_t}^*}{k^{\frac{1}{1-\varphi+\beta}}a^{\frac{1+\beta}{1-\varphi+\beta}}\beta^{-\frac{\beta}{1-\varphi+\beta}}\varphi^{\frac{1+\beta}{1-\varphi+\beta}}}$$

$$=2\left(\frac{\omega}{2}+\frac{\nu}{2}\right)^{\frac{1+\beta}{1-\varphi+\beta}}-(V_i-F_i)\frac{1+\beta}{1-\varphi+\beta}(V_i-F_i+\Delta)-\frac{\beta}{1-\varphi+\beta}-(V_j-F_j)\frac{1+\beta}{1-\varphi+\beta}(V_j-F_j+\Delta)-\frac{\beta}{1-\varphi+\beta}$$

所以,黑客在定向攻击和随机攻击下的期望收益之差为

$$\begin{aligned}H_t^*-H_m^*&=(P_{i\_t}^*-P_{i\_m}^*)a(V_i-F_i)-(c_{i\_t}^*-c_m^*)+(P_{j\_t}^*-P_{j\_m}^*)a(V_j-F_j)-(c_{j\_t}^*-c_m^*)\\&=k^{\frac{1}{1-\varphi+\beta}}a^{\frac{1+\beta}{1-\varphi+\beta}}\beta^{-\frac{\beta}{1-\varphi+\beta}}\left(\varphi^{\frac{\varphi}{1-\varphi+\beta}}-\varphi^{\frac{1+\beta}{1-\varphi+\beta}}\right)\\&\quad\left[(V_i-F_i)^{\frac{1+\beta}{1-\varphi+\beta}}(V_i-F_i+\Delta)^{-\frac{\beta}{1-\varphi+\beta}}+(V_j-F_j)^{\frac{1+\beta}{1-\varphi+\beta}}(V_j-F_j+\Delta)^{-\frac{\beta}{1-\varphi+\beta}}-2\left(\frac{\omega}{2}+\frac{\nu}{2}\right)^{\frac{1+\beta}{1-\varphi+\beta}}\right]\\&=k^{\frac{1}{1-\varphi+\beta}}a^{\frac{1+\beta}{1-\varphi+\beta}}\beta^{-\frac{\beta}{1-\varphi+\beta}}\left(\varphi^{\frac{\varphi}{1-\varphi+\beta}}-\varphi^{\frac{1+\beta}{1-\varphi+\beta}}\right)\left[\omega^{\frac{1+\beta}{1-\varphi+\beta}}+\nu^{\frac{1+\beta}{1-\varphi+\beta}}-2\left(\frac{\omega}{2}+\frac{\nu}{2}\right)^{\frac{1+\beta}{1-\varphi+\beta}}\right]\\&=:k^{\frac{1}{1-\varphi+\beta}}a^{\frac{1+\beta}{1-\varphi+\beta}}\beta^{-\frac{\beta}{1-\varphi+\beta}}\left(\varphi^{\frac{\varphi}{1-\varphi+\beta}}-\varphi^{\frac{1+\beta}{1-\varphi+\beta}}\right)\Omega(\omega,\nu)\end{aligned}$$

注意到

$$\frac{\partial\Omega(\omega,\nu)}{\partial\omega}=\frac{1+\beta}{1-\varphi+\beta}\left[\omega^{\frac{\varphi}{1-\varphi+\beta}}-\left(\frac{\omega}{2}+\frac{\nu}{2}\right)^{\frac{\varphi}{1-\varphi+\beta}}\right]$$

因此,$\Omega(\omega,\nu)$关于 ω 单调递增。进而,$\Omega(\omega,\nu)>\Omega(\nu,\nu)=0$,即 $H_t^*-H_m^*>0$。

附录 H　第 10 章 10.1 节和 10.2 节相关结论证明

H.1　Bertrand 竞争下的均衡

由式(10.7)和式(10.8)可得

$$E\{[(2+\gamma)\alpha+2D_i+\gamma D_j]^2\}=(^2+\gamma)2\alpha^2+(4+\gamma^2)(1-\rho^2P_iP_j)\Delta^2-(1-\rho^2)(4P_i+\gamma^2P_j)\Delta^2$$
$$+2(2+\gamma)\alpha\Delta[(1+\rho)(2P_i+\gamma P_j)-(2+\gamma)(1+\rho P_iP_j)]$$
$$+4\gamma\Delta^2[1-(1+\rho)(P_i+P_j)+(1+2\rho)P_iP_j]$$

对式(10.9)关于 s_i 和 z_i 分别求导数得

$$\begin{cases}\dfrac{\partial E[\pi_i^B]}{\partial s_i}=\dfrac{1}{(4-\gamma^2)^2}\{2\alpha\Delta(2+\gamma)[(1+\rho)\gamma-(2+\gamma)\rho P_i] \\ \quad -\rho^2\Delta^2P_i(4+\gamma^2)-\gamma^2\Delta^2(1-\rho^2)+4\gamma\Delta^2[(1+2\rho)P_i-(1+\rho)]\}\dfrac{\partial P_j}{\partial s_i}+\varphi_3 s_j-2\varphi_1 s_i \\ \dfrac{\partial E[\pi_i^B]}{\partial z_i}=\dfrac{1}{(4-\gamma^2)^2}\{2\alpha\Delta(2+\gamma)[2(1+\rho)-(2+\gamma)\rho P_j] \\ \quad -\rho^2\Delta^2P_j(4+\gamma^2)-4\Delta^2(1-\rho^2)+4\gamma\Delta^2[(1+2\rho)P_j-(1+\rho)]\}\dfrac{\partial P_i}{\partial z_i}-1\end{cases}$$

对式(10.10)关于 T_i 求导数得

$$\frac{\partial H_i^B}{\partial T_i}=\frac{1}{(4-\gamma^2)^2}\{2\alpha\Delta(2+\gamma)[2(1+\rho)-(2+\gamma)\rho P_j]-\rho^2\Delta^2P_j(4+\gamma^2)$$
$$-4\Delta^2(1-\rho^2)+4\gamma\Delta^2[(1+2\rho)P_j-(1+\rho)]\}\frac{\partial P_i}{\partial T_i}+1$$

因此，在对称的均衡处，即当 $s_i=s_j=s^B$，$z_i=z_j=z^B$，$T_i=T_j=T^B$ 时，有

$$\begin{cases}s^B=\dfrac{\eta}{2\varphi_1-\varphi_3}\dfrac{2\alpha[2\gamma-\rho(2-\gamma)]-\Delta[2\gamma+\rho^2(2-\gamma)]}{2\alpha[4+\rho(2-\gamma)]-\Delta[4-\rho^2(2-\gamma)]} \\ z^B=T^B-\eta s^B \\ T^B=\dfrac{\Delta(2+\gamma)\{2\alpha[4+\rho(2-\gamma)]-\Delta[4-\rho^2(2-\gamma)]\}}{8(4-\gamma^2)^2}\end{cases}$$

下面验证二阶条件成立。简单计算可得

$$\begin{cases}\dfrac{\partial^2 E[\pi_i^B]}{\partial s_i^2}=-\dfrac{\eta^2\Delta(2+\gamma)}{8T_B^2(4-\gamma^2)^2}\{2\alpha[2\gamma-\rho(2-\gamma)]-\Delta[2\gamma+\rho^2(2-\gamma)]\}-2\varphi_1\\ \dfrac{\partial^2 E[\pi_i^B]}{\partial z_i\partial s_i}=-\dfrac{\eta\Delta}{16T_B^2(4-\gamma^2)^2}\{2\alpha\rho(2+\gamma)^2+\Delta[\rho^2(4+\gamma^2)-4\gamma(1+2\rho)]\}\\ \dfrac{\partial^2 E[\pi_i^B]}{\partial z_i^2}=-\dfrac{\Delta(2+\gamma)}{8T_B^2(4-\gamma^2)^2}\{2\alpha[4+\rho(2-\gamma)]-\Delta[4-\rho^2(2-\gamma)]\}\end{cases}$$

显然，当 $\alpha>\dfrac{\Delta}{2}\max\left\{\dfrac{2\gamma+\rho^2(2-\gamma)}{2\gamma-\rho(2-\gamma)},\dfrac{4-\rho^2(2-\gamma)}{4+\rho(2-\gamma)}\right\}$ 时，即当 $\alpha>\dfrac{\Delta}{2}\max\left\{\dfrac{\gamma+2}{3\gamma-2},1\right\}$ 时，有 $\dfrac{\partial^2 E[\pi_i^B]}{\partial s_i^2}<0$，$\dfrac{\partial^2 E[\pi_i^B]}{\partial z_i^2}<0$。注意到

$$\frac{\partial^2 E[\pi_i^B]}{\partial s_i^2}\frac{\partial^2 E[\pi_i^B]}{\partial z_i^2}-\frac{\partial^2 E[\pi_i^B]}{\partial s_i\partial z_i}\frac{\partial^2 E[\pi_i^B]}{\partial z_i\partial s_i}>\frac{\eta^2\Delta^2}{256T_B^4(4-\gamma^2)^4}f(\alpha)$$

其中

$$\begin{aligned}f(\alpha)=&4(^2+\gamma)2\{2\alpha[2\gamma-(2-\gamma)\rho]-\Delta[2\gamma+\rho^2(2-\gamma)]\}\{2\alpha[4+(2-\gamma)\rho]-\Delta[4-\rho^2(2-\gamma)]\}\\&-\{2\alpha\rho(2+\gamma)^2+\Delta[\rho^2(4+\gamma^2)-4\gamma(1+2\rho)]\}^2\end{aligned}$$

当 α 比较大时，$f(\alpha)$ 与

$$4[2\gamma-(2-\gamma)\rho][4+(2-\gamma)\rho]-\rho^2(2+\gamma)^2=32\gamma-(5\gamma^2-12\gamma+20)\rho^2-8(2-\gamma)^2\rho$$

具有相同的符号。因此，当

$$\rho<\frac{4\sqrt{(2-\gamma)^4+2\gamma(5\gamma^2-12\gamma+20)}-4(2-\gamma)^2}{5\gamma^2-12\gamma+20}$$

时，$\dfrac{\partial^2 E[\pi_i^B]}{\partial s_i^2}\dfrac{\partial^2 E[\pi_i^B]}{\partial z_i^2}-\dfrac{\partial^2 E[\pi_i^B]}{\partial s_i\partial z_i}\dfrac{\partial^2 E[\pi_i^B]}{\partial z_i\partial s_i}>0$。此外，对于上面的 α，有

$$\frac{\partial^2 E[\pi_i^B]}{\partial T_i^2}=\frac{\Delta(2+\gamma)\{2\alpha[4+\rho(2-\gamma)]-\Delta[4-\rho^2(2-\gamma)]\}}{8T_B^2(4-\gamma^2)^2}>0$$

因此，在均衡处二阶条件成立。

H.2 Cournot 竞争下的均衡

由式(6.7)和式(6.8)得

$$\begin{aligned}&E\{[(2+\gamma-\gamma^2)\alpha+(2-\gamma^2)D_i+\gamma D_j]^2\}\\&=(^2+\gamma-\gamma^2)2\alpha^2+\Delta^2(1-\rho^2P_iP_j)(4+\gamma^4-3\gamma^2)-\Delta^2(1-\rho^2)[(^2-\gamma^2)2P_i+\gamma^2P_j]\\&\quad+2\alpha\Delta(2+\gamma-\gamma^2)(1+\rho)[(2-\gamma^2)P_i+\gamma P_j]-2\alpha\Delta(^2+\gamma-\gamma^2)2(1+\rho P_iP_j)\\&\quad+2\gamma(2-\gamma^2)\Delta^2[1-(1+\rho)(P_i+P_j)+(1+2\rho)P_iP_j]\end{aligned}$$

对式(10.21)关于 s_i 和 z_i 分别求导数得

$$\begin{cases}\dfrac{\partial E[\pi_i^C]}{\partial s_i}=\varphi_3 s_j-2\varphi_1 s_i+\dfrac{1}{(1-\gamma^2)(4-\gamma^2)^2}\dfrac{\partial P_j}{\partial s_i}\{2\alpha\Delta\gamma(1+\rho)(2+\gamma-\gamma^2)-\gamma^2\Delta^2(1-\rho^2)\\ \quad +2\gamma\Delta^2(2-\gamma^2)[(1+2\rho)P_i-1-\rho]-2\rho\alpha\Delta P_i(^2+\gamma-\gamma^2)2-\rho^2\Delta^2 P_i(4-3\gamma^2+\gamma^4)\}\\ \dfrac{\partial E[\pi_i^C]}{\partial z_i}=\dfrac{1}{(1-\gamma^2)(4-\gamma^2)^2}\dfrac{\partial P_i}{\partial z_i}\{2\alpha\Delta(1+\rho)(2-\gamma^2)(2+\gamma-\gamma^2)-\rho^2\Delta^2 P_j(4-3\gamma^2+\gamma^4)\\ \quad -\Delta^2(1-\rho^2)(^2-\gamma^2)2-2\rho\alpha\Delta P_j(^2+\gamma-\gamma^2)2+2\gamma\Delta^2(2-\gamma^2)[(1+2\rho)P_j-1-\rho]\}-1\end{cases}$$

对式(10.22)关于 T_i 求导数得

$$\frac{\partial E[H_i^C]}{\partial T_i}=\frac{1}{(1-\gamma^2)(4-\gamma^2)^2}\frac{\partial P_i}{\partial T_i}\{2\alpha\Delta(1+\rho)(2-\gamma^2)(2+\gamma-\gamma^2)-\Delta^2(1-\rho^2)(2-\gamma^2)^2$$
$$-\rho^2\Delta^2 P_j(4-3\gamma^2+\gamma^4)-2\rho\alpha\Delta P_j(^2+\gamma-\gamma^2)2+2\gamma\Delta^2(2-\gamma^2)[(1+2\rho)P_j-1-\rho]\}+1$$

因此,

$$\begin{cases}s_C=\dfrac{\eta\qquad 2\alpha[2\gamma-\rho(2-\gamma-\gamma^2)]-\Delta[2\gamma+\rho^2(2-\gamma-\gamma^2)]}{2\varphi_1-\varphi_3 2\alpha[2(2-\gamma^2)+\rho(2-\gamma-\gamma^2)]-\Delta[2(2-\gamma^2)-\rho^2(2-\gamma-\gamma^2)]}\\ z_C=T_C-\eta s_C\\ T_C=\dfrac{\Delta(2+\gamma-\gamma^2)}{8(1-\gamma^2)(4-\gamma^2)^2}\{2\alpha[2(2-\gamma^2)+\rho(2-\gamma-\gamma^2)]-\Delta[2(2-\gamma^2)-\rho^2(2-\gamma-\gamma^2)]\}\end{cases}$$

下面证明当 $s_i=s_j=s^C,z_i=z_j=z^C,T_i=T_j=T^C$ 时二阶条件成立。简单计算得,

$$\begin{cases}\dfrac{\partial^2 E[\pi_i^C]}{\partial s_i^2}=-\dfrac{\Delta\eta^2(2+\gamma-\gamma^2)\{2\alpha[2\gamma(1+\rho)-\rho(2+\gamma-\gamma^2)]-\Delta[\rho^2(2-\gamma-\gamma^2)+2\gamma]\}}{8T_C^2(1-\gamma^2)(4-\gamma^2)^2}-2\varphi_1\\ \dfrac{\partial^2 E[\pi_i^C]}{\partial z_i\partial s_i}=-\dfrac{\Delta\eta[2\rho\alpha(2+\gamma-\gamma^2)^2+\rho^2\Delta(4+\gamma^4-3\gamma^2)-2\gamma\Delta(1+2\rho)(2-\gamma^2)]}{16T_C^2(1-\gamma^2)(4-\gamma^2)^2}\\ \dfrac{\partial^2 E[\pi_i^C]}{\partial z_i^2}=-\dfrac{\Delta(2+\gamma-\gamma^2)\{2\alpha[2(2-\gamma^2)(1+\rho)-\rho(2+\gamma-\gamma^2)]-\Delta[2(2-\gamma^2)-\rho^2(2-\gamma-\gamma^2)]\}}{8T_C^2(1-\gamma^2)(4-\gamma^2)^2}\end{cases}$$

当

$$\alpha>\max\left\{\frac{\Delta[2\gamma+\rho^2(2-\gamma-\gamma^2)]}{2[2\gamma-\rho(2-\gamma-\gamma^2)]},\frac{\Delta[2(2-\gamma^2)-\rho^2(2-\gamma-\gamma^2)]}{2[2(2-\gamma^2)+\rho(2-\gamma-\gamma^2)]}\right\}$$

或者

$$\alpha>\frac{\Delta}{2}\max\left\{\frac{2+\gamma-\gamma^2}{3\gamma-2+\gamma^2},1\right\}$$

时,$\dfrac{\partial^2 E[\pi_i^C]}{\partial s_i^2}<0$ 和$\dfrac{\partial^2 E[\pi_i^C]}{\partial z_i^2}<0$。对于上面的 α,有

$$\frac{\partial^2 E[\pi_i^C]}{\partial s_i^2}\frac{\partial^2 E[\pi_i^C]}{\partial z_i^2}-\frac{\partial^2 E[\pi_i^C]}{\partial s_i \partial z_i}\frac{\partial^2 E[\pi_i^C]}{\partial z_i \partial s_i}>\frac{\Delta^2\eta^2}{64T_C^4\ (1-\gamma^2)^2\ (4-\gamma^2)^4}g(\alpha)$$

其中

$$\begin{aligned}g(\alpha)=4(^2+\gamma-\gamma^2)2\{&2\alpha[2\gamma(1+\rho)-\rho(2+\gamma-\gamma^2)]-\Delta[\rho^2(2-\gamma-\gamma^2)+2\gamma]\}\\&\{2\alpha[2(2-\gamma^2)(1+\rho)-\rho(2+\gamma-\gamma^2)]-\Delta[2(2-\gamma^2)-\rho^2(2-\gamma-\gamma^2)]\}\\&-[2\alpha\rho\ (2+\gamma-\gamma^2)^2+\rho^2\Delta(4+\gamma^4-3\gamma^2)-2\gamma\Delta(1+2\rho)(2-\gamma^2)]^2\end{aligned}$$

因此,对于比较大的 α,$g(\alpha)$ 的符号和

$$4[2\gamma(1+\rho)-\rho(2+\gamma-\gamma^2)][2(2-\gamma^2)(1+\rho)-\rho(2+\gamma-\gamma^2)]-(2+\gamma-\gamma^2)^2$$

的符号相同。进而,当

$$\rho<\sqrt{\frac{3}{4}+\frac{9\gamma(2-\gamma^2)}{2\ (2-\gamma-\gamma^2)^2}}-1$$

时,$\frac{\partial^2 E[\pi_i^C]}{\partial s_i^2}\frac{\partial^2 E[\pi_i^C]}{\partial z_i^2}-\frac{\partial^2 E[\pi_i^C]}{\partial s_i \partial z_i}\frac{\partial^2 E[\pi_i^C]}{\partial z_i \partial s_i}>0$。显然有

$$\frac{\partial^2 E[\pi_i^C]}{\partial T_i^2}=-\frac{\partial^2 E[\pi_i^C]}{\partial z_i^2}<0$$

因此,在均衡处所有二阶条件都成立。

H.3 两种竞争方式下的期望消费者收益

对于消费者而言,效用函数为

$$U(q_1,q_2)=\frac{\alpha_1+\gamma\alpha_2}{1-\gamma^2}q_1+\frac{\alpha_2+\gamma\alpha_1}{1-\gamma^2}q_2-\frac{1}{2(1-\gamma^2)}(q_1^2+2\gamma q_1q_2+q_2^2)$$

根据式(6.17),消费者剩余为

$$\begin{aligned}\mathrm{CS}&=U(q_1,q_2)-\sum_{i=1}^{2}\pi_i\\&=\frac{\alpha_1+\gamma\alpha_2}{1-\gamma^2}q_1+\frac{\alpha_2+\gamma\alpha_1}{1-\gamma^2}q_2-\frac{1}{2(1-\gamma^2)}(q_1^2+2\gamma q_1q_2+q_2^2)\\&\quad-\frac{1}{1-\gamma^2}(\alpha_1+\gamma\alpha_2-q_1-\gamma q_2)q_1-\frac{1}{1-\gamma^2}(\alpha_2+\gamma\alpha_1-q_2-\gamma q_1)q_2\\&=\frac{1}{2(1-\gamma^2)}(q_1^2+q_2^2+2\gamma q_1q_2)\end{aligned}$$

在 Bertrand 竞争下

$$E[(q_1^B)2]=\frac{1}{(4-\gamma^2)^2}E[(^2\alpha_1+\gamma\alpha_2)2]=\frac{1}{(4-\gamma^2)^2}E[(2\alpha+\gamma\alpha+2D_1+\gamma D_2)^2]$$

$$=\frac{1}{4(4-\gamma^2)^2}\{2\alpha(2+\gamma)^2[2\alpha-\Delta(2-\rho)]+\Delta^2(4+\gamma^2)(2+\rho^2)+\gamma\Delta^2(1-2\rho)\}$$

且

$$E[q_1^Bq_2^B]=\frac{1}{(4-\gamma^2)^2}E[(2\alpha_1+\gamma\alpha_2)(2\alpha_2+\gamma\alpha_1)]$$

$$=\frac{1}{(4-\gamma^2)^2}E\{[(2+\gamma)\alpha+2D_1+\gamma D_2][(2+\gamma)\alpha+\gamma D_1+2D_2]\}$$

$$=\frac{1}{(4-\gamma^2)^2}\{(2+\gamma)^2\alpha^2+[2\alpha(2+\gamma)+\gamma\alpha(2+\gamma)]E[D_1]+2\gamma E[D_1^2]$$

$$+(4+\gamma^2)E[D_1D_2]+[\gamma\alpha(2+\gamma)+2\alpha(2+\gamma)]E[D_2]+2\gamma E[D_2^2]\}$$

$$=\frac{1}{4(4-\gamma^2)^2}\{2\alpha(2+\gamma)^2[2\alpha-\Delta(2-\rho)]+\Delta^2(4+\gamma^2)(1-2\rho)+\gamma\Delta^2(2+\rho^2)\}$$

在均衡处，

$$E[\mathrm{CS}^B]=\frac{1}{1-\gamma^2}\{E[(q_1^B)^2]+\gamma E[q_1^Bq_2^B]\}$$

$$=\frac{2(1+\gamma)(2+\gamma)^2[2\alpha^2-\alpha\Delta(2-\rho)]+(4+5\gamma^2)(2+\rho^2)\Delta^2+(8+\gamma^2)(1-2\rho)\gamma\Delta^2}{4(1-\gamma^2)(4-\gamma^2)^2}\tag{H. 1}$$

显然

$$\frac{\partial E[CS^B]}{\partial\rho}=\frac{\alpha\Delta(1+\gamma)(2+\gamma)^2+(4+5\gamma^2)\Delta^2\rho-(8+\gamma^2)\gamma\Delta^2}{2(1-\gamma^2)(4-\gamma^2)^2}>\frac{\Delta^2(4+5\gamma^2)}{2(1-\gamma^2)(4-\gamma^2)^2}>0$$

在 Cournot 竞争下

$$E[(q_1^C)2]=\frac{1}{(4-\gamma^2)^2}E[(^2\alpha_1-\gamma^2\alpha_1+\gamma\alpha_2)2]$$

$$=\frac{1}{(4-\gamma^2)^2}E\{[(2+\gamma-\gamma^2)\alpha+(2-\gamma^2)D_1+\gamma D_2]^2\}$$

$$=\frac{1}{(4-\gamma^2)^2}\{(2+\gamma-\gamma^2)^2\alpha^2+(2-\gamma^2)^2E[D_1^2]+2\alpha(2-\gamma^2)(2+\gamma-\gamma^2)E[D_1]$$

$$+2\gamma\alpha(2+\gamma-\gamma^2)E[D_2]+2\gamma(2-\gamma^2)E[D_1D_2]+\gamma^2E[D_2^2]\}$$

$$=\frac{2\alpha(2+\gamma-\gamma^2)^2[2\alpha-\Delta(2-\rho)]+(2+\rho^2)(4-3\gamma^2+\gamma^4)\Delta^2+2\gamma\Delta^2(1-2\rho)(2-\gamma^2)}{4(4-\gamma^2)^2}$$

且

$$E[q_1^C q_2^C] = \frac{1}{(4-\gamma^2)^2} E\{[(2-\gamma^2)\alpha_1 + \gamma\alpha_2][\gamma\alpha_1 + (2-\gamma^2)\alpha_2]\}$$

$$= \frac{1}{(4-\gamma^2)^2} E\{[(2+\gamma-\gamma^2)\alpha + (2-\gamma^2)D_1 + \gamma D_2][(2+\gamma-\gamma^2)\alpha + \gamma D_1 + (2-\gamma^2)D_2]\}$$

$$= \frac{1}{(4-\gamma^2)^2}\{(2+\gamma-\gamma^2)^2\alpha^2 + (2+\gamma-\gamma^2)^2\alpha E[D_1] + (2+\gamma-\gamma^2)^2\alpha E[D_2]$$

$$+\gamma(2-\gamma^2)E[D_1^2] + \gamma(2-\gamma^2)E[D_2^2] + [(2-\gamma^2)^2 + \gamma^2]E[D_1 D_2]\}$$

$$= \frac{2\alpha\ (2+\gamma-\gamma^2)^2[2\alpha - \Delta(2-\rho)] + 2(2-\gamma^2)(2+\rho^2)\gamma\Delta^2 + (1-2\rho)(4-3\gamma^2+\gamma^4)\Delta^2}{4\ (4-\gamma^2)^2}$$

在均衡处

$$E[\mathrm{CS}^C] = \frac{1}{1-\gamma^2}\{E[(q_1^C)^2] + \gamma E[q_1^C q_2^C]\}$$

$$= \frac{(1+\gamma)(2+\gamma-\gamma^2)^2[4\alpha^2 - 2\alpha\Delta(2-\rho)] + [(4+\gamma^2-\gamma^4)(2+\rho^2) + \gamma(8-5\gamma^2+\gamma^4)(1-2\rho)]\Delta^2}{4(1-\gamma^2)(4-\gamma^2)^2} \tag{H.2}$$

显然

$$\frac{\partial E[CS^C]}{\partial \rho} = \frac{(1+\gamma)(2+\gamma-\gamma^2)^2\alpha\Delta + (4+\gamma^2-\gamma^4)\rho\Delta^2 - (8-5\gamma^2+\gamma^4)\gamma\Delta^2}{2(1-\gamma^2)(4-\gamma^2)^2}$$

$$> \frac{\Delta^2[(1+\gamma)(2+\gamma-\gamma^2)^2 - \gamma(8-5\gamma^2+\gamma^4)]}{2(1-\gamma^2)(4-\gamma^2)^2} > \frac{2\Delta^2}{(1+\gamma)(4-\gamma^2)^2} > 0$$

由式(H.1)和式(H.2)得

$$E[\mathrm{CS}^B] - E[\mathrm{CS}^C] = \frac{\gamma^2}{4(1-\gamma^2)(4-\gamma^2)^2}\{2\alpha(1+\gamma)(4+2\gamma-\gamma^2)[2\alpha - \Delta(2-\rho)]$$

$$+ (4+\gamma^2)(2+\rho^2)\Delta^2 + (6-\gamma^2)(1-2\rho)\gamma\Delta^2\}$$

$$> \frac{\gamma^2\Delta^2[(4+\gamma^2)(2+2\rho+\rho^2) + (6-\gamma^2)\gamma]}{4(1-\gamma^2)(4-\gamma^2)^2} > 0$$

附录 I 第 10 章 10.3 节相关结论证明

I.1 结论 10.8 的证明

在定向攻击下，给定企业信息系统安全等级，两个企业收益函数的一阶条件为

$$\frac{\partial \pi_i}{\partial z_i}=\beta k c_i^{\varphi} z_i^{-\beta-1}(V_i-F_i+\Delta)-1 \quad \text{s.t.}\ P_i=k c_i^{\varphi} z_i^{-\beta} \leqslant P_{i\_MR}$$

$$\frac{\partial \pi_j}{\partial z_j}=\beta k c_j^{\varphi} z_j^{-\beta-1}(V_j-F_j+\Delta)-1 \quad \text{s.t.}\ P_j=k c_j^{\varphi} z_j^{-\beta} \leqslant P_{j\_MR}$$

由式(G.2)得

$$c_i=[\varphi k a(V_i-F_i)]^{\frac{1}{1-\varphi}} z_i^{-\frac{\beta}{1-\varphi}},\ c_j=[\varphi k a(V_j-F_j)]^{\frac{1}{1-\varphi}} z_j^{-\frac{\beta}{1-\varphi}}$$

因此

$$\frac{\partial \pi_i}{\partial z_i}=\beta k[\varphi k a(V_i-F_i)]^{\frac{\varphi}{1-\varphi}} z_i^{-\frac{1-\varphi+\beta}{1-\varphi}}(V_i-F_i+\Delta)-1$$

满足条件 $P_i=k[\varphi k a(V_i-F_i)]^{\frac{\varphi}{1-\varphi}} z_i^{-\frac{\beta}{1-\varphi}} \leqslant P_{i\_MR}$，以及

$$\frac{\partial \pi_j}{\partial z_j}=\beta k[\varphi k a(V_j-F_j)]^{\frac{\varphi}{1-\varphi}} z_j^{-\frac{1-\varphi+\beta}{1-\varphi}}(V_j-F_j+\Delta)-1$$

满足条件 $P_j=k[\varphi k a(V_j-F_j)]^{\frac{\varphi}{1-\varphi}} z_j^{-\frac{\beta}{1-\varphi}} \leqslant P_{j\_MR}$。

下面分四种情形推导均衡。

(a) 当 $P_{i\_MR} \geqslant P_{i\_t}^*$ 并且 $P_{j\_MR} \geqslant P_{j\_t}^*$ 时，企业和黑客的均衡策略不变。

(b) 当 $P_{i\_MR} \geqslant P_{i\_t}^*$ 并且 $P_{j\_MR} < P_{j\_t}^*$ 时，由于两个企业的一阶条件相互独立，与企业 i 相关的均衡策略不变，企业 i 的安全投资水平满足

$$k[\varphi k a(V_j-F_j)]^{\frac{\varphi}{1-\varphi}} z_j^{-\frac{\beta}{1-\varphi}}=P_{j\_MR}$$

所以企业 j 相关的均衡策略为

$$\hat{z}_{j\_t}^*=k^{\frac{1}{\beta}}[\varphi a(V_j-F_j)]^{\frac{\varphi}{\beta}} P_{j\_MR}^{-\frac{1-\varphi}{\beta}},\ \hat{c}_{j\_t}^*=\varphi a(V_j-F_j) P_{j\_MR},\ \hat{P}_{j\_t}^*=P_{j\_MR} \tag{I.1}$$

由于 $\partial \pi_j/\partial z_j \mid_{z_j=\hat{z}_{j\_t}^*} < \partial \pi_j/\partial z_j \mid_{z_j=z_{j\_t}^*}=0$，企业 j 收益函数满足一阶条件。

(c) 当 $P_{i\_MR} < P_{i\_t}^*$ 并且 $P_{j\_MR} \geqslant P_{j\_t}^*$ 时，类似地，企业 j 相关的均衡策略不变，企业 i 相关的均衡策略为

$$\hat{z}_{i\_t}^{*}=k^{\frac{1}{\beta}}[\varphi a(V_i-F_i)]^{\frac{\varphi}{\beta}}P_{i\_\mathrm{MR}}^{-\frac{1-\varphi}{\beta}},\hat{c}_{i\_t}^{*}=\varphi a(V_i-F_i)P_{i\_MR},\hat{P}_{i\_t}^{*}=P_{i\_\mathrm{MR}} \quad (\mathrm{I}.2)$$

(d)当 $P_{i\_MR}<P_{i\_t}^{*}$，$P_{j_MR}<P_{j_t}^{*}$时，两个企业相关的均衡策略由式(I.1)和式(I.2)给出。

I.2 结论10.9的证明

在黑客随机攻击下，两个企业收益的一阶条件为

$$\frac{\partial\pi_i}{\partial z_i}=\beta kc^{\varphi}z_i^{-\beta-1}(V_i-F_i+\Delta)-1 \text{ s. t. } P_i=kc^{\varphi}z_i^{-\beta}\leqslant P_{i\_\mathrm{MR}}$$

$$\frac{\partial\pi_j}{\partial z_j}=\beta kc^{\varphi}z_j^{-\beta-1}(V_j-F_j+\Delta)-1 \text{ s. t. } P_j=kc^{\varphi}z_j^{-\beta}\leqslant P_{j\_\mathrm{MR}}$$

根据前面推导的黑客的最优反应函数

$$c=(0.5\varphi ka)^{\frac{1}{1-\varphi}}[z_i^{-\beta}(V_i-F_i)+z_j^{-\beta}(V_j-F_j)]^{\frac{1}{1-\varphi}}$$

可以得到企业 i 的一阶条件为

$$\frac{\partial\pi_i}{\partial z_i}=\beta k(0.5\varphi ka)^{\frac{\varphi}{1-\varphi}}[z_i^{-\beta}(V_i-F_i)+z_j^{-\beta}(V_j-F_j)]^{\frac{\varphi}{1-\varphi}}z_i^{-\beta-1}(V_i-F_i+\Delta)-1$$

满足条件

$$P_i=k(0.5\varphi ka)^{\frac{\varphi}{1-\varphi}}[z_i^{-\beta}(V_i-F_i)+z_j^{-\beta}(V_j-F_j)]^{\frac{\varphi}{1-\varphi}}z_i^{-\beta}\leqslant P_{i\_\mathrm{MR}} \quad (\mathrm{I}.3)$$

企业 j 的一阶条件为

$$\frac{\partial\pi_j}{\partial z_j}=\beta k(0.5\varphi ka)^{\frac{\varphi}{1-\varphi}}[z_i^{-\beta}(V_i-F_i)+z_j^{-\beta}(V_j-F_j)]^{\frac{\varphi}{1-\varphi}}z_j^{-\beta-1}(V_j-F_j+\Delta)-1 \quad (\mathrm{I}.4)$$

满足条件

$$P_j=k(0.5\varphi ka)^{\frac{\varphi}{1-\varphi}}[z_i^{-\beta}(V_i-F_i)+z_j^{-\beta}(V_j-F_j)]^{\frac{\varphi}{1-\varphi}}z_j^{-\beta}\leqslant P_{j\_\mathrm{MR}}$$

下面分四种情形推导企业和黑客的均衡策略。

(a)如果 $P_{i\_\mathrm{MR}}\geqslant P_{i\_m}^{*}$，$P_{j\_\mathrm{MR}}\geqslant P_{j\_m}^{*}$，企业和黑客的均衡策略不变。

(b)当 $P_{i\_\mathrm{MR}}\geqslant P_{i\_m}^{*}$，$P_{j_\mathrm{MR}}<P_{j_m}^{*}$时，若想证明结论7.5成立，只需要验证两点：(i)条件(E.8)成立；(ii)式(E.9)对应的一阶条件成立。记(7.14)式和(7.17)式的解分别为 $\hat{z}_{i\_m}$ 和 $\hat{z}_{j\_m}$，由式(7.14)得

$$z_j^{-\beta}=\frac{1}{V_j-F_j}\{z_i^{\frac{(1+\beta)(1-\varphi)}{\varphi}}[\beta k(V_i-F_i+\Delta)]^{-\frac{1-\varphi}{\varphi}}(0.5\varphi ka)^{-1}-z_i^{-\beta}(V_i-F_i)\}$$

其随 z_i 严格递增。因此，相应的最优反应函数 $z_i=R_i(z_j)$ 存在，且随 z_j 递减。因此黑客成功攻击函数

$$P_j=\frac{z_i^{1+\beta}}{\beta(V_j-F_j)(V_i-F_i+\Delta)}\{z_i^{\frac{(1+\beta)(1-\varphi)}{\varphi}}[\beta k(V_i-F_i+\Delta)]^{-\frac{1-\varphi}{\varphi}}(0.5\varphi ka)^{-1}-z_i^{-\beta}(V_i-F_i)\}$$

随 z_i 递增，但随 z_j 递减，所以 $\hat{z}_{j\_m}>z^*_{j\_m}$。注意到

$$\frac{\partial\pi_j}{\partial z_j}=\beta P_j z_j^{-1}(V_j-F_j+\Delta)-1$$

$$=\frac{V_j-F_j+\Delta}{(V_j-F_j)(V_i-F_i+\Delta)}z_i^{1+\beta}\{z_i^{\frac{(1+\beta)(1-\varphi)}{\varphi}}[\beta k(V_i-F_i+\Delta)]^{-\frac{1-\varphi}{\varphi}}(0.5\varphi ka)^{-1}-z_i^{-\beta}(V_i-F_i)\}z_j^{-1}-1$$

随 z_j 严格递减，可以得到 $\partial\pi_j/\partial z_j\mid_{z_j=\hat{z}_{j\_m}}<\partial\pi_j/\partial z_j\mid_{z_j=z^*_{j\_m}}=0$，所以条件(ii)成立。由 $\hat{z}_{j\_m}>z^*_{j\_m}$ 可得 $\hat{z}_{i\_m}<z^*_{i\_m}$。代入式(10.59)可得

$$P_i=[\beta(V_i-F_i+\Delta)]^{-1}\hat{z}_{i\_m}<[\beta(V_i-F_i+\Delta)]^{-1}z^*_{i\_m}<P_{i\_\mathrm{MR}}$$

所以条件(i)也成立。

(c)如果 $P_{i\_\mathrm{MR}}<P^*_{i\_m}$，$P_{j\_\mathrm{MR}}\geqslant P^*_{j\_m}$，类似地可以证明两企业的均衡解满足式(7.15)和式(7.16)。

(d)如果 $P_{i\_\mathrm{MR}}<P^*_{i\_m}$，$P_{j\_\mathrm{MR}}<P^*_{j\_m}$，可以通过排除其他几种均衡解的方式得出两企业的最优策略满足式(10.60)和式(10.62)。

I.3 结论 10.10 的证明

由结论 10.8 和结论 10.9 可得

$$\begin{cases}\dfrac{\hat{z}^*_{i\_t}}{\hat{z}_{i\_m}}=\left[\dfrac{2(V_i-F_i)P_{i\_\mathrm{MR}}}{(V_i-F_i)P_{i\_\mathrm{MR}}+(V_j-F_j)P_{j\_\mathrm{MR}}}\right]^{\frac{\varphi}{\beta}},\dfrac{\hat{z}^*_{j\_t}}{\hat{z}_{j\_m}}=\left[\dfrac{2(V_j-F_j)P_{j\_\mathrm{MR}}}{(V_i-F_i)P_{i\_\mathrm{MR}}+(V_j-F_j)P_{j\_\mathrm{MR}}}\right]^{\frac{\varphi}{\beta}}\\ \dfrac{\hat{c}^*_{i\_t}}{\hat{c}^*_m}=\dfrac{2(V_i-F_i)P_{i\_\mathrm{MR}}}{(V_i-F_i)P_{i\_\mathrm{MR}}+(V_j-F_j)P_{j\_\mathrm{MR}}},\dfrac{\hat{c}^*_{j\_t}}{\hat{c}^*_m}=\dfrac{2(V_j-F_j)P_{j\_\mathrm{MR}}}{(V_i-F_i)P_{i\_\mathrm{MR}}+(V_j-F_j)P_{j\_\mathrm{MR}}}\end{cases}$$

因此，如果 $(V_i-F_i)P_{i\_\mathrm{MR}}>(V_j-F_j)P_{j\_\mathrm{MR}}$，则 $\hat{z}^*_{i\_t}>\hat{z}_{i\_m}$，$\hat{z}^*_{j\_t}<\hat{z}_{j\_m}$，$\hat{c}^*_{i\_t}>\hat{c}^*_m>\hat{c}^*_{j\_t}$；如果 $(V_i-F_i)P_{i\_\mathrm{MR}}<(V_j-F_j)P_{j\_\mathrm{MR}}$，则 $\hat{z}^*_{i\_t}<\hat{z}_{i\_m}$，$\hat{z}^*_{j\_t}>\hat{z}_{j\_m}$，$\hat{c}^*_{i\_t}<\hat{c}^*_m<\hat{c}^*_{j\_t}$。

由于 $\hat{P}^*_{i\_t}=\hat{P}^*_{i\_m}=P_{i\_\mathrm{MR}}$ 且 $\hat{P}^*_{j\_t}=\hat{P}^*_{j\_m}=P_{j\_\mathrm{MR}}$，企业 i 在黑客两种攻击方式下的收益差为

$$\hat{\pi}^*_{i\_t}-\hat{\pi}^*_{i\_m}=(\hat{P}^*_{i\_m}-\hat{P}^*_{i\_t})(V_i-F_i+\Delta)+(\hat{P}^*_{j\_t}-\hat{P}^*_{j\_m})\Delta+\hat{z}^*_{i\_m}-\hat{z}^*_{i\_t}=\hat{z}^*_{i\_m}-\hat{z}^*_{i\_t}$$

同理，企业 j 在黑客两种攻击方式下的收益差为 $\hat{\pi}^*_{j\_t}-\hat{\pi}^*_{j\_m}=\hat{z}^*_{j\_m}-\hat{z}^*_{j\_t}$。所以 $\hat{\pi}^*_{i\_t}>\hat{\pi}^*_{i\_m}$，$\hat{\pi}^*_{j\_t}<\hat{\pi}^*_{j\_m}$ 当且仅当 $(V_i-F_i)P_{i\_\mathrm{MR}}<(V_j-F_j)P_{j\_\mathrm{MR}}$。黑客在两种攻击方式下的收益差为

$$\begin{aligned}\hat{H}^*_t-\hat{H}^*_m&=(\hat{P}^*_{i\_t}-\hat{P}^*_{i\_m})a(V_i-F_i)-(\hat{c}^*_{i\_t}-\hat{c}^*_m)+(\hat{P}^*_{j\_t}-\hat{P}^*_{j\_m})a(V_j-F_j)-(\hat{c}^*_{j\_t}-\hat{c}^*_m)\\&=2\hat{c}^*_m-\hat{c}^*_{i\_t}-\hat{c}^*_{j\_t}=0\end{aligned}$$

I.4 结论 10.11 的证明

经简单的运算可得，当黑客发动定向攻击时两个企业的收益矩阵如表 I.1 所示

表 I.1 不同安全等级下两个企业的收益矩阵

项目	$P_{j\_MR}\in(0,P_{j\_t}^*)$	$P_{j\_MR}\in[P_{j\_t}^*,1)$
$P_{i\_MR}\in(0,P_{i\_t}^*)$	$(\pi_{i\_t}^{HH},\pi_{j\_t}^{HH})$	$(\pi_{i\_t}^{HL},\pi_{j\_t}^{HL})$
$P_{i\_MR}\in[P_{i\_t}^*,1)$	$(\pi_{i\_t}^{LH},\pi_{j\_t}^{LH})$	$(\pi_{i\_t}^{LL},\pi_{j\_t}^{LL})$

其中

$$\begin{cases}\pi_{i\_t}^{LL}=(1-P_{i\_t}^*)(V_i-F_i+\Delta)-k^{\frac{1}{\beta}}[\varphi a(V_i-F_i)]^{\frac{\varphi}{\beta}}(P_{i\_t}^*)^{-\frac{1-\varphi}{\beta}}-(1-P_{j\_t}^*)\Delta+F_i\\ \pi_{j\_t}^{LL}=(1-P_{j\_t}^*)(V_j-F_j+\Delta)-k^{\frac{1}{\beta}}[\varphi a(V_j-F_j)]^{\frac{\varphi}{\beta}}(P_{j\_t}^*)^{-\frac{1-\varphi}{\beta}}-(1-P_{i\_t}^*)\Delta+F_j\\ \pi_{i\_t}^{HL}=(1-P_{i\_MR})(V_i-F_i+\Delta)-k^{\frac{1}{\beta}}[\varphi a(V_i-F_i)]^{\frac{\varphi}{\beta}}P_{i\_MR}^{-\frac{1-\varphi}{\beta}}-(1-P_{j\_t}^*)\Delta+F_i\\ \pi_{j\_t}^{HL}=(1-P_{j\_t}^*)(V_j-F_j+\Delta)-k^{\frac{1}{\beta}}[\varphi a(V_j-F_j)]^{\frac{\varphi}{\beta}}(P_{j\_t}^*)^{-\frac{1-\varphi}{\beta}}-(1-P_{i\_MR})\Delta+F_j\\ \pi_{i\_t}^{LH}=(1-P_{i\_t}^*)(V_i-F_i+\Delta)-k^{\frac{1}{\beta}}[\varphi a(V_i-F_i)]^{\frac{\varphi}{\beta}}(P_{i\_t}^*)^{-\frac{1-\varphi}{\beta}}-(1-P_{j\_MR})\Delta+F_i\\ \pi_{j\_t}^{LH}=(1-P_{j\_MR})(V_j-F_j+\Delta)-k^{\frac{1}{\beta}}[\varphi a(V_j-F_j)]^{\frac{\varphi}{\beta}}P_{j\_MR}^{-\frac{1-\varphi}{\beta}}-(1-P_{i\_t}^*)\Delta+F_j\\ \pi_{i\_t}^{HH}=(1-P_{i\_MR})(V_i-F_i+\Delta)-k^{\frac{1}{\beta}}[\varphi a(V_i-F_i)]^{\frac{\varphi}{\beta}}P_{i\_MR}^{-\frac{1-\varphi}{\beta}}-(1-P_{j\_MR})\Delta+F_i\\ \pi_{j\_t}^{HH}=(1-P_{j\_MR})(V_j-F_j+\Delta)-k^{\frac{1}{\beta}}[\varphi a(V_j-F_j)]^{\frac{\varphi}{\beta}}P_{j\_MR}^{-\frac{1-\varphi}{\beta}}-(1-P_{i\_MR})\Delta+F_j\end{cases}$$

这里，$P_{i\_MR}\in(0,P_{i\_t}^*)$，$P_{j\_MR}\in(0,P_{j\_t}^*)$。

首先推导企业 i 的最优安全等级设置。由于

$$\pi_{i\_t}^{HL}-\pi_{i\_t}^{LL}=\pi_{i\_t}^{HH}-\pi_{i\_t}^{LH}=(P_{i\_t}^*-P_{i\_MR})(V_i-F_i+\Delta)-k^{\frac{1}{\beta}}[\varphi a(V_i-F_i)]^{\frac{\varphi}{\beta}}[P_{i\_MR}^{-\frac{1-\varphi}{\beta}}-(P_{i\_t}^*)^{-\frac{1-\varphi}{\beta}}]>0$$

当且仅当

$$\Delta>k^{\frac{1}{\beta}}[\varphi a(V_i-F_i)]^{\frac{\varphi}{\beta}}\frac{P_{i\_MR}^{-\frac{1-\varphi}{\beta}}-(P_{i\_t}^*)^{-\frac{1-\varphi}{\beta}}}{P_{i\_t}^*-P_{i\_MR}}-(V_i-F_i)$$

所以企业 i 将设置“高”安全等级当且仅当上式成立。类似地，企业 j 将设置“高”安全等级当且仅当

$$\Delta>k^{\frac{1}{\beta}}[\varphi a(V_j-F_j)]^{\frac{\varphi}{\beta}}\frac{P_{j\_MR}^{-\frac{1-\varphi}{\beta}}-(P_{j\_t}^*)^{-\frac{1-\varphi}{\beta}}}{P_{j\_t}^*-P_{j\_MR}}-(V_j-F_j)$$

由于

$$\frac{\partial \pi_{i\_t}^{HH}}{\partial P_{i\_\mathrm{MR}}}=\frac{1-\varphi}{\beta}k^{\frac{1}{\beta}}\left[\varphi a(V_i-F_i)\right]^{\frac{\varphi}{\beta}}P_{i\_\mathrm{MR}}^{-\frac{1-\varphi+\beta}{\beta}}-(V_i-F_i+\Delta)$$

当企业间竞争程度较强时，企业 i 的最优安全等级水平为

$$P_{i\_\mathrm{MR}}^{op}=(1-\varphi)^{\frac{\beta}{1-\varphi+\beta}}k^{\frac{1}{1-\varphi+\beta}}\left[\varphi a(V_i-F_i)\right]^{\frac{\varphi}{1-\varphi+\beta}}\left[\beta(V_i-F_i+\Delta)\right]^{-\frac{\beta}{1-\varphi+\beta}}=(1-\varphi)^{\frac{\beta}{1-\varphi+\beta}}P_{i\_t}^{*}<P_{i\_t}^{*}$$

类似地，企业 j 的最优安全等级水平为 $P_{j\_\mathrm{MR}}^{op}=(1-\varphi)^{\frac{\beta}{1-\varphi+\beta}}P_{j\_t}^{*}$。